Schriften des Praxis- und Forschungsnetzwerks
der Hochschulen für den öffentlichen Dienst

herausgegeben von

Prof. Dr. Joachim Beck
Prof. Dr. Jürgen Stember

Band 10

Jürgen Stember (Hrsg.)

Neue Herausforderungen im Verwaltungs- und öffentlichen Sicherheitsmanagement

Herausragende Abschlussarbeiten der Hochschulen für den öffentlichen Dienst 2022

Nomos

BB Bank Better Banking

Dieses Buch konnte durch eine Spende
der BBBank realisiert werden.

Die Deutsche Nationalbibliothek verzeichnet diese Publikation in der Deutschen Nationalbibliografie; detaillierte bibliografische Daten sind im Internet über http://dnb.d-nb.de abrufbar.

ISBN 978-3-8487-7576-7 (Print)

ISBN 978-3-7489-3551-3 (ePDF)

Onlineversion
Nomos eLibrary

1. Auflage 2023

Vorwort

Liebe Leserinnen und Leser,

„eine neue Art von Denken ist notwendig, wenn die Menschheit weiterleben will" – so hat es bereits Albert Einstein formuliert. Das gilt heute sicher mehr denn je und ganz sicher auch für den öffentlichen Dienst. Nur offene und engagierte Mitarbeiterinnen und Mitarbeiter halten ihn lebendig und entwickeln ihn durch neue Ideen weiter. Das Wissen, das die Hochschulen der öffentlichen Verwaltung in der gesamten Bundesrepublik dem Nachwuchs in Theorie und Praxis vermitteln, ist dabei die wesentliche Grundlage für unsere leistungsstarken, funktionierenden Verwaltungen und Sicherheitsbehörden in Deutschland.

Vor diesem Hintergrund ist es unerlässlich, dass unsere Hochschulen neben ihrer Aufgabe der Ausbildung auch wichtige Funktionen für die Praxis wie die Fort- und Weiterbildung, die angewandte Forschung, Beratung und Consulting sowie die Sicherung des Wissenstransfers weiter ausbauen und sich hierdurch zu umfassenden Kompetenzzentren entwickeln. Der vorliegende Sammelband mit herausragenden Abschlussarbeiten ist insoweit eindrucksvoller Beleg für die exzellente Qualität, die wissenschaftliche Fundiertheit und Innovationskraft und nicht zuletzt Zeugnis dafür, dass die Hochschulen für den öffentlichen Dienst hervorragende Fachkräfte hervorbringen.

Ich freue mich, dass mit der Veröffentlichung der Sammlung bereits zum fünften Mal Ergebnisse der großartigen Arbeit, die sowohl die Studierenden als auch die Professorinnen und Professoren, Dozentinnen und Dozenten leisten, einer breiten Leserschaft zugänglich gemacht werden. Die Auswahl der besten Abschlussarbeiten 2022 aus dem allgemeinen Bereich des öffentlichen Dienstes, dem Bereich des Finanzmanagements und auch aus dem Polizei- und Sicherheitsbereich zeigt anschaulich und differenziert die Vielfalt der Aufgabenstellungen. Die Themen erstrecken sich von Verwaltungsdigitalisierung und Pandemie, Europa und Datenschutz bis hin zu Rechtsextremismus und Menschenrechten. Sie spiegeln deutlich die Herausforderungen und Fragestellungen im Bereich der Arbeitswelt, des alltäglichen Lebens, der Wirtschaft, der Politik und der Gesellschaft wider, mit denen sich die jungen Menschen im Rahmen ihres Studiums auseinandersetzen. Sie zeigen aber auch, dass schwierige Themenkomplexe und Fragestellungen auf hohem wissenschaftlichem Niveau untersucht und Lösungen zugeführt werden.

Die Aufgabenstellungen der öffentlichen Verwaltung mit Blick auf die gesellschaftlichen Herausforderungen der Digitalisierung und der Nachhaltigkeit steigen stetig. Zu deren Bewältigung kommt es entscheidend auf neue Lösungsansätze und agile Vorgehensweisen an. Sowohl in meiner Funktion als Parlamentarischer Staatssekretär bei der Bundesministerin des Innern und für Heimat wie auch als Mitglied des Deutschen Bundestags kann ich versichern, dass die Politik sich ihrer großen Verantwortung bewusst ist, die geeigneten Rahmenbedingungen für die Verwaltung zu schaffen, damit sie ihre vielfältigen und immer weiterwachsenden Herausforderungen meistern kann.

Zu bestehenden Aufgaben treten oft nicht vorhersehbare Herausforderungen. Neben der Corona-Pandemie, die nunmehr im dritten Jahr sowohl die Menschen als auch unsere Verwaltung belastet, kommt in diesem Jahr der russische Angriffskrieg auf die Ukraine mit dessen Folgen dazu. Dieses Ereignis hat uns allen in schmerzlicher Weise bewusst gemacht, wie wichtig und kostbar Frieden und Demokratie sind, aber auch gesellschaftlicher Zusammenhalt und gegenseitige Unterstützung- dies sind Werte, die auch in unserem öffentlichen Dienst in besonderer Weise gelebt werden.

Mit Abschluss ihres Studiums haben die Absolventinnen und Absolventen das nötige Rüstzeug erworben, um sich aktiv bei dem Veränderungs-

und Modernisierungsprozess einzubringen, Krisen zu bewältigen und daran mitzuwirken, die freiheitlich-demokratische Grundordnung zu erhalten, zu schützen sowie die Zukunft unseres Landes lebenswert zu gestalten. Denn nur ein starker öffentlicher Dienst kann das Fundament des friedlichen Zusammenlebens in unserem Land in Freiheit und Wohlstand sichern.

Den Verfasserinnen und Verfassern der Abschlussarbeiten gratuliere ich sehr herzlich zu ihren beeindruckenden Leistungen. Die vorliegende Publikation ruft bei mir nicht nur bewundernde Freude für das Geleistete hervor, sondern es wächst auch das Vertrauen darauf, dass hier eine Generation junger Menschen heranwächst, die motiviert und kreativ mit unserer Gesellschaft, mit unserer Umwelt und neuen Erfahrungen umzugehen weiß. Ich möchte daher alle Absolventinnen und Absolventen bestärken, ihre Ideen und gewonnenen wissenschaftlichen Erkenntnisse lebendig zu halten und weiter neugierig und mutig zu bleiben, konstruktiv und kritisch mitzudenken.

Nicht zuletzt möchte ich den Partnern dieser Prämierung danken – dem Deutschen Beamtenbund, der jährlich die Preisgelder für die Prämierung zur Verfügung stellt sowie der BBBank, die die Erstellung des jährlichen Abschlussbandes im NOMOS-Verlag finanziert.

Abschließend wünsche ich eine spannende Lektüre und anregende Diskussionen zu den publizierten Themen.

Johann Saathoff, MdB

Parlamentarischer Staatssekretär bei der Bundesministerin des Innern und für Heimat

Inhalt

Kap. 1:
Einführung: Die Hochschulen für den öffentlichen Dienst

Die Prämierung von hervorragenden wissenschaftlichen Arbeiten an den HöD – ein wichtiger Pfeiler für die Wissenschaft und den Wissenstransfer

Jürgen Stember

1 Hochschulen für den öffentlichen Dienst (HöD)

Mit mehr als 60.000 Studierenden, 670 ProfessorInnen und weiteren über 1.000 hauptamtlichen Dozenten sind die Hochschulen für den öffentlichen Dienst ein bemerkenswerter Hochschulbereich, der über ein großes Potenzial nicht nur in der Lehre und Weiterbildung, sondern auch im Bereich der angewandten Forschung und wissenschaftlichen Praxisberatung verfügt. Dieser Hochschulbereich wurde allerdings in der Vergangenheit kaum als geschlossene Einheit wahrgenommen. Denn die bundesweit fast 40 Hochschulen haben nur eine Durchschnittsgröße von wenig über 1.300 Studierenden und sind sehr kleinteilig organisiert.

Die inhaltliche Klammer der Hochschulen für den öffentlichen Dienst ist eben der öffentliche Dienst. Und darunter zählen in jedem Bundesland mindestens die vier inhaltlichen Grundausrichtungen der allgemeinen Verwaltung, der Polizei, der Rechtspflege sowie die Finanzen und Steuern. Auf Bundesebene werden diese Fachrichtungen noch durch weitere Hochschulen ergänzt, z. B. die Hochschule der Deutschen Bundesbank. Neben den Inhalten besteht eine weitere Gemeinsamkeit im formalen Verbleib der Absolventen in den Verwaltungen, nämlich im (ehemals) gehobenen, nichttechnischen Verwaltungsdienst. Darüber hinaus kann man von sehr ähnlichen, wenn nicht sogar identischen Situationen, Rahmenbedingungen und Entwicklungen bei den Praxispartnern, im Wesentlichen den Verwaltungen und Behörden im kommunalen und staatlichen Bereich, sprechen.

Die Hochschulen für den öffentlichen Dienst verkörpern heute moderne, gut organisierte und fachlich kompetente Organisationen mit zahlreichen fachlichen und methodischen Kompetenzen in der angewandten Forschung. Gerade diese Kompetenzen werden angesichts der aktuell erheblich wachsenden Herausforderungen für den öffentlichen Dienst mehr denn je gebraucht. Nicht nur vor dem Hintergrund aktueller empirischer Untersuchungen zeigt sich damit ein deutlich steigender Bedarf an praktischer Umsetzungsforschung in den Verwaltungen, der aktuell durch den demographischen Wandel und die umfassende Digitalisierung der Lebens-, Lern- und Arbeitswelt geprägt ist.

Die Verbindung von Forschung und Lehre sollte für eine Hochschule für angewandte Wissenschaften eine Kernkompetenz darstellen, die sie von anderen Aus- und Weiterbildungsinstitutionen deutlich unterscheidet. Insofern muss immer wieder betont werden, dass die Forschungsaktivitäten an den HöD keine ergänzenden Randtätigkeiten, sondern wichtige und zentrale Handlungsfelder neben der Lehre, der Weiterbildung und dem ebenfalls bedeutsamen Wissenstransfer sind.

Bereits heute verfügen die Hochschulen für den öffentlichen Dienst über eine Vielzahl anerkannter Wissenschaftlerinnen und Wissenschaftler, die auch bundesweit hochrelevante Themenfelder für den öffentlichen Dienst mitgestalten und durch ihre angewandte Forschungsarbeit maßgeblich zu praktischen Problemlösungen beitragen.

Das *Praxis und Forschungsnetzwerk* der HöD versteht sich deshalb als ein Netzwerk der Hochschulen für den öffentlichen Dienst, welches die zentrale Aufgabe hat, die angewandte Forschung sowie die stärkere Verzahnung von Lehre und Praxis mit Projektierungen durch eine ausgebaute Kooperation der Hochschulen untereinander zu professionalisieren.

In Folge dieser Aktivitäten und Entwicklungen wurde bereits im Sommer 2018 seitens des Netzwerkes ein „Mission Statement“entworfen, das einstimmig von der Rektorenkonferenz beschlossen wurde und unter dem Motto firmiert:

- Wissen schaffen,
- interdisziplinär arbeiten,
- gemeinsam Lösungen entwickeln,
- mit und in der Praxis umsetzen.

Das Mission Statement richtet sich mit den grundlegenden Ansätzen zum Selbstverständnis an alle Stakeholder inner- und außerhalb des Hochschulbereichs. Unter den Begriffen „Angewandte Forschung“und „Praxisprojekte“ werden dementsprechend alle Aktivitäten der Hochschulen für den öffentlichen Dienst verstanden, die innerhalb und außerhalb der Lehre gemeinsam mit der Praxis zu neuen Erkenntnisgewinnen, Umsetzungsmöglichkeiten und Innovationen führen sowie zugleich die Aktualität und das hohe Niveau der Lehre gewährleisten. Das Praxis- und Forschungsnetzwerk versteht sich entsprechend als Promotor, Impulsgeber und Kooperationsplattform für alle Aktivitäten der Hochschulen für den öffentlichen Dienst in der Umsetzung von Forschungs- und Praxisprojekten sowie in der gemeinsamen Interaktion und Kommunikation mit den Behörden und Einrichtungen im öffentlichen Dienst.

In diesem Sinne soll Wissen geschaffen und vernetzt, interdisziplinär mit den verschiedenen Talenten der HöD bearbeitet, gemeinsam mit den Partnern Lösungen entwickelt und diese mit und in der Praxis umgesetzt werden. Es geht nicht um theoretische Grundlagenforschung, sondern um konkrete Praxisprojekte und angewandte Forschung, die eine aktive und praxisnahe Rolle in der Weiterentwicklung des öffentlichen Dienstes angesichts der wachsenden Probleme und schwierigeren Rahmenbedingungen einnehmen sollen.

Darüber hinaus strebt das Praxis- und Forschungsnetzwerk die Intensivierung der angewandten Forschung und des Wissenstransfers an und möchte dies u.a. mit dem Aufbau einer Kompetenzplattform für den wissenschaftlich-praktischen Austausch unterstützen. Nicht zuletzt in diesem Zusammenhang ist ein regelmäßiger, jährlich stattfindender Workshop sowie eine eigene Schriftenreihe mit dem Titel „Schriften des Praxis- und Forschungsnetzwerks der Hochschulen für den öffentlichen Dienst" im NOMOS-Verlag in´s Leben gerufen worden. Der erste Band wurde auf der zweiten bundesweiten Tagung am 18.01.2019 in Berlin vorgestellt. Und auch der vorliegende Band gehört ja dieser Reihe wieder an.

Nicht zuletzt muss an diesre Stelle auch auf den in 2021 in Berlin gegründeten Förderverein der Hochschulen für den öffentlichen Dienst hingewiesen, der wesentlich zur Professionalisierung und Institutionalisierung des bislang eher losen Netzwerkes beitragen soll. So wird über den Förderverein derzeit nicht nur ein neues Corporate Design für Konferenz und Verein entwickelt, sondern auch die neue Homepage gepflegt: www.rkhoed.de.

2 *Die Prämierung wissenschaftlicher Abschlussarbeiten*

Bereits 2016 haben sich die Mitglieder des Präsidiums der Rektorenkonferenz der Hochschulen für den öffentlichen Dienst überlegt, wie man einerseits das Image der Hochschulen nach außen besser transportieren kann und andererseits auch ein klares Statement für die wissenschaftliche Kompetenz zu geben imstande ist. Schnell war die Idee geboren, einmal im Jahr die drei besten Arbeiten aller Hochschulen für den öffentlichen Dienst imagewirksam auszuloben. Das Konzept war schnell erstellt und beinhaltete vor allem die bekannten Kriterien, die auch an andere wissenschaftliche Abschlussarbeiten gestellt werden. Die Bewertungskriterien wurden und werden noch aktuell wie folgt gewichtet:

Aktualität, Relevanz des Themas	Gewichtung = 20 %,
Praktischer Bezug	Gewichtung = 20 %,
Wissenschaftlichkeit	Gewichtung = 20 %,
Ergebnis	Gewichtung = 15 %,
Formalia	Gewichtung = 15 % und
Methodik	Gewichtung = 10 %.

Das Präsidium bildete nicht zuletzt aus pragmatischen Gründen auch die Jury. War schon von 2017 zu 2018 ein deutlicher Zuwachs an Bewerbungen zu verzeichnen, so stiegen die Bewerbungen 2022 auf 18 Arbeiten bzw. Hochschulen im Jahr 2019 an. Da die Erkenntnisse aus den zahlreichen sehr guten Arbeiten nicht in der Schublade verschwinden sollten, entstand letztlich auch die Idee, mit einem eigenen, jährlichen Prämierungsband diesen Abschlussarbeiten gerecht zu werden und ihnen mehr Sichtbarkeit im wissenschaftlichen und praktischen Raum zu verleihen.

Die Ergebnisse der Prämierung der letzten Jahre sind auch auf der Homepage www.rkhoed.de unter der Rubrik „*Hall of Fame*" nachzulesen. Im Folgenden werden die Prämierungen der letzten Jahre mit den wesentlichen inhaltlichen und formalen Eckdaten dargestellt.

Prämierung 2017 (total 6 Bewerbungen)

Platz 3

Diplomarbeit	Corporate Social Responsibility als Instrument zur Bewältigung sozialpolitischer Probleme; eine Betrachtung im Kontext der aktuellen Flüchtlingsproblematik
Verfasserin	**Kristina Rudnick**
Erstgutachterin	Dr. Rita Orlean, Hochschule des Bundes für öffentliche Verwaltung Brühl

Platz 2

Masterarbeit	Die Eingriffsverwaltung und ‚Ethnic Profiling' – Untersuchung der Polizeiarbeit im Spannungsfeld zwischen Berufserfahrung und Diskriminierungsverbot
Verfasser	**Robin Gottschalg**
Erstgutachterin	Prof. Dr. Kerstin Wüstner, Hochschule für Wirtschaft und Recht, Berlin

Platz 1:

Bachelorarbeit	DNA der Pflanzen – eine neue Möglichkeit, um Straftaten aufzuklären?
Verfasserin	**Momo Stein**
Erstgutachter	Dr. Klaus-Peter Philipp, Fachhochschule für öffentliche Verwaltung, Polizei und Rechtspflege des Landes Mecklenburg-Vorpommern

Prämierung 2018 (total 13 Bewerbungen)

3. Platz

Master-Arbeit	Phänomen Reichsbürger – Ideologien, Risiken und ein Handlungsleitfaden zum Umgang
Verfasserin	**René Kalinka**
Erstprüferin	Prof. Dr. Joanna Groß, Kommunale Hochschule für Verwaltung Niedersachsen

2. Platz

Bachelor-Arbeit	Sind die Voraussetzungen, die das Grundgesetz für eine Verwendung der Streitkräfte im Innern bei terroristischen Bedrohungen vorsieht, noch zeitgemäß?
Verfasserin	**Alexandra Becker**
Erstprüferin	Prof. Dr. Pamela Hölbling Fachhochschule für öffentliche Verwaltung Nordrhein-Westfalen

1. Platz

Master-Arbeit	Mit einer schwarmintelligenten Verwaltung agil und stabil in die Zukunft? – Eine empirische Untersuchung am Beispiel der Bundesverwaltung
Verfasserin	**Alexandra Steuck**
Erstprüferin	Dr. Annette Wöhner, HS Bund

Prämierung 2019 (total 17 Bewerbungen)

3. Preis

Bachelor-Arbeit	Entwicklung eines Programms zur Erstellung von Weg-Zeit-Diagrammen
Verfasser/Preisträger	**Rafal Makowski**
Erstprüfer	Prof. Dr. Holger Roll, FH Güstrow Mecklenburg-Vorpommern

2. Preis

Bachelor-Arbeit	Key Performance Indicators bei der Bewertung von Smart Cities
Verfasserin/Preisträgerin	**Tina Müller**
Erstprüferin	Prof. Dr. Heike Papenheim-Tockhorn, HAW Hamburg

1. Preis

Bachelor-Arbeit:	Quantitative Lockerung der Europäischen Zentralbank – Ursachen und Wirkungen
Verfasserin/Preisträgerin:	**Katharina Rau**
Erstprüferin:	Prof. Dr. Lilli Zimmermann, Hochschule der Deutschen Bundesbank

Prämierung 2020 (total 12 Bewerbungen)

3. Preis

Bachelor-Arbeit	Entwicklung eines "Quick-Checks" des Kehler Management-Systems© am Beispiel der Gemeinde Willstätt und Untersuchung einer Erweiterung des Systems um die Außensicht
Verfasser/Preisträger	**Lukas Baumann**
Erstprüfer	Prof. Dr. Roland Böhmer, HS Kehl, Baden-Württemberg

2. Preis

Bachelor-Arbeit	Todeszeitbestimmung/Leichenliegezeit – Neue Methoden zur Verbesserung der Todeszeitbestimmung – Eine Stichprobenuntersuchung zur Überprüfung der Anwendbarkeit"
Verfasser/Preisträger	**Dennis Raab**
Erstprüfer	POR Martin Wiechmann, Dozent für Kriminalwissenschaften, Fachhochschule Polizei Sachsen-Anhalt, Aschersleben

1. Preis

Master-Arbeit	Netzwerke der Arbeitsmarktintegration in einem integrierten Flüchtlingsmanagement. Herausforderungen und Lösungsansätze in Sachsen-Anhalt im Kontext aktueller rechtlicher und konzeptioneller Entwicklungen.
Verfasser/Preisträger	**Robin Radom**
Erstprüferin	Prof. Dr. Birgit Apfelbaum, Hochschule Harz, Halberstadt, Sachsen-Anhalt

Prämierung 2021 (total 21 Bewerbungen)

3. Preis

Bachelor-Arbeit	Arbeitsmotive polizeilicher Nachwuchskräfte
Verfasser/Preisträger	**Sebastian Ruffer**
Erstprüfer	Dr. Linus Wittmann, Hochschule der Akademie der Polizei Hamburg

2. Preis

Diplom-Arbeit	Streit um das Bundeswahlrecht – Reformvorschläge im Sinne der Bürger oder im Eigeninteresse der Parteien?"
Verfasser/Preisträger	**Johannes Krause**
Erstprüfer	Sebastian Freitag, Thüringer Fachhochschule für öffentliche Verwaltung, Gotha

1. Preis

Bachelor-Arbeit	Optimierung von Verwaltungsprozessen durch Digitalisierung am Beispiel der Einführung in Stadthagen
Verfasser/Preisträger	**Arne Rörtgen**
Erstprüferin	Prof. Dr. Thomas Bartel, Kommunale Hochschule für Verwaltung in Niedersachsen (HS-VN), Hannover

3 Die Prämierung 2022

Im Jahr 2020 zeigten sich die mittel- und unmittelbaren Folgen der Coronakrise, so dass nur 13 Bewerbungen verzeichnet werden konnten, die im aktuellen Jahr 2022 allerdings auf ganze 18 Arbeiten gesteigert wurden (bisheriges Maximum war mit 21 Arbeiten das Jahr 2021).

Das Bewerber- bzw. Prämierungsverfahren im Jahr 2022 erfolgte mit dem Aufruf zur Einreichung der Vorschläge bis April 2022, woran sich das Bewertungsverfahren anschloss. Auf der Online-Präsidiumssitzung im Juli 2022 wurde die Bewertung abgeschlossen und anschließend die Gewinner benachrichtigt.

Die Jury bestand 2022 aus den aktuellen fünf Präsidiumsmitgliedern

- Dr. Robert Klüsener, Thüringer Verwaltungsfachhochschule, Gotha,
- Prof. Dr. Dr. Erich Keller, Hochschule der Deutschen Bundesbank, Hachenburg,
- Klaus Weisbrod, Hochschule für öffentliche Verwaltung Rheinland-Pfalz, Mayen,
- Prof. Dr. Frank Nolden, Hochschule Meißen (FH), Meißen,
- Prof. Dr. Jürgen Stember, Hochschule Harz, Halberstadt.

Da die meisten Arbeiten ja in ihren eigenen Häusern und Hochschulen bereits prämiert worden sind, konnte an der wissenschaftlichen Qualität ohnehin kaum Zweifel bestehen. Und so fiel die Bewertung auch entsprechend nicht leicht.

Bei den aktuellen Einreichungen gab es zahlreiche Arbeiten aus dem Bereich der allgemeinen Verwaltung, einerseits zu wirtschaftlichen und digitalen Themen, z. B. zum Stand der Digitalisierung in Kommunalverwaltungen in Deutschland oder Blended-Learning-Szenarien.

Gesellschaftlich aktuelle Themen haben ebenfalls einen großen Platz eingenommen. Hier ging es um Themen, wie z. B. im Umgang mit der Corona-Pandemie. Es wurden aber auch einige Arbeiten dem Thema des Finanzmanagements und Haushaltsbereichs gekoppelt, z. B. kommunale Haushaltsausgleich in Planung und Rechnung unter Berücksichtigung pandemiebedingter Sonderregelungen.

Einen weiteren wichtigen Schwerpunkt bildeten erneut besonders die Arbeiten aus der innovativen Polizeiarbeit. Hier waren Themen vertreten, wie z. B. Frustration junger Führungskräfte – Analyse der Arbeitszufriedenheit, das Phänomen Cybergrooming auf Gaming-Plattformen, aber auch teils etwas theoretischere Themen wie, „Du sollst nicht töten“ – Eine kritische Betrachtung der Todesstrafe unter dem Blickpunkt der Menschenrechte.

In diesem Jahr gab es aber eine Besonderheit, weil sich die Jury nicht auf einen, sondern auf zwei dritte Plätze geeinigt hat. Prämiert wurden deshalb diesmal sogar vier Arbeiten, die allesamt hervorragende wissenschaftliche Bearbeitungen darstellen, aktuelle Themen beinhalten und vor allem die für alle Hochschulen für angewandte Wissenschaften so wichtige Verknüpfung von Praxis und Wissenschaft unter Beweis stellen.

Prämierung 2022 (total 18 Bewerbungen)

Im Jahr 2022 wurden offiziell 18 Arbeiten aus 18 Hochschulen für den öffentlichen Dienst eingereicht:

- 3 Diplomarbeiten,
- 13 Bachelor-Arbeiten und
- 2 Master-Arbeiten.

Auf der Basis der vorhandenen Entscheidungskriterien ergab sich in der Jury (=Präsidium) auf der Sitzung im Juli 2022 eine intensive Diskussion, die folgendes Gesamtranking zum Ergebnis hatte. Zum ersten Mal wurde der dritte Platz zweimal vergeben:

3. Preis

Bachelor-Arbeit	Frustration junger Führungskräfte – Analyse der Arbeitszufriedenheit von jungen Führungskräften bei der Schutzpolizei
Verfasserin/Preisträgerin	**Muriel Grund**
Erstprüfer	PsychRat Joachim Albrecht, Hochschule für Polizei Baden-Württemberg, Villingen-Schwenningen.

3. Preis

Bachelor-Arbeit	Teilprivilegierung von Bauvorhaben gemäß § 35 IV BauGB mit besonderer Betrachtung des Bestandsschutzes
Verfasserin/Preisträgerin	**Franziska Bäuerle**
Erstprüfer	Prof. Dr. Peter Eisenbarth, Hochschule Ludwigsburg, Baden-Württemberg

2. Preis

Bachelor-Arbeit	Das Phänomen Cybergrooming auf Gaming-Plattformen – Erarbeitung eines Präventionsvideos für Kinder
Verfasserin/Preisträgerin	**Sabrina Maria Mistler**
Erstprüfer	Thomas Mohr, Hochschule der Polizei Rheinland-Pfalz, Hahn

1. Preis

Bachelor-Arbeit	Blended Learning-Szenarien zur Einarbeitung neuer Fallmanager am Beispiel des KreisJob-Centers Marburg-Biedenkopf
Verfasserin/Preisträgerin	**Denise Bressau**
Erstprüfer	Thomas Berthold, Hessische Hochschule für öffentliches Management und Sicherheit, Wiesbaden.

Den Gewinnerinnen wird an dieser Stelle nochmals herzlich gratuliert.

3 Fazit

Wie beschrieben, führten nicht nur die wissenschaftliche Qualität, sondern auch die große Zahl der sehr guten Arbeiten mit interessanten und aktuellen Themen dazu, einen eigenen Band in einer wissenschaftlichen Reihe zu publizieren. Es sollten damit nicht nur die drei besten Arbeiten geehrt werden, sondern auch die restlichen eingereichten Arbeiten, die natürlich ebenfalls das Ziel ermöglichen, die Aktivitäten der Hochschulen für den öffentlichen Dienst zu verdeutlichen und zu konkretisieren.

Insofern kann am Ende im Fazit auch für den 5. Durchlauf nur ein großer Dank an alle Beteiligten stehen, die diesen vorliegenden Band ermöglicht haben:

- Der herzliche Dank an alle vorschlagenden Hochschulen,
- der herzliche Dank an die Verfasserinnen und Verfasser dieser sehr guten Abschlussarbeiten,
- der herzliche Dank an den dbb, der die Preisgelder zur Verfügung gestellt und unsere Ideen immer wieder gern und umfassend unterstützt hat,

- der herzliche Dank an die BBBank, die den Band finanziert hat und nicht zuletzt
- der herzliche Dank an den NOMOS-Verlag, der diese Reihe und den Band herausgegeben hat.

Der vorliegende Band und die bislang erfolgten Prämierungen sollten alle Beteiligten dazu ermuntern, auch in den nächsten Jahren ihr großes Engagement fortzuführen.

Kap. 2:
Prämierte Arbeiten aus dem allgemeinen Bereich des öffentlichen Dienstes

Stand und Treiber der Verwaltungsdigitalisierung in deutschen Kommunalverwaltungen[1]

Maximilian Fischer und Jens Weiß

1 Einleitung

Die Digitalisierung ist ein umfassender Veränderungsprozess moderner Gesellschaften. Die durch den technischen Fortschritt geschaffene Möglichkeit, Daten über natürliche, technische und insbesondere soziale Prozesse zu generieren, in großen Geschwindigkeiten zu übertragen und zu verarbeiten, verändert nicht nur individuelle Handlungspotenziale, wirtschaftliche Verwertungsmöglichkeiten und politische Machtverhältnisse, sondern stellt „das bisherige Zusammenspiel von Staat, Markt und Zivilgesellschaft in Frage“[2]. Während die weltweite Ökonomie in den letzten 15 Jahren mit großer Geschwindigkeit transformiert wurde,[3] ist die Veränderungsgeschwindigkeit politisch-administrativer Systeme deutlich geringer. Staatliche Institutionen – und das ist in gewisser Hinsicht auch positiv – können sich bislang gegen Formen disruptiver Digitalisierung[4] wehren. Allerdings ist auch klar, dass eine umfassende Digitalisierung staatlicher Institutionen erhebliche Wohlfahrtsgewinne durch schnellere Beteiligungs- und Entscheidungsprozesse mit besseren Informationen, effizientere Implementierungs- und Verwaltungsprozesse und neue Formen von organisationalem und Policy-bezogenem Lernen bringen könnte.[5]

Bekanntermaßen erweist sich das politisch-administrative System Deutschlands als besonders digitalisierungsresistent,[6] und aktuell zeigen die Einschätzungen des Nationalen Normenkontrollrats zu den erheb-

---

1 Die Autoren danken der Axians Infoma GmbH, Ulm für die Unterstützung bei der Durchführung der Befragung.

2 Klenk (2019), S. 155.

3 Vgl. Srnicek (2017).

4 Christensen (2016).

5 Vgl. Bitkom (2021); Deckert (2020), S. 20; Heinrichs/Schuster (2019), S. 210; Stocksmeier (2017), S. 10; Wirtz/Daiser (2015), S. 6.

6 Vgl. die Auswertung von Digitalisierungsrankings in den Berichten und „Monitoren“ des Nationalen Normenkontrollrats https://www.normenkontrollrat.bund.de/nkr-de/digitalisierung, (zuletzt geprüft am 28.09.2022).

lichen Verzögerungen bei der Umsetzung des Onlinezugangsgesetzes (OZG), dass Verwaltungsdigitalisierung zumindest sehr viel langsamer stattfindet, als Politik dies möchte und vorzuschreiben können glaubt.[7]

Der Begriff „Verwaltungsdigitalisierung“ verschleiert dabei den Blick auf die Komplexität des Veränderungsprozesses. Bedingt durch Föderalismus, kommunale Selbstverwaltung und Ressortprinzip ist ja nicht eine Verwaltung zu digitalisieren. Vielmehr geht es um weit mehr als 10.000 Organisationen, von denen viele – nämlich die meisten Kommunen – mit 100 oder weniger Beschäftigten vergleichsweise klein und für das Management von IT-getriebenen Veränderungsprozessen denkbar schlecht vorbereitet sind. Vor allem die Kommunen sind es aber, die an der Schnittstelle zu Bürgerinnen und Bürgern die von diesen im Wesentlichen beobacht- und bewertbaren Verwaltungsleistungen erbringen.[8]

Die folgende Untersuchung analysiert den Stand der Verwaltungsdigitalisierung in den deutschen Kommunen und die wesentlichen Faktoren zu dessen Erklärung auf Basis empirischer Daten aus einer Vollerhebung mit einem Online-Survey im Herbst 2020. Im zweiten Kapitel werden die theoretisch-konzeptionellen Grundlagen der Untersuchung dargestellt. Es folgen Hinweise zur Erhebung der Daten im dritten Kapitel sowie eine deskriptive und analytische Auswertung im vierten Kapitel. Eine Diskussion der Ergebnisse findet sich im fünften Kapitel.

2 *Stand der verwaltungswissenschaftlichen Diskussion und Forschungsdesign*

Es wurde bereits angedeutet, dass wir unter Digitalisierung einen umfassenden sozio-technologischen Veränderungsprozess verstehen. In diesem Beitrag fokussieren wir allerdings vor allem die technische Seite der Verwaltungsdigitalisierung im Sinne einer umfassenden Nutzung von digitalen Technologien für die Verwaltungsarbeit.[9] Dabei geht es vor allem um eine durchgehende digitale Bearbeitung von Vorgängen innerhalb der Verwaltung. Dieser Aspekt scheint auch mit Blick auf das OZG nach wie vor eine der konzeptionellen Schwachstellen der Verwaltungsdigitalisierung in Deutschland. Selbstverständlich sind einfach bedienbare digitale Schnittstellen sowohl bei der Initiierung von Verwaltungsprozessen durch Bürgerinnen und Bürger, wie auch bei der Auslieferung von Verwaltungs-

7 Vgl. NNK (2021).
8 Vgl. Lühr et al. (2019), S. 20; Schwab et al. (2019) S. 26.
9 Vgl. Klenk et al. (2020), S. 7.

leistungen wesentlicher Bestandteil digitaler Verwaltungsarbeit. Substanzielle Effizienz-, Transparenz- und damit auch Akzeptanz- und Legitimitätsaspekte ergeben sich aber vor allem aus einer durchgehend medienbruchfreien, digital gesteuerten und soweit möglich automatisierten Bearbeitung. Hierfür sind prozessorientierte Workflowsysteme[10] notwendig, die die Bearbeitung weitgehend automatisiert steuern und – zumindest für das Management innerhalb der Organisation – Transparenz über grundlegende Bearbeitungsdaten, wie Bearbeitungszeiten und -kosten, ermöglichen. Herzberg hat darauf aufmerksam gemacht, dass auch die sogenannte eAkte mit ihrer Ausrichtung auf die Bearbeitung von Dokumenten statt auf die Produktion von Dienstleistungen ein Handicap für die Verwaltungsdigitalisierung darstellen könnte.[11] An dieser Stelle wird der Konflikt zwischen den Potenzialen disruptiver Digitalisierung einerseits sowie veränderungsresistenter Organisationskultur und diese stabilisierenden Rechtsnormen andererseits, besonders deutlich.

Typische Projekte in der Phase des *E-Governments* seit 2000 wie Verwaltungs-Webseiten, Social-Media-Auftritte, digitale Bürgerhaushalte, Anliegenmanagementsysteme und elektronische Terminvereinbarungen waren vor allem geeignet, die Modernität einer Verwaltung zu zeigen. Sie brachten aber überwiegend offensichtlich nur wenig Nutzen für Bürgerinnen und Bürger, was sich in dauerhaft niedrigen und letztlich rückläufigen Nutzungszahlen manifestierte.[12] Überwiegend handelte es sich bei dieser Schnittstellen-Digitalisierung um Zusatzangebote im Bereich freiwilliger Leistungen, während die durchgehende Digitalisierung von Kernprozessen der Leistungserbringung in den Verwaltungen kaum systematisch betrieben wurde.[13] Verbunden auch mit der Durchsetzung des Narratives der *Verwaltungsdigitalisierung* hat dann erst in den letzten Jahren die Digitalisierung der Leistungsprozesse innerhalb öffentlicher Organisationen mehr Aufmerksamkeit in konzeptionellen Diskussionen und der Verwaltungspraxis gewonnen.[14]

Auf Basis dieser Überlegungen bearbeitet dieser Beitrag zwei wesentliche Forschungsfragen. Erstens soll untersucht werden, wie der Stand der Digitalisierung an den Schnittstellen zu Stakeholdern mit dem Stand

---

10 Häckelmann et al. (2000).

11 Vgl. Herzberg (2018).

12 Vgl. Nolte et al. (2012); Zobel/Weiß (2018); Schmidt (2022); https://de.statista.com/statistik/daten/studie/466180/umfrage/nutzung-von-e-government-angeboten-in-deutschland/, (zuletzt geprüft am 28.09.2022).

13 Vgl. Klenk et al. (2020), S. 6.; Martini (2018), S. 74 f.; Schwab et al. (2019), S. 30.

14 Vgl. Weiß (2019).

der internen Digitalisierung von Kommunalverwaltungen gemessen und verglichen werden kann. Zum Zweiten soll auf Basis dieser Ergebnisse untersucht werden, welche wesentlichen Faktoren Differenzen des Stands der Digitalisierung zwischen Kommunen erklären können.

Um den Stand der Digitalisierung zu messen, wurden drei Messkriterien genutzt. Einerseits wurde der Stand der Digitalisierung für 13 typische Aufgaben und Einzelprozesse erfasst, die bislang charakteristisch für die Entwicklung in den Kommunen waren. Gefragt wurde hier zum Beispiel nach Möglichkeiten zum digitalen Download von Formularen, der Nutzung von Ratsinformationssystemen, der Implementierung von Anliegenmanagementsystemen, digitaler Rechnungsbearbeitung oder Formen des ePayment (s. auch Abb. 2). Für die zweite Erfassung des Stands der Digitalisierung wurden die Teilnehmerinnen und Teilnehmer gebeten, Durchgängigkeit und digitale Integration der Bearbeitungsprozesse in zwölf typischen kommunalen Organisationsbereichen von „Allgemeine Sicherheit und Ordnung" bis „Wirtschaft und Tourismus" einzuschätzen (s. auch Abb. 3). Drittens kann die Selbsteinschätzung kommunaler Entscheiderinnen oder Entscheider zum Stand der Digitalisierung relevant sein, weshalb auch diese mit zwei Fragen erhoben wurde.

Als unabhängige, also den Stand der Digitalisierung beeinflussende Variablen wurden verschiedene, in der Literatur diskutierte externe und interne Faktoren in der Befragung erhoben. Auf Basis der Überlegungen von Manoharan und Ingrams[15] wurden die Kommunen nach dem Einfluss von Unternehmen, Bürgerinnen und Bürgern sowie externen IT-Dienstleistern befragt. Darüber hinaus wurde die Bedeutung rechtlicher Vorgaben erhoben. Als interne Faktoren wurden die Bedeutung der politischen Vertretungen und der Verwaltungsführung für die Digitalisierung sowie die Ausstattung mit personellen Ressourcen im Bereich der Kern-IT und des Prozessmanagements als wichtiger Digitalisierungskompetenz erfasst. Als ein wesentliches Steuerungsinstrument an der Schnittstelle zwischen Verwaltungsführung und Fachexpertise wurden die Kommunen nach der Bedeutung möglicherweise vorhandener Digitalisierungsstrategien befragt.

Abbildung 1 zeigt das der Befragung zugrunde liegende analytische Modell mit jeweils fünf externen und fünf internen Faktoren und den drei Konstrukten zur Messung des Stands der Digitalisierung.

---

15 Manoharan/Ingrams (2018).

Abbildung 1: Untersuchungsmodell, eigene Darstellung auf Basis von Manoharan und Ingrams (2018) und Weiß (2019).

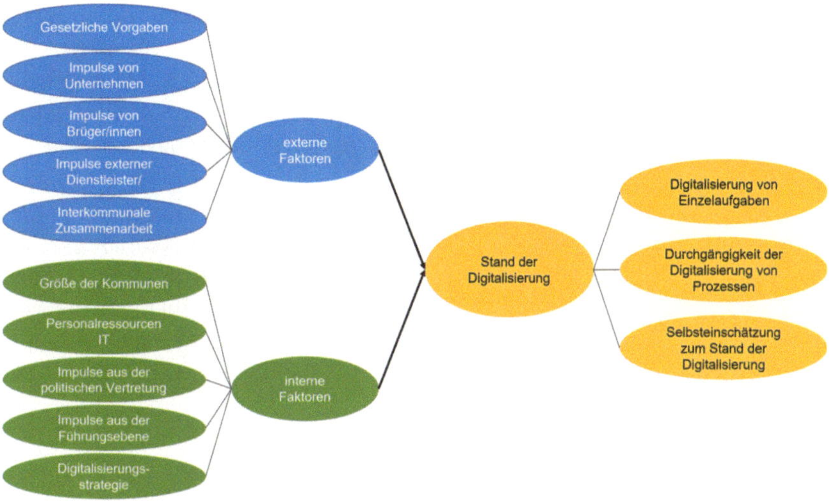

3 Datenerhebung

Die Befragung wurde im Herbst 2020 als bundesweite Online-Befragung aller Kommunen mit einer eigenständigen Verwaltung durchgeführt. Insgesamt wurden 5.553 Kommunen zur Teilnahme eingeladen, wobei primär Bürgermeisterinnen und Bürgermeister kontaktiert wurden. Mit einer Teilnahme von 548 Kommunalverwaltungen beträgt die Rücklaufquote 9,87 %. Für eine wissenschaftliche Befragung dieser Zielgruppe ist die Rücklaufquote insbesondere mit Blick auf die Pandemie-Situation zufriedenstellend. Mit über 500 Datensätzen dürfte die Befragung aktuell eine der umfangreichsten wissenschaftlich nutzbaren Datengrundlagen zur Digitalisierung in Kommunen sein.

Bei 13 % der Kommunen, die sich an der Befragung beteiligten, identifizierten sich die Teilnehmerinnen oder Teilnehmer als Bürgermeisterinnen und Bürgermeister oder direkt in deren Auftrag handelnde Personen. In 28 % der Fälle bearbeiteten Dezernentinnen oder Dezernenten, in 20 % Amts- oder Fachbereichsleiterinnen und in weiteren 18 % Führungskräfte aus IT-Bereichen oder IT-nahen Bereichen den Fragebogen. 6 % der Datensätze stammen von Beschäftigten aus IT-Bereichen, und 14 % der Bearbeiterinnen und Bearbeiter machten keine Angaben zu ihrer Funktion.

Es liegen Datensätze aus allen Bundesländern vor. Aus dem Saarland haben sich acht Kommunen und aus Bayern 117 Kommunen beteiligt, die Beteiligung aus den anderen Bundesländern liegt dazwischen. Größere Verzerrungen der Ergebnisse scheinen auch mit Blick auf die sich nur wenig unterscheidenden Rahmenbedingungen in den Bundesländern eher unwahrscheinlich. Größere Städte sind insgesamt in der durch Selbstselektion entstandenen Stichprobe im Vergleich zur Grundgesamtheit leicht überrepräsentiert. 67 % der Kommunen verfügen über maximal 100 Beschäftigte und im Bereich der Kern-IT über maximal fünf Vollzeitäquivalente. Aufgrund des später noch zu diskutierenden Einflusses der Größe einer Kommune auf den Stand der Digitalisierung und der Annahme, dass Kommunen, die die Digitalisierung als wichtiges Handlungsfeld sehen und intensiver an Digitalisierungsprojekten arbeiten, eher auch bereit sind, an einer Umfrage zu diesem Thema teilzunehmen, ist davon auszugehen, dass die erhobenen Daten den Stand der Digitalisierung eher als etwas zu positiv darstellen könnten.

4 Ergebnisse

4.1 Stand der Digitalisierung

Die Abbildungen 2, 3 und 4 zeigen die Ergebnisse für die drei Konstrukte zur Messung des Stands der Digitalisierung. Als typische Digitalisierungsleistungen können für deutsche Kommunen der Download von Formularen, Ratsinformationssysteme sowie Möglichkeiten zur elektronischen Erfassung von Anwesenheitszeiten und Urlaubsanträgen gelten (s. Abb 2). Auch diese Leistungen sind allerdings bisher bei Weitem nicht flächendeckend umgesetzt. Dass ungefähr 50 % der Kommunen angeben, über standardisierte Lösungen für Home Office zu verfügen, dürfte im Wesentlichen eine Konsequenz der Covid19-Pandemie sein. Weniger als 50 % der Kommunen gaben an, Eingangsrechnungen digital zu verarbeiten. Relativ niedrig ist auch der Umsetzungsstand für die technisch einfach realisierbare digitale Buchung von Sprechstunden im Bürgerservice. Insgesamt zeigt sich hier noch ein erheblicher Implementierungsbedarf.

Abbildung 2: Stand der Digitalisierung gemessen anhand der Digitalisierung von Einzelaufgaben.

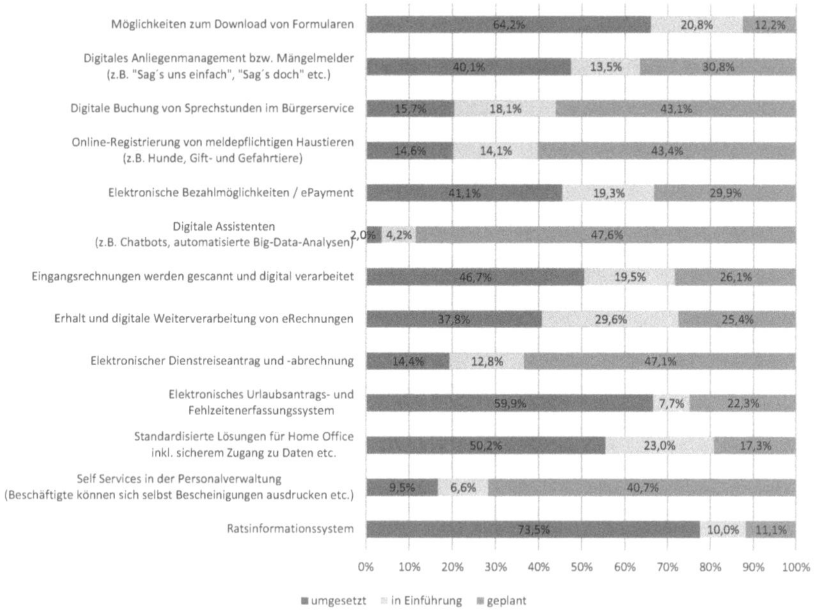

Quelle: Eigene Darstellung.

Die Messung des Digitalisierungsstandes über die Durchgängigkeit der Digitalisierung von Leistungsprozessen (s. Abb. 3) zeigt den bislang noch wenig entwickelten Stand der Digitalisierung interner Leistungsprozesse. Lediglich im Finanzbereich verfügt eine größere Anzahl der Kommunen über durchgehend oder zumindest teilweise digitalisierte Geschäftsprozesse. In den Geschäftsbereichen „Allgemeine Sicherheit und Ordnung" sowie bei den Dienstleistungen für Bürgerinnen und Bürger verfügen um die 20 % der Kommunen zumindest über in Ansätzen digitalisierte Geschäftsprozesse. In allen anderen Bereichen ist der Stand der Digitalisierung insgesamt noch sehr gering.

Abbildung 3: Stand der Digitalisierung gemessen anhand der Durchgängigkeit der Digitalisierung von Leistungsprozessen.

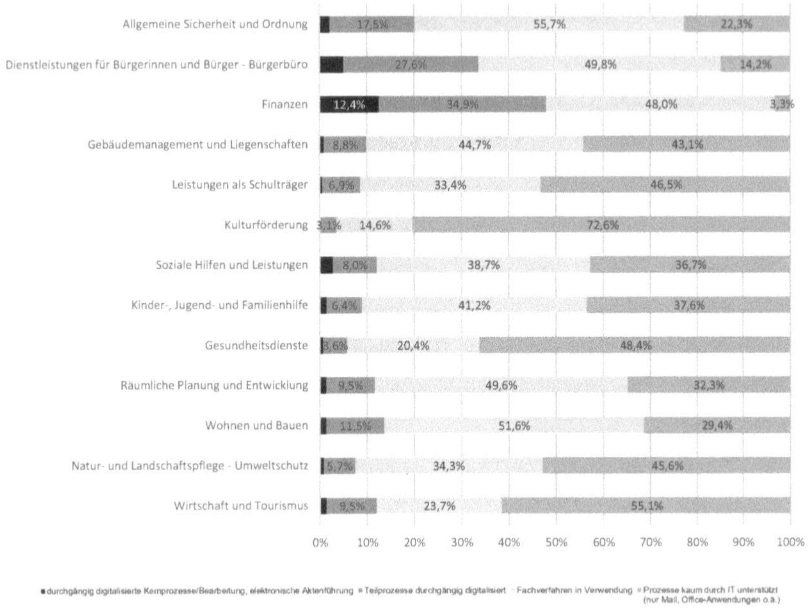

Quelle: Eigene Darstellung.

Die zwei Fragen zur Selbsteinschätzung zeigen einerseits eine Verteilung auf drei, jeweils ungefähr ein Drittel große Gruppen und damit eine zumindest statistisch realistische Einschätzung bezüglich des Stands der Digitalisierung im Vergleich zu anderen Kommunen. Andererseits sind nur ca. 8 % der Kommunen zumindest überwiegend der Meinung, den Anforderungen einer digitalen Gesellschaft bereits gerecht zu werden.

Abb. 4: Selbsteinschätzung der Kommunen zum Stand der Digitalisierung.[16]

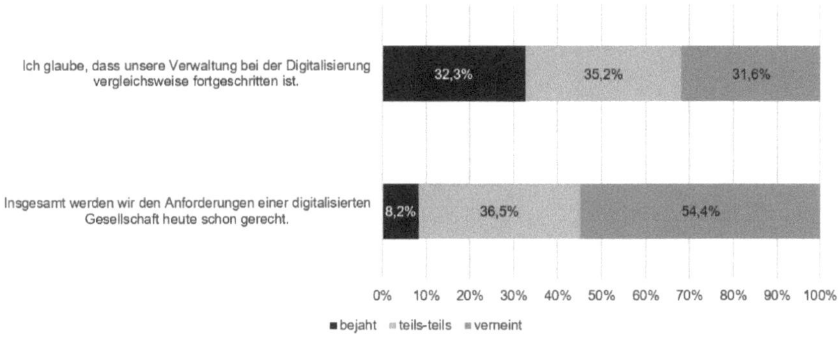

Quelle: Eigene Darstellung.

Mit Blick auf die Frage, wie der Stand der Digitalisierung in Kommunen sinnvoll gemessen werden kann und welchen Beitrag die drei entwickelten Konstrukte zu dieser Messung leisten können, wurde eine einfache Korrelationsanalyse durchgeführt. Die Ergebnisse zeigen signifikante Korrelationen zwischen den drei Konstrukten, die zwischen .366 und .427 liegen (s. Tab 1).

Tab. 1: Korrelationskoeffizient (Pearson) für die benutzten Konstrukte zur Messung des Digitalisierungsstands.

	Prozessindex	Aufgabenindex
Aufgabenindex	.427**	–
Selbsteinschätzung	.412**	.366**

** Die Korrelation ist auf dem Niveau von 0.01 (2-seitig) signifikant.

Der Index für die Selbsteinschätzung korreliert stärker mit dem Prozessindex, was dafür sprechen könnte, dass auch aus Sicht der kommunalen Führungskräfte und Beschäftigten, der Stand der Digitalisierung eher an der Durchgängigkeit der Digitalisierung von Prozessen zu messen ist, als

16 Die Items wurden mit einer 5-stufigen Likert-Skalierung erhoben (trifft nicht zu, trifft eher nicht zu, teils-teils, trifft eher zu, trifft voll zu). Für die grafischen Auswertungen wurden jeweils die Antworten in den Ausprägungen *trifft nicht zu* und *trifft eher nicht zu* als „Verneinung“ und die Ausprägungen *trifft eher zu* und *trifft voll zu* als „Bejahung“ zusammengefasst. Dies gilt auch für die Abbildungen 5 und 6.

an der Digitalisierung von einzelnen Aufgaben. Insgesamt scheinen die drei Indizes insbesondere in Kombination sinnvoll geeignet zu sein, um den Stand der Digitalisierung in Kommunen angemessen zu erfassen.

4.2 Für die Digitalisierung relevante Faktoren

Abbildung 5 gibt einen Überblick über die Sicht der Kommunen auf wesentliche Treiber der Digitalisierung. Deutlich wird dabei, dass gesetzliche Vorgaben eine zentrale Bedeutung für die Digitalisierung in den Kommunen haben. Darüber hinaus werden Impulse der Verwaltungsführung von ca. zwei Dritteln der Kommunen als wichtiger Einflussfaktor auf die Digitalisierung gesehen.

Abbildung 5: Impulse und Ressourcen für die Verwaltungsdigitalisierung.

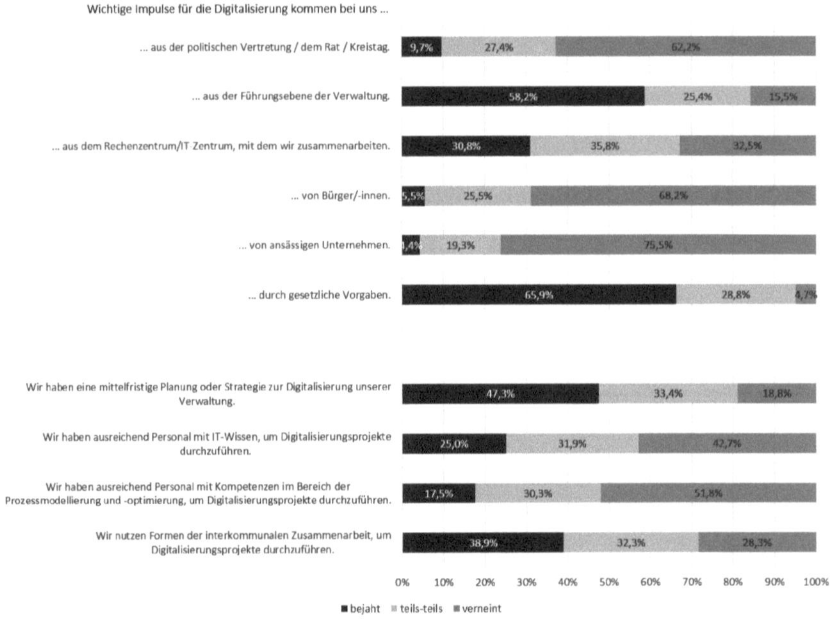

Quelle: Eigene Darstellung.

Knapp 50 % der Kommunen, die an der Befragung teilgenommen haben, gaben an, über eine „mittelfristige Planung oder Strategie zur Digitalisierung" zu verfügen. Knapp 40 % nutzen Formen interkommunaler Zusammenarbeit für Digitalisierungsprojekte. Die Verfügung über Personalressourcen wird kritisch eingeschätzt: Nur ca. 25 % der Kommunen geben an, über ausreichend Personal zur Umsetzung von Digitalisierungsprojekten zu verfügen, und nur 17 % verfügen über ausreichend Personal mit Kompetenzen im Bereich Prozessmodellierung.

Abbildung 6: Hemmnisse der Verwaltungsdigitalisierung.

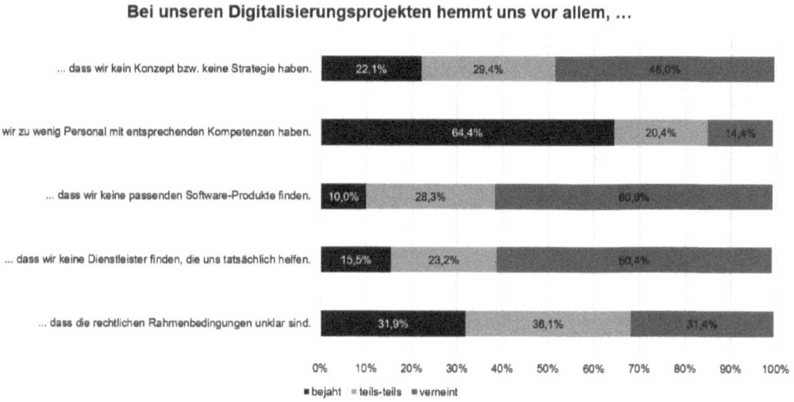

Quelle: Eigene Darstellung.

Eine Übersicht über wesentliche Aspekte, die die Digitalisierung in den Kommunen erschwert, findet sich in Abbildung 6. Knapp 65 % der Kommunen geben an, dass ein Mangel an Personal mit entsprechenden Kompetenzen schnellere Fortschritte im Bereich der Digitalisierung verhindert. Während rechtliche Vorgaben, wie bereits gezeigt, als wesentliche Treiber der Digitalisierung gesehen werden, sieht ungefähr ein Drittel der Kommunen eine nicht hinreichende Klarheit der rechtlichen Rahmenbedingungen als hemmenden Faktor. Ungefähr 22 % der Kommunen glauben, Digitalisierungskonzepte oder -strategien könnten schnellere Fortschritte ermöglichen. Die Nicht-Verfügbarkeit passender Dienstleister oder Software sehen 10 % bis 15 % der Kommunen als Problem.

Auf Basis der deskriptiven Auswertung erweisen sich also gesetzliche Vorgaben, Impulse der Verwaltungsführung, Digitalisierungsstrategien sowie die Verfügung über Personal mit Digitalisierungskompetenzen, möglicherweise auch im Kontext interkommunaler Zusammenarbeit, als für den Stand der Digitalisierung einer Kommune wichtigste Faktoren.

Abbildung 7: Untersuchungsmodell für die SEM-Analyse.

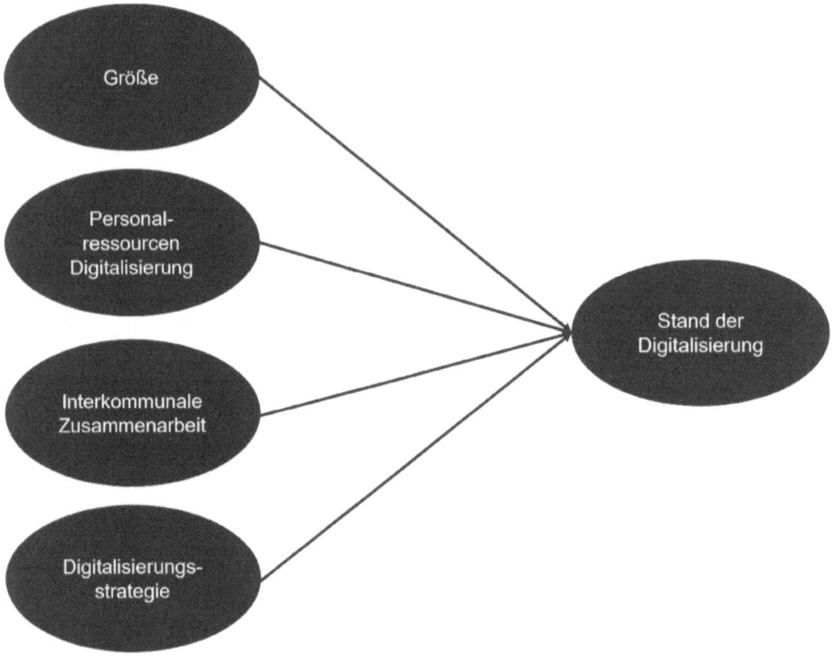

Quelle: Eigene Darstellung.

Eine vertiefende Analyse des Untersuchungsmodells (s. Abb. 1) wurde mit Hilfe von Faktoren- und Korrelationsanalysen sowie Strukturgleichungsmodellen durchgeführt. Auf Basis dieser Analyse konnten letztlich vier Faktoren mit einer relevanten Wirkung auf den Stand der Digitalisierung identifiziert werden. Abbildung 7 zeigt das optimierte Strukturgleichungsmodell, das mit dem Softwarepaket SmartPLS 4.0[17] entwickelt und getestet wurde.

Die Pfadkoeffizienten sind für alle drei Konstrukte zur Messung des Digitalisierungsstands in Tabelle 2 dargestellt.

17 Vgl. Ringle et al. (2022).

Tab. 2: Pfadkoeffizienten der Konstrukte zur Messung des Digitalisierungsstands.

	Prozessindex	Aufgabenindex	Selbsteinschätzung
Größe	.485**	.375**	-.012
Personalressourcen	.144**	.175**	.285**
Interkommunale Zusammenarbeit	.089*	.082*	.062
Digitalisierungsstrategie	.029	.094*	.329*
R^2	.354*	.294*	.297**

* Signifikant auf .05-Niveau, ** signifikant auf .01-Niveau

Die R^2-Werte sind für alle drei Varianten signifikant und liegen zwischen .294 und .354, was bedeutet, dass um die 30 % bis 35 % der Varianz des Digitalisierungsstands mit den vier Faktoren erklärt werden kann. Dabei ist die Größe der Faktor, der den stärksten Einfluss auf den Prozess- und den Aufgabenindex hat. Auf Basis dieser Ergebnisse und des relativ einfach zu erklärenden Zusammenhangs zwischen der Größe und der Verfügbarkeit von Ressourcen kann recht sicher davon ausgegangen werden, dass die Größe einer Kommunen einen wesentlichen Einfluss auf den Stand der Digitalisierung hat. Umgekehrt formuliert: Kleine Kommunen sind bei der Digitalisierung benachteiligt. Dieser Effekt wird möglicherweise in der Selbsteinschätzung durch einen gedanklichen Bezug auf die verfügbaren Ressourcen etwas kompensiert.

Die Verfügbarkeit von Personalressourcen mit Digitalisierungskompetenzen korreliert leicht mit der Größe der Kommunen, hat aber eine eigenständige Wirkung. Der Effekt ist besonders stark, wenn der Stand der Digitalisierung über die Selbsteinschätzung gemessen wird. Interkommunale Zusammenarbeit hat nur einen schwachen Einfluss auf den Stand der Digitalisierung, der für die Aufgaben- und Prozessindizes signifikant ist. Eine mögliche und sogar recht starke Wirkung von Digitalisierungsstrategien ist auf Basis der Selbsteinschätzung anzunehmen, eine kleinere Wirkung für den Aufgabenindex.

5 Diskussion und Fazit

Die drei, in dieser Untersuchung genutzten Konstrukte liefern einige neue Erkenntnisse zum Stand der Digitalisierung in Kommunen. Die Ergebnisse bestätigen die vorliegenden Einschätzungen zu einem eher langsam verlaufenden Digitalisierungsprozess in der deutschen Verwaltung und insbesondere in den deutschen Kommunen. Bisherige Digitalisierungsmaßnahmen hatten häufig die Implementierung digitaler Schnittstellen zu Bürgerinnen und Bürgern oder einzelner aufgabenbezogener Applikationen zum Gegenstand. Allerdings sind auch technisch relativ einfache Verfahren bislang nicht flächendeckend eingeführt. Der erhobene Prozessindex belegt die These einer mangelnden Binnendigitalisierung:[18] Kommunale Verwaltungen verfügen noch kaum über durchgehend digitalisierte Geschäftsprozesse. Dieses Defizit ist problematisch, weil die Effizienzvorteile der Digitalisierung damit im Wesentlichen ungenutzt bleiben. Eine Vielzahl von Fachverfahren, die teilweise über wenig aktuelle Software-Produkte abgewickelt werden, behindert eine schnellere Digitalisierung. Die Ablösung durch integrierte Systemlandschaften, wie sie beispielsweise als Enterprise-Resource-Planning-Systeme im privatwirtschaftlichen Sektor genutzt werden, könnte hier erhebliche Effizienz- und Qualitätsvorteile bringen. Leider ist erkennbar, dass auch das OZG, mit seiner stichtagsorientierten Fokussierung auf den digitalen Zugang von Stakeholdern zur Verwaltung, in diesem Bereich keine neuen Impulse liefert.

Die Größe – oder genauer gesagt die Kleinheit – der durchschnittlichen deutschen Kommune ist nicht nur mit Blick auf die Verfügbarkeit von Personalressourcen mit digitalisierungsrelevanten Ressourcen, sondern auch aufgrund der geringen Wirtschaftlichkeit für den Betrieb umfassender, integrierter IT-Systeme ein erhebliches Handicap. Warum das Potenzial einer vertieften interkommunalen Zusammenarbeit an dieser Stelle weiterhin nicht realisiert werden kann und welche institutionellen Arrangements sinnvoll sein könnten, sollte Gegenstand der weiteren Forschung zur Verwaltungsdigitalisierung in den Kommunen sein.

Während die vorliegenden Daten deutlich zeigen, dass Kommunen rechtliche Regelungen als wesentliche Impulse für die Digitalisierung wahrnehmen, bewertet knapp ein Drittel der Kommunen die existierenden gesetzlichen Vorgaben als „unklar“. Hier besteht möglicherweise der Bedarf in der mittlerweile schon sehr komplexen Governance-Struktur

18 Vgl. Weiß (2019).

der deutschen Verwaltungsdigitalisierung mehr Übersicht über das Ineinandergreifen von Rechtsnormen und technischen Standards zu schaffen.

Wie genau Digitalisierungskonzepte bzw. -strategien einen wesentlichen Beitrag zum Fortschritt der Digitalisierung in den Kommunen leisten, sollte ebenfalls Gegenstand weiterer Analysen sein, insbesondere auch, um für Kommunen zu empfehlende Vorgehensweisen zu konkretisieren. Die gemessene Wirkung von Digitalisierungsstrategien auf die Selbsteinschätzung des Digitalisierungsstands könnte auch teilweise darauf zurückzuführen sein, dass die Formulierung entsprechender Strategien schon als wesentliche Digitalisierungsmaßnahme interpretiert wird. Umgekehrt ist die Digitalisierung von Kommunalverwaltungen ein komplexes Vorhaben, das ohne grundsätzliche konzeptionelle Überlegungen und abgewogene strategische Grundsatzentscheidungen kaum realisierbar ist.

Literaturverzeichnis

Bertelsmann Stiftung (Hg.) (2017): Digitale Transformation der Verwaltung. Empfehlungen für eine gesamtstaatliche Strategie.

Bitkom (2021): Studie „Klimaeffekte der Digitalisierung". Online verfügbar unter https://www.bitkom.org/sites/default/files/2021-10/20211010_bitkom_studie_klimaeffekte_der_digitalisierung.pdf, zuletzt geprüft am 28.09.2022.

Christensen, Clayton M. (2016): The innovator's dilemma. When new technologies cause great firms to fail. Boston, Massachusetts: Harvard Business Review Press.

Deckert, Ronald (2020): Digitalisierung, Politik und Verwaltung. Wiesbaden: Springer Fachmedien Wiesbaden.

Häckelmann, Heiko; Petzold, Hans Joachim; Strahringer, Susanne (2000): Workflow Computing. In: Heiko Häckelmann, Hans Joachim Petzold und Susanne Strahringer (Hg.): Kommunikationssysteme. Technik und Anwendungen. Berlin, Heidelberg: Springer Berlin Heidelberg; Springer, S. 493–513.

Heinrichs, Harald; Schuster, Ferdinand (2019): Nachhaltige Verwaltung. In: Sylvia Veit, Christoph Reichard und Göttrik Wewer (Hg.): Handbuch zur Verwaltungsreform. Wiesbaden: Springer Fachmedien Wiesbaden, S. 201–211.

Herzberg, Johann (2018): Wird die Bedeutung der eAkte für die Digitalisierung der Verwaltung überschätzt? In: *VM* 24 (2), S. 96–99. DOI: 10.5771/0947-9856-2018-2-96.

Klenk, Tanja (2019): Governance. In: Sylvia Veit, Christoph Reichard und Göttrik Wewer (Hg.): Handbuch zur Verwaltungsreform. Wiesbaden: Springer Fachmedien Wiesbaden, S. 153–163.

Klenk, Tanja; Nullmeier, Frank; Wewer, Göttrik (2020): Auf dem Weg zum Digitalen Staat? In: Tanja Klenk, Frank Nullmeier und Göttrik Wewer (Hg.): Handbuch Digitalisierung in Staat und Verwaltung. Wiesbaden: Springer VS, S. 3–23.

Lühr, Henning; Jabkowski, Roland; Smentek, Sabine; Lühr, Hans-Henning (2019): Handbuch Digitale Verwaltung. Wiesbaden: Kommunal- und Schul-Verlag.

Manoharan, Aroon P.; Ingrams, Alex (2018): Conceptualizing E-Government from Local Government Perspectives. In: *State and Local Government Review* 50 (1), S. 56–66. DOI: 10.1177/0160323X18763964.

Martini, Mario (2018): Transformation der Verwaltung durch Digitalisierung. In: Jan Ziekow (Hg.): Verwaltungspraxis und Verwaltungswissenschaft. 1. Auflage. Baden-Baden: Nomos Verlagsgesellschaft, S. 11–68.

Nationaler Normenkontrollrat (NNK) (2021): Monitor Digitale Verwaltung Nr. 5. Online verfügbar unter https://www.normenkontrollrat.bund.de/resource/blob/72494/1910766/2193a04890573b67b0a46e38e22bd3bf/210504-monitor-digitale-verwaltung-5-data.pdf?download=1, zuletzt geprüft am 28.09.2022.

Nolte, Isabella-Marie; Boenigk, Silke. Bösener, Kathrin (2012): Zur geringen Nutzung von E-Government-Diensten durch Bürger – Eine empirische Untersuchung und Ableitung von Handlungsempfehlungen für die Verwaltungspraxis. In: *Zeitschrift für betriebswirtschaftliche Forschung* 64 (5), S. 341–360.

Ringle, Christian; Wende, Sven; Becker, Jan-Michael (2022): SmartPLS 4. Oststeinbek: SmartPLS GmbH, https://www.smartpls.com.

Schwab, Christian; Kuhlmann, Sabine; Bogumil, Jörg; Gerber, Sascha (2019): Digitalisierung der Bürgerämter in Deutschland. Düsseldorf: Hans-Böckler-Stiftung (Study, Nr. 427).

Schmid, Andreas (Hg.) (2019): Verwaltung, eGovernment und Digitalisierung. Wiesbaden: Springer Fachmedien Wiesbaden.

Schmidt, Caroline (2022): Evaluation der Nutzung von Anliegenmanagementsystemen in Kommunen. Halberstadt (Schriftenreihe Local Government Transformation, 12).

Srnicek, Nick (2017): Platform Capitalism. Malden, MA: Polity Press.

Stocksmeier, Dirk (2017): Potenziale der digitalen Transformation für die deutsche Verwaltung. In: Bertelsmann Stiftung (Hg.): Digitale Transformation der Verwaltung. Empfehlungen für eine gesamtstaatliche Strategie, S. 10–11.

Voigt, Rüdiger (Hg.) (2018): Handbuch Staat. Wiesbaden: Springer VS.

Weiß, Jens (2019): Zwischen Alexa und Aktenmappe: Was lässt sich aus der Entwicklung des E-Governments für die Digitalisierung der öffentlichen Verwaltung lernen? In: Andreas Schmid (Hg.): Verwaltung, eGovernment und Digitalisierung. Wiesbaden: Springer Fachmedien Wiesbaden, S. 67–88.

Wirtz, Bernd W.; Daiser, Peter (2018): E-Government. In: Rüdiger Voigt (Hg.): Handbuch Staat. Wiesbaden: Springer VS (Handbuch), S. 981–995.

Zobel, Maria Stephanie; Weiß, Jens (2018): Wirkung von E-Partizipation: Erkenntnisse aus Evaluationen elektronischer Bürgerhaushalte. In: Jürgen Stember, Wolfgang Eixelsberger und Andreas Spichiger (Hg.): Wirkungen von E-Government. Impulse für eine wirkungsgesteuerte und technikinduzierte Verwaltungsreform. Wiesbaden: Springer Gabler, S. 207–245.

Vergleichbarmachung von dienstlichen Beurteilungen und Arbeitszeugnissen

Thomas Etzel und Stefan Stehle

1 Das Problem: Konkurrenz von Beamten und Arbeitnehmern

In Baden-Württemberg arbeiten insgesamt 613.320 Bedienstete im öffentlichen Dienst – rund 36 % davon sind Beamte, rund 64 % sind Arbeitnehmer (Stand 30.06.2021).[1] Bei Personalauswahlverfahren kommt es gelegentlich zu Wettbewerbssituationen zwischen Beamten und Tarifbeschäftigten – man spricht von einem „heterogenen Bewerberfeld“. Dabei gilt vorrangig das Leistungsprinzip aus Art. 33 Abs. 2 GG. Stellen im öffentlichen Dienst sind mit demjenigen Bewerber zu besetzen, der nach Eignung, Befähigung und fachlicher Leistung am besten geeignet ist. Die Auswahlentscheidung muss auf Grundlage zuverlässiger Erkenntnisquellen getroffen werden, bei denen die bisherigen Leistungen im Mittelpunkt stehen.[2] In der Praxis werden Personalauswahlentscheidungen hauptsächlich[3] anhand vorliegender dienstlicher Beurteilungen und Arbeitszeugnisse getroffen.

Problem: Dienstliche Beurteilungen und Arbeitszeugnisse beruhen auf unterschiedlichen Rechtsgrundlagen, unterschiedlichen „Notenwelten“ und verfolgen zudem unterschiedliche Zwecke. Ein direkter Vergleich von dienstlichen Beurteilungen und Arbeitszeugnissen ist bei einem heterogenen Bewerberfeld daher nicht ohne Weiteres durchführbar.

In Rechtsprechung und Literatur gibt es verschiedene Ansätze, ob und wie eine Vergleichbarkeit von dienstlichen Beurteilungen und Arbeitszeugnissen möglich ist und wie eine Vergleichbarmachung konkret durchgeführt werden kann.

Der vorliegende Beitrag stellt zunächst die rechtlichen Grundlagen dar (unter 2.) und präsentiert im Anschluss die Rechtsprechung und Literatur

1 https://www.statistik-bw.de/Arbeit/OeffentlichBeschaeftigte/BS-OD-Bereiche.jsp (zuletzt aufgerufen am 12.09.2022).

2 BVerwG, Beschluss v. 20.06.2013 – 2 VR 1/13 (juris Rn. 21).

3 Daneben zählen aber auch Laufbahnbefähigungs-, Ausbildungsabschluss- und ggf. auch Schulabschlusszeugnisse zu den zuverlässigen Erkenntnisquellen.

(unter 3. und 4.). Sodann wird die praktische Handhabung des Problems am Beispiel zweier Behörden aufgezeigt (unter 5.). Schließlich werden zusammenfassend Empfehlungen gegeben (unter 6.), wie eine Vergleichbarmachung von dienstlichen Beurteilungen und Arbeitszeugnissen rechtssicher gelingen kann und wo sie an Grenzen stößt. Ganz am Ende findet sich ein Resümee (unter 7.).

2 Rechtliche Grundlagen

2.1 Bestenauslese

Die zentrale Vorschrift für Auswahlentscheidungen ist bekanntermaßen Art. 33 Abs. 2 GG – das Leistungsprinzip, auch „Prinzip der Bestenauslese“[4] genannt. Das Leistungsprinzip gilt sowohl für Beamte (v. a. bei Ernennungen und Beförderungen von Beamten) als auch bei Arbeitnehmern im öffentlichen Dienst (v. a. bei Einstellungen und Höhergruppierungen).[5] Nach Art. 33 Abs. 2 GG (konkretisiert durch § 9 BeamtStG) hat jeder Deutsche nach seiner Eignung (u. a. erforderliche Vorbildung, charakterliche und gesundheitliche Eignung), Befähigung (z. B. erlernbare Kenntnisse, Laufbahnbefähigung) und fachlichen Leistung (belegt v. a. durch dienstliche Beurteilungen und Arbeitszeugnisse) gleichen Zugang zu jedem öffentlichen Amt. Andere Auswahlkriterien wie beispielsweise das Geschlecht, die Abstammung, die Religion oder auch die sexuelle Identität sind grundsätzlich unzulässig (vgl. § 9 BeamtStG).

Nur wenn mehrere Bewerber nach Betrachtung der Kriterien des Leistungsprinzips im Wesentlichen[6] gleich geeignet sind, dürfen Hilfskriterien herangezogen werden – primär leistungsnahe Hilfskriterien (z. B. die Ergebnisse von strukturierten Auswahlgespräche oder Assessment Centern), in zweiter Linie, d. h. bei fortbestehend im Wesentlichen gleicher Eignung soziale Hilfskriterien (z. B. Frauenförderung und Behindertenförderung).[7]

Dabei dient die Bestenauslese „in erster Linie dem Interesse des Staates an der Schaffung und Erhaltung eines leistungsfähigen öffentlichen Dienstes.“[8] Neben diesem objektiven Ziel verschafft das Leistungsprinzip aber

---

4 *Stehle*, Rn. 10.
5 BAG, Urteil v. 28.05.2002 – 9 AZR 751/00 (juris Rn. 23).
6 Hierzu näher etwa OVG Niedersachsen, Beschluss v. 15.02.2005 – 5 ME 332/04 (juris Rn. 30).
7 *Stehle*, Rn. 216.
8 *Stehle*, Rn. 203.

auch jedem Bewerber – subjektiv – einen Bewerbungsverfahrensanspruch – dieser „berücksichtigt den berechtigten Wunsch nach einem angemessenen beruflichen Fortkommen [...] anhand der Kriterien des Art. 33 Abs. 2 GG."[9]

2.2 *Dienstliche Beurteilungen*

Eignung, Befähigung und fachliche Leistung der Beamten sind in regelmäßigen Zeitabständen zu beurteilen, § 51 Abs. 1 Satz 1 LBG BW. „Unter einer dienstlichen Beurteilung versteht man die schriftliche Äußerung des Beurteilers (in der Regel des Dienstvorgesetzten), in der er Eignung, Befähigung und fachliche Leistung des Beamten verbindlich bewertet."[10] Somit ist die dienstliche Beurteilung die zentrale Grundlage für Personalauswahlentscheidungen bei Beamten.[11]

Sie enthält eine dienstliche Äußerung des Beurteilers, v. a. im Sinne einer wertenden Leistungseinschätzung. Wesentlich hierfür sind die erbrachten Arbeitsergebnisse im festgesetzten Beurteilungszeitraum.[12] Hieraus wird das abschließende Gesamturteil (Gesamtnote) gebildet, das für die Personalauswahlentscheidung in erster Linie ausschlaggebend ist.[13] Dies gilt sowohl für Regel- als auch für ggf. zu fertigende Anlassbeurteilungen.

2.3 *Arbeitszeugnisse*

Das Pendant zur dienstlichen Beurteilung bei Beamten ist das Arbeitszeugnis bei Arbeitnehmern. Nach § 630 BGB i. V. m. § 109 GewO haben Arbeitnehmer bei Beendigung des Arbeitsverhältnisses Anspruch auf ein schriftliches Zeugnis. Inhaltlich muss das Zeugnis mindestens Angaben zu Art und Dauer der Tätigkeit enthalten (= einfaches Zeugnis). Jedoch ist auf Verlangen des Arbeitnehmers das Zeugnis darüber hinaus auf Leistung und Verhalten zu erstrecken (= qualifiziertes Zeugnis).[14] § 35 Abs. 1 TVöD/TV-L verpflichtet den Arbeitgeber, bei Beendigung des Arbeitsver-

---

9 *Wichmann in Wichmann/Langer*, Rn. 17.
10 *Stehle*, Rn. 349.
11 Vgl. *Wichmann in Wichmann/Langer*, Rn. 230.
12 Vgl. *Gourmelon/Hoffmann*, S. 115.
13 BVerwG, Beschluss v. 25.10.2011 – 2 VR 4/11 (juris Rn. 15).
14 § 109 Abs. 1 Satz 3 GewO.

hältnisses dem Arbeitnehmer von vornherein ein qualifiziertes Endzeugnis auszustellen. Daneben hat der Tarifbeschäftigte Anspruch auf ein Zwischenzeugnis, wenn hierfür ein triftiger Grund vorliegt.[15] Dies ist unter anderem der Fall, wenn eine Personalauswahlentscheidung ansteht, für die der Mitarbeiter in Frage kommt.[16]

Arbeitszeugnisse sind manchmal schwer zu interpretieren, da sie gelegentlich unter dem Aspekt formuliert werden, sich konfliktfrei vom Mitarbeiter zu trennen.[17] Aus Sicht der Rechtsprechung muss das Arbeitszeugnis jedoch in jedem Fall wahr sein und innerhalb des Wahren noch wohlwollend formuliert sein.[18]

3 Rechtsprechung

3.1 Überwiegende Auffassung der Rechtsprechung

Die Beurteilung von Eignung, Befähigung und fachlicher Leistung der verschiedenen Bewerber im Rahmen des Leistungsvergleichs ist ein „Akt wertender Erkenntnis“[19], der von den Gerichten nur eingeschränkt überprüft werden darf.[20]

Zwar beruhen dienstliche Beurteilungen und Arbeitszeugnisse auf verschiedenen Beurteilungssystemen. Dennoch hat der Dienstherr diese miteinander zu vergleichen. Er kann und muss sie zu diesem Zweck vergleichbar machen – so die überwiegende Auffassung in der Rechtsprechung[21]. Hierzu sind ggf. Vergleichsmaßstäbe zu bilden, auf deren Grundlage die Bewerber gegenübergestellt werden könnten.[22] Dabei gilt, dass ein Arbeitszeugnis nur dann mit einer dienstlichen Beurteilung verglichen werden kann, wenn es sich um ein qualifiziertes Arbeitszeugnis handelt, das alle wesentlichen Tatsachen und Bewertungen zu Leistung und Verhalten enthält.[23]

---

15 § 35 Abs. 2 TVöD/TV-L.
16 VG München, Beschluss v. 09.11.2017 – M 5 E 17.3441 (juris Rn. 4 ff.).
17 Vgl. *Gourmelon/Hoffmann*, S. 160.
18 BAG, Urteil v. 18.11.2014 – 9 AZR 584/13 (juris Rn. 19 ff.).
19 BVerwG, Urteil v. 16.08.2001 – 2 A 3/00 (juris Rn. 31).
20 BVerwG, Urteil v. 19.03.1998 – 2 C 5/97 (juris Rn. 8).
21 Z. B. OVG Bremen, Beschluss v. 05.10.2018 (juris Leitsatz).
22 OVG Thüringen, Beschluss v. 26.02.2019 – 2 EO 883/17 (juris Rn. 16).
23 VG München, Beschluss v. 16.11.2018 – M 5 E 18.4029 (juris Rn. 29).

Der geforderte Leistungsvergleich der Bewerber muss dabei immer anhand aktueller Leistungsnachweise vorgenommen werden; eine Aktualität einer dienstlichen Beurteilung liegt dabei grundsätzlich vor, wenn die Erstellung nicht länger als drei Jahre zurückliegt.[24]

Bei Konkurrenzsituationen von (ausschließlich) Berufsanfängern, bei denen fachliche Leistungen noch nicht vorliegen, darf auf die erzielte Gesamtnote in der Laufbahnprüfung bzw. der Berufsausbildung zurückgegriffen werden.[25]

Das grundsätzliche Dilemma besteht – auch aus Sicht der Rechtsprechung – darin, dass dienstliche Beurteilungen und Arbeitszeugnisse nicht nur unterschiedlichen Zwecken dienen, sondern sich auch hinsichtlich des jeweils angelegten Maßstabs unterscheiden: Arbeitszeugnisse sind durch die Grundsätze von Wahrheit und Wohlwollen geprägt und dienen hauptsächlich dem Angestellten im Außenverhältnis[26] – dagegen beziehen sich dienstliche Beurteilungen auf die generellen Anforderungen des aktuellen Statusamtes und sind primär im Binnensystem eines Dienstherrn aussagekräftig.[27] Trotz dieser grundlegenden Unterschiede hält die Rechtsprechung überwiegend einen Vergleich von Arbeitszeugnissen und dienstlichen Beurteilungen zum Zwecke eines Leistungsvergleichs für möglich.

Die Wahrheitspflicht im Arbeitszeugnis umfasst die korrekte Darstellung und treffende Bewertung der erbrachten Leistungen des Arbeitnehmers.[28] Zwar müssen „unangenehme“ Wahrheiten wohlwollend formuliert werden – hier hat sich aber in der Praxis ein Sprachgebrauch herausgebildet, der Arbeitszeugnisse für personalbearbeitende Stellen durchaus „übersetzbar“ macht.[29]

Dienstliche Beurteilungen dienen zwar primär dem Vergleich von Beamten innerhalb der Dienststelle (bzw. bei diesem Dienstherrn), jedoch schließt dies – etwa nach Auffassung des Hessischen VGH[30] – nicht aus, einen Leistungsvergleich auch mit externen Bewerbern durchführen zu können; hierbei ist von der Dienststelle ein objektiver Vergleichsmaßstab zu bilden, um eine Vergleichbarmachung der dienstlichen Beurteilungen und der Arbeitszeugnisse zu ermöglichen. Durch diesen objektiven Vergleichsmaßstab sollen die dienstlichen Beurteilungen mit Arbeitszeugnis-

24 OVG Nordrhein-Westfalen, Beschluss v. 12.07.2016 – 6 B 487/16 (juris Rn. 12).
25 OVG Nordrhein-Westfalen, Beschluss v. 12.07.2016 – 6 B 487/16 (juris Rn. 12).
26 OVG Bremen, Beschluss v. 05.10.2018 – 2 B 141/18 (juris Rn. 26).
27 VGH Baden-Württemberg, Beschluss v. 31.10.2019 – 4 S 2420/19 (juris Rn. 11).
28 BAG, Urteil v. 09.09.1992 – 5 AZR 509/91 (juris Rn. 17).
29 BVerwG, Beschluss v. 27.04.2010 – 1 WB 39.09 (juris Rn 38).
30 VGH Hessen, Beschluss v. 16.04.2020 – 1 B 2734/18 (juris Rn. 69).

sen verglichen werden können, obwohl beide unterschiedliche Zwecke verfolgen. Dabei ist das Bilden eines Vergleichsmaßstabs nichts Unbekanntes: So muss ein Vergleichsmaßstab (nach ständiger Rechtsprechung[31]) etwa auch dann gebildet werden, wenn Beamte unterschiedlicher Statusämter miteinander konkurrieren. Hierbei kommt einer Gesamtnote aus einem niedrigeren statusrechtlichen Amt regelmäßig eine niedrigere Gewichtung zu als derselben Gesamtnote aus einem höheren statusrechtlichen Amt.[32]

Eine besondere Art der Vergleichbarmachung verfolgt das VG Potsdam[33]: Danach darf ein Dienstherr zur Klärung einer Personalauswahlentscheidung für einen internen Tarifbeschäftigten statt eines qualifizierten Zwischenzeugnisses eine dienstliche Beurteilung erstellen. Das macht eine „Übersetzung", d.h. Vergleichbarmachung der Leistungsnachweise überflüssig und ermöglicht „von vornherein" einen unmittelbaren Vergleich.

Jedenfalls gilt ganz generell: Sind nach der Vergleichbarmachung zwei oder mehrere Bewerber im Wesentlichen gleich geeignet, ist der Dienstherr verpflichtet, die Leistungsnachweise der Bewerber inhaltlich auszuschöpfen bzw. auszuschärfen, um festzustellen, ob nicht anhand der jeweiligen Einzelfeststellungen ein Qualifikationsvorsprung eines Bewerbers ersichtlich ist.[34] Nur wenn im Anschluss an diesen ausschärfenden Leistungsvergleich mehrere Bewerber noch immer im Wesentlichen gleich geeignet sind, dürfen weitere leistungsnahe Hilfskriterien wie strukturierte Auswahlgespräche oder Assessment-Center herangezogen werden. Nur ganz zuletzt (bei auch danach noch immer fortwährendem im Wesentlichen gleichem Einungsstand) darf auf soziale Hilfskriterien abgestellt werden.[35]

---

31 Vgl. etwa OVG Thüringen, Beschluss v. 09.10.2017 – 2 EO 113/17 (juris Rn. 11); VGH Hessen, Beschluss v. 14.06.2018 – 1 B 2345/17 (juris Rn. 39 ff.).

32 OVG Lüneburg, Beschluss v. 15.11.2010 – 5 ME 244/10 (juris Rn. 21).

33 VG Potsdam, Beschluss v. 27.09.2016 – 2 L 742/16 (juris Rn. 11).

34 VGH Bayern, Beschluss V. 05.09.2019 – 6 CE 19.1508 (juris Rn. 13 f.).

35 OVG Hamburg, Beschluss v. 10.10.2027 – 5 Bs 111/17 (juris Rn. 71).

3.2 Abweichende Auffassungen in der Rechtsprechung

Nicht ganz auf der Linie der vorgenannten Rechtsprechungs-Stimmen liegt eine Entscheidung des VGH Baden-Württemberg.[36] Wenn die Bewerbergruppe hauptsächlich aus externen Einstellungs- und Versetzungsbewerbern besteht („heterogenes Bewerberfeld") dürfe von vornherein maßgeblich auf das Ergebnis von strukturierten Auswahlgesprächen oder anderen leistungsnahen Hilfskriterien abgestellt werden. Dienstliche Beurteilungen seien nur im Binnensystem eines Dienstherrn aussagekräftig. Stammen die Leistungsnachweise von verschiedenen Dienstherren, erscheine ein Vergleich kaum durchführbar und nicht zielführend. Allerdings dürften auch in einer solchen Situation die vorliegenden dienstlichen Beurteilungen und Arbeitszeugnisse der Bewerber „nicht gänzlich vernachlässigt und außer Acht gelassen"[37] werden. Hiernach sollen laut VGH Baden-Württemberg die „Bewerbungsunterlagen, vor allem für die Laufbahnbefähigung maßgebliche Abschlusszeugnisse, Beurteilungen und sonstige Zeugnisse (etwa tabellarisch gegenübergestellt) ausgewertet und in der Auswahlentscheidung berücksichtigt werden" – wie genau, sagt das Gericht allerdings nicht…

Entgegen der vorgenannten VGH-Entscheidung ist der Praxis anzuraten, sich unverändert um eine Vergleichbarmachung der verschiedenartigen Erkenntnisquellen zu bemühen, das Ergebnis zu dokumentieren und nur bei danach im Wesentlichen noch gleicher Eignung (oder bei erwiesener Unmöglichkeit der Vergleichbarmachung) maßgebend auf andere anerkannte, sekundäre Erkenntnisquellen abzustellen.

4 Literatur

Die Problematik der Vergleichbarmachung von dienstlichen Beurteilungen und Arbeitszeugnissen wird in der Literatur bedauerlicherweise nur sehr vereinzelt adressiert.

Zimmerling[38] hält eine Vergleichbarmachung für möglich; allerdings müsse das Arbeitszeugnis (um tauglich zu sein für einen Leistungsver-

---

36 VGH Baden-Württemberg, Beschluss v. 31.10.2019 – 4 S 2420/19 (juris Rn. 10); ähnlich auch VG Gelsenkirchen, Beschluss v. 15.05.2020 – 12 L 1795/19 (juris Rn. 28).

37 VGH Baden-Württemberg, Beschluss v. 31.10.2019 – 4 S 2420/19 (juris Rn. 6).

38 Vgl. *Zimmerling*, ZfPR 2006, S. 117.

gleich mit einer dienstlichen Beurteilung) neben der Tätigkeitsdarstellung auch Leistung und Führung des Bewerbers bewerten, wobei beim Merkmal „Leistung" jedenfalls die Submerkmale Befähigung, Bereitschaft, Arbeitsvermögen, Arbeitsweise, Ergebnis und Erwartung enthalten sein sollten.

Wichmann[39] schlägt vor, den Vergleich der dienstlichen Beurteilungen und der Arbeitszeugnisse anhand vergleichbar gemachter Leistungsnachweise durchzuführen. Dazu müssen die Arbeitszeugnisse „übersetzt" werden, um sie mit den dienstlichen Beurteilungen kompatibel zu machen.

Damit spricht Wichmann insbesondere an, dass sich in der Zeugnissprache Standardformulierungen und anerkannte Zeugnistechniken gebildet haben, anhand derer sich der „wirkliche" Aussagegehalt eines Arbeitszeugnisses erschließen lässt.[40] So lauten die Standardformulierungen für die zentrale Zeugnisnote, nämlich die Leitungsbeurteilung, wie folgt:[41]

„stets zu unserer vollsten Zufriedenheit"	sehr gute Leistung (1)
„zu unserer vollsten Zufriedenheit"	sehr gute bis gute Leistung (1–2)
„stets zu unserer vollen Zufriedenheit"	gute Leistung (2)
„zu unserer vollen Zufriedenheit"	befriedigende Leistung (3)
„stets zu unserer Zufriedenheit"	befriedigende bis ausreichende Leistung (3–4)
„zu unserer Zufriedenheit"	ausreichende Leistung (4)
„im Großen und Ganzen zu unserer Zufriedenheit"	mangelhafte Leistung (5)
„der Arbeitnehmer hat sich bemüht"	ungenügende Leistung (6)

Zu den anerkannten Zeugnistechniken zählen die Leerstellentechnik (Formulierungen werden ausgelassen, um eine negative Formulierung zu vermeiden), die Knappheitstechnik (ein sehr kurzes Zeugnis weist auf negative Rückschlüsse hin), die Reihenfolgetechnik (unwichtigere Aspekte werden vor wichtigeren genannt) und die Globalformulierungstechnik (sehr allgemein formuliertes Zeugnis).[42]

---

39 Vgl. *Wichmann in Wichmann/Langer*, Rn. 132.

40 Vgl. *Lorse*, ZTR 2021, 60.

41 Notenskala nach Langer in Wichmann/Langer, Rn. 649 und (ausdifferenzierter) nach Gourmelon/Hoffmann, S. 161.

42 Vgl. *Schleßmann*, Rn. 679.

Schnellenbach[43] will den Dienstherren bei internen Personalauswahlverfahren erlauben, über Angestellte eine Anlassbeurteilung zu erstellen, um auf diese Weise die Vergleichbarkeit zu ermöglichen.

5 Handhabung in der Praxis[44]

5.1 Handhabung bei einer Landesbehörde in BW

Für die Erstellung dieser Arbeit wurde die praktische Handhabung des Problems beobachtet – zunächst bei einer Landesbehörde. Ergebnis: Überraschenderweise wurde dort bei Stellenbesetzungsverfahren in erster Linie (!) auf den Eindruck aus (immerhin:) strukturierten Auswahlgesprächen abgestellt. Dagegen spielten die vorliegenden dienstlichen Beurteilungen und die Arbeitszeugnisse eine eher untergeordnete Rolle. Zwar wurden diese aktuellen Leistungsnachweise betrachtet – sie waren aber letztlich nur bedingt entscheidend, ob ein Bewerber zum Auswahlgespräch eingeladen wurde.

Selbst bei externen Bewerbungen (Neueinstellungen) war zu beobachten, dass die hereingereichten Unterlagen nur eine untergeordnete Rolle spielten für die Frage, wer einzuladen sei. Vielmehr wurden zu den Auswahlgesprächen möglichst viele potenzielle Bewerber eingeladen und die Auswahlentscheidung am Ende hauptsächlich anhand der Ergebnisse und der persönlichen Eindrücke aus den Auswahlgesprächen getroffen. Immerhin wurden die Gespräche anhand eines einheitlichen Fragenkatalogs durchgeführt, der eine Vergleichbarkeit der Bewerber zulässt.

Diese Praxis entspricht nicht den Vorgaben der Rechtsprechung. Missachtet wurde insbesondere, dass primär die Erkenntnisquellen Beurteilungen und Arbeitszeugnisse auszuwerten sind und nur bei danach „im Wesentlichen“ gleicher Eignung strukturierte Auswahlgespräche (mit)entscheidend sein dürfen. Durch den fehlenden Leistungsvergleich und die fehlende Vergleichbarmachung der Leistungsnachweise wurde fortgesetzt gegen das Leistungsprinzip des Art. 33 Abs. 2 GG verstoßen; erhobene Konkurrentenklagen hätte schon aus diesem Grund Erfolg gehabt.

43 Vgl. *Schnellenbach*, S. 95.

44 Die Ausführungen in diesem Abschnitt beruhen auf den Ergebnissen geführter Interviews zum Beitragsthema mit den personalbearbeitenden Stellen der beiden Beispielsbehörden.

5.2 Handhabung bei einem Landratsamt in BW

Eine weitere Behörde wurde untersucht – ein Landratsamt. Ein konkreter Leistungsvergleich aller Bewerber mithilfe der dienstlichen Beurteilungen und der Arbeitszeugnisse wurde dort nicht durchgeführt. Die Vergleichbarmachung der eingegangenen Leistungsnachweise wäre zwar mit entsprechendem Aufwand möglich gewesen – das Landratsamt verzichtete hierauf indes. Auf Nachfrage wurden zeitliche und finanzielle Aspekte aufgeführt. Hauptsächlich solle der „Gesamteindruck" des Bewerbers mithilfe einer Art „Kombination" aus den Bewerbungsunterlagen und dem Auswahlgespräch gebildet werden. Auf einen echten Leistungsvergleich wurde verzichtet. Zudem wurde das Auswahlgespräch als freies Gespräch geführt und genügte nicht den Vorgaben der Rechtsprechung an ein strukturiertes Auswahlgespräch. Diese Praxis verstößt in noch stärkerem Maß gegen die Vorgaben der Rechtsprechung. Die nach der Rechtsprechung in erster Linie entscheidenden Erkenntnisquellen Beurteilungen und Arbeitszeugnisse wurden hier fast völlig ausgeblendet und von vornherein unzulässig „vermischt" mit dem Eindruck aus den (zudem unstrukturierten!) Auswahlgesprächen. Die Auswahlentscheidung auf einen derart intransparent gebildeten „Gesamteindruck" zu stützen, verletzt das Leistungsprinzip des Art. 33 Abs. 2 GG eklatant; auch hier hätten erhobene Konkurrentenklagen Erfolg gehabt. Angesichts der ständigen und klaren Rechtsprechung, wie Auswahlentscheidungen korrekt zu treffen sind, erscheint völlig unbegreiflich, dass derartige Praktiken noch immer anzutreffen sind.

6 Zusammenfassende Empfehlungen

Nachfolgend soll Hilfestellung gegeben werden, wie eine Vergleichbarmachung von dienstlichen Beurteilungen und Arbeitszeugnissen gelingen kann.

6.1 Aktualität

Zunächst muss sichergestellt werden, dass die dienstlichen Beurteilungen und die Arbeitszeugnisse aktuell sind und für einen ähnlichen Zeitraum erstellt wurden.[45] Dabei müssen die Beurteilungszeiträume nicht absolut

---

45 Vgl. *Lorse*, ZTR 2021, S. 60.

gleich sein.[46] Sollte ein Arbeitszeugnis gegenüber einer dienstlichen Beurteilung einen bedeutend längeren Zeitraum erfassen, ist dieser Unterschied etwa durch die Hinzuziehung der letzten beiden Regelbeurteilungen kompensierbar.[47] Um Arbeitszeugnisse mit dienstlichen Beurteilungen vergleichen zu können, muss es sich bei ihnen zudem um qualifizierte Arbeitszeugnisse handeln, in denen alle wesentlichen Tatsachen und Bewertungen zu Leistung und Verhalten enthalten sind.[48]

6.2 Übersetzbarkeit

Zudem müssen die vorliegenden Arbeitszeugnisse für die personalbearbeitende Stelle auch tatsächlich „übersetzbar" sein.[49] Das ist nur der Fall, wenn der Arbeitgeber sich der üblichen Zeugnissprache, d.h. der anerkannten Standardformulierungen und der üblichen Zeugnistechniken bedient hat.

6.3 Vergleichbarmachung

Sind diese Voraussetzungen erfüllt, können die dienstlichen Beurteilungen grundsätzlich mit den Arbeitszeugnissen vergleichbar gemacht werden.

Als problematisch erweist sich dabei insbesondere, dass dienstliche Beurteilungen anhand des statusrechtlichen Amtes des Beamten erstellt werden während sich Arbeitszeugnisse auf die konkreten Leistungen an einem bestimmten Arbeitsplatz beziehen (oder mehreren).[50] Auch dieser systematische Unterschied lässt sich aber überwinden, wenn bei der Fertigung der dienstlichen Beurteilung – wie rechtlich notwendig – ebenfalls der Schwierigkeitsgrad des konkret zu bewältigenden Dienstpostens eingeflossen ist.

Um schließlich den notwendigen Leistungsvergleich durchführen zu können, muss ein objektiver Vergleichsmaßstab gebildet werden.[51] Das bedeutet: Weil die dienstliche Beurteilung an ihrem Ende bereits eine Gesamtnote („Gesamturteil") enthält, muss nun noch die „Gesamtnote" des Arbeitszeugnisses ermittelt werden (um so am Ende eine Leistungs-

---

46 BVerwG, Beschluss v. 09.05.2019 – 2 C 1/18 (juris Rn. 58).
47 Vgl. *Lorse*, ZTR 2021, S. 60.
48 VG München, Beschluss v. 16.11.2018 – M 5 E 18.4029 (juris Rn. 29).
49 BVerwG, Beschluss v. 27.04.2010 – 1 WB 39/09 (juris Rn. 38).
50 OVG Bremen, Beschluss v. 05.10.2018 – 2 B 141/18 (juris Rn. 30).
51 VGH Hessen, Beschluss v. 16.04.2020 – 1 B 2734/18 (juris Rn. 69).

differenz oder eine Leistungsgleichheit feststellen zu können). In den Worten des OVG Thüringen[52]: „Die in einem Arbeitszeugnis getroffenen Feststellungen zu den Leistungen und Fähigkeiten des Tarifbeschäftigten [sind] nach Maßgabe der für die Beamtenbeurteilungen einschlägigen Beurteilungsrichtlinien [zu] übersetzen“ (z. B. die BeurtVO des Landes Baden-Württemberg).

Die Arbeitszeugnisse sind somit in einem ersten Schritt im Hinblick auf die Einzelnoten (Leistung, Führung, ggf. weitere Einzelnoten, Schlussfloskel) zu untersuchen. Im Anschluss kann versucht werden, aus diesen Einzelnoten eine Art Arbeitszeugnis-„Gesamtnote“ zu bilden, die schließlich auf die einschlägigen Beurteilungsrichtlinien der Beamten übertragen wird, um auf diese Weise einen Vergleich zu ermöglichen.

6.3.1 Grober Maßstab empfohlen

Mit den sogleich folgenden Beispielen soll – gewissermaßen „mathematisch“ – gezeigt werden, dass dies grundsätzlich sehr ausdifferenziert und „notengenau“ möglich ist. Es sei den nachfolgenden Beispielen aber warnend vorangestellt, dass eine über-exakte Arbeitszeugnis-„Gesamtnoten“-Bildung der Praxis kaum anzuraten ist. Denn: Die dem Arbeitszeugnis zu entnehmenden Einzelnoten haben von vornherein unterschiedliches Gewicht, das sich zudem nur schwer mathematisch-exakt bemessen lässt: So wird regelmäßig die Note der Leistungsbeurteilung (vgl. die verbreitete Zufriedenheitsskala oben) das stärkste Gewicht haben; leistungsbezogene Einzelnoten treten demgegenüber zurück – zumal sie häufig aus Sicht des Zeugniserstellers auch schon Eingang gefunden haben in die (dergestalt) „zusammenfassende“ Note der Leistungsbeurteilung.

Die Note „Führungsbeurteilung“ (d. h.: Wie hat sich der Beschäftigte geführt, benommen?) wird regelmäßig tendenziell geringeres Gewicht haben als die vorgenannte Note der Leistungsbeurteilung; bei Einzelnoten im Rahmen der Führungsbeurteilung stellt sich ebenfalls die Frage, ob ihnen in Beziehung zur Führungsbeurteilungs-Gesamtnote noch Gewicht zukommen soll – und wenn ja, welches.

Und schließlich muss noch die Schlussfloskel betrachtet werden, die – wenn der Zeugnisersteller alles richtig gemacht hat – der „oben“ im Zeugnis gegebenen Note (zusammengesetzt aus Leistungsbeurteilungs-No-

52 OVG Thüringen, Beschluss v. 26.02.2019 – 2 EO 883/17 (juris Rn. 18).

te und Führungsbeurteilungs-Note) nur noch einen gewissen „Drall“ in die ein oder andere Richtung geben darf.

Empfohlen wird den Personalern daher ein tendenziell grober Maßstab, d.h. die primäre Betrachtung der Leistungsbeurteilungs-Note, ergänzt um die Führungsbeurteilungs-Note, abgerundet durch die Schlussfloskel. Die dergestalt ermittelte Arbeitszeugnis-Gesamtnote (etwa: „gut“) sollte dann grob übersetzt werden in die „Notenwelt“ der einschlägigen Beurteilungsverordnung.

6.3.2 Beispiele für ein Vorgehen zur „exakten“ Notenermittlung

Beispiel: Sollten bei einer Übersetzung eines Arbeitszeugnisses als relevanten Einzelnoten (ggf. gewichtet) zweimal die Note 1, dreimal die Note 2 und zweimal die Note 3 festgestellt werden, so ergibt dies (ggf. gewichtet und ergänzt durch den Eindruck der Schlussfloskel) eine Arbeitszeugnis-Gesamtnote von 2,0. Diese errechnete Gesamtnote kann dann auf die Beurteilungsverordnung (hier: BeurtVO BW) übertragen werden. Demnach ergibt sich aus der 2,0 des Arbeitszeugnisses (als zweitbeste Notenstufe) ein Beurteilungsnoten-Bereich von 10 bis 12 Punkten, vgl. § 4 Abs. 2 Nr. 2 BeurtVO.

Alternativ wäre denkbar, die Einzelnoten des Arbeitszeugnisses auf die Beurteilungsverordnung zu übertragen. Aus den dergestalt ermittelten Einzel-Punktwerten könnte dann im Anschluss die (beamtenrechtliche) Gesamtnote gebildet werden. Der Vorteil dieses Vorgehens läge darin, dass im Falle einer (erkennbar) höheren Gewichtung einer Einzelnote die Gesamtnote richtig berechnet wird und keine Verzerrungen entstehen. Als Nachteil dieser Systematik ist dagegen anzusehen, dass die Einzelnoten eines Arbeitszeugnisses sich häufig nicht exakt auf eine dienstliche Beurteilung spiegeln lassen.

6.4 Gegenüberstellung der Gesamtnoten

Falls die Bewerber alle aus einer monetär vergleichbaren Besoldungs- und Entgeltgruppe[53] stammen (z. B. A11 und EG10) können die Gesamtnoten

---

53 Vergleichbarkeit der verschiedenen Besoldungs- und Entgeltgruppen vgl. Punkt 11.6.3 der VwV-Haushaltsvollzug 2021 des Finanzministeriums Baden-Württemberg.

dann grundsätzlich einander gegenübergestellt werden. Sollten sich durch den Vergleich der Gesamturteile nur geringfügige Beurteilungsunterschiede bemerkbar machen (z. B. 2+/12 Punkte gegenüber 2/11 Punkte), so rechtfertigt dieser Unterschied keinen wesentlichen Eignungsvorsprung, beide Kandidaten sind dann insoweit „im Wesentlichen“ gleich geeignet. Ein Unterschied von einer halben Note und mehr (z. B. 2+/12 Punkte zu 2-/10 Punkte) wäre dagegen wohl nicht mehr als geringfügig anzusehen und der Kandidat mit der Note 2+ wäre daher als wesentlich geeigneter anzusehen.[54]

Falls die Bewerber dagegen aus nicht unmittelbar vergleichbaren Besoldungs- und Entgeltgruppen stammen (z. B. A12 und EG10), können die erreichten Gesamtnoten nicht direkt miteinander verglichen werden. Das liegt daran, dass sich dienstliche Beurteilungen auf die „Anforderungen des Statusamtes beziehen, das der zu Bewertende [zum] Zeitpunkt seiner Beurteilung innehatte.“[55] Kommt es zu einer Konkurrenzsituation von Beamten aus unterschiedlichen Statusämtern mit gleicher Gesamtnote, ist die Beurteilung des sich im höheren Statusamt befindenden Beamten regelmäßig als besser anzusehen als die Beurteilung des sich im niedrigeren Statusamt befindenden Beamten („Grundsatz vom höheren Statusamt“).[56] Dieses Vorgehen kann auf den Vergleich von Arbeitnehmern und Beamten übertragen werden. Eine Übersetzungshilfe der Entgeltgruppen in die Besoldungsgruppen könnte Punkt 11.6.3 der VwV-Haushaltsvollzug des Finanzministeriums BW bieten. In der konkreten Umsetzung bedeutet dies, dass beim o. g. Beispiel die erreichte Gesamtnote des Beamten (A12) und das errechnete Gesamturteil des Tarifbeschäftigten (EG10) einander gegenübergestellt werden. Erreichen beide z. B. eine 2,0, so ist die Gesamtnote des Beamten aufgrund seines höheren Statusamtes als besser zu betrachten. Der Tarifbeschäftigte ist durch seine Entgeltgruppe 10 nämlich nur direkt mit der Besoldungsgruppe A11 vergleichbar. Die Besoldungsgruppe A12 ist daher „besser“ als die Besoldungs- und Entgeltgruppe A11/EG10 anzusehen. Wäre der Tarifbeschäftigte jedoch in einer vergleichbaren Entgeltgruppe (EG11), wären beide im Wesentlichen gleich geeignet.

Sollte jedoch im Beispiel das erreichte Gesamturteil des Beschäftigten aus der Entgeltgruppe EG10 (14 Punkte) besser sein als die des A12-Beamten (11 Punkte), kann das zuvor beschriebene Verfahren nicht ohne weitere Bewertung erfolgen. Die Gesamtbeurteilung des Tarifbeschäftigten

---

54 Vgl. *Wichmann in Wichmann/Langer*, Rn. 132.

55 *Stehle*, Rn. 352.

56 OVG Niedersachsen, Beschluss v. 15.11.2010 – 5 ME 244/10 (juris Rn. 21).

ist in diesem Fall objektiv besser, jedoch befindet sich der Beamte in einer höheren Besoldungsgruppe. In einem höheren Statusamt sind die Anforderungen von vornherein höher und deswegen ist es dort auch schwieriger, eine hohe Punktzahl im Vergleich zu niedrigeren Statusämtern zu erreichen.[57] Nach einer Entscheidung des OVG Rheinland-Pfalz[58] können „dienstliche Beurteilungen zweier Beamter [aus benachbarten statusrechtlichen Ämtern] im Wesentlichen gleich sein, wenn das im niedrigeren Statusamt erreichte Gesamturteil eine Note besser ist als das im höheren Statusamt erzielte." Dieses Vorgehen kann auch auf den Vergleich von Tarifbeschäftigten und Beamten übertragen werden.

Im konkreten Beispiel bedeutet dies, dass der EG10-Beschäftigte und der A12-Beamte im Wesentlichen gleich geeignet sind. Zwar besitzt der Tarifbeschäftigte das bessere Gesamturteil, er ist dabei aber in einer (im Vergleich zum Beamten) niedrigeren benachbarten Entgeltgruppe und dabei insgesamt nur eine ganze Note besser als sein verbeamteter Konkurrent. Somit können die Gesamturteile des Tarifbeschäftigten und des Beamten hier als gleichwertig angesehen werden.

6.5 Ggf. Ausschärfung

Sind zwei oder mehr Kandidaten nach dem Gesamturteil des Leistungsvergleichs im Wesentlichen gleich geeignet, sind die aktuellen dienstlichen Beurteilungen und Arbeitszeugnisse qualitativ auszuschöpfen.[59] Das bedeutet: Nun müssen regelmäßig die stellenrelevanten Einzelnoten in den Blick genommen werden, ob insoweit ein eindeutiger Qualifikationsvorsprung eines Bewerbers ersichtlich ist. Dazu werden die im Anforderungsprofil der Stelle definierten Anforderungen betrachtet und mit den Ergebnissen der Einzelnachweise der Bewerber verglichen, um den voraussichtlich bestgeeigneten Bewerber zu ermitteln.[60]

Sollte sich nach dieser Einzelnoten-Ausschärfung der aktuellen Beurteilungen/Zeugnisse kein wesentlicher Vorsprung eines Bewerbers ergeben, kann (und muss richtigerweise) ein Vergleich anhand von älteren Leis-

---

57 Vgl. *Stehle*, Rn. 352.

58 OVG Rheinland-Pfalz, Beschluss v. 23.05.2007 – 10 B 10318/07 (juris Rn. 21). Ebenso etwa *Wichmann in Wichmann/Langer*, Rn. 132 oder OVG Nordrhein-Westfalen, Beschluss v. 30.11.2005 – 6 B 1080/15 (juris Rn. 26).

59 Vgl. VGH Baden-Württemberg, Beschluss v. 21.06.2011 – 4 S 1075/11 (juris Rn. 6); *Stehle*, Rn. 353.

60 Vgl. *Zimmerling/Zimmerling*, ZfPR 2018, 121.

tungsnachweisen der Bewerber erfolgen: Die früheren dienstlichen Beurteilungen (und ggf. Arbeitszeugnisse) werden nun herangezogen, um insbesondere die Kontinuität des Leistungsbildes in den Blick zu nehmen und um „Rückschlüsse auf den aktuellen Leistungsstand und dessen künftige Entwicklung“ zu ziehen.[61] Dabei gilt auch hier: Primär ist die Gesamtnote zu vergleichen; ergibt sich dort „im Wesentlichen“ ein Gleichstand, sind sodann auch diese älteren Leistungsnachweise wieder auszuschärfen durch Betrachtung der stellenrelevanten Einzelnoten.

6.6 Grenzen der Vergleichbarmachung

Nicht immer ist eine Vergleichsherstellung durchführbar. Dies gilt insbesondere, wenn das Bewerberfeld hauptsächlich aus externen Bewerbern besteht und/oder es sich um einen Vergleich von Berufsanfängern mit Berufserfahrenen handelt.

Auch ist eine Vergleichbarmachung nicht möglich, wenn die Leistungsnachweise die allgemeinen Voraussetzungen nicht erfüllen, etwa wenn der Alt-Arbeitgeber den Grundsatz des Wohlwollens fälschlich über den Wahrheitsgrundsatz gestellt hat. Sollten „keine vergleichbaren Leistungssurrogate vorliegen oder diese in zeitlicher Hinsicht nicht mehr aussagekräftig“ sein, kann ein Vergleich der Bewerber anhand der Unterlagen nicht rechtssicher durchgeführt werden.[62]

7 Resümee

Konkurrieren Beamte mit Arbeitnehmern, müssen die primären Erkenntnisquellen Beurteilung und Arbeitszeugnis vergleichbar gemacht werden. Das kann so geschehen, dass man auf der einen Seite die Gesamtnote der dienstlichen Beurteilung zugrunde legt. Ihr muss gegenübergestellt werden: die „Gesamtnote“ des Arbeitszeugnisses. Letztere muss aber erst „gefunden“ werden durch ein – tendenziell eher grobes – Ermitteln anhand der Noten „Leistungsbeurteilung“ (regelmäßig höchstes Gewicht), „Führungsbeurteilung“ sowie „Schlussfloskel“ (letztere hat regelmäßig nur abrundende Funktion). Dann müssen die Gesamtnoten gegenübergestellt und ggf. noch Einzelnoten ausgeschärft und ggf. noch ältere Leistungs-

---

61 *Stehle*, Rn. 354.
62 *Lorse*, ZTR 2021, S. 60.

nachweise ausgewertet werden. Ergibt sich am Ende „im Wesentlichen" ein Leistungsgleichstand, dürfen strukturierte Auswahlgespräche geführt werden und (mit)entscheidend sein für die Auswahlentscheidung.

Beim Erstellen des (alles entscheidenden) Auswahlvermerks kann dem Personaler empfohlen werden, jedenfalls Folgendes festzuhalten:

- Erstens, dass er die Problematik der Vergleichbarmachung der unterschiedlichen Erkenntnisquellen erkannt hat.
- Zweitens, wie er die notwendige Vergleichbarmachung konkret bewerkstelligt hat – insbesondere, wie die Arbeitszeugnis-„Gesamtnote" ermittelt wurde.
- Drittens, welches Ergebnis die Gegenüberstellung der Gesamtnoten erbracht hat: im Wesentlichen gleich oder eben nicht (dabei sollte auch angemerkt werden, dass erkannt wurde, dass die „Notenwelten" und die Zwecke unterschiedliche sind).
- Viertens sollte, falls strukturierte Auswahlgespräche geführt wurden, dargelegt werden, in welchem Maße deren Ergebnis die Auswahlentscheidung letztlich geprägt hat (insbesondere im Vergleich zum Ergebnis der Notengegenüberstellung von Beurteilung und Arbeitszeugnis).

Letztlich ist entscheidend, dass sich aus dem Auswahlvermerk ergibt, dass die Problematik der Vergleichbarmachung gesehen wurde und wie sie (nachvollziehbar) einer tragfähigen Lösung zugeführt wurde.

Literaturverzeichnis

Gourmelon, Andreas; Kirbach, Christine; Etzel, Stefan: Personalauswahl im öffentlichen Sektor. 2. Auflage 2009, Nomos, Baden-Baden

Gourmelon, Andreas; Hoffmann, Boris: Stellenbesetzungs- und Auswahlverfahren treff- und rechtssicher gestalten. 2017, Rehm, Heidelberg

Huber, Günter; Müller, Waltraud: Das Arbeitszeugnis in Recht und Praxis. 16. Auflage 2016, Haufe, Freiburg

Leppek, Sabine: Beamtenrecht. 11. Auflage 2011, C.F. Müller, Heidelberg

Lorse, Jürgen: Das Leistungsverhältnis zwischen Arbeitnehmern und Beamten im öffentlichen Dienst. ZTR 2021, S. 60

Lorse, Jürgen: Die dienstliche Beurteilung. 6. Auflage 2016, Erich Schmidt Verlag, Berlin

Schleßmann, Hein: Das Arbeitszeugnis: Zeugnisrecht, Zeugnissprache, Muster, Auskünfte über Arbeitnehmer, 23. Auflage 2021, dfv Mediengruppe, Frankfurt am Main

Schnellenbach, Helmut: Konkurrenzen im öffentlichen Dienst. 2. Auflage 2018, C.F. Müller, Heidelberg

Schustereit, Sonja; Welscher, Jochen: Arbeitszeugnisse für den öffentlichen Dienst. 3. Auflage 2016, Haufe, Freiburg.

Stehle, Stefan: Beamtenrecht Baden-Württemberg. 5. Auflage 2023, Kohlhammer, Stuttgart

Wichmann, Manfred; Langer, Karl-Ulrich: Öffentliches Dienstrecht. 8. Auflage 2017, Kohlhammer, Stuttgart.

Zimmerling, Wolfgang: Konkurrenzen von Beamten und Angestellten im Stellen-Besetzungsverfahren. ZfPR 2006, S. 117

Zimmerling, Wolfgang: Konkurrenzen zwischen Angestellten und Beamten im Beförderungsgeschehen. RiA 2002, S. 165

Zimmerling, Wolfgang; Zimmerling, Ben: Stellenbesetzung nach Bestenauslese. ZfPR 2018, S. 121.

Blended-Learning-Szenarien zur Einarbeitung neuer Fallmanager:innen am Beispiel des KreisJobCenters Marburg-Biedenkopf

Denise Bressau und Thomas Berthold

1 *Einarbeitung durch Blended Learning als Problemlöser*

Die qualitative Überlastung von Fallmanager:innen ist einer der Gründe für eine problematische Arbeitssituation in den meisten Jobcentern, so auch im KreisJobCenter Marburg-Biedenkopf.[1] Geeignetes Personal für die Besetzung vakanter Stellen zu rekrutieren ist schwierig, die Fluktuation für den öffentlichen Dienst vergleichsweise hoch.[2] Damit gehen Unterbesetzung, Wissensverlust und die aufwendige Einarbeitung neuer Mitarbeiter:innen einher. Die zusätzliche Arbeitslast tragen vor allem die in der Behörde verbleibenden Beschäftigten. Das integrierte Fallmanagement, ein Alleinstellungsmerkmal des KreisJobCenters Marburg-Biedenkopf, ist eine zusätzliche qualitative Herausforderung für die Mitarbeiter:innen, da diese mit der Kombination von Arbeitsvermittlung und Leistungssachbearbeitung zwei Fachgebiete beherrschen müssen, die in anderen JobCentern auf zwei Beschäftigte verteilt sind.[3]

Personalwissenschaftlich betrachtet ist die Einarbeitung neuer Mitarbeiter:innen ein strategischer Punkt zur Durchbrechung des Teufelskreises aus hoher Arbeitsbelastung und Fluktuation. Die Einstellung von Mitarbeiter:innen zu ihrem Arbeitgeber[4], ihre Leistungsfähigkeit und Arbeitsmotivation werden gerade zu Beginn des Beschäftigungsverhältnisses nachhaltig geprägt.[5] So provoziert eine unzureichende Einarbeitung von Mitarbeiter:innen einen sukzessiven Imageschaden und vor allem eine frühzeiti-

1 Vgl. Bundesministerium für Arbeit und Soziales (2013), 68 f., 98.
2 Vgl. Bundesministerium für Arbeit und Soziales (2013), 69.
3 Vgl. Bundesministerium für Arbeit und Soziales, online; Bundesministerium für Arbeit und Soziales (2017), 7; Bundesministerium für Arbeit und Soziales (2013), 19.
4 In diesem Beitrag wird allein aus Gründen der besseren Lesbarkeit gelegentlich auf eine geschlechtergerechte Sprache verzichtet.
5 Vgl. Rohrlack (2019), 285; Berthel/Becker (2017), 438.

ge (innere) Kündigung.[6] Ausgehend von dieser Erkenntnis können hohe Frühfluktuationsraten, also die Abgänge innerhalb der ersten zwölf Monate nach Einstellung, ein Indikator für Probleme in der Einarbeitung sein.[7]

Zwischen dem 01.01.2014 und 31.12.2018 wurden im KreisJobCenter Marburg-Biedenkopf 61 Fallmanager:innen eingestellt, von denen 10 innerhalb von 12 Monaten die Behörde wieder verließen. Dies ergibt eine Frühfluktuationsrate von 10/61 oder mit anderen Worten: Jeder sechste Mitarbeiter, der in diesem Fünf-Jahres-Zeitraum eingestellt wurde, trat innerhalb von 12 Monaten wieder aus. In Relation zur einjährigen Einarbeitungsdauer und der Gesamtzahl der Beschäftigten von rund 76 Vollzeitäquivalenten[8] erscheint dieser Wert hoch und spricht für eine Analyse des Einarbeitungsprozesses unter personalwissenschaftlichen und didaktischen Gesichtspunkten.

Die zeitgemäße Erneuerung eines Einarbeitungskonzeptes wird ohne den Einsatz digitaler Medien nicht auskommen. Neben der Möglichkeit, Lernprozesse individuell an heterogene Lerngruppen anzupassen, bieten sie mehr zeitliche und räumliche Flexibilität. Wissen kann unter Gewährleistung qualitativer Standards effizienter verbreitet werden. Zusätzlich können der Lernerfolg gesteigert, sowie Kosten gesenkt werden.[9] Entgegen häufig geäußerter Befürchtungen ist es allerdings nicht zielführend, herkömmliche Methoden des Lehrens und Lernens vollkommen durch digitale Bildungsangebote zu ersetzen oder diese lediglich ergänzend einzusetzen. Die Vorteile der Nutzung digitaler Medien in Bildungsangeboten und folglich auch in der Einarbeitung neuer Mitarbeiter:innen kommen nur durch eine sinnvolle Verbindung mit analogen Lehr- und Lernformen zum Tragen. Sie sind kein Selbstläufer und entfalten ihre pädagogische Wirkung erst durch ihren didaktisch zweckmäßigen Einsatz in einem Lernarrangement.[10] Lernende sollen „durch eine clevere Kette von sorgfältig orchestrierten Lernbausteinen“[11] ans Ziel gebracht werden. Leitlinie der Veränderung sollte stets der didaktische Mehrwert sein und dieser kann ohne das Miteinander in Präsenzphasen nicht eintreten. Im Begriff Blended Learning werden diese Prinzipien vereint.[12]

---

6 Vgl. Rohrlack (2019), 286.

7 In Frage kommen auch Fehler in der Personalauswahl; vgl. Berthel/Becker (2017), 429.

8 Stand 01.04.2020.

9 Vgl. Scholz (2014), 591.

10 Vgl. Kerres (2018), 21, 84.

11 Vgl. Hentrey/Freihaut/Rosomm (2019), 11.

12 Vgl. Hentrey/Freihaut/Rosomm (2019), 13.

2 *Lerntheoretische und neurowissenschaftliche Grundlagen von Blended Learning*

Lerntheorien sind Modelle, die versuchen zu erklären, was Lernen und Wissen ist und wie der Prozess der Wissensaneignung verläuft. Blended Learning wird vor allem von konstruktivistischen Ansätzen des ausgehenden 20. Jahrhunderts dominiert. Ihnen zufolge sei Wissen nicht objektiv vorhanden, sondern werde durch ein kulturell und situativ gebundenes Individuum konstruiert.[13] Lernen sei ein Prozess, in dessen Verlauf neues mit vorhandenem Wissen zu mentalen Landkarten verknüpft werde. Lernende könnten nicht unterrichtet, sondern nur in ihrem Lernprozess begleitet werden.[14] Der Wert der Bildung wird außerdem an seinem Nutzen für das Individuum gemessen, wodurch träges Wissen und ein mangelnder Praxistransfer vermieden werden sollen.[15]

Der Konstruktivismus hat einen grundlegenden Wandel in der Gestaltung digitaler Bildungsangebote eingeleitet. Auf ihm basierende Lernprozesse werden nicht mehr von den Lehrenden vorgegeben, sondern weitestgehend autonom von den Lernenden in einer Lernumgebung gesteuert. Konstruktivistische Lernarrangements dienen nicht mehr als Medien für den Wissenstransport, sondern als kognitive Werkzeuge zur Wissenskonstruktion, die von den Lehrenden begleitet werden.[16]

Für die Gestaltung von digitalen Lernangeboten lassen sich aus dem Konstruktivismus hilfreiche Prinzipien ableiten:[17] Der Lerngegenstand sollte…

1. *authentisch* sein, damit er für die Lernenden von Bedeutung ist und in die Praxis übertragen werden kann.
2. in *verschiedene Anwendungskontexte* eingebettet und aus *unterschiedlichen Perspektiven* betrachtet werden, damit den Lernenden die Einordnung in den Gesamtzusammenhang, eine kritische Auseinandersetzung und die Übertragung auf andere Gebiete gelingt und sie dazu befähigt werden, Probleme eigenständig zu lösen.
3. *diskursiv* zusammen mit Lehrenden, anderen Lernenden und Experten behandelt werden, um das gemeinsame Erarbeiten von Lösungen so-

---

13 Vgl. Kerres (2018), 161; Arnold/Kilian/Thillosen (2018), 126; Kergel/Heidkamp-Kergel (2019), 9 f.

14 Vgl. Arnold/Kilian/Thillosen (2018), 126.

15 Vgl. Kerres (2018), 162.

16 Vgl. Arnold (2005), 10.

17 Vgl. Kerres (2018), 162.

wie Artikulation und Reflexion, Argumentationsfähigkeit und Empathie zu üben.
4. *eigentätig* durch *verschiedene Methoden* bearbeitet werden, um eine allgemeine Problemlösungskompetenz und den Prozess der Metakognition zu fördern.[18]

Die Gestaltungsprinzipien des Konstruktivismus eignen sich durch ihren Praxisbezug sehr gut für die Erstellung eines Einarbeitungskonzeptes. Sie fördern selbständiges Handeln, Diskursfähigkeit und Problemlösungskompetenz sowie Empathie, Artikulations- und Reflexionsfähigkeit: allesamt Eigenschaften, die zukünftige Fallmanager:innen mitbringen sollten.

Ein Verdienst des Konstruktivismus ist auch die Einbeziehung von neurowissenschaftlichen Erkenntnissen in die Gestaltung von Lernarrangements. Deren Beachtung kann den Lernerfolg deutlich steigern.[19]

Ziel jedes Lernprozesses ist es, Wissen in das Langzeitgedächtnis zu überführen. Die größte Herausforderung auf dem Weg dorthin besteht in der Passage des Arbeitsspeichers. Dieser kann nur ca. fünf bis neun Elemente zur gleichen Zeit aufnehmen und für etwa dreißig Sekunden behalten, wenn sie nicht durch mentale Anstrengung weiterverarbeitet werden. Die Kapazität des Arbeitsspeichers ist individuell verschieden und hängt von der Motivation der Lernenden bezüglich des Lerngegenstands, der Leistungsmotivation im Allgemeinen sowie den eingesetzten Lernstrategien ab. Entscheidend ist auch das Wissen der Lernenden. Experten können Lernelemente durch das Abrufen bereits bekannter Schemata zu größeren Sinneinheiten zusammenfassen, während Laien jedes Lernelement nur einzeln wahrnehmen können. Anspruch und Komplexität eines Lernprozesses können über die Anzahl der Lernelemente und deren Beziehung zueinander gesteuert werden.

Es gibt eine Reihe von Möglichkeiten, den Arbeitsspeicher zu unterstützen. Sinnvoll ist der Aufbau von Grundlagenwissen vor der eigentlichen Lerneinheit, zum Beispiel das Erklären von Fachbegriffen. Hinweise und Hervorhebungen (Signalprinzip) unterstützen den Arbeitsspeicher genauso wie eine räumlich und zeitlich nahe Präsentation zusammengehöriger Texte und Bilder (Prinzip der räumlichen und zeitlichen Nähe).[20]

---

18 Vgl. für die gesamte Aufzählung Arnold/Kilian/Thillosen (2018), 126; Kerres (2018), 162; Kergel/Heidkamp-Kergel (2019), 21; Arnold (2005), 10 f.; Als Metakognition wird das Wissen und die Kontrolle über eigene Denkprozesse bezeichnet; vgl. Rapp, online.

19 Vgl. Flindt (2005), 122.

20 Vgl. Arnold/Kilian/Thillosen (2018), 205.

Abbildung 1: Lernprozess

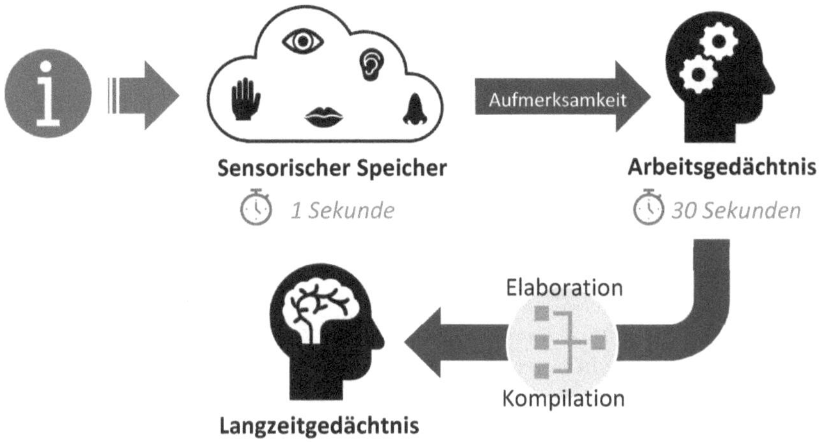

Quelle: Eigene Darstellung in Anlehnung an Kerres (2018), 171.

Negativ auf den Verarbeitungsprozess wirken sich lernirrelevante Aspekte wie allzu ausschmückende Darstellungen aus (Kohärenzprinzip).[21] Darstellungen mit Strichmännchen können durch ihre Reduktion auf das Wesentliche daher teilweise besser verarbeitet werden als fotorealistische Darstellungen. Eine mediale Aufbereitung kann aber auch zu Unterforderung führen. Statische Bilder erfordern eine größere kognitive Leistung des Lernenden, weil er sie selbst ergänzen muss. Animierte Bilder hingegen nehmen Informationen vorweg und mindern die mentale Anstrengung. Ziel ist es, den Arbeitsspeicher in Bezug auf den Wissensstand optimal auszulasten (Prinzip der Passung).[22]

Blended Learning fördert den Arbeitsspeicher, wenn es aus segmentierten Lerneinheiten besteht, deren Dauer und Informationsgehalt seiner Leistungsfähigkeit entsprechen und in individueller Lerngeschwindigkeit bearbeitet werden können. Digitale Bildungsangebote sollten stets auch den Vorteil der doppelten Codierung für sich nutzen: Informationen werden besser behalten, wenn das verbale und nicht-verbale Codierungssystem des menschlichen Gedächtnisses gleichzeitig angesprochen werden, beispielsweise durch eine Darstellung als Bild mit simultaner mündlicher Erläuterung. Kontraproduktiv hingegen ist die Ansprache eines Codie-

21 Vgl. Arnold/Kilian/Thillosen (2018), 205.
22 Vgl. für den gesamten Abschnitt Kerres (2018), 170 ff.

rungssystems über zwei Sinneskanäle, beispielsweise beim Vorlesen einer PowerPoint-Präsentation (Redundanzprinzip).[23] Hier muss das verbale Codierungssystem die Informationen der zwei Sinneskanäle sogar noch zusammenfügen und belastet dadurch den Arbeitsspeicher.[24]

Auch das Prinzip Storytelling, das sich hervorragend in Blended-Learning-Formaten einsetzen lässt, unterstützt den Arbeitsspeicher. Durch die Einbettung in eine Geschichte wird die Aufmerksamkeit der Adressaten erhöht und die Lernmotivation gesteigert.[25] Die Erinnerungsfähigkeit des menschlichen Gehirns ist bei Geschichten bis zu 22-mal besser als bei der Betrachtung von Daten und Fakten. Dies ist nicht allein der erhöhten Aufmerksamkeit den Geschichten gegenüber geschuldet, sondern liegt vor allem an den geweckten Emotionen und Konnotationen. Das Nachempfinden des Erzählten aktiviert dieselben Hirnareale wie beim realen Erleben und fördert die Erinnerungsfähigkeit.[26]

3 Potenziale und Gelingensbedingungen des Einsatzes von Blended Learning

Blended Learning ermöglicht Flexibilität. Traditionell sind Lehren und Lernen parallel verlaufende Ereignisse. E-Learning bricht dieses Verhältnis auf und verschafft Lehrenden und Lernenden zeitliche und örtliche Unabhängigkeit. Benötigtes Wissen kann im Bedarfsmoment abgerufen werden.

Voraussetzung ist nicht nur eine qualitativ hochwertige digitale Aufbereitung der Inhalte, sondern auch eine angemessene Vorgabe der Lerndauer und -ziele.[27] Auch oder gerade, weil es sich um ein schnelles Medium handelt, muss das Zeitbudget ausreichend sein, um das Gelernte zu verinnerlichen.[28] Ein angemessener zeitlicher Rahmen in Verbindung mit Lernzielen verhindert außerdem, dass Lernzeiten dem Zufall überlassen werden und wirkt damit einer Zerteilung des Lernprozesses entgegen.[29]

Blended Learning ermöglicht didaktische Vielfalt. Das Prinzip von Blended Learning ist die sinnvolle Kombination unterschiedlicher digita-

---

23 Vgl. für den gesamten Abschnitt Kerres (2018), 170 ff.

24 Vgl. für den gesamten Abschnitt Kerres (2018), 181 ff.; Arnold/Kilian/Thillosen (2018), 186 f.

25 Vgl. Bundeszentrale für politsche Bildung, online.

26 Vgl. Pyczak (2017), 17 ff., 27 ff.

27 Vgl. Arnold/Kilian/Thillosen (2018), 51; Kerres (2018), 100.

28 Vgl. Arnold/Kilian/Thillosen (2018), 57 f.

29 Vgl. Arnold/Kilian/Thillosen (2018), 51.

ler und analoger Formate. Gerade die Chancen zur Veranschaulichung der Lerninhalte mittels Videos können ein tieferes Lernen ermöglichen.[30]

Die Masse an Ressourcen bedarf allerdings einer Standardisierung und Katalogisierung, um Lernenden die Suche nach Informationen zu erleichtern.[31] Selbst ein eigens erstelltes Lernarrangement kann ohne Leitlinien und Strukturen schnell unübersichtlich werden. Hilfreich sind eine möglichst einheitliche Größe und Binnenstruktur der Lerneinheiten, die zudem in sich geschlossen sein sollten. Orientierung verschaffen auch Angaben darüber, welche Einheiten als bekannt vorausgesetzt werden, welche Lernergebnisse erwartet werden können und welche Einheit als nächste empfohlen wird. Um eine aufgabenbezogene und arbeitsprozessorientierte Nutzung zu ermöglichen, empfiehlt sich ein kompakter und modularer Aufbau.[32]

Blended Learning ermöglicht adaptives Lernen. Lernende können entsprechend ihres persönlichen Wissensstands eigene inhaltliche Schwerpunkte setzen und die Bearbeitungsgeschwindigkeit an ihr persönliches Lerntempo anpassen. Der Grad der Adaptivität hängt allerdings von den Vorgaben der Lehrenden ab. Um ein hohes Maß an Individualisierung, insbesondere in heterogenen Lerngruppen, zu ermöglichen, sollte der Lernpfad nicht zu starr organisiert sein.[33] Hier gilt es, ein geeignetes Mittelmaß zu finden, um einem Zerfall des Lernprozesses entgegen zu wirken.[34]

Mehr Individualisierung erfordert gleichzeitig eine Ausweitung der Lehrhandlung. Das Präsentieren von Inhalten tritt zugunsten der Beratung und Betreuung der Lernenden in den Hintergrund. Der Diskurs zwischen Lehrenden und Lernenden ist für den Lernerfolg unverzichtbar, denn ein „pädagogisches Verhältnis kann nur zwischen Menschen bestehen“[35]. Auch in digitalen Lernphasen sollte jederzeit ein persönlicher Ansprechpartner zur Verfügung stehen. Dies fördert nicht nur die Lernmotivation und Akzeptanz des Blended-Learning-Formats, sondern auch eine optimale individuelle Betreuung in heterogenen Lerngruppen.[36]

Je höher der Grad der Adaptivität ist, desto mehr Selbstorganisation müssen die Lernenden einbringen und desto mehr Kompetenzen sollten

30 Vgl. Kerres (2018), 105.
31 Vgl. für den gesamten Abschnitt Arnold/Kilian/Thillosen (2018), 51 f.
32 Vgl. Kerres (2018), 21 f.; Arnold/Kilian/Thillosen (2018), 499.
33 Vgl. Kerres (2018), 33.
34 Vgl. Kerres (2018), 101; Hentrey/Freihaut/Rosomm (2019), 15.
35 Arnold/Kilian/Thillosen (2018), 43; vgl. Kerres (2018), 8.
36 Vgl. Arnold/Kilian/Thillosen (2018), 262.

die Lehrenden für die Entwicklung des Lernarrangements und die Unterstützung der Lernenden besitzen.[37]

Blended Learning ermöglicht eine Steigerung des Lernerfolgs.[38] Vor allem die Tiefe des Lernens, also die Auseinandersetzung mit den Inhalten, kann intensiviert werden. Dies liegt zum einen an den besseren Möglichkeiten der Veranschaulichung mit Bildern, Videos oder Simulationen, zum anderen an der höheren kognitiven und emotionalen Aktivierung der Lernenden durch realitätsnahe Fallstudien.[39] Förderlich für die Lerntiefe sind außerdem eine gute Lernprozesssteuerung durch den Lernenden oder Lehrenden und sozial-kommunikative didaktische Ansätze mittels kooperativer Lehrszenarien.[40] Ein fortwährender Diskurs über Lerninhalte, sei es mit Lehrenden, anderen Lernenden oder erfahrenen Kolleg:innen ermöglicht einen besseren Transfer und eine bessere Rekonstruktion des Gelernten.[41]

Blended Learning ermöglicht Kosteneffizienz. Als positive Begleiterscheinung können Kosten eingespart werden. Damit dieser Effekt eintritt, sollten finanzielle Anreize nie didaktische Interessen verdrängen,[42] da sich der relativ hohe Anfangsinvestitionsaufwand nur lohnt, wenn das Angebot nachhaltig genutzt wird. Längerfristig führt die Mehrfachnutzung der einmal erstellten Schulungsangebote in unterschiedlichen Einsatzfeldern, also eine effizientere Bildungslogistik, zu positiven Skaleneffekten oder sogenannten Economies of scale.[43] Zu beachten ist allerdings, dass gerade diejenigen Lernelemente kostenintensiv sind, die die didaktische Qualität des Lernarrangements erhöhen. Dies sind beispielsweise nach Schwierigkeitsgrad gestaffelte Übungsaufgaben mit Feedback, das Arbeiten mit authentischen Fällen und eine persönliche Betreuung der Lernenden.[44] Deshalb bedarf die Umstellung auf Blended Learning einer umsichtigen Planung und ausführlichen Abwägung des Verhältnisses zwischen Mehrwert und Mehraufwand.[45]

---

37 Vgl. für den gesamten Abschnitt Arnold/Kilian/Thillosen (2018), 52 f.
38 Vgl. Kerres (2018), 94.
39 Vgl. Kerres (2018),118.
40 Vgl. Kerres (2018),105; Berthel/Becker (2017), 555.
41 Vgl. Arnold/Kilian/Thillosen (2018), 262.
42 Vgl. Kerres (2018), 106.
43 Vgl. Scholz (2014), 592, 596 f.; Kerres (2018), 99; Von einem positiven Skaleneffekt (oder economies of scale) spricht man, wenn durch gleichen Einsatz eine größere Wirkung erzielt wird.
44 Vgl. Kerres (2018), 108.
45 Vgl. Kerres (2018), 84 f.

4 Typifikation von Lernvideos

Lernvideos sind ein wesentliches Fundament im Blended Learning. Um die Möglichkeiten des Einsatzes von Videos in Personalentwicklung und Wissensmanagement aufzuzeigen und aufgrund der Vielzahl von Bezeichnungen eine gemeinsame Gesprächsgrundlage zu schaffen, erfolgt in diesem Abschnitt eine Begriffsbestimmung und Typifikation von Lernvideos.

Alle Lernvideos dienen als audiovisuelles Medium der Inhaltsvermittlung.[46] Zunächst kann eine Unterscheidung in Erklär- und Demonstrationsvideos vorgenommen werden. Erklärvideos dienen der Inhaltsvermittlung und können als digitale Pendants der Präsenzlehre verstanden werden. Demonstrationsvideos hingegen haben keine erklärenden Eigenschaften. Dennoch können sie durch Analyse und Reflexion des Gezeigten instruktionalen Charakter erlangen. Demonstrationsvideos können Best Practices ebenso bieten wie Negativvorlagen, beispielsweise im Umgang mit Kunden. Sie müssen nicht eigens für die Personalentwicklung produziert worden sein, sondern können anderen Kontexten entnommen werden, wenn der Inhalt sich für das Lernziel eignet. Der Schwerpunkt der folgenden Typifikation liegt allerdings auf den Erklärvideos.

Eine Form des Erklärvideos in Personalentwicklung und Wissensmanagement ist der Schulungsmitschnitt, also die Live-Aufzeichnung einer vor Mitarbeiter:innen abgehaltenen Schulung. Durch das sogenannte Authoring können diese meist längeren Videos mit Navigationshilfen versehen werden. Davon abzugrenzen sind E-Schulungen, die ohne Publikum aufgezeichnet werden und wegen ihrer thematischen Eingrenzung meist kürzer als Schulungsmitschnitte sind. Hierzu gehören Videopodcasts, die meist mit niedrigem Aufwand produziert werden und oftmals nur ein Sprecherbild zeigen. Außerdem gibt es die Möglichkeit, Videos in der Lege- oder Zeichentechnik aufzunehmen. Es handelt sich hierbei um 180°-Aufnahmen von Animationsabfolgen auf einer horizontalen Fläche mit Audiokommentar. In Legevideos werden ausgeschnittene Bilder auf einen neutralen Untergrund gelegt und bewegt. Es ist auch möglich, auf dem Untergrund zu schreiben und zu zeichnen. Eine 180°-Aufnahme kann auch aus der Vertikale, zum Beispiel beim Filmen eines Whiteboards, erfolgen. Screencasts hingegen dienen der Darstellung von Bildschirmabläufen wie beispielsweise der Bedienung eines Programms mit Audiokommentar. Zu den Screencasts gehören die sogenannten Slidecasts, bei denen eine Folge von Präsentationsfolien mit Audiokommentar versehen wird.

46 Vgl. Persike (2019), 3 – 7.

Am aufwendigsten ist die Studioproduktion, die meist mit hochwertiger technischer Ausstattung und verschiedenen Einstellungen und Szenen gedreht wird.

Abbildung 2: Lernvideos in Personalentwicklung und Wissensmanagement

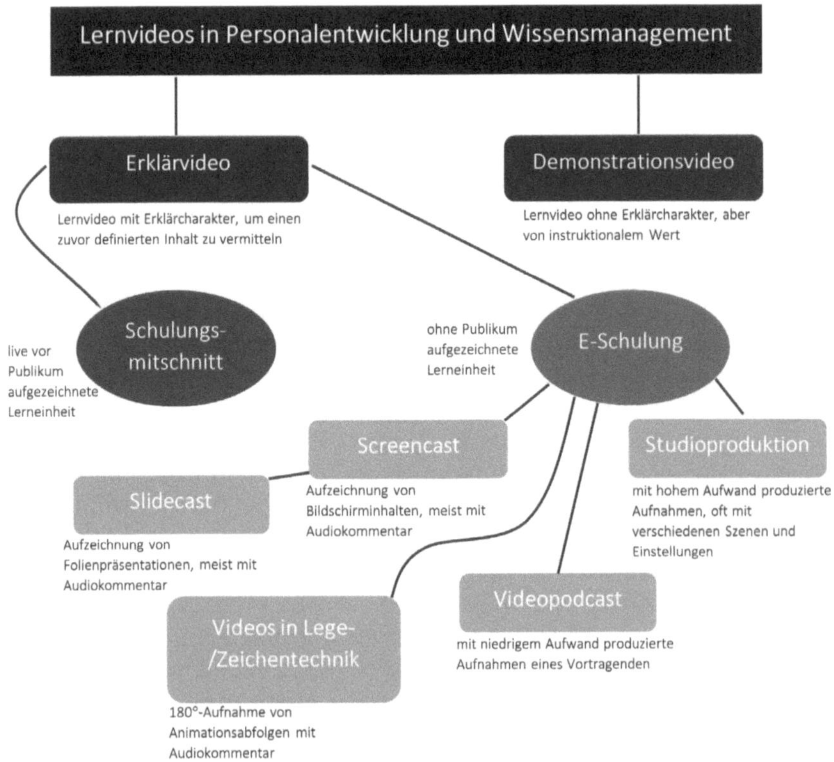

Quelle: Eigene Darstellung in Anlehnung an Persike (2019), 3.

Die Produktion der vorgestellten Lernvideos muss nicht zeit- oder kostenintensiv sein. Der Anspruch der Produzent:innen ist oftmals höher, als der der Nutzer:innen, dabei konnte bisher kein Nachweis dafür erbracht werden, dass die Professionalität einen Einfluss auf den Lernerfolg hat. Im Vordergrund steht die didaktische und inhaltliche Qualität eines Lernvideos, solange keine visuellen und akustischen Einschränkungen bestehen.[47]

47 Vgl. Persike (2019), 13 f.

Im Zweifel hat in Fragen der Professionalität die Audioqualität immer Vorrang, da der Inhalt vorwiegend akustisch transportiert wird. Eine schlechte Tonqualität kann daher enorme Auswirkungen auf den Lernerfolg haben und auch durch eine Nachbearbeitung nur begrenzt behoben werden.[48] Eine Postproduktion kann vollkommen entfallen oder durch den Einsatz von Authoring ein Vielfaches der Aufnahmezeit in Anspruch nehmen.[49]

5 Kritische Analyse der Einarbeitung neuer Fallmanager:innen im KreisJobCenter Marburg-Biedenkopf und Optimierung durch Blended Learning

Bereits die Potenziale von Blended Learning sprechen für eine entsprechende Überarbeitung des Einarbeitungskonzeptes angehender Fallmanager:innen. Zusätzlich können durch eine verbesserte Einarbeitung die mit einer mangelhaften Einarbeitung verbundenen negativen Folgen, wie sie in Kapitel 1 beschrieben wurden, überwunden werden.[50]

Aufgrund der komplexen Anforderungen dauert die Einarbeitung in das integrierte Fallmanagement im KreisJobCenter Marburg-Biedenkopf in der Regel ein Jahr. Wie umfangreich das Anforderungsprofil ist, verdeutlicht der sieben Semester dauernden Bachelorstudiengang Soziale Sicherung, Inklusion, Verwaltung (BASS), der eigens für das Fallmanagement im SGB II geschaffen wurde. Studieninhalte sind unter anderem Sozial- und Verwaltungsrecht, Betriebswirtschaftslehre, professionelle Gesprächsführung, Beratung und Coaching, arbeitsmarkttheoretische Perspektiven sowie öffentliche und betriebliche Gesundheitsförderung.[51] Es handelt sich beim Fallmanagement also nicht um eine klassische Anlerntätigkeit. Auch wenn der Deckungsgrad zwischen Anforderungs- und Fähigkeitsprofil, wie etwa bei Verwaltungs(fach)wirten und Juristen hoch ist, wird das benötigte interdisziplinäre Wissen nicht vollständig abgedeckt. Die Gruppe der Juristen und Verwaltungs(fach)wirte macht im KreisJob-Center Marburg-Biedenkopf indes nur etwa die Hälfte aller Fallmanager:innen aus (Stand: Frühjahr 2020). Der Bildungsweg der anderen Hälfte ist mit Betriebswirten, Pädagogen und anderen Quereinsteigern sehr hete-

48 Vgl. Persike (2019), S. 14 f.
49 Vgl. Persike (2019), S. 15 – 17.
50 Vgl. Berthel/Becker (2017), 429.
51 Vgl. Hochschule Fulda, online.

rogen. Aufgrund des Fachkräftemangels ist zu erwarten, dass dieser Trend sich fortsetzt. Die derzeitige Einarbeitung berücksichtigt die Diversität der Bildungswege allerdings nicht, dabei ist eine Anpassung an lerngruppenspezifische Bedürfnisse dringend erforderlich.

Zurzeit erfolgt die Einarbeitung durch ein einjähriges Programm aus Schulungen und Hospitationen in Kombination mit einem dreimonatigen Training in den jeweiligen Teams. Spätestens nach Ablauf dieser drei Monate übernehmen die neuen Mitarbeiter:innen Verantwortung für ihren eigenen Fallbestand, doch ist ein vollkommen selbständiges Arbeiten in der Regel erst nach einem Jahr möglich und erfahrungsgemäß selbst dann immer noch von Wissenslücken behaftet. Die Schulungen finden zwar regelmäßig statt, doch hängt die Taktung vor allem von der Anzahl neuer Fallmanager:innen und der Verfügbarkeit der Lehrenden sowie von räumlichen Kapazitäten ab. Dies führt zu dem Umstand, dass neue Mitarbeiter:innen unabdingbares Grundlagenwissen zum Teil erst Wochen nach ihrem Antrittstermin erhalten und die Schulungen nicht zwingend in logischer Reihenfolge absolvieren. Für die Nachbereitung der Theorie sind überdies keine Freiräume vorgesehen. Das fehlende Wissen wird in der Zwischenzeit durch die Teamkolleg:innen, die als Ansprechpartner:innen für Fragen zur Verfügung stehen, kompensiert.

Die Einarbeitung in den Teams wird intern mit zum Teil erheblichen Abweichungen organisiert. Dieses Training macht mit Abstand den größten Teil der Einarbeitung aus und prägt die zukünftige Arbeitsweise nachhaltig. Insgesamt ergeben sich fünf Modelle in den insgesamt acht Teams, die sich danach unterscheiden, *wer wann anhand von welchem Fallbestand* einarbeitet. Durch die verschiedenen Herangehensweisen ergeben sich unterschiedliche Standards in der Behörde.

Die Covid-19-Pandemie stellte die Einarbeitung im KreisJobCenter vor zusätzliche Herausforderungen. Das Thema dieser Bachelorthesis klang nach Zukunftsmusik, wurde aber während der Schreibphase brandaktuell. Mit Einzug der Kontaktbeschränkungen ruhte die bisher rein auf Präsenzelementen basierende Einarbeitung zunächst ganz. Mit Lockerung der Auflagen konnte zumindest das so wichtige Tandemtraining im Team wieder aufgenommen werden. Auch Schulungen fanden in begrenztem Rahmen oder digital wieder statt. Die plötzlichen Restriktionen verdeutlichten die Vorzüge digitaler Bildungsangebote auf radikale Weise und so erhielt die Transformation der Lerninhalte eine ungeahnte Beschleunigung, die allerdings relativ ungesteuert verlief und eher kurzfristig angelegt war.

6 *Die Einarbeitung neuer Fallmanager:innen als Blended-Learning-Format*

Wichtigste Stellschraube der Einarbeitung ist das Tandemtraining im Team, das in Präsenz stattfindet. An der Präsenzform sollte festgehalten werden. Unterweisung und Ausführung stehen in einer direkten Wechselbeziehung und bieten so den Vorteil eines hohen Transfers in das Arbeitsverhalten. Aufkommende Fragen können sofort geklärt werden und die Lernbedingungen sind realitätsnah. Um einen behördenweiten Qualitätsstandard zu etablieren, empfiehlt sich die Erstellung eines Curriculums, sodass die Lerninhalte nicht allein durch das Tagesgeschäft bestimmt werden. Weiterhin scheint die Freistellung eines/r fachlich und persönlich qualifizierten Beschäftigten erforderlich. Aus Gründen der Konsistenz sollte das Tandemtraining am Fallbestand der zukünftigen Mitarbeiter:innen mit einer Reduzierung um 25 Prozent erfolgen, damit ausreichend Freiräume für die Bewältigung und Nachbereitung der Schulungen bleibt.[52]

Die Schulungen und Hospitationen können je nach didaktischer Zielsetzung digital oder analog durchgeführt werden. Wichtig ist eine schlüssige Verzahnung der Schulungen untereinander und darüber hinaus mit dem Training im Team. Damit die Schulungsinhalte nicht nur für die Einarbeitung, sondern auch für das Wissensmanagement innerhalb der Behörde genutzt und hierdurch positive Skaleneffekte ausgeschöpft werden können, ist die Erstellung von kurzen, themenbezogenen Videos sinnvoll, die standardisiert und katalogisiert werden. Gerade für die Anfangsphase bietet sich das praxisbewährte Inverted Classroom Model an, dessen Grundidee es ist, „die Inhaltsvermittlung, die traditionell gemeinsam vor Ort mit dem Lehrer stattfindet, und das Üben und Vertiefen, das zu Hause allein erledigt wird, zu vertauschen“[53]. Die Lernenden eignen sich Inhalte durch den Einsatz digitaler Medien allein an. Der Wegfall des klassischen Präsenzunterrichts erspart dem Lehrenden Zeit, die er dafür einsetzen kann, die Inhalte gemeinsam mit den Lernenden zu üben und zu vertiefen. Problemen, wie der üblicherweise nachlassenden Aufmerksamkeit bei Vorlesungen oder der Heterogenität des Vorwissens wird in den digitalen Phasen mit der Möglichkeit der individuellen Anpassung des Lerntempos begegnet. Beim Üben und Wiederholen stehen den Lernenden jederzeit ein Ansprechpartner sowie die Lerngruppe zur Verfügung. Einen Schritt weiter als das Inverted Classroom Model geht das Inverted Classroom Mastery Model. Der Grad der Individualisierung und Selbststeuerung ist

52 Vgl. Berthel/Becker (2017), 549, 560, 563.
53 Schäfer (2012), 3.

hier noch höher, da die Lernenden erst mit der nächsten Lerneinheit beginnen, wenn sie die vorhergehende in Form eines Tests gemeistert haben.[54] Inzwischen bescheinigen erste Langzeitstudien dem Inverted Classroom Model eine intensivere Auseinandersetzung mit den Lerninhalten und eine höhere Behaltens- und Transferleistung als in herkömmlichen Lernarrangements.[55]

7 *Ausgewählte Blended-Learning-Szenarien*

Für die Bachelorthesis wurden drei Blended-Learning-Szenarien erstellt. Sie sollen verschiedene Lernvideotypen veranschaulichen und die Hemmschwelle vor der Videoproduktion abbauen, denn die eingesetzten Mittel und Kenntnisse entsprachen dem Niveau einer Laiin.

Das Video „Anspruchsvoraussetzungen für Leistungen nach dem SGB II" steht exemplarisch als Teil einer gedachten Reihe, die den Bereich Gesetzeskenntnisse abdeckt und in Form des Inverted Classroom Models gestaltet wird. Das Video wurde mit der Legetechnik gestaltet, die Inhalte kurz und prägnant mit Hilfe von Bildern darstellt. Der Charakter des Handgemachten ist gewollt, da dadurch der Inhalt statt der Ästhetik in den Vordergrund gerückt wird.[56] Um Lizenzprobleme zu umgehen und die Passgenauigkeit von graphischer Darstellung und gesprochenem Inhalt zu erhöhen, wurden selbst gezeichnete Bilder verwendet. Legevideos lassen sich mit sehr einfachen Mitteln erstellen. So wurde hier die Aufzeichnung mit einer Handykamera vorgenommen. Als Stativ diente eine einfache Holzlatte, die mit einem Spanngurt an einem Stuhl befestigt wurde. Auf das Ende der Latte wurde das Handy in einem 180°-Winkel zum Boden gelegt. Als Untergrund wurde ein einfaches Blatt Papier im DIN-A-3-Format verwendet, das mit Klebeband am Boden befestigt wurde. Zur zusätzlichen Beleuchtung wurde eine starke LED-Lichtröhre eingesetzt, die am Stuhl hinter dem Untergrund eingehängt wurde. Die Bilder wurden in der entsprechenden Reihenfolge bereitgelegt und parallel zum Gesagten in die Aufnahmefläche gelegt und wieder herausgeschoben. Die darauffolgende Nachbearbeitung diente vor allem dazu, eine nachträgliche Vertonung über das Video zu legen. Die getrennte Aufnahme von Ton- und Videospur ermöglicht eine bessere Konzentration auf das Legen, beziehungs-

54 Vgl. Schäfer (2012), 4 f.; Arnold/Kilian/Thillosen (2018), 149.
55 Vgl. Handke (2015), 119 f.
56 Vgl. Leibniz-Institut für Wissensmedien, online.

weise Sprechen. Zudem werden die bei einer parallelen Aufnahme entstehenden Störgeräusche auf diese Weise vermieden.

Bei der Erstellung des Skripts (siehe Anlage 6) wurde auf eine einfache Sprache und optimale Auslastung des Arbeitsgedächtnisses geachtet, indem nur so viele Elemente wie nötig in den Sachverhalt integriert wurden, damit der Inhalt noch Sinn ergibt und sein Niveau nicht künstlich reduziert wird. Inhaltlich wurde das Skript eng am Lehr- und Praxiskommentar zum SGB II angelehnt.[57] Bei der Kombination von Bildern und Gesprochenem wurde das Prinzip der zeitlichen Nähe und vor allem das der doppelten Codierung angewandt. Um letzteres optimal zu nutzen, wurde auf ausschmückende Darstellungen ebenso verzichtet wie auf Doppelaussagen durch gleichzeitige schriftliche und auditive Erläuterungen. Damit das Video auch im Bereich des Wissensmanagements abgerufen werden kann, wurde auf eine möglichst kurze und geschlossene Darstellung geachtet.

Das Erstellen von Legevideos kann nicht nur zu Lehr-, sondern auch zu Lernzwecken eingesetzt werden, da die technischen Hürden gering sind und die eigene Produktion von Videos eine tiefe Auseinandersetzung mit dem Lerninhalt auch auf der Metaebene erfordert. Sachverhalte müssen auf das Wesentliche reduziert und graphisch veranschaulicht werden. Zudem erfordert der Weg zur fehlerfreien Aufnahme eine ständige Wiederholung. Werden die Videos gemeinsam von einer Lerngruppe erstellt, wird gleichzeitig ein kooperatives Lernszenarium geschaffen. Elaboration und Kompilation und damit die Überführung ins Langzeitgedächtnis werden auf diese Weise optimal gefördert. Erfolgt zusätzlich eine qualitative Begleitung durch den Lehrenden, kann ein auf diese Weise erstelltes Video sogar weiter in der Einarbeitung und im Wissensmanagement eingesetzt werden.

Das Video „Die Bedarfsgemeinschaft" gehört wie das zuerst vorgestellte Video zu der Reihe Gesetzeskenntnisse und kann daher organisatorisch auf die gleiche Weise in das Blended-Learning-Format eingebunden werden.

Es handelt sich bei dem Video um eine besprochene PowerPoint-Präsentation. Diesmal wurden statt selbst gezeichneter Bilder Piktogramme und Grafikwerkzeuge verwendet, die das Programm selbst beinhaltet. Auf Kosten von Darstellungsmöglichkeiten wurden damit Lizenzprobleme umgangen. Wie bei Legevideos steht bei dieser Form der Darstellung der Inhalt über der Ästhetik der Darstellung. Bei der graphischen Umsetzung und der Erstellung des Skripts, das sich inhaltlich wieder eng am Lehr-

---

57 Vgl. Münder (2011), 133 – 136.

und Praxiskommentar zum SGB II orientiert, wurden die gleichen Kriterien wie beim ersten Video beachtet. Diesmal wurde durch Verwendung von Hinweisen, farblichen Hervorhebungen und Animationen auch das empfohlene Signalprinzip umgesetzt.

Die Folien der PowerPoint-Präsentation wurden anhand des Skripts erstellt und anschließend durch die im Programm integrierte Aufnahmefunktion aufgezeichnet. Zur Verwendbarkeit in DaVinci Resolve wurde die Präsentation als mp4-Datei, ein gängiges Videoformat, abgespeichert. Die erste Tonspur diente nur einer ersten Einschätzung des Animationsrhythmus und der Anzeigedauer der jeweiligen Folie. Eine zweite Tonspur wurde anhand des Videos erstellt und anschließend mit diesem verknüpft.

Auch das Erstellen von Erklärvideos mit PowerPoint eignet sich zum Einsatz von Lehrzwecken, da das Programm meist schon aus Schule und Studium oder Ausbildung bekannt ist und auch abgesehen davon durch seine Benutzerfreundlichkeit einen leichten Zugang bietet. Der Lernprozess wird durch die Videoproduktion mit PowerPoint auf ähnliche Weise gefördert wie bei Legevideos. PowerPoint bietet außerdem die Möglichkeit, tatsächlich gehaltene Präsentationen aufzuzeichnen, beziehungsweise die für das Erklärvideo erstellte Präsentation für einen Präsenzvortrag zu nutzen.

Für das Experteninterview wurde ein erfahrener Fallmanager zum Thema Eingliederung von erwerbsfähigen Leistungsberechtigten befragt. Um das Interview thematisch weiter einzugrenzen, wurde der Fokus auf § 15 Absatz 1 SGB II, also die Potenzialanalyse gelegt. Damit das Interview wie ein natürliches Gespräch wirkt, wurden die Fragen vorab nur grob besprochen. Damit der rote Faden nicht verloren ging, wurden die wichtigsten Fragen auf Moderationskarten notiert. Zunächst sollte der Gesprächspartner kurz seinen Werdegang darstellen, um dem Video mehr Gewicht und eine gewisse Legitimation als Experteninterview zu verleihen. Die Fragestellerin erläuterte anschließend kurz den Inhalt der Norm und übergab dann an den Gesprächspartner, der ausführte, wie er bei einer Potenzialanalyse vorgeht. Den Abschluss bildete eine oberflächliche Besprechung der Unterstützungsmöglichkeiten.

Anders als bei dem Video in Legetechnik und dem Slidecast geht es bei dem Videopodcast nicht um die Leistungssachbearbeitung, sondern um die Vermittlung in Arbeit. Es sollte erst in eine spätere Phase der Einarbeitung als digitale Selbstlernphase integriert werden. Das Wiederholen und Vertiefen kann direkt in der praktischen Umsetzung, also dem Erstellen einer Potenzialanalyse mit einem neuen Kunden erfolgen. Idealerweise ist das Video mit einem Gesprächsleitfaden zur Potenzialanalyse verknüpft, der vor allem bei den ersten Kundengesprächen Sicherheit bietet und gewährleistet, dass alle wichtigen Punkte berücksichtigt werden. Das Kundengespräch kann mit der Potenzialanalyse enden, um im Anschluss mit dem Einarbeiter geeignete Unterstützungsmöglichkeiten zu erörtern und einzuleiten. Die ersten Hospitationen bei Maßnahmeträgern und Beratungsstellen sowie Schulungen zur Eingliederung sollten schon erfolgt sein, um eigenständig geeignete Eingliederungsmaßnahmen erörtern zu können.

Das Video wurde in einem Büroraum mit drei Kameras und einem externen Mikrofon aufgenommen und die verschiedenen Spuren in der Postproduktion zusammengeführt.

Auch das Erstellen eines Experteninterviews kann in der Lehre in nahezu jedem Themengebiet zum Einsatz kommen und schließlich in Einarbeitung und Wissensmanagement weiterverwendet werden. Oft gleichen sich die Fragen neuer Mitarbeiter:innen, weshalb erfahrene Fallmanager:innen turnusmäßig mit ihnen konfrontiert werden. Werden die Experteninterviews sinnvoll katalogisiert auf einer Lernplattform bereitgestellt und genutzt, können sie zu einer erheblichen Entlastung erfahrener Mitarbeiter:innen führen und dem Wissensverlust in der Behörde entgegenwirken.

8 Schlussfolgerungen und Handlungsempfehlungen zur Implementierung

Die Darstellung hat gezeigt, dass der gegenwärtige Einarbeitungsprozess für neue Fallmanager:innen im KreisJobCenter Marburg-Biedenkopf durch Blended Learning optimiert werden kann. Zwar wird die Einarbeitungszeit von einem Jahr voraussichtlich nicht verkürzt werden können, doch kann die Qualität der Einarbeitung unter gleichzeitiger Entlastung von Führungskräften und Mitarbeiter:innen deutlich gesteigert und damit die Zufriedenheit aller Beschäftigten erhöht werden. Ob dies auch zu einer Verminderung der Frühfluktuation und einer Steigerung der Attraktivität der Behörde als Arbeitgeberin führt, kann nur nach erfolgter Umsetzung untersucht werden. Der Aufwand einer digitalen Transformation der Lerninhalte scheint zunächst hoch, doch konnte durch die ausgewählten Blended-Learning-Szenarien gezeigt werden, dass die Hürden zur Umsetzung nicht unüberwindbar und durchaus finanzierbar sind. Zusammenfassend zeigen sich folgende Vorteile des Einsatzes von Blended Learning in der Einarbeitung neuer Fallmanager:innen:

- Neue Mitarbeiter:innen erfahren durch eine gelingende Einarbeitung Wertschätzung. Dadurch werden ihre Arbeitszufriedenheit und die Wahrscheinlichkeit einer langfristigen Bindung gesteigert und die Fluk-

tuation gemindert, was sich wiederum auf die Zufriedenheit aller Mitarbeiter:innen auswirkt.
- Die standardisierte Einarbeitung steigert die Leistungsqualität und Effizienz der gesamten Behörde.
- Wertvolles Wissen geht durch die Abgänge erfahrener Mitarbeiter:innen nicht mehr verloren, weil es auf einer Lernplattform gesichert wird.
- Neue Mitarbeiter:innen müssen nicht mehr auf wichtige Schulungen warten, sondern können unabhängig von Zeitpunkt, Ort, Teilnehmerzahl und Verfügbarkeit der Lehrkraft auf die Schulungsinhalte zugreifen. Dies verspricht eine schnellere Arbeitsfähigkeit.
- Im späteren Berufsalltag benötigtes Wissen kann im Bedarfsmoment abgerufen werden. Dadurch werden erfahrene Kolleg:innen und Führungskräfte entlastet und auch deren Arbeitszufriedenheit gesteigert.
- Auf die besonderen Bedürfnisse der relativ großen Gruppe von Quereinsteiger:innen kann durch die Möglichkeit des adaptiven Lernens ideal eingegangen werden.
- Auch in Krisenzeiten können Schulungen stattfinden.
- Der Lernerfolg und der Transfer der Lerninhalte in das Arbeitsverhalten werden gesteigert.
- Durch die positiven Skaleneffekte können Kosten eingespart werden.

Zur Realisierung der genannten Vorzüge und nachhaltigen Nutzung des Blended-Learning-Formats sollten bei der Umsetzung schließlich noch einige strategische Faktoren Beachtung finden:[58]

Die Führungskräfte spielen im Umstellungsprozess eine zentrale Rolle. Ihnen kommt als Multiplikatoren eine wichtige Bedeutung dafür zu, Vorurteile der Mitarbeiterschaft abzubauen und Akzeptanz für das neue Einarbeitungskonzept zu schaffen. Sie sollten die Mitarbeiter:innen in den Gestaltungsprozess einbeziehen und ihnen die Vorteile von Blended Learning unmittelbar im Tagesgeschäft aufzeigen.[59]

Idealerweise wird für die Planung, Durchführung, Evaluation und eventuell auch Zertifizierung des neuen Einarbeitungskonzeptes ein behördliches Bildungsmanagement eingerichtet. Um bei den berechtigten Hoffnungen, die in Blended Learning gesetzt werden, nicht die möglicherweise auftauchenden Probleme zu vergessen, könnte die Umstellung im Rahmen eines Projektes mit Piloteinsatz und anschließender Evaluation organisiert werden. Nicht antizipierbare Schwachstellen können so recht-

---

58 Vgl. Arnold/Kilian/Thillosen (2018), 473.

59 Dies und das Folgende, vgl. Arnold/Kilian/Thillosen (2018), 499 ff., 501.

zeitig aufgedeckt und Erfolge belegt werden, um die Umstellung des neuen Einarbeitungskonzeptes vor Führungskräften und Mitarbeiter:innen zu rechtfertigen. Auf diese Weise werden sowohl die Akzeptanz des Angebots sowie dessen nachhaltige Nutzung gewährleistet.

Literaturverzeichnis

Arnold, Patricia (2005), Einsatz digitaler Medien in der Hochschullehre aus lerntheoretischer Sicht, auf: Leibniz-Institut für Wissensmedien (IWM) (Hrsg.), URL: https://www.e-teaching.org/didaktik/theorie/lerntheorie/arnold.pdf [01.08.2022]

Arnold, Patricia/Kilian, Lars/Thillosen, Anne u. a. (52018), Handbuch E-Learning. Lehren und Lernen mit digitalen Medien, Bielefeld

Berthel, Jürgen/Becker, Fred G. (112017), Personal-Management. Grundzüge für Konzeptionen betrieblicher Personalarbeit, Stuttgart

Bundesministerium für Arbeit und Soziales (Hrsg.) (2017), KreisJobCenter Marburg-Biedenkopf – Eingliederungsbericht 2017, URL: https://www.sgb2.info/SharedDocs/Downloads/DE/Service/Eingliederungsberichte/eb-marburg-biedenkopf-2017.pdf?__blob=publicationFile&v=1 [29.07.2022]

Bundesministerium für Arbeit und Soziales (Hrsg.) (2013), Endbericht – Qualitätssicherung im SGB II, URL:

https://www.sgb2.info/SharedDocs/Downloads/DE/Service/Studien-Publikationen/2014-02-17-pu-qualitaetssicherung.pdf;jsessionid=391B26DDF9214F1217FC43C3C916B4B0?__blob=publicationFile&v=2 [01.08.2022]

Bundesministerium für Arbeit und Soziales (Hrsg.) (online), Kreisjobcenter Marburg-Biedenkopf, URL: https://www.sgb2.info/DE/Ideen-Koepfe/Jobcenter-Portraets/jobcenter-marburg-biedenkopf.html [29.07.2022]

Bundeszentrale für politische Bildung (Hrsg.) (online), "Storytelling ist so alt wie die Menschheit selbst" – Interview mit Medienwissenschaftler Steffen Damm, URL: https://www.bpb.de/lernen/digitale-bildung/werkstatt/211174/storytelling-ist-so-alt-wie-die-menschheit-selbst-interview-mit-medienwissenschaftler-steffen-damm [01.08.2022]

Flindt, Nicole (2005), e-learning – Theoriekonzepte und Praxiswirklichkeit. Inaugural-Dissertation zur Erlangung des Doktorgrades, Heidelberg

Handke, Jürgen (2015), Handbuch Hochschullehre Digital. Leitfaden für eine moderne und mediengerechte Lehre, Marburg

Hentrey, Mirja/Freihaut, Alexander/Rosomm, Dirk (2019), Die Blended-Learning Fibel. Learning Experience Design mit Erfolgsgarantie, Düsseldorf

Hochschule Fulda (Hrsg.) (online), Soziale Sicherung, Inklusion, Verwaltung (BASS), URL: https://www.hs-fulda.de/sozialwesen/studium/studiengaenge/soziale-sicherung-inklusion-verwaltung-bass [01.08.2022]

Kergel, David/Heidkamp-Kergel, Birte (2019), E-Learning, E-Didaktik und digitales Lernen, in: Kergel, David/Hepp, Rolf/Heidkamp-Kergel, Birte u. a. (Hrsg.), Diversität und Bildung im digitalen Zeitalter, Wiesbaden

Kerres, Michael (52018), Mediendidaktik. Konzeption und Entwicklung digitaler Lernangebote, Berlin/Boston

Leibniz-Institut für Wissensmedien (IWM) (Hrsg.) (online), Legetechnik, URL: https://www.e-teaching.org/technik/aufbereitung/animation/legetechnik [01.08.2022]

Münder, Johannes (Hrsg.) (2011), Sozialgesetzbuch II. Grundsicherung für Arbeitssuchende. Lehr- und Praxiskommentar, Baden-Baden

Persike, Malte (2019), Videos in der Lehre: Wirkungen und Nebenwirkungen, in: Niegemann, Helmut/Weinberger, Armin (Hrsg.), Lernen mit Bildungstechnologien, Berlin/Heidelberg

Pyczak, Thomas (2017), Tell me! Wie Sie mit Storytelling überzeugen, Bonn

Rapp, Alexander (online), Art. Metakognition, in: Wirtz, Markus Antonius (Hrsg.), Dorsch Lexikon der Psychologie, URL: https://portal.hogrefe.com/dorsch/metakognition/ [01.08.2022]

Rohrlack, Kirsten (2019), Lösungsorientierte Mitarbeitergewinnung. Praktisches Vorgehen und theoretische Grundlagen, Wiesbaden

Schäfer, Anna Maria (2012), Das Inverted Classroom Model, in: Handke, Jürgen/Sperl, Alexander (Hrsg.), Das Inverted Classroom Model. Begleitband zur ersten deutschen ICM-Konferenz, München, S. 3 – 11.

Scholz, Christian (62014), Personalmanagement. Informationsorientierte und verhaltenstheoretische Grundlagen, München

Der kommunale Haushaltsausgleich in Planung und Rechnung unter Berücksichtigung pandemiebedingter Sonderregelungen

Julian Lütz und Bettina Golombiewski

1 Einführung und Hintergrund

Infolge der Corona-Pandemie ist es zu einer globalen Wirtschaftskrise gekommen,[1] deren Auswirkungen in den Kommunen deutlich zu spüren sind;[2] z. T. stärker als jene der Finanzmarkt- und Schuldenkrise von 2008/2009.[3] Diese Wirkungen der Corona-Pandemie verursachten bzw. verursachen immense fiskalische Probleme auf kommunaler Ebene. Es wurde daher bereits nach Auftreten der ersten pandemiebedingten Restriktionen prophezeit, dass es ohne Belastungsausgleich zu einem sprunghaften Anstieg von Liquiditätskrediten kommen werde.[4] Im Verlauf des Jahres 2020 wurden neben umfangreichen Programmen zur Stabilisierung der Wirtschaft seitens des Bundes und der Länder durch die Kompensationsleistungen für die Gewerbesteuerausfälle[5] ein Beitrag zur Sicherung der kommunalen Liquidität geleistet.[6] Die Mindererträge und Mehraufwendungen sorgten seit Pandemiebeginn im Jahr 2020 für eine eminente Verschlechterung der kommunalen Haushaltslagen,[7] die grundsätzlich entsprechende Maßnahmen nach der GO[8] ausgelöst hätten.[9] In NRW wurde das am 01. Oktober 2020 in Kraft getretene Gesetz zur Isolierung der aus der COVID-19-Pandemie folgenden Belastungen der kommunalen Haus-

---

1 Vgl. Hollenberg/Becker (2021), S. 255; Feld/Reuter/Wieland (2020), S. 489 f.

2 Vgl. Georg/Gnädinger/Volk (2021), S. 80; Lerbs/Peistrup/Pohl (2021), S. 341.

3 Vgl. Busch (2020a), S. 98; Busch (2020b), S. 169; Junkernheinrich/Micosatt (2020b), S. 7.

4 Vgl. Junkernheinrich (2021), S. 91; Busch (2020a), S. 97.

5 Vgl. Georg/Gnädinger/Volk (2021), S. 82; Busch (2020b), S. 170.

6 Vgl. Geißler/Freier/Böttcher (2021), S. 9; Junkernheinrich (2021), S. 92.

7 Vgl. Freier/Geißler (2020), S. 361.

8 Die Nennung von gesetzlichen Grundlagen bezieht sich ausschließlich auf NRW, sodass auf den gesonderten Zusatz „NRW“ verzichtet wird.

9 Vgl. Busch (2020a), S. 101; § 81 Abs. 2 GO (Nachtragssatzung), § 81 Abs. 4 GO („Haushaltssperre“).

halte im Land Nordrhein-Westfalen (NKF-COVID19-Isolierungsgesetz – NKF-CIG)[10] beschlossen. Neben Erleichterungen für eine Nachtragssatzung zur Haushaltssatzung 2020 sind Vorgaben für die Aufstellung der Haushaltssatzung für das Jahr 2021 und für den Jahresabschluss 2020 enthalten. Wesentlicher Regelungsinhalt stellt dabei die aufzustellende Nebenrechnung über die prognostizierte corona-bedingte Haushaltsbelastung dar, die entsprechend als außerordentlicher Ertrag in den Ergebnisplan bzw. in die Ergebnisrechnung aufzunehmen ist. Mit Hilfe dieser Regelung wurde eine „Aktivierungshilfe“ geschaffen, die für bis zu 50 Jahre auf der Aktivseite einen nicht werthaltigen Posten abbildet, der prinzipiell nach den Grundsätzen ordnungsgemäßer Buchführung direkt ergebniswirksam und damit eigenkapitalmindernd zu erfassen gewesen wäre.[11] Das NKF-CIG soll dadurch formal genehmigungsfähige Haushalte ermöglichen[12] mit der Konsequenz der Legalisierung von zunehmender Kassenkredit-Verschuldung.[13] In anderen Bundesländern wurden ebenfalls länderspezifische Regelungen in Bezug auf die Haushaltswirtschaft der Kommunen erlassen.[14]

Kritiker bemängeln, dass „*Bilanzierungstricks*“[15] lediglich eine kurzfristige Hilfestellung böten, die die voraussichtlich anhaltenden Probleme von erhöhten Haushaltsdefiziten in den Folgejahren nicht lösen.[16]

Daher stellen sich u. a. folgende Fragen: Für welche Kommunen wäre ein echter[17] oder fiktiver[18] Haushaltsausgleich ohne die Bilanzierungshilfe möglich gewesen? Welche Kommunen konnten aufgrund der Bilanzierungshilfe ein Haushaltssicherungskonzept vermeiden? Wie wurde der Jahresabschluss 2020 beeinflusst und welchen Konsolidierungsbeitrag haben

---

10 Gesetz zur Isolierung der aus der COVID-19-Pandemie folgenden Belastungen der kommunalen Haushalte im Land Nordrhein-Westfalen (NKF-COVID19-Isolierungsgesetz – NKF-CIG) vom 29.09.2020, GV. NRW, 74. Jg. (2020), Nr. 44, S. 916.

11 Vgl. Hartmann (2021), S. 23; Busch (2020b), S. 172.

12 Vgl. Lerbs/Peistrup/Pohl (2021), S. 337.

13 Vgl. Busch (2020b), S. 172.

14 Vgl. Junkernheinrich (2021), S. 92; Rose (2020) S. 245 ff.

15 Busch (2020b), S. 172.

16 Vgl. Landkreistag NRW (2020), S. 384.

17 Der „echte“ Haushaltsausgleich ist erreicht, wenn der Gesamtbetrag der Erträge die Höhe des Gesamtbetrags der Aufwendungen erreicht oder übersteigt. Demnach wäre in der Ergebnisplanung und Rechnung zumindest ein Ergebnis mit „0“ auszuweisen, vgl. § 75 Abs. 2 S. 2 GO.

18 Die Inanspruchnahme der Ausgleichsrücklage als gesonderter Posten des Eigenkapitals zum Ausgleich von Jahresfehlbeträgen führt dazu, dass der Haushaltsausgleich als „fiktiv“ erreicht gilt, vgl. § 75 Abs. 2 S. 3 GO.

die gewährten Kompensationszahlungen geleistet? Wie wirken sich die Belastungen aus der Isolierung auf künftige Haushaltsplanungen aus und welche Folgewirkungen könnten eintreten? Wie hat sich der Stand der Liquiditätskredite im Krisenjahr 2020 im Vergleich zum Vorjahr 2019 entwickelt?

2 *Zielsetzungen und wissenschaftliches Vorgehen*

Die Auswertung der wenigen vorhandenen Literatur zeigt, dass sich die thematische Auseinandersetzung auf die Finanzberichterstattung bzw. grundsätzlich durch die Betrachtung von Ein- und Auszahlungen auf die Finanzrechnung beziehen und nicht auf die für den Haushaltsaugleich maßgebliche Ergebnisplanung bzw. -rechnung. Diesbezüglich stellten *Junkernheinrich/Micosatt* Ende 2020 fest, dass *„(...) über den haushaltsrechtlich relevanten Abschluss der Ergebnisrechnung [liegen] derzeit aber keine Analysen vor[liegen]“*[19]. Hier setzt dieser Beitrag an und basiert als theoretische bzw. praxisorientierte Arbeit methodisch auf einer wissenschaftlichen Rezeption der vorhandenen Literatur. Zudem wird in einem empirischen Teil „Marktforschung“ betrieben und mittels einer Dokumentenanalyse durch Erhebung sowie anschließender deskriptiver statistischer Auswertung der vorhandenen Jahresabschlüsse 2020 und Haushaltspläne 2021 der 83 Städte und Gemeinden, der 7 Kreise im Regierungsbezirk Arnsberg sowie für die 23 kreisfreien Städte in NRW untersucht, für welche bzw. für wie viele Kommunen ein echter oder fiktiver Haushaltsausgleich ohne Bilanzierungshilfe möglich gewesen wäre und welche bzw. wie viele Kommunen nur dadurch eine Haushaltssicherung vermieden haben. Zudem wird untersucht, wie sich die gewährten Gewerbesteuerkompensationsleistungen auf das Jahresergebnis 2020 ausgewirkt haben, ob eine Veränderung der Liquiditätskredite im Jahr 2020 eingetreten ist und ob eine Änderung der Höchstgrenze gem. § 78 Abs. 2 Nr. 3 GO in den Haushaltssatzungen 2021 vorgenommen wurde.

3 *Kommunale Haushalts- und Finanzlage vor Corona*

Unterschiede in den Finanzmittelsalden ergeben sich im Vergleich der ost- und westdeutschen Kommunen sowie innerhalb Westdeutschlands in

19 Junkernheinrich/Micosatt (2020a), S. 19.

Form eines Nord-Süd-Gefälles.[20] Ursächlich hierfür ist insbesondere der Strukturwandel[21], sodass sich die Liquiditätskredite auf die Regionen Ruhrgebiet, Pfalz und Saarland konzentrieren.[22] Kassen- bzw. Liquiditätskredite gelten als primäre Folge langjähriger Haushaltsdefizite.[23] Aufgrund der strukturellen Defizite werden die kurzfristigen Kredite jedoch langfristig und damit zweckentfremdet eingesetzt;[24] mit steigender Tendenz in den letzten Jahren.[25] Allein im Zeitraum von 2010 bis 2016 wuchs das Volumen der Kassenkredite der Kernhaushalte der nordrhein-westfälischen Gemeinden bzw. Gemeindeverbände von 18,7 Mrd. Euro auf 25,9 Mrd. Euro.[26] Dies entspricht einer Steigerung von über 38,6 % innerhalb von 6 Jahren. Ab 2017 konnte bis zum Jahr 2019 eine kontinuierliche Reduzierung auf 20,8 Mrd. Euro erzielt werden.[27] Trotz Verringerung der Liquiditätskredite[28] liegt dieser Wert noch 11,18 % über dem Wert von 2010. Diese Zahlen verdeutlichen die anhaltend angespannte Lage der Kommunalfinanzen in NRW, zumal seit Jahren mehr als die Hälfte des deutschlandweiten Kassenkreditvolumens auf die NRW Kommunen entfällt.[29] Dabei gestaltet sich die Verteilung selbst innerhalb des Bundeslandes NRW sehr heterogen. Besonderes die kreisfreien Städte sind betroffen:[30] Auf 10 der 23 kreisfreien Städte entfallen fast 10 Mrd. Euro Kassenkredite. Die Städte Oberhausen, Essen, Dortmund, Mülheim an der Ruhr, Duisburg und Wuppertal verfügen jeweils über Kassenkredite von über 1 Mrd. Euro. Gleichzeitig existieren in NRW Kommunen, die keine Liquiditätskredite ausweisen.[31]

Mit dem Wechsel von der Kameralistik zum NKF wird in NRW der Haushaltsausgleich über die Ergebnisplanung bzw. -rechnung, mit

---

20 Vgl. Bertelsmann Stiftung (2021), C Haushaltslage im Jahr 2020, S. 20; Junkernheinrich (2021), S. 82 f.

21 Vgl. Fritze (2019), S. 103.

22 Vgl. Bertelsmann Stiftung (2021), G Kassenkredite, S. 10; Junkernheinrich (2021), S. 82 f.; Schwarting (2021), S. 17; Bunzel/Kühl (2020), S. 9; Junkernheinrich/Micosatt (2020b), S. 11.

23 Vgl. Geißler/Freier/Böttcher (2021), S. 17.

24 Vgl. Beznoska/Kauder (2020), S. 403; Duve/Kümpel (2020), S. 33; Fritze (2019), S. 100.

25 Vgl. Person (2020), S. 92.

26 Vgl. Statistisches Bundesamt (Destatis) (2019), o. S.

27 Vgl. Statistisches Bundesamt (Destatis) (2021), S. 84.

28 Vgl. Schwarting (2021), S. 16 f.

29 Vgl. Bertelsmann Stiftung (2021), G Kassenkredite, S. 12.

30 Vgl. Beznoska/Kauder (2020), S. 409.

31 Vgl. u. a. Bertelsmann Stiftung (2021), G Kassenkredite, S. 12; Stadt Dortmund (2021), S. 18.

Erträgen und Aufwendungen, definiert. Der Finanzhaushalt bzw. eine Verschuldung ist bei der Beurteilung des Haushaltsausgleichs insofern irrelevant.[32] Dennoch gelten Liquiditätskredite als Krisenindikator für eine angespannte Finanzlage und Symptom tiefer liegender kommunaler Problemlagen.[33] Der Finanzierungssaldo wird als „*(...) ein zentraler Indikator der fiskalischen Tragfähigkeit (...)*“[34] bezeichnet. Somit ist zu konstatieren, dass Kassen- bzw. Liquiditätskredite zur Deckung von Finanzierungsdefiziten einen Indikator für Fehlbeträge in der Ergebnisrechnung bilden.[35]

Vor Beginn der Corona-Pandemie planten zum Haushaltsjahr 2020 in der Gruppe der 23 kreisfreien Städten 4 kreisfreie Städte einen echten ausgeglichenen Haushalt, eine weitere kreisfreie Stadt einen fiktiven Haushaltsausgleich und 2 Städte mussten die genehmigungspflichtige Verringerung der Allgemeinen Rücklage ausweisen, ohne jedoch die Schwellenwerte zur Aufstellung eines Haushaltssicherungskonzepts[36] zu überschreiten. Die übrigen 16 kreisfreien Städte in NRW konnten keinen Haushaltsausgleich darstellen und waren verpflichtet, ein Haushaltssicherungskonzept bzw. einen Haushaltssanierungsplan[37] aufzustellen.

In der Gruppe der 78 kreisangehörigen Kommunen konnte vor Beginn der Corona-Pandemie lediglich in 14 Kommunen ein echter Haushaltsausgleich erzielt werden. 20 Kommunen konnten durch Inanspruchnahme der vorhandenen Ausgleichsrücklage den fiktiven Haushaltsausgleich darstellen. 7 Kommunen mussten die genehmigungspflichtige Verringerung der Allgemeinen Rücklage ausweisen. Mit 37 Kommunen befanden sich annähernd die Hälfte aller kreisangehörigen Kommunen des Regierungsbezirks Arnsberg zum Stichtag aufgrund nicht darstellbarem Haushaltsausgleich in der Haushaltssicherung. Auf Ebene der Kreise plante 2020 aus-

32 Vgl. Gnädinger/Burth (2021), Rn. 6; Knirsch (2021), Gemeindeordnung für das Land Nordrhein-Westfalen, Kommentar, § 75, Rn. 22.

33 Vgl. Brand/Steinbrecher (2021), S. 46 f.; Bunzel/Kühl (2020), S. 9.

34 Geißler/Freier/Böttcher (2021), S. 5.

35 Vgl. Fritze (2019), S. 98; Busch (2016), S. 129.

36 Die Anwendung und Auslegung des § 76 GO ist umstritten. Dies ist in der Masterthesis ausführlich dargestellt, abzurufen über den QR-Code am Ende des Beitrags.

37 Der Haushaltssanierungsplan tritt bei den am Stärkungspakt Stadtfinanzen teilnehmenden Kommunen an die Stelle des Haushaltsicherungskonzeptes gem. § 76 GO, vgl. § 6 Abs. 4 des Gesetzes zur Unterstützung der kommunalen Haushaltskonsolidierung im Rahmen des Stärkungspakts Stadtfinanzen (Stärkungspaktgesetz) vom 09.12.2011, GV. NRW, 65. Jg. (2011), Nr. 30, S. 662, zuletzt geändert durch Art. 9 des Gesetzes vom 14.04.2020, GV. NRW, 74. Jg. (2020), Nr. 12b, S. 218b.

schließlich der Ennepe-Ruhr-Kreis als einziger der 7 Kreise des Regierungsbezirks Arnsberg einen echten Haushaltsausgleich erzielen. Die anderen 6 Kreise konnten durch Inanspruchnahme der vorhandenen Ausgleichsrücklagen den fiktiven Haushaltsausgleich erreichen.

4 Maßnahmen zur Sicherung der kommunalen Haushalts- und Finanzlage durch Bund und Länder

Im Sommer 2020 wurde ein umfangreiches Konjunkturpaket seitens des Bundes beschlossen, das neben der dauerhaften Übernahme der Kosten der Unterkunft von fast 75 % (statt der bisherigen 50 %)[38] die Kompensation der Gewerbesteuermindererträge für 2020 jeweils zur Hälfte durch Bund und Länder im Umfang von jeweils rund 5,9 Mrd. Euro beinhaltete.[39] Neben finanziellen Hilfen wurde in NRW im Zuge des Kommunalschutzpaktes die Isolierung der pandemiebedingten Schäden in den kommunalen Haushalten durch zeitlich befristete Änderungen der haushaltsrechtlichen Vorschriften ermöglicht, damit die Kommunen trotz pandemischer Verschlechterungen den Haushaltsausgleich bewirken können.[40] Elementarer Bestandteil des NKF-CIG ist der Ausweis eines außerordentlichen Ertrags als Bilanzierungshilfe zur Isolation der corona-bedingten Haushaltsbelastungen, der in einem gesonderten Posten vor dem Anlagevermögen aktiviert werden muss.[41] Zur Ermittlung dieser Position sind bei der Aufstellung der Haushaltssatzung für das Jahr 2021 die pandemiebedingten Haushaltsbelastungen durch Mindererträge beziehungsweise Mehraufwendungen zu prognostizieren und zu isolieren, sodass diese bei der Ermittlung des Haushaltsausgleichs unberücksichtigt bleiben. Dafür hat eine Gegenüberstellung des regulären Planentwurfs mit einer Nebenrechnung auf der Ebene des Ergebnisplans zu erfolgen, die die Planwerte der mittelfristige Ergebnisplanung gem. § 84 GO des Vorjahres 2020 zugrunde legt. Diese so prognostizierte Haushaltsbelastung ist als außeror-

---

38 Vgl. Bertelsmann Stiftung (2021), A Rückblick 2008 bis 2019, S. 12; Geißler/Freier/Böttcher (2021), S. 11 ff.; Schwarting (2021), S. 20; Bunzel/Kühl (2020), S. 19.

39 Vgl. Anton (2021), S. 97, Junkernheinrich (2021), S. 80 f., 93; Klieve/Funke (2021), Kommentar Kommunalverfassungsrecht NRW, GO § 75, S. 14; Lerbs/Peistrup/Pohl (2021), S. 337; Feld (2020), S. 3; Middelhoff/Gerstacker/Dott (2020), S. 160.

40 Vgl. Klieve/Funke (2021), Kommentar Kommunalverfassungsrecht NRW, GO § 75, S. 14; Lerbs/Peistrup/Pohl (2021), S. 337.

41 Vgl. Landtag Nordrhein-Westfalen/Drucksache 17/9829, S. 26.

dentlicher Ertrag in den Ergebnisplan aufzunehmen.[42] Für den Jahresabschluss 2020 sind die pandemiebedingten Haushaltsbelastungen analog dem Verfahren bei der Haushaltsplanaufstellung 2021 mittels einer Nebenrechnung[43] zu ermitteln und zu isolieren. Damit soll sichergestellt werden, dass keine Verschlechterung des Jahresergebnisses eintritt.[44] Dazu sind die zu isolierenden Haushaltsbelastungen des Jahres 2020 grundsätzlich konkret zu ermitteln.[45] Sollte dies nicht oder nicht vollständig möglich sein, hat analog der Haushaltsplanung 2021 hilfsweise eine Nebenrechnung zu erfolgen. Von diesem ermittelten Betrag aus Mindererträgen und Mehraufwendungen sind entsprechende erwartbare Erstattungen durch Bund und Land (insbesondere Gewerbesteuerausgleichszahlungen) in Abzug zu bringen. Die sich nach der Ermittlung ergebende Differenz zwischen Plan und Ist stellt die zu isolierende Haushaltsbelastung dar, die in dieser Höhe im Zuge der „letzten" Buchung als außerordentlicher Ertrag in die durch den Kämmerer aufzustellende Ergebnisrechnung gem. § 95 Abs. 5 GO einzustellen ist. Des Weiteren erfolgt in gleicher Höhe eine Aktivierung eines gesonderten Bilanzpostens vor dem Anlagevermögen.[46]

5 Zentrale Ergebnisse der Untersuchung

5.1 Haushaltsplanung 2021

Lediglich 8 von 23 kreisfreien Städten befinden sich im Haushaltsjahr 2021 nicht bereits in der laufenden Haushaltssicherung. Für 4 Städte davon kann aufgrund der beschlossenen Doppelhaushalte „vor Corona" keine Beurteilung erfolgen. Von den 4 verbliebenen Städten kann Aachen mithilfe der Isolierung ein Abrutschen in die Haushaltssicherung vermeiden. Düsseldorf, Münster und Krefeld könnten unter Reduzierung der bestehenden Ausgleichsrücklagen bzw. der zusätzlichen anteiligen Verringerung der Allgemeinen Rücklage auch ohne Isolierung ein HSK verhindern.

Von 73 kreisangehörigen Kommunen, die für das Haushaltsjahr 2021 einen Einzelhaushalt aufstellten, befinden sich 31 Kommunen als Stär-

42 Vgl. § 4 Abs. 2-5 NKF-CIG.
43 Vgl. Schwarting (2021), S. 22.
44 Vgl. Klieve/Funke (2021), Kommentar Kommunalverfassungsrecht NRW, GO § 75, S. 15.
45 Vgl. § 5 Abs. 3 NKF-CIG.
46 Vgl. Landtag Nordrhein-Westfalen/Drucksache 17/9829, S. 33.

kungspaktkommune oder als HSK-Kommune in der laufenden Haushaltssicherung. Die nachfolgende Abbildung 1 veranschaulicht den Haushaltsstatus der 73 kreisangehörigen Kommunen für 2021 ohne und mit Isolierung.

Abbildung 1: Haushaltsstatus der kreisangehörigen Kommunen im Regierungsbezirk Arnsberg im Jahr 2021 ohne und mit Isolierung[47]

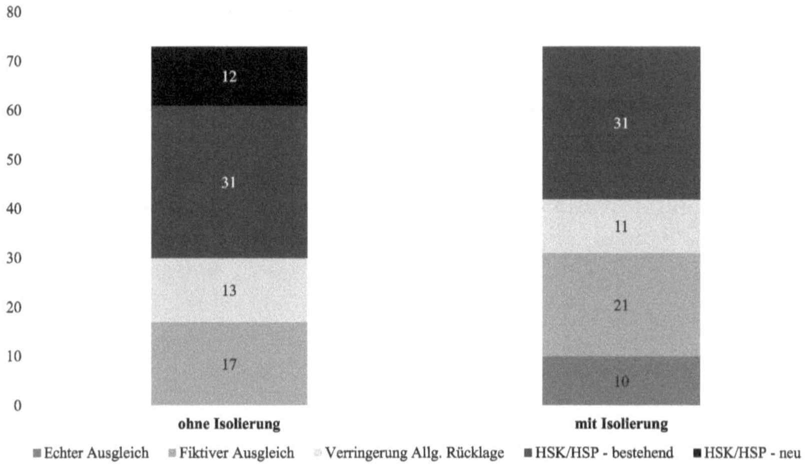

Bei 7 kreisfreien Städten erfolgte im Vergleich zum Vorjahr 2020 eine Erhöhung des Höchstbetrags der Kredite zur Liquiditätssicherung gem. § 78 Abs. 2 Nr. 3 GO. Im Gegensatz dazu erfolgte bei 2 kreisfreien Städten eine Senkung des satzungsrechtlichen Höchstbetrags gegenüber dem Vorjahr. Bei 24 kreisangehörigen Kommunen erfolgte im Vergleich zum Vorjahr 2020 eine Erhöhung des Höchstbetrags der Kredite zur Liquiditätssicherung, bei 5 Kommunen eine Senkung. 44 der 78 Kommunen haben den Höchstbetrag unverändert gelassen.

Für die 7 Kreise ist festzustellen, dass ein Kreis bereits ohne Isolierung einen echten Ausgleich darstellen kann. Die übrigen 6 Kreise können aufgrund der vorhandenen Ausgleichsrücklage sowohl mit als auch ohne Isolierung einen fiktiven Haushaltsausgleich darstellen. Zudem erfolgte bei 2 Kreisen im Vergleich zum Vorjahr 2020 eine Erhöhung des Höchstbetrags der Kredite zur Liquiditätssicherung.

47 Eigene Darstellung.

5.2 *Auswirkungen auf die Jahresrechnung 2020*

5.2.1 *Kreisfreie Städte*

Von 21 Städten, für die der Jahresabschluss 2020 vorliegt, befinden sich im Haushaltsjahr 2020 15 Städte in der Haushaltssicherung. Von den nicht haushaltssicherungspflichtigen Städten können ohne Isolierung 2 Städte den tatsächlichen Ausgleich erzielen. 3 Städte können den Haushalt fiktiv durch Inanspruchnahme der Ausgleichsrücklage darstellen. Eine Stadt müsste die Allgemeine Rücklage reduzieren. Mit Isolierung können 5 Städte den echten und eine Stadt den fiktiven Haushaltsausgleich darstellen. Ohne Isolierung wäre keine Stadt in die Haushaltssicherung abgerutscht.

Zudem ist festzustellen, dass 8 Städte keine außerordentlichen Erträge und damit keine Bilanzierungshilfe ausweisen. Begründet wird dies insbesondere mit hohen Gewerbesteuerausgleichszahlungen[48] und / oder zusätzlichen Stärkungspaktmitteln.[49] 10 Städte erhielten höhere Ausgleichszahlungen und damit eine Überkompensation der auszuweisenden Gewerbesteuermindererträge, 11 Städte keine vollständige Erstattung ihrer Gewerbesteuerausfälle. Bei Betrachtung der Kompensation der Gewerbesteuerausfälle und der Veränderung der Liquiditätskredite ist zu konstatieren, dass 8 Städte, die eine Überkompensation verbuchten, Liquiditätskredite zurückführen konnten. Bei 2 Kommunen nahmen trotz Überkompensation die Kassenkredite zu. Dagegen konnten 7 Kommunen, die keine ausreichende Kompensation erhielten, trotzdem Liquiditätskredite zurückzahlen. Diese Ergebnisse zeigen, dass die Entwicklung der Kassenkredite von weiteren Faktoren, z. B. der Zahlungsmoral, der Vorfinanzierung von Investitionen und dem Zahlungszeitpunkt etwaiger Förderungen, beeinflusst wird. Von 10 Städten mit Überkompensation konnten 3 Städte in der Zeile 22 (Ergebnis der laufenden Verwaltungstätigkeit) kein positives Ergebnis erreichen. Hingegen weisen von den 11 Städten, die keine ausreichende Gewerbesteuerkompensation erhielten, 3 Städte in der Zeile 22 einen positiven Saldo aus. 6 Städte, die in der Zeile 22 einen positiven Saldo darstellen und eine Überkompensation der Gewerbesteuer erfuhren, konnten Liquiditätskredite zurückführen. Dies spricht dafür, dass nicht rückzahlbare Zahlungen helfen, den für den Haushaltsausgleich relevanten Ergebnishaushalt auszugleichen und parallel Liquidität sicherzustellen.

---

48 Vgl. u. a. Stadt Essen (2021), S. 6 ff.
49 Vgl. u. a. Stadt Hamm (2021), Anhang, S. 11.

5.2.2 *Kreisangehörige Städte und Gemeinden*

Die nachfolgende Abbildung 2 ermöglicht einen Überblick über den Haushaltsstatus nach dem Jahresabschluss 2020 für 72 von 78 kreisangehörigen Kommunen im Regierungsbezirk Arnsberg ohne und mit Isolierung.

Abbildung 2: Haushaltsstatus der kreisangehörigen Kommunen im Regierungsbezirk Arnsberg zum Jahresabschluss 2020 ohne und mit Isolierung[50]

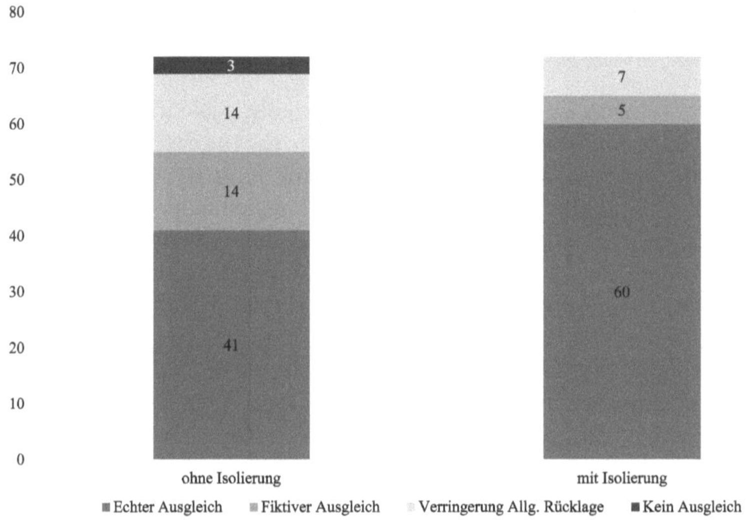

49 der 72 Kommunen weisen einen außerordentlichen Ertrag an die Bilanzierungshilfe aus, was ca. 68 % der Kommunen entspricht. 21 von 23 Kommunen, die diese nicht ausweisen, erhielten eine Gewerbesteuerüberkompensation.[51]

Sofern bei der Betrachtung die 33 HSK/HSP-Kommunen unberücksichtigt bleiben, liegen für 39 Kommunen ohne Haushaltssicherung die Jahresabschlüsse 2020 vor. Für diese Kommunen zeigt sich nachfolgendes Bild (Abb. 3).

50 Eigene Darstellung.
51 Vgl. u. a. Kreisstadt Olpe (2021), S. 355.

Abbildung 3: Haushaltsstatus der nicht haushaltssicherungspflichtigen kreisangehörigen Kommunen im Regierungsbezirk Arnsberg zum Jahresabschluss 2020 ohne und mit Isolierung[52]

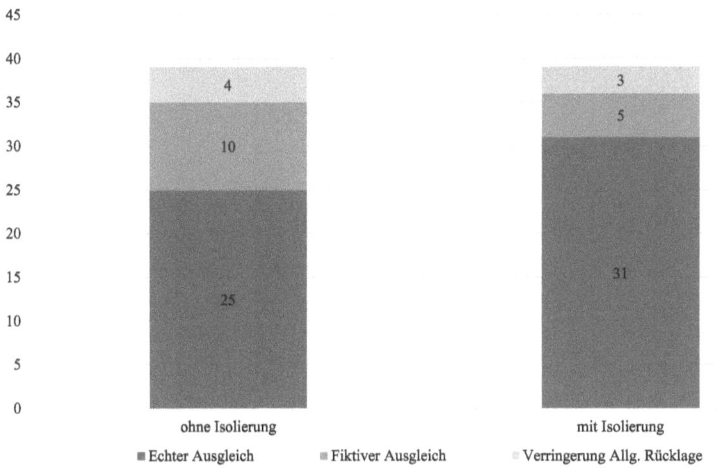

Somit wäre keine Kommune aufgrund des erzielten Jahresabschlusses 2020 ohne Isolierung in die Haushaltssicherung abgerutscht.

Von 72 Kommunen erhielten 46 Kommunen höhere Gewerbesteuerausgleichszahlungen und damit eine Überkompensation der sonst auszuweisenden Gewerbesteuermindererträge. Hingegen erzielten 26 Kommunen keine vollständige Kompensation ihrer Gewerbesteuerausfälle. Darunter befinden sich mit 14 Städten und Gemeinden über 53 % Kommunen, die sich bereits in der Haushaltssicherung befinden. Der Anteil der Gewerbesteuermindererträge an der Bilanzierungshilfe schwankt stark und variiert von 12,56 % bis 71,63 %.

13 von 28 Kommunen, bei denen eine Zunahme der Liquiditätskredite zu verzeichnen ist, haben keine ausreichende Gewerbesteuerkompensation erhalten. Dies entspricht einem Anteil von 46 %. Die Entwicklung der Liquiditätskredite im Jahresvergleich 2019 zu 2020 kann der nachfolgenden Abbildung entnommen werden.

52 Eigene Darstellung.

Abbildung 4: Entwicklung der Liquiditätskredite 2019/2020[53]

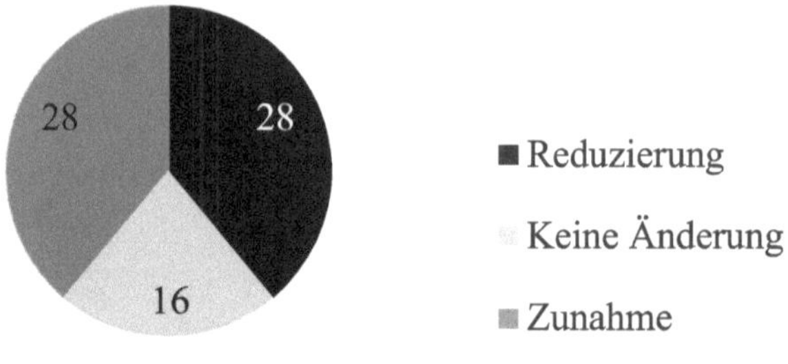

Somit ist analog zu den kreisfreien Städten festzustellen, dass die tatsächlichen Geldzuflüsse aus der Gewerbesteuerkompensation, die entsprechend als allgemeine Zuweisungen ergebniswirksam zu buchen gewesen sind, erkennbar zum Erreichen des echten Haushaltsausgleichs beigetragen haben und gleichzeitig finanzielle Möglichkeiten zur Reduzierung der Kassenkreditbestände eröffneten.

5.2.3 Kreise

Alle 7 Kreise im Regierungsbezirk Arnsberg können sowohl bereits ohne als auch mit Isolierung den echten Haushaltsausgleich darstellen. Festzustellen ist, dass die Kreise unterschiedlich von dem eingeräumten Wahlrecht im Hinblick auf den Einsatz der Mehrerträge aus der erhöhten Bundesbeteiligung zu den Kosten der Unterkunft zur Minderung der pandemiebedingten Schäden Gebrauch machten. 2 Kreise ließen die erhöhte Bundesbeteiligung bei der Berechnung der corona-bedingten Aufwendungen unberücksichtigt und weisen dementsprechend die Bilanzierungshilfe aus. Weitere 2 Kreise setzten die Mehrerträge vollständig zur Kompensation der Corona-Schäden ein und weisen keinen außerordentlichen Ertrag aus. 3 Kreise haben eine anteilige Verrechnung vorgenommen und zumindest einen Teil der corona-bedingten Schäden – insbesondere im Bereich der Sonderumlage „Jugendamt" – isoliert. Zudem zeigt die Auswertung, dass die umlagefinanzierten Haushalte nicht in dem Umfang von den finanziellen Auswirkungen der Pandemie betroffen sind wie die kreisfreien und kreisangehörigen Kommunen.

53 Eigene Darstellung.

6 Fazit

Die Ausgangslange „vor Corona" war bereits für viele Kommunen mehr als angespannt: 80 % der kreisfreien Städte und 50 % der untersuchten kreisangehörigen Kommunen befanden sich in der Haushaltssicherung. Von den wenigen kreisfreien Städten, die sich zur Haushaltsplanung 2021 nicht in der Haushaltssicherung befanden, konnte die Isolierung für Aachen ein Haushaltssicherungskonzept verhindern. Von den kreisangehörigen Kommunen konnte die Isolierung für rund 29 % ein Abrutschen in die Haushaltssicherung verhindern. Ohne Isolierung hätten sich mit der Planaufstellung 2021 analog den kreisfreien Städten ca. 80 % der Kommunen in der Haushaltssicherung befunden. Für den Jahresabschluss 2020 ist zu konstatieren, dass ohne Isolierung keine der wenigen nicht bereits haushaltssicherungspflichtigen kreisfreien Städte in die Haushaltssicherung abgerutscht wäre. Das gleiche gilt für die kreisangehörigen Kommunen.

Die durch die Corona-Pandemie verursachten immensen Verwerfungen konnten durch die finanziellen Hilfen durch Bund und Land in Summe für die Kommunen kompensiert bzw. überkompensiert werden,[54] auch wenn aufgrund der Berechnungssystematik des Gewerbesteuerausgleichsgesetzes[55] nicht alle Kommunen Leistungen zur vollständigen Kompensation erhielten. Die finanzielle Unterstützung durch Bund und Land hat zu einer Stabilisierung der kommunalen Haushalte beigetragen und einen Kassenkreditanstieg verhindert.[56] Die Ergebnisse verdeutlichen den Beitrag der erhaltenen finanziellen Erstattungen zur Erreichung des Haushaltsausgleichs.

Ausschließlich normative Anpassungen lösen keine Haushaltsprobleme:[57] Bereits im Gesetzgebungsverfahren zum 2. NKFWG hat der Fachverband der Kämmerer e. V. darauf hingewiesen, dass Änderungen im NKF nicht darüber hinwegtäuschen dürfen, dass das elementare Problem in der mangelnden Finanzausstattung der Kommunen liegt. Zutreffend wird festgestellt, dass *(…) durch bilanzielle und buchhalterische Darstellungskorrekturen [befindet] sich am Ende nicht ein Euro mehr auf den kommunalen Konten*"[58] befindet. Nichts Anderes kann für die Bilanzierungshilfe nach dem NKF-CIG gelten. Die empirische Prüfung konnte zeigen, dass durch die finanziellen Entlastungen in 2020 die Kommunen neben dem

---

54 Vgl. Geißler/Freier/Böttcher (2021), S. 19.

55 Vgl. Bertelsmann Stiftung (2021), E Gewerbesteuer, S. 11.

56 Vgl. Bertelsmann Stiftung (2021), G Kassenkredite, S. 17.

57 Vgl. Knirsch (2010), S. 43.

58 Gerbersmann (2018), S. 1.

Erreichen des Haushaltsausgleichs Liquiditätskredite zurückführen konnten. Zudem ändert eine vorübergehende Abweichung von haushaltsrechtlichen Bestimmungen oder buchhalterische Verfahren nichts daran, dass Haushalte unausgeglichen bleiben.[59] Es gilt leider auch für Kommunen der im Volksmund weit verbreitete Spruch „ohne Moos nix los“. Da hilft dann auch keine „Isolierung“ oder „Bilanzierungshilfe“.

Die nunmehr in NRW angedachte inhaltliche Erweiterung der Bilanzierungshilfe auf die Belastungen aus der Ukraine-Krise und gleichzeitige zeitliche Verlängerung bis ins Haushaltsjahr 2025[60] ist, wie die Untersuchungen gezeigt haben, kontraproduktiv. Zum einen mindern sie den Druck, sofortige Konsolidierungsschritte einzuleiten und zum anderen werden Grundsätze der Klarheit, Wahrheit und Generationengerechtigkeit dem kurzfristigen Ziel des utopischen Haushaltsausgleichs geopfert.

Masterthesis

Haushaltspläne und Abschlüsse

Literaturverzeichnis

Anton, Stefan (2021): Die Kompensation der Gewerbesteuermindereinnahmen im Jahr 2020 – eine Erfolgsgeschichte!, in: ZKF, Zeitschrift für Kommunalfinanzen, 71. Jg., Heft 5, S. 97–102

Bertelsmann Stiftung (Hrsg.) (2021): Kommunaler Finanzreport 2021, Gütersloh, https://www.bertelsmann-stiftung.de/fileadmin/files/Projekte/Kommunale_Finanzen/Finanzreport2021_gesamt.pdf (Abruf: 01.10.2021)

Beznoska, Martin/Kauder, Björn (2020): Verschuldung und Investitionsschwäche der Kommunen, in: Perspektiven der Wirtschaftspolitik, Zeitschrift des Vereins für Socialpolitik, 21. Jg., Band 21, Heft 4, S. 403–421

Brand, Stephan/Steinbrecher, Johannes (2021): Kommunalfinanzierung in der Corona-Krise – Einschnitte, aber keine Zeitenwende, in: Wirtschaftsdienst, Zeitschrift für Wirtschaftspolitik, 101. Jg., Heft 1, S. 46–52

59 Vgl. Schwarting (2021), S. 22.
60 Vgl. MHKBD (2022), S. 2.

Bunzel, Arno/Kühl, Carsten (2020): Stadtentwicklung in Coronazeiten – eine Standortbestimmung, Berlin, https://repository.difu.de/jspui/bitstream/difu/577271/1/SV-Corona.pdf (Abruf: 04.09.2021)

Busch, Manfred (2020a): Auswirkungen der Corona-Pandemie auf die Kommunalfinanzen in NRW, in: ZKF, Zeitschrift für Kommunalfinanzen, 70. Jg., Heft 5, S. 97–101

Busch, Manfred (2020b): Corona-bedingte Finanzschäden und Konjunkturhilfen – kommunale Entschuldung nur noch ein Randthema?, in: Der Gemeindehaushalt, Fachzeitschrift für das kommunale Haushalts- und Wirtschaftsrecht, das Kassen-, Rechnungs- und Prüfungswesen sowie das gesamte kommunale Abgabenrecht, 121 Jg., Heft 8, S. 169–174

Busch, Manfred (2016): Stärkungspakt NRW: vergleichende Evaluierung auf empirischer Grundlage, in: Der Gemeindehaushalt, Fachzeitschrift für das kommunale Haushalts- und Wirtschaftsrecht, das Kassen-, Rechnungs- und Prüfungswesen sowie das gesamte kommunale Abgabenrecht, 117. Jg., Heft 6, S. 129–133

Duve, Thoms/Kümpel, Kerstin (2020), in: Verwaltung & Management, Zeitschrift für moderne Verwaltung, 26. Jg., Heft 1, S. 28–36

Feld, Lars P. (2020): Rekordschulden gegen Corona-Folgen – was kann sich der Staat leisten?, in: ifo Schnelldienst, 73. Jg., Heft 8, S. 3–6

Feld, Lars P./Reuter, Wolf H./Wieland, Volker (2020): Die Bewältigung des Corona-Schocks, in: Wirtschaftsdienst, Zeitschrift für Wirtschaftspolitik, 100. Jg., Heft 7, S. 489–493

Freier, Ronny/Geißler, René (2020): Kommunale Finanzen in der Corona-Krise: Effekte und Reaktionen, in: Wirtschaftsdienst, Zeitschrift für Wirtschaftspolitik, 100. Jg., Heft 5, S. 356–363

Fritze, Christian (2019): Entwicklung rechnungswesenbasierter Systeme zur Stabilisierung der Kommunalfinanzen, Diss., Wiesbaden

Geißler, René/Freier, Ronny/Böttcher, Florian (2021): Kommunale Finanzen im Jahr 2020, in: Bertelsmann Stiftung (Hrsg.), LebensWerte Kommune, Ausgabe 6 2021, Gütersloh, https://www.bertelsmann-stiftung.de/fileadmin/files/Projekte/79_Nachhaltige_Finanzen/AK_6_2021_Finanzreport2020.pdf (Abruf: 01.10.2021)

Georg, Klaus/Gnädinger, Marc/Volk, Felix (2021): Wirkungen der Gewerbesteuer-Kompensationsleistungen in Hessen, in: ZKF, Zeitschrift für Kommunalfinanzen, 71. Jg., Heft 4, S. 80–85

Gerbersmann, Christoph (2018): Resolution des Fachverbandes der Kämmerer e.V. zum Gesetzentwurf eines 2. NKF-Weiterentwicklungsgesetzes, Hagen, https://www.kaemmerer-nrw.de/app/download/9991074/04.10.2018_Resolution_NKF_Hagen_verabschiedete_Fassung.pdf (Abruf: 05.10.2021)

Gnädinger, Marc/Burth, Andreas (2021): Haushaltskonsolidierung in Kommunen, 4., völlig neu bearbeitete und wesentlich erweiterte Auflage, Berlin

Hartmann, Rolf (2021): Mär von der doppischen Überlegenheit, in: Behörden Spiegel, Nr. III, 37. Jg., März 2021, S. 23

Hollenberg, Stefan/Becker, Robert (2021): Ökonomische und psychische Belastungen infolge der Coronakrise, in: Frevel, B./Heinicke, T. (Hrsg.), Managing Corona, Baden-Baden, S. 255–267

Junkernheinrich, Martin (2021): Kommunalfinanzen und Corona-Krise – Erste Lehren zur Stärkung der kommunalen Krisenabsorptionsfähigkeit –, in: Junkernheinrich, M./Loring W. H./Masser, K. (Hrsg.), Brennpunkte der Kommunalpolitik in Deutschland, Baden-Baden, S. 79–100

Junkernheinrich, Martin/Micosatt, Gerhard (2020a): Kommunalfinanzbericht Metropole Ruhr 2020, Regionalverband Ruhr (Hrsg.), Essen, https://www.rvr.ruhr/fileadmin/user_upload/01_RVR_Home/01_Politik_Regionalverband/Ueber_uns/Kommunalfinanzbericht/2020_Kommunalfinanzbericht_Ruhr.pdf (Abruf 20.10.2021)

Junkernheinrich, Martin/Micosatt, Gerhard (2020b): Pandemiebedingte Mindereinnahmen und Mehrausgaben der Kommunen in Nordrhein-Westfalen – Wirkungsketten und Modellrechnungen –, Kaiserslautern, https://www.spd-fraktion-nrw.de/wp-content/uploads/2020/06/200602-Gutachten-Junkernheinrich-Kommunale-Pandemiekosten.pdf (Abruf: 18.05.2021)

Klieve, Lars M./Funke, Stefan (2021): Kommentar Kommunalverfassungsrecht NRW, GO §§ 75, 76, 91, in: Held, Friedrich W./Winkel, Johannes/Wansleben, Rudolf (Hrsg.), Kommunalverfassungsrecht Nordrhein-Westfalen, Kommentare, Texte, Band I, 48. Nachlieferung, Wiesbaden

Knirsch, Hanspeter (2021): Gemeindeordnung für das Land Nordrhein-Westfalen, Kommentar, §§ 75, 76, in: Rehn, Erich/Cronauge, Ulrich/von Lennep, Hans-Gerd et. al. (Hrsg.), Gemeindeordnung für das Land Nordrhein-Westfalen, Kommentar, Band I, 53. Nachlieferung, Siegburg

Knirsch, Hanspeter (2010): Vorläufige Haushaltsführung und Haushaltskonsolidierung, in: Verwaltungsrundschau, Zeitschrift für Verwaltung in Praxis und Wissenschaft, 56. Jg., Heft 2, S. 40–43

Kreisstadt Olpe (Hrsg.) (2021): Entwurf, Jahresabschluss der Kreisstadt Olpe zum 31.12.2020, Olpe, https://sitzungsdienst.kdz-ws.net/gkz330/sdnetrim/UGhVM0hpd2NXNFdFcExjZTS5SeebShKe_PwaclUDbQ9VWqac0cJN-MFi_7WNcyQN/103-21-1_Entwurf_Jahresabschluss_2020_Kreisstadt_Olpe.pdf (Abruf: 07.08.2021)

Landkreistag Nordrhein Westfalen (Hrsg.) (2020): Gesetz zur Isolierung der Corona-bedingten Belastungen in den kommunalen Haushalten, in: EILDIENST – Monatszeitschrift des Landkreistages Nordrhein-Westfalen, Heft 09/2020, S. 384–388

Landtag Nordrhein-Westfalen/Drucksache 17/9829: Gesetzentwurf der Landesregierung, NKF-CIG, https://www.landtag.nrw.de/portal/WWW/dokumentenarchiv/Dokument/MMD17-9829.pdf (Abruf: 07.10.2021)

Lerbs, Oliver/Peistrup, Matthias/Pohl, Carsten (2021): Die „Corona-Rezession“ und ihre ökonomischen Auswirkungen auf die Städte und Kreise in Nordrhein-Westfalen, in: Frevel, B./Heinicke, T. (Hrsg.), Managing Corona, Baden-Baden, S. 335–345

Middelhoff, Tobias/Gerstacker, Michael/Dott, Beatrice (2020): Haushaltsplanungen in Krisenzeiten, in: ZKF, Zeitschrift für Kommunalfinanzen, 70. Jg., Heft 7, S. 159–161

Ministerium für Heimat, Kommunales, Bau und Digitalisierung (MHKBD), Schreiben der Ministerin an die kommunalen Hauptverwaltungsbeamtinnen und -beamten in NRW vom 05. September 2022

Person, Christian (2020): Schuldenhilfen als Instrument zur Bekämpfung kommunaler Haushaltsprobleme – ein europaweiter Vergleich, in: Verwaltung & Management, Zeitschrift für moderne Verwaltung, 26. Jg., Heft 2, S. 92–101

Rose, Joachim (2020): Sonderregelungen für niedersächsische Kommunen bei epidemischen Lagen, in: ZKF, Zeitschrift für Kommunalfinanzen, 70. Jg., Heft 11, S. 241–247

Schwarting, Gunnar (Hrsg.) (2021): Stadtfinanzen – alte Probleme und neue Herausforderungen, Wiesbaden

Stadt Dortmund (Hrsg.) (2021): Jahresabschluss für das Haushaltsjahr 2020, Dortmund, https://rathaus.dortmund.de/dosys/gremrech.nsf/0/01C565AFF47FE5EBC12586CD00371E92/$FILE/Anlagen_20203–21.pdf (Abruf: 29.08.2021)

Stadt Essen (Hrsg.) (2021): Jahresabschluss zum 31. Dezember 2020 – Entwurf -, Essen, https://service.essen.de/detail/-/vr-bis-detail/dokument/243530/download?_19_WAR_vrportlet_action=vr-bis-detail-dienstleistung-show (Abruf: 18.08.2021)

Stadt Hamm (Hrsg.) (2021): Entwurf des Jahresabschlusses 2020, Hamm, https://www.hamm.de/fileadmin/user_upload/Medienarchiv_neu/Dokumente/Amt_fuer_Finanzen/JA_2020_Entwurf_Anhang_Lagebericht.pdf (Abruf: 29.08.2021)

Statistisches Bundesamt (Destatis) (Hrsg.) (2021): Finanzen und Steuern 2019, Fachserie 14, Reihe 5, Wiesbaden

Statistisches Bundesamt (Destatis) (Hrsg.) (2019): Öffentliche Finanzen, Kassenkredite der Gemeinden/Gemeindeverbände beim nicht-öffentlichen Bereich nach Ländern, 2010 – 2018, Wiesbaden

Triage in der Pandemie

Jana Moszkowicz und Sandra Köller[1]

1 Einführung und Hintergrund

Im Verlauf der Corona-Pandemie kam es aufgrund knapper Ressourcen in einigen europäischen Nachbarländern zu der Situation, dass nicht alle Patienten, die eine künstliche Beatmung oder eine andere Art intensivmedizinischer Behandlung benötigten, eine solche erhalten konnten.[2] Auch in Deutschland kam es pandemiebedingt zeitweise zu einer Überlastung der Intensivstationen,[3] diese führte jedoch hierzulande noch nicht dazu, dass beatmungspflichtige Personen abgewiesen werden mussten. Aufgrund dieser Überlastungssituation stellte sich allerdings auch in Deutschland die Frage, nach welchen Kriterien die Zuteilung medizinischer Hilfe in Fällen erfolgen soll, in denen die Anzahl von hilfs- und behandlungsbedürftigen Personen die vorhandenen Ressourcen an medizinischen Geräten oder Fachpersonal übersteigt. Dieser Problematik geht die Arbeit „Triage in der Pandemie" nach und greift somit ein zum Zeitpunkt ihrer Entstehung aktuelles Thema auf. Angesichts der Beruhigung der Pandemielage steht die Triage-Thematik zwar derzeit etwas weniger in der öffentlichen Diskussion, allerdings können vor dem Hintergrund von Klimawandel und Globalisierung Pandemien jederzeit wieder auftauchen, so dass Fragestellungen der Triage in Pandemiefällen mittelfristig auch wieder auf der Tagesordnung stehen werden. Somit sollte die Entspannung der Situation genutzt werden, um rechtliche Fragen im Zusammenhang mit der Triage zu klären und klare Vorgaben zugunsten Betroffener und des behandelnden Personals zu schaffen.

---

1 Jana Moszkowicz und Dr. Sandra Köller, Hochschule für den öffentlichen Dienst in Bayern, Fachbereich Sozialverwaltung.

2 Rönnau/Wegner (2020), S. 404.

3 Quelle: https://www.aerzteblatt.de/nachrichten/129174/Latente-Triage-hat-begonnen (Abruf: 19.11.21).

2 Zielsetzung und methodische Grundlagen

Zielsetzung der Arbeit ist es zu untersuchen, ob für die Triage eine gesetzliche Regelung erforderlich ist und wie eine solche ausgestaltet werden könnte. Ausgangspunkt bildet hierbei die Problematik einer fehlenden gesetzlichen Grundlage für Entscheider in pandemiebedingten Triage-Situationen. Daran anknüpfend wird das Erfordernis einer Rechtsgrundlage für die Ressourcenallokation in der Pandemie begründet sowie erste Überlegungen zu einer möglichen Ausgestaltung vorgestellt. Die Arbeit verdeutlicht dabei, dass die Triage nur sehr schwer einer rechtlichen Regelung zugänglich ist und schlägt vor diesem Hintergrund auch den Bogen zur Bedeutung von Impfungen und Kontaktbeschränkungen zur Prävention von Triage-Situationen.

Die Rechtslage wird bis zum Januar 2022 berücksichtigt. Der zwischenzeitlich vorliegende Referentenentwurf des Bundesministeriums für Gesundheit[4] konnte in die Arbeit nicht mehr einfließen, verdeutlicht aber die Aktualität der Thematik.

3 Das wissenschaftliche Vorgehen

Zunächst wird in der Arbeit das bestehende gesetzliche Vakuum herausgearbeitet, indem dargelegt wird, dass die im militärischen und zivilen Rettungswesen bestehenden Regelwerke zur Rettung von Opfern in akuten Notsituationen – wie Großschadensereignissen oder Terroranschlägen – auf die Situation in der Pandemie nicht übertragbar sind, da es hier anders als im Katastrophenfall nicht um die Reihenfolge einer Behandlung, sondern vielmehr um die Frage geht, wer überhaupt eine Behandlung erfährt.[5]

Im Anschluss daran werden die klinisch-ethischen Empfehlungen der Deutschen Interdisziplinären Vereinigung für Intensiv- und Notfallmedizin[6] (DIVI), die das gesetzgeberische Vakuum derzeit faktisch ausfüllen und dem medizinischen Personal als Entscheidungsgrundlage in Triage-Si-

4 Quelle: https://www.bundesgesundheitsministerium.de/service/gesetze-und-verordnungen/detail/gesetz-zur-aenderung-des-infektionsschutzgesetzes-2.html (Abruf: 18.08.2022).

5 Birnbacher, in: Hörnle/Huster/Poscher (Hrsg.): Triage in der Pandemie (2021), S. 192.

6 Quelle: https://www.divi.de/empfehlungen/publikationen/viewdocument/3436/covid-19-ethik-empfehlung-v2 (Abruf: 10.10.2021).

tuationen dienen sollen, näher betrachtet: Es wird herausgearbeitet, dass die in diesen Empfehlungen aufgeführten Grundsätze die Erfolgsaussichten der Behandlung als entscheidendes Kriterium für die Auswahlentscheidung ansehen, wobei der Aspekt der medizinischen Dringlichkeit der Behandlung vernachlässigt wird.[7] Im Anschluss daran wird überprüft, inwiefern sich behandelnde Personen, die Triage-Entscheidungen gemäß diesen Empfehlungen treffen, einem Strafbarkeitsrisiko aussetzen. Hierbei kann festgestellt werden, dass die Umsetzung der Empfehlungen in manchen Fallkonstellationen strafrechtlich als Tötungsdelikt zu werten wäre. Dieses Untersuchungsergebnis verdeutlicht das Bedürfnis nach Rechtssicherheit auf Seiten des behandelnden medizinischen Personals aber auch auf Seiten der hilfesuchenden Betroffenen und spricht folglich für die Notwendigkeit einer gesetzlichen Regelung.

Dieses Erfordernis wird im Folgenden unter Zugrundelegung der Wesentlichkeitstheorie des Bundesverfassungsgerichts, nach der in grundlegenden normativen Bereichen alle wesentlichen Entscheidungen durch den demokratisch legitimierten Gesetzgeber getroffen werden müssen,[8] weiter untermauert, indem die Grundrechtsrelevanz von Allokationsentscheidungen aufgezeigt wird. Hierbei wird auch auf Argumente eingegangen, die einer gesetzlichen Regelung der Entscheidung in Triage-Konstellationen entgegengehalten werden, wie beispielsweise der Aspekt der Überforderung des Rechts, Vorgaben für Einzelfallentscheidungen festzulegen oder der Schwächung ärztlicher Urteilskraft. Schließlich wird unter Abwägung der Argumente, die für und gegen eine gesetzliche Regelung sprechen, die Notwendigkeit einer gesetzlichen Grundlage für Entscheidungen in Triage-Situationen bejaht, ein Ergebnis, das auch gestützt wird durch die Entscheidung des Bundesverfassungsgerichts vom 16.12.2021, in der der Gesetzgeber vor dem Hintergrund seines Schutzauftrages, Menschen wirksam vor Benachteiligung wegen ihrer Behinderung zu schützen, zu Vorgaben in Triage-Situationen verpflichtet wird.[9]

Im Anschluss daran werden (rechts-) philosophische Grundpositionen wie der Utilitarismus[10] oder die Rawls'sche kontraktualistisch geprägte Gerechtigkeitstheorie[11] vorgestellt und im Hinblick auf Antworten für

---

7 Engländer/Zimmermann (2020), S. 1401.

8 Kingreen/Poscher (2020), Rn. 315.

9 BVerfG, Beschluss vom 16.12.2021 – 1 BvR1541/20 -, https://www.bundesverfassungsgericht.de/SharedDocs/Entscheidungen/DE/2021/12/rs20211216_1bvr154120.html (Abruf: 21.12202).

10 Dargestellt bei: Kirste (2020), S. 118.

11 Dargestellt bei: Kirste (2020), S 119.

die Suche nach Entscheidungskriterien für Allokationsentscheidungen in Pandemie-Situationen untersucht. Schließlich wird ein Ausblick auf eine mögliche Ausgestaltung einer gesetzlichen Regelung gegeben.

4 Die zentralen Ergebnisse und ihr praktischer Bezug

4.1 Knappheit der Ressourcen in der Pandemie und Problematik der fehlenden gesetzlichen Regelung der Triage

In den letzten Jahrzehnten war die Triage eine Spezialmaterie der Katastrophen- und Notfallmedizin, da in den wohlhabenden Gesellschaften die medizinischen Ressourcen die Anzahl der Verletzten und anderweitig Erkrankten übersteigen. Lediglich bei Großschadensereignissen wie Terroranschläge oder schweren Unfällen spielte die Triage eine Rolle. Die Frage, wann und wie triagiert werden muss und darf, hat durch die Ende 2019 ausgebrochene Covid-19 Pandemie jedoch deutlich an Brisanz gewonnen.[12] Eine Infektion mit dem Covid-19 Virus macht in etwa 5 % der Fälle eine intensivmedizinische Behandlung notwendig, wobei insbesondere eine künstliche Beatmung oder auch ein Anschluss an einen extrakorporalen Lungenersatz zur Membranoxygenierung (sog. ECMO-Maschine) erforderlich sein kann.[13] Auch wenn in Deutschland eine sog. „harte Triage", das heißt eine Situation, in der aufgrund eines Mangels von Beatmungsgeräten entschieden werden muss, welche Patienten behandelt werden und welche nicht, durch staatliche Maßnahmen verhindert werden konnte,[14] führte die unkontrollierbare Verbreitung des Virus auch in Deutschland zu einer Situation, die als latente bzw. weiche Triage bezeichnet werden kann. Eine solche Lage liegt vor, wenn beispielsweise ein Herzinfarktpatient eine Stunde im Rettungswagen herumgefahren wird, weil kein Krankenhaus mit einem freien Intensivbett vorhanden ist.[15] Vor dem Hintergrund dieser Situation stellte sich die Frage, nach welchen Kriterien Triage-Entscheidungen im Falle einer Verschlechterung der Situation getroffen werden sollten, da es hierzu keine gesetzliche Regelung in Deutschland gibt. Zwar existieren im militärischen wie im zivilen Rettungswesen

12 Rönnau/Wegner (2020), S. 404.
13 Rönnau/Wegner (2020), S. 404.
14 Sternberg-Lieben (2020), S. 627.
15 Quelle: https://www.aerzteblatt.de/nachrichten/129174/Latente-Triage-hat-begonnen (Abruf: 19.11.2021).

etablierte und bewährte Regelwerke zur Reihenfolge der Rettung von Opfern in akuten Notsituationen,[16] diese sind aber auf die Pandemie-Situation nicht übertragbar: Ziel der bestehenden Regelungswerke ist es, unter Zeitdruck die bestmögliche Hilfe für die größtmögliche Zahl Betroffener zur rechten Zeit am richtigen Ort zu leisten, damit möglichst viele Betroffene überleben.[17] Die Einteilung der Verletzten oder Kranken erfolgt in sogenannte Dringlichkeitsstufen.[18] Die Triage-Situation wird bewältigt, indem die Patienten zunächst priorisiert (Gruppe I – lebensbedrohlich Erkrankte; Gruppe II – Schwerverletzte, deren Behandlung aufgeschoben werden kann; Gruppe III – Leichtverletzte; Gruppe IV – Patienten ohne Überlebenschance) und anschließend nach Priorität behandelt werden.[19] Die Situation der Corona-Pandemie unterscheidet sich jedoch erheblich von den Situationen, für die diese Regelungen gemacht sind: Im Fall der Pandemie ist anders als im Katastrophenfall nicht die Reihenfolge der Behandlung bzw. des Transports in ein Krankenhaus Gegenstand der Entscheidung, sondern wer überhaupt eine Behandlung bekommt und wer nicht. Die Triage-Entscheidung fällt daher zu einem späteren Zeitpunkt als in der unmittelbaren Rettungssituation, folglich zu dem Zeitpunkt, in dem sich herausstellt, dass die Ressourcen des Krankenhauses nicht ausreichen.[20] Das Kriterium der Dringlichkeit verliert somit an Bedeutung. Die Behandlungskategorien aus der Katastrophenmedizin sind daher nicht unmittelbar auf die Triage-Situation der Corona-Pandemie übertragbar.

4.2 Klinisch-ethische Empfehlungen der Deutschen Interdisziplinären Vereinigung für Intensiv- und Notfallmedizin (DIVI)

Die fehlenden verbindlichen Vorgaben für Triage-Entscheidungen wurden in Deutschland bisher nicht durch eine bindende gesetzliche Regelung, aber durch Empfehlungen mit einer gewissen Verbindlichkeit ausgefüllt.[21] Die DIVI hat dazu im April 2020 klinisch-ethische Empfehlungen über die

16 Birnbacher, in: Hörnle/Huster/Poscher (Hrsg.): Triage in der Pandemie (2021), S. 190.
17 Brech (2008), S. 52.
18 Brech (2008), S. 53.
19 Streng-Baunemann (2021), S. 170.
20 Birnbacher, in: Hörnle/Huster/Poscher (Hrsg.): Triage in der Pandemie (2021), S. 192.
21 Birnbacher, in: Hörnle/Huster/Poscher (Hrsg.): Triage in der Pandemie (2021), S. 193.

Zuteilung intensivmedizinischer Ressourcen im Kontext der COVID-19 Pandemie verfasst,[22] um transparente, medizinisch und ethisch gut begründete Kriterien für die notwendige Auswahlentscheidung zu schaffen. Das entscheidende Kriterium ist nach den genannten Leitlinien der DIVI die klinische Erfolgsaussicht. Patienten, bei denen nur eine sehr geringe Überlebensaussicht besteht, werden nicht intensivmedizinisch behandelt. Patienten, die eine höhere Überlebensaussicht haben, werden hingegen vorrangig behandelt. Gebrechlichkeit und das Vorhandensein schwerer Komorbiditäten stellen dabei Indikatoren für eine schlechtere Erfolgsaussicht dar.[23] Hierbei erfolgt die Priorisierung aufgrund des Gleichheitsgebots nicht nur innerhalb der Gruppe der COVID-19 Patienten, sondern schließt vielmehr alle Personen ein, die eine Intensivbehandlung benötigen.[24] Die Entscheidungsfindung erfolgt nach dem Mehraugen-Prinzip und eine Priorisierung erfolgt dann sowohl bei der Aufnahme in der Intensivstation als auch bei schon laufender intensiv-medizinischer Behandlung.

4.3 Strafrechtliche Problematik

Eine strafrechtliche Untersuchung der oben vorgestellten medizinisch ethischen Verhaltensempfehlungen offenbart jedoch, dass mit ihrer Befolgung strafrechtliche Risiken für die Entscheidungsträger verbunden sind:

Hierbei muss man sich zunächst vergegenwärtigen, dass man bei der Triage zwischen zwei Grundkonstellationen unterscheiden muss: die Exante und die Ex-post-Triage. Bei der sog. Ex-ante-Triage rivalisieren zwei oder mehrere Behandlungsbedürftige um einen freien Platz, da die Behandlungskapazitäten nicht ausreichen. Entschließt sich eine Ärztin oder ein Arzt dazu, eine medizinische Behandlung nicht aufzunehmen, kann dies den Tatbestand eines Tötungs- oder Körperverletzungsdelikts durch Unterlassen erfüllen, wenn der Patient verstirbt oder an seiner Gesundheit geschädigt wird.[25] Unechte Unterlassungsdelikte sind Straftaten, bei denen der Unterlassende als Garant zur Erfolgsabwendung verpflichtet ist und

---

22 Quelle: https://www.divi.de/empfehlungen/publikationen/viewdocument/3436/covid-19-ethik-empfehlung-v2 (Abruf: 10.10.2021).

23 Quelle: https://www.divi.de/empfehlungen/publikationen/viewdocument/3436/covid-19-ethik-empfehlung-v2 (Abruf: 10.10.2021).

24 Quelle: https://www.divi.de/empfehlungen/publikationen/viewdocument/3436/covid-19-ethik-empfehlung-v2 (Abruf: 10.10.2021).

25 Engländer/Zimmermann (2020), S. 1398.

bei denen das Unterlassen wertungsmäßig der Verwirklichung des gesetzlichen Tatbestandes durch aktives Tun entspricht.[26] Der Arzt müsste hierfür eine Garantenpflicht innehaben. Nach überwiegender Ansicht wird der Arzt bereits mit der faktischen Übernahme der Behandlung eines Patienten zum Garanten dafür, dass in Richtung der Erfolgsabwendung alles erdenklich Sachgemäße und Erforderliche getan wird.[27] Tut er dies nicht, könnte er sich wegen eines Körperverletzungs- oder Tötungsdelikts durch Unterlassen strafbar machen. Überschreitet jedoch die Zahl der Patienten die verfügbaren Mittel, gilt dies nicht: Eine Kollision mehrerer gleichwertiger Handlungspflichten zur Rettung von Leben führt nach der gewohnheitsrechtlich anerkannten Rechtsfigur der rechtfertigenden Pflichtenkollision dazu, dass nicht rechtswidrig handelt, wer nur so viele Menschen wie nach Behandlungskapazität möglich rettet.[28] Treffen folglich zwei Patienten zeitgleich auf der Intensivstation ein und ist nur ein Beatmungsgerät vorhanden, macht sich der Arzt nicht wegen eines Unterlassungsdelikts bzgl. des nichtbehandelten Patienten strafbar. Voraussetzung für die Gleichwertigkeit der Rettungspflichten ist jedoch, dass die Patienten auch mit gleicher Dringlichkeit auf Hilfe angewiesen sind.[29] Die Empfehlungen der DIVI nennen jedoch als einziges Entscheidungskriterium die klinische Erfolgsaussicht. Dies ist insofern problematisch, als es auf die medizinische Dringlichkeit nicht ankommt. Hat beispielsweise Patient A bei sofortigem Beginn der Behandlung eine Überlebenswahrscheinlichkeit von 90 % und hat Patient B eine von 60 %, wird nach den Empfehlungen A auch dann zuerst behandelt, wenn B ohne sofortige Behandlung verstirbt, selbst wenn die Überlebenswahrscheinlichkeit von A am Folgetag noch bei 70 % läge.[30] In dem Fall würde sich der Arzt strafrechtlich gesehen in einer verschiedenrangigen Pflichtkollision befinden. Er müsste daher in diesem Beispiel aus strafrechtlicher Sicht B behandeln, A müsste auf freiwerdende Rettungsressourcen hoffen. Behandelt der Arzt stattdessen gemäß den Empfehlungen der DIVI A und verstirbt B, begeht der Arzt einen nicht gerechtfertigten Totschlag durch Unterlassen. Nur in Fällen gleicher Dringlichkeit liegt somit eine gleichrangige Pflichtenkollision vor, bei der die Triage-Entscheidung nach dem Kriterium der Erfolgsaussicht nicht zu beanstanden wäre.[31]

26 Wessels/Beulke/Satzger (2020), Rn. 1154.
27 Brech (2008), S. 340.
28 Rönnau/Wegner (2020), S. 404.
29 Rönnau/Wagner (2020), S. 404.
30 Engländer/Zimmermann (2020), S. 1401.
31 Engländer/Zimmermann (2020), S. 1402.

Die Ex-post-Triage unterscheidet sich von der Ex-ante-Triage dadurch, dass hier eine schon in Gang gesetzte Behandlung abgebrochen wird, um Platz für neu ankommende Patienten zu schaffen, welchen etwa wegen höherer Behandlungserfolgswahrscheinlichkeit Priorität eingeräumt werden soll.[32] Ist der Behandlungsabbruch mit einem aktiven Tun verbunden, etwa durch Abschalten des Respirators, liegt darin nach überwiegender Ansicht ein Totschlag nach § 212 StGB, der weder über den Notstand nach § 34 StGB noch über die Pflichtenkollision gerechtfertigt ist.[33] Der soeben dargestellte Rechtfertigungsgrund der rechtfertigenden Pflichtenkollision kommt nur bei Unterlassungsdelikten in Frage und auch nur dann, wenn den Täter zu selben Zeit mehrere rechtliche Handlungspflichten treffen, er aber nur die eine oder andere erfüllen kann.[34] Ein Behandlungsabbruch ist aber im Gegensatz zum Unterlassen einer Behandlungsaufnahme als aktives Tun zu werten. Auch eine Rechtfertigung eines Behandlungsabbruchs mittels eines rechtfertigenden Notstands nach § 34 StGB scheidet aus, da die Voraussetzungen nicht vorliegen: Bei Abwägung der widerstreitenden Interessen müsste hierfür das zu schützende Interesse (also das Leben des neuankommenden Patienten) das beeinträchtigte Interesse (das Leben des Patienten, der sich schon in Behandlung befindet) wesentlich überwiegen.[35] Das Leben bildet jedoch einen aus der Menschenwürde folgenden Höchstwert, der sich jeder qualitativen oder quantitativen Abwägung entzieht.[36] Dies führt dazu, dass eine Triage-Entscheidung in ex-post Konstellationen in jedem Fall einen Straftatbestand verwirklicht und keiner Rechtfertigung zugänglich ist.

4.4 Notwendigkeit einer gesetzlichen Regelung

Die obigen Ausführungen, die das das Strafbarkeitsrisiko der behandelnden Ärzte bei Triage-Entscheidungen aufzeigen, verdeutlichen das Bedürfnis nach Rechtssicherheit auf Seiten des behandelnden medizinischen Personals aber auch auf Seiten der hilfesuchenden Betroffenen. Eine solche Rechtssicherheit kann nur durch eine gesetzliche Regelung von Triage-Entscheidungen erreicht werden, die klare Kriterien vorgibt.

---

32 Rönnau/Wegner (2020), S. 404.
33 Engländer/Zimmermann (2020), S. 1401.
34 Sternberg-Lieben (2020), S. 630.
35 Wessels/Beulke/Satzger (2020), Rn. 468.
36 Engländer/Zimmermann (2020), S. 1399.

Zudem muss der Gesetzgeber auch nach der Wesentlichkeitstheorie in grundlegenden normativen Bereichen, zumal im Bereich der Grundrechtsausübung, soweit diese einer staatlicher Regelung zugänglich ist, alle wesentlichen Entscheidungen selbst treffen.[37] Bei einer Allokationsentscheidung werden Grundrechtspositionen der Beteiligten berührt, zum einen das Recht auf Leben und körperliche Unversehrtheit gem. Art. 2 Abs. 2 S. 1 GG und zum anderen das Benachteiligungsverbot wegen einer Behinderung gem. Art. 3 Abs. 3 S. 2 GG.[38]

Das Recht auf Leben und körperliche Unversehrtheit sieht den Staat in der Verantwortung, die Gesundheit und das Leben vor dem Staat nicht zurechenbarer Gefahren zu schützen, die von der Natur oder rechtswidrigen Beeinträchtigungen durch Dritte ausgehen.[39] In der Triage-Situation geht es darum, das Leben der Menschen vor den Folgen einer Verletzung oder Erkrankung zu schützen. Jedes menschliche Leben ist dabei als solches gleich wertvoll und genießt den gleichen verfassungsrechtlichen Schutz, ob jung oder alt, krank oder gesund.[40] Der Schutz des Lebens und der körperlichen Unversehrtheit könnte zu einer konkreten Handlungspflicht des Gesetzgebers führen. Auch aus den Gleichheitspostulaten können sich Vorgaben für die Auswahlkriterien ergeben. Dies gilt insbesondere dann, soweit unter Art. 3 GG auch mittelbare Diskriminierungen anerkannt werden.[41] Wird die Triage nach den Behandlungsaussichten durchgeführt, könnte dies zu einer Ungleichbehandlung von Menschen mit bestimmten Behinderungen führen. Art. 3 Abs. S. 2 GG wäre insoweit verletzt. Da folglich bei einer Triage-Entscheidung grundrechtssensible Bereiche betroffen sind, ist eine gesetzliche Regelung erforderlich.

Gründe, die gegen eine gesetzliche Regelung angeführt werden, können vor dem Hintergrund der obigen Ausführungen nicht überzeugen: Zwar sind Ärzte medizinisch geschult und haben daher eine hohe Urteilskraft hinsichtlich medizinischer Entscheidungen, allerdings erscheint es unbillig, dem medizinischen Personal die Triage-Entscheidung aufzubürden und es gleichzeitig dem Risiko unklarer strafrechtlicher Vorgaben auszusetzen. Ferner wird gegen eine gesetzliche Regelung angebracht, dass es eine sehr gewagte schutzpflichtenrechtliche Konstruktion sei, dass der

---

37 Kingreen/Poscher (2020), Rn. 315.

38 Quelle: https://verfassungsblog.de/keine-triage-ohne-gesetzliche-grundlage/ (Abruf: 29.12.2021).

39 Poscher, in: Hörnle/Huster/Poscher (Hrsg.): Triage in der Pandemie (2021), S. 75.

40 Augsberg, in: Hörnle/Huster/Poscher (Hrsg.): Triage in der Pandemie (2021), S. 12.

41 Poscher, in: Hörnle/Huster/Poscher (Hrsg.): Triage in der Pandemie (2021), S. 74.

Staat einen Anspruch auf „chancengleiche Teilhabe" sicherstellen müsse. Unter Geltung des Untermaßverbots könne nicht mehr verlangt werden, als dass der Staat nur eingreife, falls bei der Allokationsentscheidung völlig willkürliche Entscheidungen getroffen würden.[42] Die Befürchtungen willkürlicher Entscheidungen könne jedoch zurückgewiesen werden, da die Empfehlungen zur Zuteilung intensivmedizinischer Ressourcen erkennen ließen, dass eine Priorisierung nicht in der Absicht erfolge, Menschenleben zu bewerten, sondern mit der Zielsetzung, mit begrenzten Ressourcen möglichst vielen Patienten eine Teilhabe an der medizinischen Versorgung zu ermöglichen.[43] Dieser Argumentation kann entgegengehalten werden, dass zwar davon ausgegangen werden kann, dass die Empfehlungen der DIVI in der Praxis befolgt werden, sie haben aber dennoch keine Rechtsqualität.[44] Dies führt, wie bereits aufgezeigt wurde, dazu, dass Ärzte in bestimmten Konstellationen Strafbarkeitsrisiken ausgesetzt sind. Zudem bleibt die Gefahr, dass behinderte und ältere Menschen in der Priorisierung nach den Empfehlungen der DIVI benachteiligt werden könnten, da nach diesen Gebrechlichkeit zu einer schlechteren Erfolgsaussicht führt. Somit ist eine gesetzliche Grundlage für Triage-Entscheidungen erforderlich.

In diesem Sinne entschied auch das Bundesverfassungsgericht im Dezember 2021: Aus dem Schutzauftrag des Art. 3 Abs. 3 S. 2 GG ergibt sich nach dieser Entscheidung für den Staat nicht nur das Verbot unmittelbarer und mittelbarer Diskriminierung wegen Behinderung, sondern auch ein Auftrag, Menschen wirksam vor Benachteiligung wegen ihrer Behinderung auch durch Dritte zu schützen.[45] Dieser Schutzauftrag verdichtet sich nach dem Gericht angesichts des Risikos der Benachteiligung wegen einer Behinderung bei der Zuteilung knapper intensivmedizinischer Behandlungsressourcen zu einer konkreten Handlungspflicht.[46] Die Empfehlungen der DIVI beseitigten das Risiko einer Benachteiligung nicht, da diese auf das Kriterium der klinischen Erfolgsaussicht der Behandlung abstellten

42 Huster, in: Hörnle/Huster/Poscher (Hrsg.): Triage in der Pandemie (2021), S. 105.

43 Quelle: https://www.divi.de/empfehlungen/publikationen/viewdocument/3436/covid-19-ethik-empfehlung-v2 (Abruf: 10.10.2021).

44 Engländer/Zimmermann (2020), S. 1402.

45 BVerfG, Beschluss vom 16.12.2021 – 1 BvR 1541/20 -, Rn. 88, https://www.bundesverfassungsgericht.de/SharedDocs/Entscheidungen/DE/2021/12/rs20211216_1bvr154120.html (Abruf: 21.12.2021).

46 BVerfG, Beschluss vom 16.12.2021 – 1 BvR 1541/20 -, Rn. 108 https://www.bundesverfassungsgericht.de/SharedDocs/Entscheidungen/DE/2021/12/rs20211216_1bvr154120.html (Abruf: 21.12.2021).

und diese als „Wahrscheinlichkeit, die aktuelle Erkrankung durch Intensivtherapie zu überleben“ definierten.[47] Es sei zwar verfassungsrechtlich unbedenklich, auf die Wahrscheinlichkeit, die aktuelle Erkrankung zu überleben, abzustellen, jedoch könnte die Wahrnehmung einer Behinderung zum vorschnellen Schluss verleiten, dass eine kürzere Überlebensdauer gegeben sei.[48] Der Gesetzgeber müsse folglich seiner Handlungspflicht durch geeignete Vorkehrungen nachkommen.[49] Wie der Gesetzgeber seiner Handlungspflicht nachkommen soll, hat das Bundesverfassungsgericht dabei allerdings offengelassen. Auch auf die Unterscheidung zwischen der Ex-ante und der Ex-post-Triage ist das Gericht dabei nicht näher eingegangen.

4.5 Ausgestaltung der gesetzlichen Regelung

Es stellt sich somit die Frage, wie eine Triage-Regelung inhaltlich ausgestaltet sein könnte. Hilfestellung hierfür könnten ethisch-philosophische Überlegungen zur Verteilungsgerechtigkeit leisten.

Zu nennen ist hierbei zunächst der klassische Utilitarismus. Utilitaristen sind der Auffassung, dass das einzige Kriterium moralischer Richtigkeit darin besteht, ob eine Handlung das Wohlergehen aller von ihren Wirkungen Betroffenen in optimaler Weise fördert.[50] Danach verdient diejenige Handlung den Vorzug, die den größtmöglichen Gesamtnutzen für die Gesellschaft hat.[51] Man könnte sich also die Frage stellen, ob es von Vorteil wäre, solche Menschen bevorzugt zu behandeln, die der Allgemeinheit den größten Nutzen bringen. So würde beispielsweise eine genesene Ärztin die Behandlungskapazitäten anderer erkrankter Patienten erhöhen.[52] Dieser Betrachtungsweise lässt sich aber entgegenhalten, dass

---

47 BVerfG, Beschluss vom 16.12.2021 – 1 BvR 1541/20 -, Rn. 116 https://www.bundesverfassungsgericht.de/SharedDocs/Entscheidungen/DE/2021/12/rs20211216_1bvr154120.html (Abruf: 21.12.2021).

48 BVerfG, Beschluss vom 16.12.2021 – 1 BvR 1541/20 -, Rn. 117, https://www.bundesverfassungsgericht.de/SharedDocs/Entscheidungen/DE/2021/12/rs20211216_1bvr154120.html (Abruf: 21.12.2021).

49 BVerfG, Beschluss vom 16.12.2021 – 1 BvR 1541/20 -, Rn. 130, https://www.bundesverfassungsgericht.de/SharedDocs/Entscheidungen/DE/2021/12/rs20211216_1bvr154120.html (Abruf: 21.12.2021).

50 Brech, (2008), S. 129.

51 Brech, (2008), S. 129.

52 Zimmermann, in: Hörnle/Huster/Poscher (Hrsg.): Triage in der Pandemie (2021), S. 242.

das Wohlergehen aller nicht notwendig gut für jeden Einzelnen ist. Hierbei besteht die Gefahr, den Wert des Einzelnen dem Nutzen für das Ganze unterzuordnen,[53] so dass eine Triage-Entscheidung nach utilitaristischen Maßstäben abzulehnen ist.

Möglicherweise könnte die Argumentationsfigur des hypothetischen Kontraktualismus eine Hilfestellung zur Regelung einer Allokationsentscheidung liefern. Ausgangspunkt kontraktualistischer Theorien ist ein Urzustandsszenario, das die Vertragsparteien aufgrund einer Informationsbeschränkung („Schleier des Nichtwissens" John Rawls) zu Fairness und Unparteilichkeit zwingt.[54] In diesem Szenario kennt keiner der Vertragsparteien seinen Platz in der Gesellschaft, seine Klasse oder seinen Status, seine natürlichen Gaben, Intelligenz oder Körperkraft.[55] Soziale Vor- und Nachteile sollen nur dann gerechtfertigt sein, als durch den Vorteil des Bessergestellten auch die Lage des Schlechtergestellten in der Gesellschaft verbessert wird. Nach der sog. Maximin-Regel ist eine Maßnahme dann optimal, wenn sie auch für die gesellschaftlich am schlechtesten Gestellten optimal ist.[56] Unter dem Schleier des Nichtwissens könnte eine Dringlichkeitsvereinbarung getroffen werden: Kann mit einer Behandlung bei A noch gewartet werden, während B bei sofortiger Behandlung dieselbe Chance wie A hat, aber ohne Behandlung am nächsten Tag verstirbt, verbessert die Dringlichkeitsregel die Überlebenschance desjenigen, der nicht weiß, ob er in die Rolle von A oder B geraten wird.[57] Eine Lösung bei gleicher Dringlichkeit, könnte das Kriterium der Erfolgsaussicht darstellen. Der Patient mit höherer Überlebenswahrscheinlichkeit soll als erstes behandelt werden. Bezieht man sich auf den Schleier des Nichtwissens, bestehen jedoch Einwände: Der Patient mit einer geringeren Überlebenswahrscheinlichkeit wäre zum Sterben verurteilt. Da theoretisch auch eine Verbesserung dieser worst case-Situation eintreten könnte, beispielsweise durch Einführung eines Losentscheids, ist das Kriterium der Erfolgsaussicht mit dem Maximin-Prinzip nicht vereinbar.[58] Ein anderer Einwand besteht darin, dass von vornherein feststeht, dass es bei einer

53 Kirste (2010), S. 118.

54 Zimmermann, in: Hörnle/Huster/Poscher (Hrsg.): Triage in der Pandemie (2021), S. 254.

55 Kirste (2010), S. 119.

56 Kirste (2010), S. 119.

57 Zimmermann, in: Hörnle/Huster/Poscher (Hrsg.): Triage in der Pandemie (2021), S. 236.

58 Zimmermann, in: Hörnle/Huster/Poscher (Hrsg.): Triage in der Pandemie (2021), S. 239.

Verteilung nach Erfolgsaussicht auch immer Verlierer geben wird, wie beispielsweise Menschen mit Vorerkrankungen. Dies würde somit auch immer eine Diskriminierung älterer und vorerkrankter Personen bedeuten.[59] Die Erfolgsaussicht scheidet daher als Entscheidungskriterium nach der Theorie des hypothetischen Kontraktualismus grundsätzlich aus. Ein weiteres Kriterium, das neben der Dringlichkeit vorstellbar ist, könnte die Lebenserwartung darstellen, so dass Patienten mit einer langen Lebenszeitprognose bevorzugt behandelt würden. Kontraktualistisch betrachtet kann man zwar davon ausgehen, dass sich die Personen hinter dem Schleier des Nichtwissens ein langes Leben wünschen. Schwierig erscheint allerdings die Frage, ab welcher Differenz in der Lebenserwartung die Bevorzugung eines Patienten legitim ist.[60] Zudem können bei diesem Kriterium die gleichen Bedenken wie bei dem Kriterium der Erfolgsaussicht angeführt werden, so dass ein Abstellen auf das Lebensalters nicht mit dem Maximin-Prinzip vereinbar wäre. Das Kriterium der Zufallsentscheidung hinsichtlich der Verteilung knapper Ressourcen erscheint aus kontraktualistischer Perspektive hingegen einleuchtend. Selbst in der schlechtmöglichsten Position besteht die Chance, behandelt zu werden.[61] Hinter dem Schleier des Nichtwissens würden die Individuen also wohl den Zufallsentscheid als Auswahlkriterium wählen.

Fraglich ist jedoch, wie dieses randomisierte Prinzip inhaltlich ausgestaltet sein soll. Sinnvoll erscheint auf das zeitliche Zufallsprinzip abzustellen „wer hat, der hat!“. Hinsichtlich der Ex-post-Triage folgt daraus ein grundsätzliches Verbot der Re-Allokation bei gleichbleibender Erfolgsaussicht des bereits behandelten Patienten.[62] Bei der Ex-ante-Triage bliebe die Möglichkeit einer Zufallsentscheidung durch die Möglichkeit von Losverfahren. Das Kriterium der Zufallsentscheidung ist auch mit dem Gebot der Lebenswertindifferenz, dem absolut gleichwertigen Lebensschutz aller Menschen zu vereinbaren. Allerdings widerstrebt es, ein Losverfahren anzuwenden, wenn medizinische Gründe den Vorrang eines anderen Patienten begründen.[63] Das Kriterium der Erfolgsaussicht kann daher nicht

59 Zimmermann, in: Hörnle/Huster/Poscher (Hrsg.): Triage in der Pandemie (2021), S. 241.

60 Zimmermann, in: Hörnle/Huster/Poscher (Hrsg.): Triage in der Pandemie (2021), S. 244.

61 Zimmermann, in: Hörnle/Huster/Poscher (Hrsg.): Triage in der Pandemie (2021), S. 250.

62 Zimmermann, in: Hörnle/Huster/Poscher (Hrsg.): Triage in der Pandemie (2021), S. 252.

63 Sternberg-Lieben (2020), S. 634.

gänzlich vernachlässigt werden. Es verstößt auch nicht gegen den Grundsatz der Lebenswertindifferenz, welcher die Bewertung und Abwägung menschlichen Lebens verbietet, da die auf das Überleben der konkreten Behandlungssituation ausgerichtete Erfolgswahrscheinlichkeit anders als ein alleiniges Abstellen auf das Lebensalter die hierfür maßgeblichen Faktoren (Lebensalter, Vor- und Begleiterkrankungen) in einen situativen Kontext einbindet, der von den generellen Statusmerkmalen einer Person hinreichend abrückt.[64] Bei der Erfolgsaussicht darf jedoch nur darauf abgestellt werden, dass der Patient eine realistische Chance hat, die intensivmedizinische Behandlung zu überleben.[65] Andernfalls besteht die Gefahr, dass die Wahrnehmung einer Behinderung zu vorschnellen Schlüssen auf eine kürzere Lebensdauer verleiten kann. Die Auswahl der Patienten obliegt dann den Ärzten, da nur diese sachbereichsspezifisch die Beurteilung der kurzfristigen Überlebenschance vornehmen können. Bei gleicher klinischer Erfolgsaussicht dürfte allein das Kriterium des Zufallsentscheids ausschlagegebend sein.

Auch hinsichtlich der Ex-ante- und der Ex-post-Triage besteht Handlungsbedarf des Gesetzgebers. Eine Pflicht zur Aufopferung des eigenen Lebens, wie bei der Ex-post-Triage, darf es nicht geben.[66] Dies würde auch das kollektive Vertrauen in die Ärzteschaft erschüttern. Etwas anderes würde nur gelten, wenn sich das Sterberisiko des zuerst eintreffenden Patienten auf den Grad einer bloß abstrakten Lebensgefahr abgesenkt hat, so dass er keiner intensivmedizinischen Behandlung mehr bedarf.[67]

Vor dem Hintergrund der aufgezeigten Strafbarkeitsrisiken wäre auch eine gesetzliche Regelung wünschenswert, die sicherstellt, dass der Ärztin oder dem Arzt in einer belastenden Extremsituation kein strafrechtlicher Vorwurf gemacht werden kann. Nur die absichtliche und systematische Umgehung gesetzlicher Vorgaben zur Patientenauswahl sollte strafrechtlich sanktioniert werden.[68]

5 Resümee

Die Frage, ob der Gesetzgeber seiner Handlungspflicht nachkommen und eine gesetzliche Regelung schaffen muss, ist zu bejahen. Dies hat

64 Sowada (2020), S. 455.
65 Lindner (2020), S. 628.
66 Lindner (2020), S. 635.
67 Sowada (2020), S. 459.
68 Hörnle, in: Hörnle/Huster/Poscher (Hrsg.): Triage in der Pandemie (2021), S. 184.

das Bundesverfassungsgericht mit seinem Beschluss vom 16.12.2021 auch klargestellt. Zentral bei der Ausarbeitung einer gesetzlichen Regelung ist es sicherzustellen, dass Menschen mit Behinderung bei der Vergabe von Behandlungsressourcen nicht benachteiligt werden.

Da sich Triage-Situationen einfachen Zuordnungen entziehen und rechtlich nur partiell regelbar sind, ist auch die Prävention eine zielgerichtete Maßnahme.[69] Dies geschieht unter anderem schon durch Impfungen und Kontaktbeschränkungen. Pandemien hängen aber auch unmittelbar mit dem Artensterben, der Zerstörung von Ökosystemen und dem Klimawandel zusammen.[70] Ein schonender Umgang mit natürlichen Ressourcen hat somit nicht nur im Zusammenhang mit dem Klimawandel, sondern auch als Präventivmaßnahme im Hinblick auf Triage-Entscheidungen eine zentrale Bedeutung. Dies verdeutlicht, dass nicht nur der Gesetzgeber, sondern auch jeder Einzelne seinen Beitrag dazu leisten muss, die Herausforderungen unserer Zeit zu meistern.

Literaturverzeichnis

Augsberg, S. (2021): Regelbildung für existentielle Auswahlentscheidungen, in: Hörnle, T./ Huster, S. / Poscher, R. (Hrsg.): Triage in der Pandemie, Tübingen, S. 3–39.

Birnbacher, D. (2021): Triage-Entscheidungen im Kontext der Corona-Pandemie – die Sicht eines Ethikers, in: Hörnle, T./ Huster, S. / Poscher, R. (Hrsg.): Triage in der Pandemie, Tübingen, S. 189–219.

Brech, A. (2008): Triage und Recht, Patientenauswahl beim Massenanfall Hilfsbedürftiger in der Katastrophenmedizin, Ein Beitrag zur Gerechtigkeitsdebatte im Gesundheitswesen, Berlin.

Bundesärztekammer, (Arbeitsgemeinschaft der deutschen Ärztekammern) und Kassenärztliche Bundesvereinigung, Latente Triage hat begonnen, 17.11.2021, https://www.aerzteblatt.de/nachrichten/129174/Latente-Triage-hat-begonnen (Abruf: 19.11.2021).

BVerfG, Beschluss vom 16.12.2021 -1 BvR 1541/20 -https://www.bundesverfassungsgericht.de/SharedDocs/Entscheidungen/DE/2021/12/rs20211216_1bvr154120.html. (Abruf: 21.12.2021).

69 Augsberg, in: Hörnle/Huster/Poscher (Hrsg.): Triage in der Pandemie (2021), S. 39.

70 Quelle: https://www.zeit.de/wissen/umwelt/2021-02/virologie-pandemie-regenwald-abholzung-sandra-junglen (Abruf: 23.01.2022).

Dederer, H. (2021): Keine Triage ohne gesetzliche Grundlage, Konsequenzen aus dem Triage-Beschluss des BVerfG vom 16.12.2021, https://verfassungsblog.de/keine-triage-ohne-gesetzliche-grundlage/ (Abruf: 29.12.2021).

Deutsche Interdisziplinäre Vereinigung für Intensiv- und Notfallmedizin, Entscheidungen über die Zuteilung intensivmedizinischer Ressourcen im Kontext der COVID-19-Pandemie, Version 2, 17.04.2020, https://www.divi.de/empfehlungen/publikationen/viewdocument/3436/covid-19-ethik-empfehlung-v2 (Abruf: 10.10.2021).

Endres, A. (2021): Wer Pandemien verhindern will, muss den Regenwald erhalten, https://www.zeit.de/wissen/umwelt/2021-02/virologie-pandemie-regenwald-abholzung-sandra-junglen (Abruf: 23.01.2022).

Engländer, A./Zimmermann, T. (2020): „Rettungstötungen" in der Corona-Krise?, NJW 2020, 1398 ff.

Hörnle, T. (2021): Ex-post-Triage: Strafbar als Tötungsdelikt?, in: Hörnle, T./ Huster, S. / Poscher, R. (Hrsg.): Triage in der Pandemie, Tübingen, S. 149–186.

Huster, S. (2021): Wer hat Angst vor der Triage, in: Hörnle, T. / Huster, S. / Poscher, R. (Hrsg.): Triage in der Pandemie, Tübingen, S. 83–107.

Kingreen, T./Poscher, R. (2020): Grundrechte Staatsrecht II, 36. Auflage, Heidelberg.

Kirste S. (2010): Einführung in die Rechtsphilosophie, Darmstadt.

Lindner, J. (2020): Die „Triage" im Lichte der Drittwirkung der Grundrechte, MedR 2020, 723 ff.

Poscher, R. (2021): Die Abwägung von Leben gegen Leben, in: Hörnle, T./Huster, S., Poscher, R. (Hrsg.): Triage in der Pandemie,Tübingen, S. 41–81.

Rönnau, T./Wegner, K. (2020), Grundwissen-Strafrecht: Triage, JuS 2020, 403 ff.

Sowada, C. (2020): Strafrechtliche Probleme der Triage in der Corona-Krise, NStZ 2020, 452 ff.

Sternberg-Lieben, D. (2020): Corona-Pandemie, Triage und Grenzen rechtfertigender Pflichtenkollision, MedR 2020, 627 ff.

Streng-Baunemann, A. (2021): „Corona" – Triage – verfassungsrechtliche und strafrechtliche Perspektive, ZIS 2021, 170 ff.

Wessels, J./ Beulke, W./ Satzger, H. (2020): Strafrecht Allgemeiner Teil, Die Straftat und ihr Aufbau, 50., neu bearbeitete Auflage, Heidelberg.

Zimmermann, T. (2021): Kontraktualistische Überlegungen, in: Hörnle, T./Huster, S./ Poscher, R. (Hrsg.): Triage in der Pandemie, Tübingen, S. 221–255.

Verfassungsrecht, Ethik und Infektionsschutz

Dagmar Schulze Heuling und Heike S. Krüger

1 Einleitung

Am 31. Dezember 2019 wurde es offiziell. An diesem Tag informierte die Volksrepublik China die WHO über eine auffällige Häufung von Lungenentzündungen mit unbekannter Ursache.[1] Schnell bestätigte sich der Verdacht, dass ein Coronavirus, SARS-CoV-2, dafür verantwortlich war. Trotz drastischer Maßnahmen breitete sich die Coronavirus Disease 2019 (Covid-19) weiter aus. Am 12. März 2020 stufte die WHO Covid-19 als Pandemie ein.[2]

Bilder von um Luft ringenden Menschen und überfüllten Krankenhäusern gingen um die Welt. Die Präsenz medizinischer Herausforderungen erzeugte einen hohen politischen Handlungsdruck. Dieser manifestierte sich auch in Deutschland in Maßnahmen, die in einer bis dahin unvorstellbaren Tiefe und Breite alle Bereiche und Ereignisse des Lebens berührten. Neben Maßnahmen von geringerer Eingriffstiefe wie Abstandhalten, verkürzten Desinfektionsintervallen oder Trennscheiben vor Kassenarbeitsplätzen wurden zur Bekämpfung der Pandemie wiederholt Maßnahmenbündel in Kraft gesetzt, für die sich die Bezeichnung Lockdown durchgesetzt hat.

Ziel des Textes ist es, den wohl verstörendsten Aspekt des Lockdowns verfassungsrechtlich und ethisch zu analysieren und zu beurteilen: die Tatsache, dass Menschen zum Schutz von Menschen vorhersehbar geschädigt werden. Angesichts der nach wie vor bestehenden gesundheitlichen Gefahr durch eine SARS-CoV-2-Infektion ist es daher nicht nur zulässig, sondern sogar normativ geboten, Alternativen zum Lockdown zu entwickeln. Diese Alternativen sollten, um ein medizinisches Bild aufzugreifen, wirksam sein, aber weniger unerwünschte Nebenwirkungen haben als ein Lockdown.

1 *WHO*, Neuartiges Coronavirus.
2 *WHO Director General*, Opening Remarks.

2 Lockdown und Gesundheit

Bislang existiert keine etablierte Definition von Lockdown. Typischerweise wird auf folgende Aspekte abgestellt:

- weitgehende Einschränkungen oder Schließungen von Betreuungs- und Bildungseinrichtungen wie Kindergärten, Schulen und Hochschulen,
- Betriebsbeschränkungen oder Schließungen von Gaststätten, Discotheken etc.,
- Betriebsbeschränkungen oder Schließungen von Sport-, Kultur- und Freizeiteinrichtungen,
- Betriebsbeschränkungen oder Schließungen für Einzelhandel und (v. a. körpernahe) Dienstleistungen,
- Verbote oder Beschränkungen, insbesondere Personenobergrenzen, von Veranstaltungen,
- Verbot oder Beschränkung gleichzeitiger physischer Anwesenheit,
- Verbot oder Einschränkungen des Verlassens der Wohnung/des befriedeten Besitztums.[3]

Vorliegend wird unter Lockdown ein Zustand verstanden, in dem diese Charakteristika überwiegend erfüllt sind. Es ist unmittelbar evident, dass dies eine generelle Prävention gegenüber Infektionsgelegenheiten darstellt. Im Rahmen dieses Texts wird unterstellt, dass der Lockdown daher hemmend auf die Pandemie und insofern gesundheits- und lebensschützend wirkt. Zugleich ruft er selbst Schäden an diesen Gütern hervor. Das sei exemplarisch anhand einiger Beispiele skizziert.

So haben die Lockdowns etwa zur Unterbrechung bzw. Reduzierung der Versorgung psychisch Kranker geführt. Selbst Tumorentfernungen sind unterblieben oder fanden verspätet statt,[4] was mit einer verringerten Überlebenswahrscheinlichkeit assoziiert ist.[5]

Weniger augenfällig sind die Auswirkungen des angeregten bis erzwungenen Bewegungsmangels.[6] Sie sind allerdings nicht weniger dramatisch, gilt doch Bewegungsmangel als einer der wichtigsten Risikofaktoren für

---

3 Vgl. exemplarisch diverse Berliner SARS-CoV-2-EindmaßnV i. d. F. vom 19. März 2020 und folgend.

4 *Glasbey et al.*, The Lancet Oncology, 11/2021, 1507.

5 *Hanna et al.*, British Medical Journal, 2020, m4087.

6 Diese Folgen sind zudem abhängig von den örtlichen Verordnungen bzw. Verfügungen (Ausgangssperren bzw. die grundsätzliche Pflicht in Bayern, Berlin, Brandenburg, Saarland, Sachsen und Sachsen-Anhalt, sich in der Wohnung aufzuhalten) sowie individuellen Lebensumständen. Wer ein Haus mit großem Garten

vorzeitigen Tod und nicht ansteckende Krankheiten wie Herz-Kreislauf-Erkrankungen, Schlaganfall, Bluthochdruck, Brust- und Darmkrebs, Typ-2-Diabetes und Osteoporose.[7] Daneben kann Bewegungsmangel auch akut lebensbedrohlich sein, insofern er das Thromboserisiko erhöht.[8] Doch während der Lockdowns waren weder eine systematische Thromboseprävention noch ein Monitoring möglich. Insofern ist davon auszugehen, dass ein Lockdown sowohl kurzfristig als auch langfristig zu Erkrankungen und Todesfällen führt.

Eine besonders perfide Auswirkung des allgemeinen Infektionsschutzes zeigt sich bei Kindern. Obschon diese Gruppe durch das SARS-CoV-2-Virus nahezu gar nicht gefährdet ist,[9] wurde sie mit der Schließung bzw. Sperrung von Kindergärten und Schulen, Spielplätzen, Sport- und Freizeitanlagen extremen Infektionsschutzmaßnahmen unterworfen. Da diese Maßnahmen generalpräventiv wirken, hat der Infektionsschutz ganz direkt zu einer Unterentwicklung des kindlichen Immunsystems geführt, denn dieses ist für seine reguläre und gesunde Entwicklung auf den Kontakt mit Krankheitserregern angewiesen.[10] Die bedenklichen Folgen zeigten sich im Herbst 2021: Viele pädiatrische Stationen mussten triagieren und konnten z. T. kranke Kinder nicht mehr versorgen.[11] Hintergrund dieser Überlastung war eine hohe Zahl von anderen Infektionskrankheiten als Covid-19. Ein weltweit beobachtbares Muster deutet darauf hin, dass dies eine Folge der durch Lockdowns unterbundenen Pathogenexposition ist.[12]

---

bewohnt, kann sich anders bewegen als eine Familie in einer engen Etagenwohnung. Vgl. auch *Schmitt*, NJW 2020, 1626–1631.

7 *Guthold u. a.*, The Lancet Global Health, 6.10 (2018), e1077, *Warburton u. a.*, International Journal of Behavioral Nutrition and Physical Activity, 7.1 (2010), 39.

8 *Encke/Haas/Kopp*, S3-Leitlinie, S. 238.

9 *Ludvigsson*, Acta Paediatrica 2020, 1088, *Hoang u. a.*, EClinicalMedicine 2020, 100433.

10 *Georgountzou/Papadopoulos*, Frontiers in Immunology 2017, 957.

11 *Redaktion*, Ärzteblatt (2021).

12 *Schulze Heuling*, COVuR, 4/2022, 198–202.

3 Verfassungsrecht

3.1 Abwehrrechte und Schutzpflichten

Covid-19 bedroht die Gesundheit, bisweilen sogar das Leben von Menschen. Der Staat muss einerseits Menschen schützen, andererseits darf er sich dazu nicht beliebiger Mittel bedienen. Nicht zuletzt die Grundrechte schränken seinen Handlungsspielraum ein. Die Grundrechtsdogmatik geht dabei von einer klaren Hierarchie aus. „Die wichtigste Funktion der Grundrechte ist die Abwehrfunktion".[13] Um den materiellen Gehalt eines Grundrechts zu schützen, können staatliche Eingriffe aber durchaus statthaft, möglicherweise sogar geboten sein.[14] Die nähere Bestimmung solcher Schutzpflichten ist allerdings problematisch. Worin liegt beispielsweise das Gegenteil des Nicht-Tötens: im Reduzieren von Lebens- und Gesundheitsrisiken oder im positiven Fördern der Gesundheit und damit eines langen Lebens? Es besteht daher Konsens, dass eine verfassungsrechtliche Betrachtung aus der Existenz von Schutzpflichten keine konkreten Maßnahmen ableiten kann. Allein eine untere Grenze lässt sich auf logischem Wege ausmachen: der Schutz darf nicht vollkommen unzureichend sein.[15]

3.2 Kollision und Abwägung

Es ist unausweichlich, dass Interessen, Präferenzen und eben auch Grundrechte kollidieren. Solche Konflikte werden zumeist durch Abwägung zu lösen versucht. Abwägung bezeichnet „eine Operation, in der Interessen, Belange oder Verlaufsszenarien in eine Reihung gebracht werden."[16] Als Methode der Urteilsfindung ist sie jedem Menschen aus alltäglicher Anschauung vertraut. Gegenüber einer normenstrengeren Herangehensweise scheint sie zudem den Vorteil zu haben, die Einzelfallgerechtigkeit besser verwirklichen zu können.

---

13 *Jarass/Pieroth*, GG, Vorb. vor Art. 1, Rn. 3. Vgl. auch: „Die Grundrechte sind in erster Linie Abwehrrechte des Bürgers gegen den Staat". BVerfGE 7,198, 198.

14 *Sachs*, GG, Vorb. vor Art. 1, Rn. 35, ausführlich *Kingreen/Poscher*, Grundrechte, Rn. 133ff.

15 *Jarass/Pieroth*, GG, Vorb. vor Art. 1, Rn. 8 und 56, sowie *von Münch/Mager*, Staatsrecht II, Rn. 52.

16 *Lepsius*, Abwägung, Sp. 40.

Fraglos entspricht die juristische Methode der Abwägung nicht einem spontanen Urteilen aus dem Bauch heraus.[17] Dennoch bleiben insbesondere im Verfassungsrecht vielerlei Unklarheiten bezüglich der Abwägung.[18] Idealerweise soll die sogenannte praktische Konkordanz erreicht werden, eine Einzelfalllösung, die den konfligierenden Grundrechten zur jeweils weitestmöglichen Geltung verhilft.

Aus genau diesem Grund wird die Abwägung jedoch auch kritisiert. Die in der Fokussierung auf Einzelfallgerechtigkeit liegende Bevorzugung des Politischen gegenüber dem Regelhaften kann man in sich selbst als ungerecht beschreiben, überdies führt sie zwangsläufig zu einer geringeren Rechtssicherheit.[19] Daneben ist es fraglich, ob Grundrechte überhaupt skalierbar sind, was der Ansatz der praktischen Konkordanz jedoch voraussetzt.[20]

3.3 Vorrang von Abwehrrechten

In einigen Konstellationen ist der Weg über die Abwägung ohnehin versperrt. Das ist dann der Fall, wenn sich ein abwehrrechtlicher und ein schützender Aspekt gegenüberstehen, die beide auf demselben Grundrecht fußen. Hier ist stets dem Abwehrrecht Vorrang zu geben. Für den Bereich der körperlichen Unversehrtheit, im Extremfall auch das Leben, ist dies vielfach auch höchstrichterlich festgestellt worden.

Es ist nicht statthaft, eine medizinische Behandlung ohne oder gegen den Willen der betroffenen Person auszuführen. Auch selbstschädigendes Verhalten wie ein Hungerstreik oder die Ablehnung einer Heilbehandlung mit im Extremfall tödlichen Folgen ist ohne jeden Zweifel zulässig.[21] Das Bundesverfassungsgericht hat dieser Überzeugung in aller Deutlichkeit Ausdruck verliehen. Es gibt eine Freiheit zur Krankheit, und wer aus freiem Willen eine Behandlung ablehnt – und sei sie auch noch so üblich, lebensrettend oder ungefährlich – hat dazu jedes Recht.[22]

Wenn es schon unzulässig ist, die körperliche Unversehrtheit eines Menschen zu verletzen, um damit sein (vermeintlich) eigenes Bestes zu

17 Insbesondere im Verwaltungsrecht existiert eine differenzierte Abwägungs(fehler)lehre, vgl. *Martini/Finkenzeller*, JuS 2012, 126–131.

18 *Lepsius*, Abwägung, Sp. 43f.

19 Vgl. *Rückert*, JZ 2011, 913–923, insbes. S. 920ff.

20 Kritisch dazu *Ladeur*, Kritik.

21 BGHSt 11, 111, 113ff.

22 BVerfGE 142, 313, 339f.

befördern, kann es erst recht nicht gestattet sein, einen Menschen, seinen Körper oder seine Organe zwangsweise zum Wohle Dritter einzusetzen. So kann ein Mensch nicht zu einer Blut"spende" gezwungen werden, selbst wenn das die einzige Möglichkeit sein sollte, einen anderen Menschen zu retten.

4 Ethik

Ein ethisches Urteil wird durch die Anwendung einer ethischen Theorie auf eine lebensweltliche Situation gefällt. Je nach zu Grunde gelegter Theorie können sich also divergierende Urteile ergeben. Traditionell wird die philosophische Ethik in drei große Strömungen unterteilt: Tugendethik, Deontologie und Konsequentialismus. Diese Denkschulen unterscheiden sich hinsichtlich dessen, was sie als relevanten Anknüpfungspunkt eines moralischen Urteils betrachten. Für deontologische Theorien kommt es darauf an, dass eine Handlung moralischen Regeln entspricht, der Konsequentialismus macht den moralischen Wert oder Unwert einer Handlung von ihren guten bzw. schlechten Folgen abhängig. Die Tugendethik knüpft an die Motivation bzw. den tugendhaften Charakter an, stellt also auf individuell-konkrete Umstände ab. Weil sich diese per Ferndiagnose nicht seriös beurteilen lassen, wird die Tugendethik vorliegend nicht betrachtet.

4.1 Deontologie

Deontologische Ethiken postulieren eine Pflicht, ethischen Normen zu folgen.[23] Sie beurteilen eine Handlung anhand der (Nicht-) Übereinstimmung mit diesen Normen. Auf theoretischer Ebene bestehen zwischen einzelnen Ansätzen Differenzen bezüglich der Quellen, des Umfangs und der Natur der ethischen Normen. In der Praxis stimmen deontologische ethische Urteile allerdings erstaunlich häufig überein. Es ist unethisch, andere Menschen zu bestehlen, zu verletzen oder sogar zu töten, unabhängig davon, ob das durch ein moralisches Gesetz verboten wird oder in postulierte Rechte anderer Menschen eingreift.

Das Nichtübertreten solcher Vorschriften, auch als negative Pflicht bezeichnet, hat für deontologische Ethiken Vorrang vor positiven Pflichten.

23 Vgl. zur Einführung *Alexander/Moore*, Deontological Ethics.

Positive Pflichten – anderen Menschen zu helfen, sie zu unterstützen – werden zwar anerkannt. Negative Pflichten gehen positiven Pflichten aber vor.

Praktisch bedeutet dies etwa, dass es nach deontologischer Ansicht falsch ist, einen Menschen zu töten, auch wenn man mit dessen Organen fünf anderen das Leben retten kann. Die positive Pflicht, Menschen nach Möglichkeit zu helfen und ihr Leben zu retten, muss hinter der negativen Pflicht, Menschen nicht zu töten, zurückstehen. Umstritten ist, wie eine Situation zu beurteilen ist, in der zwei sehr unterschiedliche Handlungen aufeinandertreffen. Eine Leiter vom Nachbargrundstück zu stehlen, um damit ein ertrinkendes Kind zu retten, oder mit einer Notlüge eine Freundin vor ihren Mörderinnen zu schützen, erscheint den meisten Menschen keineswegs als unethisch, sondern im Gegenteil als nachgerade geboten. Deontologische Theorien nehmen z. T. eine Pflichtenkollision an. Dann sind Stehlen und Lügen erlaubt, um einer höherrangigen Pflicht nachzukommen. Der bekannteste Vertreter einer deontologischen Ethik, Immanuel Kant, lehnte hingegen selbst Notlügen ab.[24]

4.2 Konsequentialismus

Konsequentialistische Theorien sind gewissermaßen der direkte Gegenentwurf zur Deontologie.[25] Kommt es letzterer auf die Handlung an, geht es dem Konsequentialismus um das Ergebnis. Worin das jeweils anzustrebende Ergebnis gesehen wird, ist umstritten. Am verbreitetsten sind utilitaristische Vorstellungen, denen zufolge ein Nutzen, etwa in der Form von Glück, Wohlstand oder erfüllten Präferenzen der Menschen, zu maximieren ist. Diesen Ansätzen wird u. a. vorgeworfen, dass sie keinen Schutz vor der radikalen Entrechtung Einzelner bieten.[26] Bei konsequenter Anwendung ist es nachgerade eine Forderung der Moral, dass Ärztinnen[27] Unfallopfer mit geringer Überlebenswahrscheinlichkeit gar nicht erst be-

---

24 *Kant*, AA VIII, 423.

25 Vgl. für einen Überblick *Hübner*, Einführung sowie *Tännsjö*, Understanding Ethics.

26 *Sinnott-Armstrong*, Consequentialism.

27 Geschlechtsspezifische Bezeichnungen werden in diesem Text unsystematisch verwandt, ein Ausschluss nichtgenannter Geschlechter ist nicht impliziert.

handeln, sondern sogleich für eine Organentnahme vorbereiten.[28] Auch bei gesunden Menschen müsste man eingreifen, ließe sich doch bei den meisten mit etwas Zwangsgymnastik und fremdbestimmter Ernährung die Gesundheit steigern und länger erhalten.

Unabhängig von den Details einzelner Theorien implizieren utilitaristischen Positionen eine radikale Infragestellung der Idee der Menschenwürde. Eine streng utilitaristische Handlungsempfehlung wird daher in vielen Fällen auf verfassungsrechtliche Bedenken stoßen. Das schließt jedoch nicht aus, Handlungen auch danach zu beurteilen, ob sie das Potential haben, viele Menschen glücklich zu machen oder großes Leid zu lindern.

5 Rechtliche und ethische Bewertung

Die Corona-Pandemie verursacht großes Leid. Es ist mindestens begrüßenswert, dieses Leid lindern zu wollen. Dabei besteht jedoch die Schwierigkeit, dass die Maßnahmen, die das pandemiebedingte Leid mindern sollen, typischerweise an anderer Stelle selbst Leid hervorrufen. Dazu zählen etwa die soziale Isolation vor allem alleinstehender Menschen, wirtschaftliche Schäden, massive Eingriffe in Freiheitsrechte, aber auch Gesundheitsschäden und Todesfälle. Die Frage, welche Maßnahmen vertretbar sind, drängt sich daher auf. In der öffentlichen Debatte, in Gerichtsentscheidungen, in Stellungnahmen wissenschaftlicher Fachgesellschaften und in ungezählten Beiträgen in Zeitungen, Zeitschriften oder auf Blogs wird üblicherweise eine Abwägung bemüht.[29] Auch das Bundesverfassungsgericht hat in seinen Entscheidungen zum Lockdown einen entsprechenden dogmatischen Zugang gewählt.[30] Allerdings kann eine Abwägung die zentrale ethische und verfassungsrechtliche Herausforderung nicht gänzlich erfassen. Denn sie übergeht das Problem, dass die schützenden Bestrebungen mitunter selbst Gesundheitsschäden und Todesfälle hervorrufen. Die nachfolgenden Ausführungen sollen zumindest ein Schlaglicht auf die

---

28 Zu Problemen dieser Art in vielen Varianten *Thomson*, Yale Law Journal 1985, 1395, *Thomson*, Philosophy & Public Affairs 2008, 359–374, sowie *Edmonds*, Would You Kill.

29 Vgl. exemplarisch die Beiträge auf verfassungsblog.de, die Sektion zu COVID-19 auf dem Philosophieblog praefaktisch, https://www.praefaktisch.de/covid-19/, daneben Beiträge in Tageszeitungen wie *Klöpper* in der taz, *von Altenbockum* in der FAZ oder *Schmid Noerr* in der FR.

30 Vgl. die Entscheidungen des BVerfG zu 1 BvR 781/21, 1 BvR 889/21, 1 BvR 860/21, 1 BvR 854/21, 1 BvR 820/21, 1 BvR 805/21, 1 BvR 798/21.

ethischen und verfassungsrechtlichen Implikationen dieser Konstellation werfen.

5.1 Rechtliche Bewertung

Es kann nicht vorhergesagt werden, welches Individuum auf Grund der getroffenen Maßnahmen eine gesundheitliche Schädigung oder im Extremfall sogar den Tod erleiden wird – ebenso wenig, wie prognostiziert werden kann, wer sich mit SARS-CoV-2 infizieren, wer an Covid-19 erkranken und wer daran versterben wird. Es kann aber als sicher angenommen werden, dass diese negativen Konsequenzen eintreten werden. Zugleich ist in vielen Fällen eine eindeutige Zurechenbarkeit gegeben. So ist die Verschiebung elektiver Operationen eine direkte Folge von Verordnungen, die eine Freihaltung von Krankenhauskapazitäten erzwingen. Für Menschen, die nicht über die Ressourcen verfügen, Ausgangsbeschränkungen bzw. -sperren zu kompensieren, ist Bewegungsmangel unvermeidbar. Die kindliche Immunentwicklung, die wegen der generalpräventiven Natur des Lockdowns nicht stattgefunden hat, kann hoffentlich nachgeholt werden. Das ändert jedoch nichts daran, dass in der Zwischenzeit viele Kinder unnötig schwer erkranken, wegen der vielen Krankheitsfälle nicht alle Kinder angemessen behandelt werden und einige vielleicht sogar sterben, die anderenfalls nicht gestorben wären.

Damit verstößt ein Lockdown gegen die Pflicht, Menschen nicht zu töten oder gesundheitlich zu schädigen. Alle Bundesländer haben Maßnahmen erzwungen, die regelhaft und vorhersehbar gesundheitsschädliche bis tödliche Konsequenzen für die Bevölkerung haben. Ein solches Vorgehen mag psychologisch erklärbar sein. Es ist jedoch in der Sache sinnlos, Leben und Gesundheit mit gesundheitsschädlichen bis tödlichen Mitteln schützen zu wollen. Auch verfassungsrechtlich ist dieser Weg verstellt, denn abstrakt gesprochen wird mit einem Lockdown der Schutzpflicht (also dem Schutz vor einer Infektion oder Unterversorgung) ein höheres Gewicht beigemessen als dem auf dasselbe Gut bezogenen Abwehrrecht (also dem Anspruch, dass der Staat Menschen nicht krank machen oder töten bzw. dies unmittelbar bewirkende Rechtsnormen erlassen darf). Damit ist der Lockdown auch keiner Abwägung zugänglich. Das wird deutlich, wenn man sich die Parallelen von Lockdown und einem Flugzeugabschuss nach dem Luftsicherheitsgesetz vor Augen führt.

2005 war unter dem Eindruck der Terroranschläge auf das World Trade Center 2001 eine umstrittene Fassung des Luftsicherheitsgesetzes verabschiedet worden. Sie erlaubte den Abschuss eines entführten Flugzeugs

(§ 14 Abs. 3 LuftSiG i.d.F. vom 11. Januar 2005). Das Bundesverfassungsgericht kam zu dem Schluss, dass diese Bestimmung verfassungswidrig ist, weil sie das Recht auf Leben und die Menschenwürde der Flugzeuginsassen verletzt.[31]

Das gilt ungeachtet der Tatsache, dass die Menschen an Bord aller Wahrscheinlichkeit nach nur noch eine sehr kurze verbleibende Lebensspanne haben, und ungeachtet der möglicherweise hundert- bis tausendfach größeren Zahl zu rettender Menschen. Das fraglos nachvollziehbare Motiv, Menschen vor einem schrecklichen Tod bewahren zu wollen, ändert nichts daran, dass ein Flugzeugabschuss unabweisbar bedeutet, das Leben von Passagieren und Besatzung zu opfern. Das Bundesverfassungsgericht hat bekräftigt, dass der Staat diese Menschen dann „als bloße Objekte seiner Rettungsaktion zum Schutze anderer" benutzt.[32] Ein deutlicherer Ausdruck der Missachtung der Würde und des Lebens aller Menschen als das Töten um eines vermeintlich wichtigeren Ziels willen ist schwer vorstellbar.

Die verfassungswidrige Vorschrift des Luftsicherheitsgesetzes und der Lockdown unterscheiden sich in ihren lebensweltlichen Bezügen deutlich. In dogmatischer Hinsicht weisen sie jedoch entscheidende Parallelen auf. Besatzung und Passagiere eines entführten Flugzeugs sind nicht für einen mit dem Flugzeug verübten Anschlag verantwortlich, vielmehr sind sie selbst Opfer eines Verbrechens.[33] Dennoch werden sie auf staatlichen Befehl getötet. Damit wird in ihr Recht auf Leben eingegriffen. Dieser Eingriff kann nicht gerechtfertigt werden, nicht einmal mit der ungleich höheren Zahl Geretteter und dem so gut wie sicheren Tod der Flugzeuginsassen, weil er die Menschenwürde der Geopferten verletzt.

Lockdown und Flugzeugabschuss gleichen sich in der entscheidenden Hinsicht. Im Fall von Covid-19 bedrohen nicht Terroristen das Leben vieler Menschen, sondern eine ansteckende Krankheit. Um Todesfälle zu verhindern, werden in beiden Fällen Unbeteiligte geopfert – der Lockdown gilt schließlich nicht nur für infektiöse Personen. Der Einwand, dass die gesundheitsschädlichen oder tödlichen Folgen für ein konkretes Individuum unter Umständen noch nicht eingetreten sind, verfängt nicht. Im Fall des Luftsicherheitsgesetzes hat es das Bundesverfassungsgericht für die Zulässigkeit der Verfassungsbeschwerde ausreichen lassen, dass

31 BVerfGE 115, 118.

32 BVerfGE 115, 118 (154).

33 Für eine sehr strukturierte Analyse des zentralen Problems vgl. *Merkel*, JZ 62 (2007), 373.

die Beschwerdeführer potentiell von einem Abschuss betroffen werden.[34] Im Falle der Verordnungen zur Eindämmung der Pandemie folgen die gesundheitsschädlichen und schlimmstenfalls tödlichen Konsequenzen ohne einen weiteren Zwischenschritt direkt aus den Verordnungen selbst. Zwar hängen Eintritt und ihre Schwere stark von individuellen Faktoren ab, im Ergebnis bleibt es aber dabei, dass eine Beeinträchtigung bis hin zum Tod mehr als nur eine theoretische Möglichkeit ist. Daher ist eine vom Fall des Luftsicherheitsgesetzes abweichende Bewertung nicht gerechtfertigt.

Auch das Argument, dass in einer pandemischen Situation die gesamte Bevölkerung zwar durchaus als Opfer gesehen werden kann, zugleich aber nicht vollkommen unbeteiligt ist, weil eine infizierte Person andere infizieren kann, verfängt nicht. Denn für den gesamten bisherigen Pandemieverlauf gilt, dass nur bei einem geringen Teil der Getesteten das Virus überhaupt nachgewiesen werden konnte.[35] Weite Teile der Bevölkerung sind also unbeteiligte Opfer. Hierin gleichen sie den Insassen eines zum Abschuss freigegebenen Flugzeugs, an deren Opfereigenschaft es nichts ändert, dass sich unter ihnen Terroristinnen befinden.

Die bloße Tatsache, dass in der Bevölkerung infektiöse Personen vorhanden sind, ist vielmehr ein ähnlich global-abstrakter Einflussfaktor wie die durch den Kauf von Flugtickets ermöglichte Existenz der Luftfahrt. Zweifelsohne gäbe es ohne Menschen keine und ohne menschliche Nähe kaum Krankheitsfälle, ebenso sehr, wie es ohne Luftfahrt keine Terroranschläge mit entführten Flugzeugen gäbe. Aus diesem Zusammenhang lässt sich jedoch nicht ableiten, dass der Kauf eines beliebigen Flugtickets einen Beitrag zu einem Terroranschlag darstellen würde. Nichts anderes kann für alltäglichste Verrichtungen und Bedürfnisse in Bezug auf die Pandemie gelten. Eine Rechtfertigung des Flugzeugabschusses bzw. des Lockdowns

---

34 BVerfGE 115, 118, 126.

35 Das Robert Koch Institut gibt an, dass seit Beginn der Testungen in Deutschland bis einschließlich der 5. Kalenderwoche 2021 insgesamt 41.758.675 PCR-Labortests erfasst wurden, davon waren 2.480.718 positiv. Das entspricht 5,94 %. Die nach Wochen aufgeschlüsselte Positivquote liegt zunächst zwischen 5 und 10 %, sinkt dann ab und liegt über die Sommermonate meist um 1 %. In der 50. KW 2020 wird zum ersten Mal und dann für insgesamt sechs Wochen ein Wert über 10 % angegeben, mit einem Spitzenwert von 15,38 % in der 53. KW. *Stern et al.*, Epidemiologisches Bulletin 6/2021, S. 13. Da die Tests nicht an einem repräsentativen Teil der Bevölkerung durchgeführt werden, lässt sich die Positivquote nicht auf die Gesamtbevölkerung übertragen. Durch anlassbezogene Testungen – z. B. weil eine Person Symptome entwickelt oder Kontakt zu Covid-19-Kranken hatte – steigt die Wahrscheinlichkeit, dass die Positivquote der Getesteten über derjenigen der Gesamtbevölkerung liegt.

lässt sich auf diesem Wege nicht gewinnen. Ganz im Gegenteil spricht viel für die Verfassungswidrigkeit von Lockdowns. Das Bundesverfassungsgericht kam in seinen diesbezüglichen Entscheidungen zwar zu einem anderen Ergebnis.[36] Es hat sich mit der Problematik, dass der Lockdown auch Menschenleben kostet, jedoch nicht auseinandergesetzt.

5.2 Ethische Bewertung

Eine ethische Beurteilung der gegen die Pandemie ergriffenen Maßnahmen ist abhängig von der zugrunde gelegten ethischen Theorie. Nimmt man eine utilitaristische Perspektive ein, so sind die Folgen unterschiedlicher Handlungsweisen gegeneinander abzuwägen. Zu wählen ist dann diejenige Option, die zum größten gesamtgesellschaftlichen Nutzen führt.[37]

Auch wenn umstritten ist, welche Folgen es hätte, der Pandemie ihren Lauf zu lassen, so lässt sich festhalten, dass Menschen an Covid-19 erkranken und sogar versterben würden. Das impliziert viel Leid, mithin einen für den Utilitarismus relevanten Faktor. Um Leid zu reduzieren, könnte durch rasches Aufstocken medizinischer Ressourcen zumindest verhindert werden, dass ein Mangel an Beatmungsgeräten, Medikamenten oder anderem Material zu Todesfällen führt, die anderenfalls vermutlich hätten verhindert werden können. Ähnliches gilt für Investitionen in die Forschung. Entsprechende Mittel können zwar nicht mehr anderweitig nützlich verwandt werden. Es erscheint jedoch sehr plausibel, dass eine Verwendung für medizinische Ausstattung und Forschung zu einem sehr hohen Nutzen führt.

Auch weitergehende Maßnahmen wie die Schließung von Geschäften, Schulen und Sportstätten oder Kontaktverbote müssen ihren überlegenen Nutzen belegen. Dazu ist einerseits auf die nachgewiesene Wirksamkeit von Maßnahmen abzustellen, andererseits ist für eine utilitaristische Bewertung auch das subjektiv empfundene Leid relevant. Dazu zählt etwa die Angst vor Infektionen, die durch weitreichende Maßnahmen gelindert werden kann, ebenso wie das Leiden unter Geschäftsschließungen, Kon-

36 Vgl. die Ablehnung des Erlasses einer einstweiligen Anordnung im Rahmen der Verfassungsbeschwerde gegen die bayerischen Ausgangsbeschränkungen, 1 BvR 755/20 sowie die Urteile zur „Bundesnotbremse", u.a. 1 BvR 781/21.

37 Stellt man auf erfüllte Präferenzen als entscheidendes ethisches Kriterium ab, gelten analoge Ausführungen mit dem Unterschied, dass freiwillige sowie lokal und funktional differenzierte Maßnahmen tendenziell vorzuziehen sind. Diese Argumentation kann auch Platzgründen nicht weiter ausgeführt werden.

taktarmut oder Bewegungsmangel, die durch die Maßnahmen hervorgerufen werden.

Ebenfalls nicht unwichtig für die utilitaristische Nutzenbewertung ist auch die Tatsache, dass typischerweise ältere und mehrfach vorerkrankte Menschen schwer an Covid-19 erkranken und versterben. Schwerkranke ältere Menschen haben auch unabhängig von der Pandemie eine geringere Lebenserwartung als junge und gesunde Menschen, sodass allein aus diesem Grund die erwartbare Nutzensumme ihres restlichen Lebens geringer ausfällt; möglicherweise empfinden sie wegen der bereits bestehenden Erkrankungen ihr Leben darüber hinaus als leidvoll und beschwert.

Ungeachtet der technischen Schwierigkeit und inhaltlichen Kritik, die mit jeder Art von Nutzenvergleich einhergeht, kommt eine utilitaristische Analyse der gegen die Pandemie ergriffenen Maßnahmen vermutlich zu dem Schluss, dass jedenfalls stark einschränkende Maßnahmen wie ein Lockdown ethisch nicht zu rechtfertigen sind. Das gilt selbst dann, wenn man Gesundheit und Leben höher gewichtet als Freiheit und Wohlstand. Der Grund dafür liegt in den Gesundheitsschäden, die durch den Lockdown verursacht werden. Dadurch wird der gesamte Nutzen verringert, unabhängig davon, ob man Nutzen als Glück bzw. Wohlbefinden oder als Präferenzerfüllung definiert.

Ein großer Kritikpunkt, der utilitaristischen Ansätzen entgegengehalten wird, ist, dass sie das Opfern von Menschen in Kauf nehmen.[38] Deontologische Ansätze verfahren hier anders; sie postulieren, dass moralische Pflichten bzw. die Rechte anderer Menschen nicht verletzt werden dürfen. Allerdings gibt es Lebenssituationen, in denen nicht alle Pflichten erfüllt werden können. Dann bedarf es einer Präferenzregel. Grundsätzlich ist einer negativen Pflicht Vorrang vor dem Verfolgen ihres positiven Pendants einzuräumen. Es wäre unsinnig, durch die Verletzung einer Pflicht das durch sie geschützte Recht oder Gut befördern zu wollen. Wer eine Patientin mit Schlägen dazu bringt, ein Schmerzmittel einzunehmen, schädigt ihre Gesundheit – auch dann, wenn das Medikament wirkt.

Es liegt damit auf der Hand, dass auch das an sich begrüßenswerte Ziel, die Gesundheit von Menschen zu schützen, nicht mit solchen Mitteln verfolgt werden darf, die zugleich Gesundheitsschäden herbeiführen. Dieses Verbot gilt unabhängig davon, ob Nutzen und Schaden bei ein- und derselben Person zusammenfallen oder sich auf unterschiedliche Personen verteilen. Denn in jedem Fall wird gegen die moralische Pflicht, Menschen nicht zu verletzen, verstoßen. Geschieht der Verstoß gerade mit dem Ziel,

---

38 *Sinnott-Armstrong*, Consequentialism.

dadurch die Gesundheit derselben oder einer anderen Person zu befördern, verletzt die Handlung überdies die Pflicht, einen Menschen niemals als Mittel zum Zweck, sondern immer nur als Selbstzweck zu betrachten. Ein Lockdown lässt sich folglich aus der Perspektive der deontologischen Ethik nicht rechtfertigen.

Diese Konsequenz wird bisweilen als kalt und hartherzig empfunden. Robert Nozick, der wohl bekannteste Vertreter der Theorie moralischer Rechte, spricht diese vermeintliche „Gleichgültigkeit gegenüber den Bedürfnissen und dem Leiden anderer“[39] sehr klarsichtig an. Doch das Verdikt der Gleichgültigkeit ist verfehlt. So ist es alles andere als gleichgültig oder moralisch verwerflich, die von allgemein akzeptierten ethischen Regeln gezogenen Grenzen zu respektieren. Es mag schwer sein, diese Konsequenz in einer Situation wie der Pandemie auszuhalten. Es mag auch schwer sein, Kindesentführer nicht zu foltern, obwohl sie das Versteck des Kindes nicht verraten, und nicht mehr viel Zeit bleibt, das Kind zu retten. Doch niemand würde unterstellen, dass einer Polizistin, die in einer solchen Situation Verdächtige nicht foltert, das Schicksal des Kindes gleichgültig ist. Im Gegenteil wäre eine Ethik oder ein Folterverbot, die beliebig außer Kraft gesetzt werden dürften, ihren Namen nicht wert.

6 *Fazit*

Die Pandemie hat weltweit großes Leid verursacht. Dieses Leid lindern zu wollen, ist auf persönlicher wie auf politischer Ebene ein Ausdruck von Menschlichkeit. Ungeachtet hehrer Motive müssen die entsprechenden Handlungen jedoch verfassungsgemäß sein. Sofern ethische Argumente zur Rechtfertigung angeführt werden, sind auch diese zu prüfen.

In verfassungsrechtlicher Hinsicht kann man möglicherweise für die ersten Fassungen der Corona-Verordnungen annehmen, dass sie zumindest einen tauglichen Versuch darstellen, der positiven Pflicht des Staates, die Bevölkerung vor einer SARS-CoV-2-Infektion zu schützen, gerecht zu werden.[40] Doch es ist zugleich unabweisbar, dass sie das korrespondierende Abwehrrecht und die daraus resultierende Unterlassungspflicht, keine

---

39 *Nozick*, Anarchie, Staat, Utopia, S. 13.

40 Die Wirksamkeit von Lockdowns und Maßnahmen des social distancing wurde von Beginn an kontrovers diskutiert. Vgl. exemplarisch die Gegenpositionen *Flaxman u. a.*, Nature 584 (2020), 257 vs. *Homburg/Kuhbandner*, Frontiers in Medicine 7.

Handlungen oder Maßnahmen mit vorhersehbaren tödlichen Folgen vorzunehmen, verletzen.

Die Entscheidung, den Lockdown als Güterabwägung zu betrachten und im Hinblick auf körperliche Unversehrtheit und Leben die Schutzpflicht des Staates über das Abwehrrecht der Bürgerinnen gegen Eingriffe des Staates zu stellen, ist im Kern eine Entwürdigung. Diese Tatsache anzuerkennen, fällt in anderen Zusammenhängen offenbar leichter, wie die Urteile zum Luftsicherheitsgesetz oder Recht auf Suizid zeigen.[41]

Auch eine ethische Analyse kommt schwerlich zu einer Rechtfertigung des Lockdowns. Aus utilitaristischer Perspektive wäre dafür zu zeigen, dass ein Lockdown mehr Nutzen stiftet – sei es in der Form von Glück, Wohlbefinden, Wohlstand, erfüllten Präferenzen etc. – als alternative Handlungsweisen. Das ist jedoch nicht plausibel. Aus deontologischer Sicht verbietet sich ein Lockdown ohnehin. Es ist nach dieser Auffassung unethisch, die Gesundheit anderer Menschen zu schädigen oder gar ihr Leben zu opfern, um andere Menschen zu retten.

Anders als vielfach wahrgenommen, verurteilen rechtliche und ethische Grenzen die Politik keineswegs zum Nichtstun. Die Rettung von Menschenleben verlangt vielmehr sehr konkrete Handlungen: kreatives Nachdenken, Ausprobieren auch unorthodoxer Lösungen, kritisches Hinterfragen eingeschlagener Wege. Anerkannte rechtliche und ethische Grenzen des Zulässigen zu überschreiten, ist hingegen keine Option. Denn das bedeutet nichts anderes, als Recht und Ethik für insgesamt obsolet zu erklären.

Literaturverzeichnis

Alexander, L./ Moore, M., Deontological Ethics, in E. N. Zalta (Hrsg.), *The Stanford Encyclopedia of Philosophy*, https://plato.stanford.edu/archives/win2021/entries/ethics-deontological/, Winter 2021.

Altenbockum, J. v., Ausgangsbeschränkungen. Es geht nur mit dem Hammer, Frankfurter Allgemeine Zeitung, 20. März 2020.

Encke, A. / Haas, S. / Kopp, I., S3-Leitlinie Prophylaxe der venösen Thromboembolie (VTE), 2. komplett überarbeitete Auflage, Marburg 2015, https://www.awmf.org/uploads/tx_szleitlinien/003-001l_S3_VTE-Prophylaxe_2015-12.pdf.

Flaxman, S. u. a., Estimating the Effects of Non-Pharmaceutical Interventions on COVID-19 in Europe, Nature 2020, 257–261.

41 Vgl. BVerfGE 153, 182 sowie BVerfGE 153, 182.

Glasbey, J. et al., Effect of COVID-19 pandemic lockdowns on planned cancer surgery for 15 tumor types in 61 countries: an international, prospective, cohort study, The Lancet Oncology, 11/2022, 1507–1517.

Guthold, R. u. a., Worldwide Trends in Insufficient Physical Activity from 2001 to 2016. A Pooled Analysis of 358 Population-Based Surveys with 1.9 Million Participants, The Lancet Global Health 2018, e1077–1086.

Hanna, T.P. et al., Mortality due to cancer treatment delay: systematic review and meta-analysis, British Medical Journal, 2020, m4087.

Hoang, A. et al., COVID-19 in 7780 pediatric patients: A systematic review, EClinicalMedicine, 24/2020, 100433.

Hübner, D., Einführung in die philosophische Ethik, Göttingen 2014.

Jarass, H. D. / Pieroth, B., Grundgesetz für die Bundesrepublik Deutschland. Kommentar. 15. Aufl., München 2018.

Kant, I., Über ein vermeintes Recht, aus Menschenliebe zu lügen, 1797, Akademie-Ausgabe Bd. VIII, 423–430.

Kingreen, T. / Poscher, R., Grundrechte. Staatsrecht II, 35. Auflage, Heidelberg 2019.

Klöpper, A., Freiheitsrechte und Covid-19: Die Diskussion beginnt, taz, 22. März 2020.

Kuhbandner, C. / Homburg, S., Commentary: Estimating the effects of non-pharmaceutical interventions on COVID-19 in Europe, Frontiers in Medicine 2020, 580361, https://doi.org/10.3389/fmed.2020.580361.

Ladeur, K., Kritik der Abwägung in der Grundrechtsdogmatik, Tübingen 2004.

Lepsius, O., Abwägung, in Görres-Gesellschaft (Hrsg.), Staatslexikon, Bd. 1, 8. Aufl., Freiburg 2017, Sp. 40–44.

Ludvigsson, J.F., Systematic review of COVID-19 in children shows milder cases and a better prognosis than adults, Acta Paediatrica, 2020, 109(6), 1088–1095.

Martini, M. / Finkenzeller, X., Die Abwägungsfehlerlehre, JuS 2012, 126–131.

Merkel, R., § 14 Abs. 3 Luftsicherheitsgesetz: Wann und warum darf der Staat töten? JZ 2007, 373–385.

Münch, I. v. / Mager, U., Staatsrecht II. Grundrechte. 6., völlig neu bearbeitete Auflage, Stuttgart 2014.

Nozick, R., Anarchie, Staat, Utopia, übersetzt von Hermann Vetter, München 2006.

Redaktion, Welle schwerer Atemwegserkrankungen bringt Kinderkliniken an Belastungsgrenze, in: Deutsches Ärzteblatt 2021, https://www.aerzteblatt.de/nachrichten/128612/Welle-schwerer-Atemwegserkrankungen-bringt-Kinderkliniken-an-Belastungsgrenze, letzter Abruf 19.01.2022.

Rückert, J., Abwägung – Die Juristische Karriere eines unjuristischen Begriffs. Oder: Normenstrenge und Abwägung im Funktionswandel, JZ 2011, 913–923.

Sachs, M. (Hrsg.), Grundgesetz. Kommentar, 8. Aufl., München 2018.

Schmid Noerr, G., Die Würde des Menschen ist unverrechenbar, Frankfurter Rundschau, 2. April 2020.

Schmitt, F., Die Verfassungswidrigkeit der landesweiten Ausgangsverbote, NJW 2020, 1626–1631.

Schulze Heuling, D., Kinder und Infektionen: Eine übersehene Dimension des Gesundheitsschutzes, COVuR 4/2022, 198–202.

Sinnott-Armstrong, W., Consequentialism, in: Edward N. Zalta, *The Stanford Encyclopedia of Philosophy*, https://plato.stanford.edu/archives/fall2021/entries/consequentialism/ Winter 2021.

Stern, D. u. a., Epidemiologisches Bulletin 6/2021. Herausgegeben vom Robert Koch-Institut, 2021. https://www.rki.de/DE/Content/Infekt/EpidBull/Archiv/2021/Ausgaben/06_21.pdf?__blob=publicationFile, abgerufen am 5. Mai 2021.

Tännsjö, T., Understanding Ethics, 3. Aufl., Edinburgh 2013.

Thomson, J. J., The Trolley Problem, Yale Law Review 1985, 1395.

Thomson, J. J., Turning the Trolley, Philosophy & Public Affairs 2008, 359–374.

Warburton, D. u. a., A systematic review of the evidence for Canada's Physical Activity Guidelines for Adults, International Journal of Behavioral Nutrition and Physical Activity 2010, Artikel Nr. 39.

WHO, Neuartiges Coronavirus in China, 10. Januar 2020, https://www.euro.who.int/de/health-topics/health-emergencies/coronavirus-covid-19/news/news/2020/01/novel-coronavirus-emerges-in-china, zuletzt abgerufen am 5. Mai 2021.

WHO Director-General, Opening remarks at the media briefing on COVID-19, 2020, https://www.who.int/dg/speeches/detail/who-director-general-s-opening-remarks-at-the-media-briefing-on-covid-19---11-march-2020, zuletzt abgerufen am 3. Juni 2020

Ist die Europäische Union eine Großmacht des 21. Jahrhunderts? Perspektiven nach ausgewählten Theorien der internationalen Beziehungen

Daniel Dornis und Thomas M. Schimmel

1 *Einführung und Hintergrund*

Nach dem Ende des 2. Weltkrieges war die Welt bipolar geprägt vom Spannungsverhältnis zwischen den USA und der Sowjetunion. Mit dem Zusammenbruch der Sowjetunion 1991 bildeten die USA die dominierende Macht in einer unipolaren Welt. Dabei ist umstritten, wie stark diese dominante Stellung ausgeprägt war bzw. ist, und welche Akteure möglicherweise an Stelle der Sowjetunion nachrücken. Vor allem mit der Jahrtausendwende strebten vermehrt Akteure nach einer hervorgehobenen Machtposition.[1] In diesem Zusammenhang werden China, Indien, Russland, aber auch Südafrika, Brasilien, Indonesien und Mexiko als aufsteigende Mächte benannt.[2] Vereinzelt wird auch der Europäischen Union (EU) eine erhöhte Machtstellung zugesprochen.[3]

Doch ist die Akkumulation von Macht und damit ein hervorgehobener Status in der internationalen Politik überhaupt erstrebenswert? Die EU definiert sich über eine breite Wertebasis wie Demokratie und Rechtsstaatlichkeit, soziale Marktwirtschaft, Sicherheit, Menschenrechte und Umweltschutz.[4] Diese Werte werden in der Welt keineswegs einhellig geteilt, insbesondere von den aufstrebenden Mächten. Beispielsweise sucht China seinen Aufstieg zur Weltmacht fernab des westlichen Demokratiemodells, Russlands Außenpolitik erinnert zuweilen an die Zeit der Sowjetunion sowie des Imperialismus und selbst die westliche Führungsmacht USA erlebt in den letzten Jahren eine starke Zerrissenheit hinsichtlich ihrer Identität. Da in dieser dynamischen internationalen Umgebung umfassende und schnelle Verwerfungen drohen, erscheint es für die EU notwendig zu sein, einen Großmachtstatus einzunehmen, will man die eigenen Werte festigen

1 Vgl. Fuchs (2009), S. 130.
2 Vgl. Nolte (2006), S. 9.
3 Vgl. ebd., S. 7; Chase et al. (1999), S. 9.
4 Vgl. Europäische Union (2021).

und international exportieren. Eine Großmacht wird allgemein über eine hohe militärische, politische und ökonomische Stärke definiert.[5]

Der EU wird gemeinhin attestiert, in diesen Kategorien mit einem unterschiedlichen Potential ausgestattet zu sein. Ihre militärische Fähigkeit gilt als relativ schwach, da sie über kein eigenes Militär verfügt.[6] Dagegen gelten Bereiche wie Finanz- und Umweltpolitik – letztere dient dieser Arbeit als Testfeld für die politische Kategorie von Großmacht – als Kernkompetenz der EU.[7]

2 *Zielsetzungen und methodische Grundlagen*

Daher geht diese Arbeit der Frage nach, ob das Gestaltungspotential der EU in diesen Bereichen tatsächlich unterschiedlich groß ist oder ob die EU in diesen Feldern jeweils ein hohes Potential aufweist und damit eine Großmacht des 21. Jahrhunderts darstellt.

Um diese Frage zu beantworten, werden drei Fallstudien durchgeführt, die für bedeutende Themen des 21. Jahrhunderts stehen. Im militärischen Bereich ist dies Syrien in Folge des Arabischen Frühlings, für den wirtschaftlichen Bereich die Wirtschafts- und Finanzkrise ab 2008 und für das politische Feld das internationale Klimaregime. Der Klimawandel ist freilich kein Ereignis mit Beginn im 21. Jahrhundert, aber die vielleicht wichtigste Herausforderung dieser Zeit. Dazu wurde im jeweiligen Untersuchungsfeld ein Vergleichsakteur gewählt, für den traditionell eine Varianz des politischen Stils im Vergleich zur EU angenommen wird. Im militärischen Feld ist dies Russland, da es anders als die EU über starke konventionelle Streitkräfte verfügt.[8] In den anderen Feldern werden die USA als Vergleichsakteur herangezogen, da sie im ökonomischen Feld als eher wirtschaftsliberal gelten – die EU dagegen eine hohe Regulierung auszeichnet – und im ökologischen Bereich eher egoistisch agieren. Die EU strebt dagegen gemeinhin eine multilaterale Umweltpolitik an.[9] Aufgrund der Komplexität des Themas konzentriert sich die Arbeit auf den Zeitraum der Präsidentschaft Barack Obamas.

---

5 Vgl. Nolte (2006), S. 9.
6 Vgl. Stock (2003), S. 111; Lippert (2020), S. 1.
7 Vgl. Heinemann/Schmuck (2020), S. 1; Wiemeyer (2010), S. 248.
8 Vgl. Bino/Krause (2017), S. 71.
9 Vgl. für die wirtschaftliche Ebene: Wrobel (2020), S. 6, 13 und für die Umweltpolitik: Dröge/Thielges (2014), S. 3, 14.

3 Das wissenschaftliche Vorgehen

Der Arbeit liegt die These zu Grunde, dass die Gestaltungsfähigkeit respektive Macht der EU abhängig vom Charakter des Politikfeldes ist, in dem sie handelt. Diese These wird anhand von drei Hypothesen spezifiziert:

Je stärker ein Politikfeld militärisch geprägt ist, desto weniger Gestaltungsfähigkeit besitzt die EU.
Je stärker ein Politikfeld ökonomisch geprägt ist, desto höhere Gestaltungsfähigkeit besitzt die EU.
Je stärker ein Politikfeld ökologisch geprägt ist, desto mehr Gestaltungsfähigkeit besitzt die EU.

Um diese Hypothesen zu testen, wird die Kategorie Gestaltungsfähigkeit zunächst anhand des Machtbegriffs in der Literatur betrachtet und eruiert, warum die EU theoretisch als Großmacht in Betracht kommt. Dazu werden verschiedene Theorien herangezogen, die zeigen, dass Macht unterschiedlich ausgestaltet sein kann und daher aus verschiedenen Perspektiven betrachtet und gemessen werden sollte. Dies sind der Realismus, Liberalismus, Institutionalismus und Konstruktivismus. Für eine Vergleichbarkeit der einzelnen Theorien werden zentrale Begriffe der Machtdebatte extrahiert und den einzelnen Theorien zugeordnet.

In dieser Betrachtung stellen Macht als Eigenschaft bzw. Ressource und Macht als Beziehungsverhältnis die Kernelemente der Debatte dar.[10] Machtressourcen werden als *hard-* und *soft power* angeführt. *Hard power* definiert sich über militärische und wirtschaftliche Stärke, wenn Letzteres in Form von Sanktionen Geltung erlangt.[11] Dazu wird *soft power* als Fähigkeit zu Agenda-Setting, Anziehungskraft über Kultur und Ideale sowie Wirtschaftskraft in Form von Hilfsleistungen dargelegt.[12]

Unter Macht als Beziehungsverhältnis werden Zwang als *hard power* und Anziehung als *soft power* angeführt.[13] Dabei wird in direkte und indirekte Machtausübung sowie deren aktive und passive Erscheinungsform unterschieden. Erreicht ein Akteur A bei einem Akteur B eine Verhaltensänderung über den Einsatz materieller oder symbolischer Attribute, so stellt dies direkte Macht dar. Erfolgt dies jedoch über formelle oder informelle Verfahren – also Institutionen – entspricht dies indirekter Macht.

---

10 Vgl. Nolte (2006), S. 9–11.
11 Vgl. ebd., S. 11, 16.
12 Vgl. Nye (2004), S. 6, 31; Treverton/Jones (2005), S. 19; Fuchs (2009), S. 130.
13 Vgl. Lukes (2005), S. 486.

In beiden Fällen wirkt dies als aktive Macht, so lange A eine Verhaltensänderung bei B intendiert und diese erreicht. Kann B diese Einflussnahme jedoch abwehren, spricht man von passiver Macht bei B.[14]

Aus diesen Machtattributen lassen sich verschiedene Kategorien von Akteuren ableiten, definiert über ihr Machtpotential: Imperium, Supermacht, Großmacht, Mittelmacht, Regionalmacht und Ankerland.[15] Dabei sind das Imperium und die Supermacht die Kategorien mit der höchsten Macht, die Regionalmacht und das Ankerland dagegen relativ schwach. Aus diesen Akteurskategorien kommt die EU als Großmacht in Betracht. Die Großmacht verfügt über das Potential zur Supermacht, welche sich über eine breite Machtbasis und die Fähigkeit, weltweit in die Sicherheitslage einzugreifen definiert. Dazu muss die Großmacht von anderen Akteuren aufgefordert werden, überregional Einfluss zu nehmen. Diese überregionale Bedeutung zeichnet die Großmacht auch in ihrer Selbstwahrnehmung aus.[16] Der Autor verfolgt in dieser Arbeit die Annahme, dass die EU trotz beschränkter militärischer Macht diesen Einfluss ausüben kann. Als Argument hierfür dient etwa der Umstand, dass die EU eine überregionale Bedeutungszuweisung durch andere Akteure erfährt. Zum anderen weist sich die EU selbst eine solche Rolle zu.[17] Um diese Gestaltungsfähigkeit der EU bestmöglich zu betrachten, bedient sich die Arbeit einer Vielfalt ausgewählter Theorien der internationalen Beziehungen, welche hier einen kurzen Abriss erfahren.

Realismus

Aus dieser Perspektive auf das internationale System bestimmen rationale Kosten-Nutzen-Abwägungen das Akteurshandeln. Als zentrale Ressourcen dominieren *hard power* wie Militär und Wirtschaft.[18] Mit Blick auf die Machtdebatte können diese als überwiegend aktive und direkte Form von Macht über Zwang eingeordnet werden. Allerdings ist auch eine indirekte

14 Vgl. Nolte (2006), S. 16.

15 Vgl. Fuchs (2009), S. 129; Nolte (2006), S. 22 ff.; Rauch (2018), S. 4 ff.; Hurrell (2000), S. 3–4; Cooper (1997), S. 17–19; Stamm (2004), S. 10.

16 Vgl. Münkler (2005), S. 112 ff.

17 Vgl. Europäische Kommission (2021); Borrell (2020), S. 2–4; Rizzo/Meister/Rühlig (2022), S. 2–3.

18 Vgl. Krell (2003), S. 62.

Machtausübung über Institutionen denkbar, so lange sie den mächtigen Akteuren von Vorteil erscheint.[19]

Liberalismus

Diese Theorie betont die *soft power* Agenda-Setting sowie kulturelle und ideelle Anziehungskraft über indirekte und aktive Machtausübung. Staatliches Handeln ist das Ergebnis interner Präferenzbildungsprozesse. Konflikte werden international durch Kooperation über Institutionen gelöst, wobei v. a. das Recht als Lösungsmechanismus fungiert.[20]

Institutionalismus

Auch hier dominiert *soft power* über Agenda-Setting und kulturelle Anziehungskraft, welche durch Institutionen als indirekte und aktive Macht erfolgt. Bei einer hohen internationalen Verflechtung entstehen aus einer rationalen Kostenabwägung gemeinsame Regeln und Organisationen bis hin zu einer Wertegemeinschaft, da diese als kostensenkend eingeordnet werden.[21]

Konstruktivismus

Aus dieser Perspektive können Ideen rationale Motive überwinden und die Strukturen des internationalen Systems (um-)deuten.[22] Mit Blick auf die Machtdebatte kann dies als *soft power* durch Anziehung und symbolische Macht eingeordnet werden, welche direkt und aktiv wirkt.

Die Machtelemente dieser Theorien werden im Folgenden hinsichtlich ihrer Wirkung und Auswirkung in den jeweiligen Untersuchungsfeldern gemessen. Dafür werden die Ziele der Vergleichsakteure für die einzelnen Untersuchungsfelder formuliert und dann festgestellt, ob und durch welche Theorieelemente diese erreicht wurden.

---

19 Vgl. ebd.; Zürn (1994), S. 313 ff., 320; Rittberger/Zangel (2003), S. 36.

20 Vgl. Krell (2003), S. 69; Wissenschaftliche Dienste Deutscher Bundestag (2016), S. 8; Marti (2003), S. 68.

21 Vgl. Krell (2003), S. 65; Mitrany (1975), S. 8; Lemke (2011), S. 22; Bull (1995), S. 42.

22 Vgl. Boeckle et al. (1999), S. 12; Krell (2003), S. 78 ff.

4. Untersuchung der Politikfelder

Zwar verweist der empirische Forschungsstand für die betrachteten Länder in den einzelnen Untersuchungsfeldern auf partielle Theoriestränge[23], jedoch gibt es bisher keine vergleichende Analyse der EU mit den USA und Russland in diesen Feldern unter Zuhilfenahme der Theorien.

4.1. Der Syrien-Konflikt

Im Dezember 2010 begannen in Tunesien eine Reihe von Aufständen und Protesten, die sich wie ein Flächenbrand über viele Länder Nordafrikas und des Nahen Ostens legten. Syrien wurde im März 2011 von ersten Protesten erfasst, welche die Regierung Baschar al-Assad (Assad) schon früh mit starken repressiven Instrumenten bekämpfte. Teile der Bevölkerung wurden getötet, inhaftiert oder verschwanden. Der Konflikt erlebte in der Folge eine hohe Internationalisierung, wodurch sich diverse Konfliktparteien gegenüberstanden. Diese zahlreichen Akteure vertraten auch sehr verschiedene Interessen. Die alawitische Regierung Assads stand einer Protestbewegung gegenüber, die teils als sunnitischer Aufstand (unterstützt von der Türkei und den Golfmonarchien) bewertet wurde, aber auch prodemokratische Elemente (unter Hilfe von EU und USA) aufzeigte. Assad erhielt Unterstützung aus Russland und China sowie von den schiitischen Akteuren Iran, Hisbollah und der irakischen Regierung.[24]

Russland beriet Assad seit 2011 militärisch und wurde 2015 über Bodentruppen und Bombardements gegen die Widerstandsgruppen auch selbst aktiv. Dazu unterstützte Russland an Seite Chinas das syrische Regime auch auf diplomatischer Ebene, etwa bei Resolutionen der Vereinten Nationen (VN). Assad hatte 2013 im Kampf um seinen Machterhalt u. a. Giftgas gegen die Zivilbevölkerung eingesetzt, weshalb insbesondere westliche Staaten auf eine rechtliche Verfolgung und Sanktionierung drängten. Aus Sicht des Westens war eine syrische Zukunft unter Assads Führung undenkbar. Russland und China blockierten rechtliche Schritte gegen Assad, bspw. durch ihr Vetorecht im VN-Sicherheitsrat. Dadurch verhinderte

23 Vgl. Günay (2020), S. 1; Dröge/Thielges (2014), S. 3, 18; Heinrich/Jessop (2013), S. 27; Wiemeyer (2010), S. 48; Asseburg (2020), S. 29; Bino/Krause (2017), S. 69.

24 Vgl. Asseburg/Wimmen (2012), S. 2 ff.

Russland alternative politische Ansätze zur Beendigung des Konfliktes mitsamt einer Absetzung Assads.[25]

Die EU veranlasste Wirtschaftssanktionen als Antwort auf die überbordende Gewalt Assads gegen die Oppositionsbewegung. Dazu leistete die EU humanitäre Hilfe für die hohe Anzahl von Binnenflüchtlingen, die vor dem Konflikt flohen. Dies geschah v. a. über eine hohe Kooperation und Finanzierung von Nichtregierungsorganisationen (NGOs) und VN-Hilfsorganisationen. Die Hilfe beschränkte sich dabei auf die Unterstützung und Versorgung der Zivilbevölkerung. Nur in geringem Maße wurde in den Wiederaufbau der durch Assad und Russland zerstörten Infrastruktur investiert, da dies von Assad machtpolitisch instrumentalisiert werden konnte. Denn Assad vertrieb und enteignete Regimegegner aus infrastrukturell intakten Gebieten und übergab diese seinen Anhängern, was die gesellschaftliche Spaltung weiter vorantrieb. Große Teile der Infrastruktur wurden durch den Krieg zerstört.[26] Dennoch fordert Russland die EU dazu auf, den Wiederaufbau finanziell zu leisten und betont, dass anderweitig weitere große Flüchtlingsströme nach Europa drohen.[27] Auf VN-Ebene versuchte die EU, Assad rechtlich zu sanktionieren und war auch Teil einer internationalen Koalition zur Bekämpfung des Islamischen Staates (IS) unter US-Führung. Diese Koalition bekämpfte den IS erfolgreich, so dass dieser seit 2017 als besiegt gilt.[28]

Die Gestaltungsfähigkeit Russlands und der EU aus theoretischer Perspektive

Russlands Ziel lag im Machterhalt Assads sowie der Unterdrückung der Opposition begründet, was das Land für den Moment auch erreicht hat. Dabei setzte Russland überwiegend auf die realistische *hard power* Militär und damit auf direkte und aktive Macht über Zwang. Dazu entwickelte das Land durch die Abwehr einer rechtlichen Verfolgung der Giftgaseinsätze Assads eine hohe passive, indirekte Macht vor den VN. Diese ist jedoch eher als realistisches Moment, denn als institutionelles zu werten. Russland setzte allgemein nicht auf die Institution Diplomatie, um etwa die Kosten des Konfliktes zu senken, sondern hat seine Position im VN-Sicherheitsrat instrumentalisiert, da es seinem Interesse diente.

---

25 Vgl. Asseburg/Wimmen (2012), S. 79; Asseburg (2020), S. 16; Bino/Krause (2017), S. 69 ff.

26 Vgl. Asseburg (2020), S. 12, 19–22; Schaller (2013), S. 31.

27 Vgl. Asseburg (2020), S. 26 ff.

28 Vgl. ebd. (2020), S. 7.

Die EU strebte den Sturz Assads, die Bekämpfung des IS sowie die Unterstützung der Demokratiebewegung an.[29] Gegen das Regime setzte die EU auf die *hard power* Wirtschaftssanktion als direkte und aktive Macht über Zwang, was aber kaum erfolgreich war. Auch, weil das Regime finanzielle Unterstützung aus Russland und dem Iran erhielt.[30] Die diplomatischen Aktivitäten der EU vor den VN können als liberale und institutionelle Machtinstrumente gewertet werden. Ein liberales Element stellt die rechtliche Verfolgung der Kriegsführung Assads dar. Institutionell wirkte die internationale Kooperation über Diplomatie, die den Konflikt beenden und damit die Kosten des Konfliktes senken sollte. Diese Bemühungen waren jedoch erfolglos. Dazu stärkte die EU die NGO-Aktivitäten, was ebenfalls ein Element der Kooperation darstellt und die Institution Menschenrechte stärkte. Diese Entwicklungshilfe wirkte indirekt und aktiv als *soft power* und erfüllt ebenfalls das Charakteristikum einer Institution. Denn diese Hilfe wurde von den VN nicht hinterfragt, weshalb diese gar als gemeinsame Wertebasis wirkt.

Auch kann der EU eine hohe konstruktivistische Macht über symbolische Anziehung in Form von aktiver und direkter Machtausübung attestiert werden. Die humanitäre Hilfe über VN-Organisationen haben zumindest implizit auch Russland und China anerkannt. Dies stellt eine Überwindung bestehender Konfliktstrukturen dar, da neben dem Kampf nun auch zivile Instrumente in dem Konflikt zum Tragen kamen und die EU auch eine hohe Anziehung auf Geflüchtete entwickelte. Gleichzeitig ist Russland ökonomisch nicht in der Lage, den Wiederaufbau Syriens zu finanzieren, weshalb Assads Position mittel- bis langfristig gefährdet scheint.[31] Hier ist nach Moskaus Willen Europa gefragt, den Wiederaufbau zu finanzieren und damit für die EU eine strategische Einflussmöglichkeit gegeben. Denn bereits vor dem Konflikt war Syrien Teil der Europäischen Nachbarschaftspolitik ENP[32], die das Ziel verfolgt, Stabilität, Sicherheit und Wohlstand zu fördern.

Für den Moment ist jedoch festzuhalten, dass die EU Assad nicht stürzen oder die Demokratiebewegung stärken konnte. Dagegen wurde der IS

---

29 Vgl. ebd. (2020), S. 7.

30 Vgl. ebd. (2020), S. 12, 19–22; Schaller (2013), S. 31.

31 Vgl. Asseburg (2020), S. 5, 27.

32 Den Kern der ENP bildet eine wirtschaftliche, sicherheitspolitische und politische Vernetzung der EU mit angrenzenden Staaten, wodurch sich die EU politische Einflussnahme in Namen ihrer Wertebasis verspricht. Siehe dazu Europäische Kommission (2015), S. 2 ff.

erfolgreich bekämpft, was aber eher durch die militärische Stärke der USA erreicht wurde und weniger durch die diplomatischen Aktivitäten der EU.

4.2 Wirtschafts- und Finanzkrise

Im Jahr 2007 zeigte sich in den USA, dass steigende Immobilienpreise zur Bildung einer Blase geführt hatten, wodurch es zu sinkenden Wiederverkaufswerten der Immobilien bei steigenden Kreditzinsen kam. In der Folge konnten viele Kreditnehmer ihre Kreditschuld nicht mehr begleichen. Große Finanzakteure wie Lehman Brothers, AIG oder Merrill Lynch mussten Insolvenz anmelden oder von der Regierung gerettet werden, da sie mit Kreditrisiken – gebündelt in Wertpapieren – direkt oder zumindest indirekt Handel trieben. Die Verwerfungen dieses Aktienmarktes erstreckten sich auf die Aktienlandschaft allgemein. Aus den daraus erwachsenden Verlusten sank die Liquidität des Bankwesens, was über die zurückgehende Kreditvergabe zu einem Investitionsrückgang in die Realwirtschaft führte. In der entwickelten Welt erfuhr das Bruttosozialprodukt seinen ersten Einbruch seit dem 2. Weltkrieg.[33]

Die Gruppe der Zwanzig (G20)[34] einigte sich 2009 auf ein gemeinsames Vorgehen zur Einhegung der Krise. Im Vordergrund stand die Regulierung der Aktivität von Banken und Finanzakteuren. Den Kern bildete dabei Basel III, eine vom Baseler Ausschuss für Bankenaufsicht[35] 2010 verfasste Eigenkapitalvorschrift. Hierbei wurde für das Bankwesen definiert, wie hoch der Anteil an nicht als erstklassig bewertetem Kapital sein darf. Die USA forderten im Vergleich einen höheren Anteil „guten" Kapitals als die EU und setzten sich mit diesem Ansinnen durch.[36]

Noch vor Basel reagierten die USA mit eigenen Regularien, wonach systemrelevante Finanzakteure Liquidität vorhalten und ihre Resilienz gegenüber makroökonomischen Schocks erhöhen sollten. Dazu wurde eine

---

33 Vgl. Bundeszentrale für politische Bildung (2017).

34 Die G7/G20 stehen für die Gruppe der Sieben bzw. Zwanzig und sind ein informelles Forum von Industriestaaten (im Falle der G20 auch Schwellenländern) und der EU. Die Gruppen stellen weder eine Organisation dar, noch verfügen sie über einen Verwaltungsapparat. Die beteiligten Akteure haben auch keine ständige Vertretung in den Gruppen. Siehe dazu Bundesregierung (2020) und Bundesregierung (2021).

35 Der Ausschuss wurde 1974 in Basel von den Präsidenten der G10-Notenbanken mit dem Ziel gegründet, Finanzstabilität durch eine weltweite Regulierung und Aufsicht der internationalen Banken herzustellen. Siehe dazu: Bundesbank.

36 Vgl. Daniels (2017), S. 5 ff.

starke Aufsicht für national und international agierende Banken integriert, die v. a. einen hohen Grad an Eigenkapital und Offenlegung durch die Finanzakteure forcierte. Die USA handelten dabei schneller und regulativ einschneidender als die EU.[37] Bei internationaler Absprache dieses Vorgehens ignorierten sie im Zweifel auch die Vorschläge anderer Staaten und setzen bei nationaler Regulierung ihre Interessen durch.[38]

Dennoch traten die USA und die EU zu Krisenbeginn geschlossen auf und erzeugten eine hohe symbolische Wirkung mit ihrem Reglementierungswillen. Dazu strebte die EU eine einheitliche Aufsicht durch europäische Ratingagenturen an, die Banken, Wertpapierhandel und Versicherungen zentral überwachen sollte. Jedoch erzielten die EU-Mitglieder keine Einigkeit in dieser Frage und diese Bereiche erhielten eine separate Überwachung, wobei der EU-Ebene eher koordinative und weniger reglementierende Kompetenzen verblieben.[39] Dazu konnten die EU-Regularien erst später als in den USA erlassen werden, wenngleich dafür auch eine hohe Qualität an notwendigem Eigenkapital durchgesetzt wurde. Allerdings konnten diese Regeln zunehmend nur unter abnehmender Verbindlichkeit für die einzelnen EU-Staaten umgesetzt werden, da die Einzelstaaten eine stärker national orientierte Kontrolle durchsetzten. Damit sank das Potential der EU-Kommission, die Reglementierung zu überwachen, was originär ihre Aufgabe ist.[40]

Auf internationaler Ebene nutzte die EU den Umstand, größte Anteilseignerin im Internationalen Währungsfonds (IWF) und der Bank für Internationalen Zahlungsverkehr zu sein. So erreichte sie, dass das Finanzvolumen des IWF für die Krisenhilfe gegenüber Ländern stieg, die nicht Teil der Verhandlungen waren.[41]

Die Gestaltungsfähigkeit der USA und EU aus theoretischer Perspektive

Die USA strebten wie die EU eine Regulierung des Finanzsystems an, verfolgten hier aber weitergehende Maßnahmen. Dabei wendeten sie über internationale Kooperation – bspw. im Rahmen von Basel – indirekte und aktive Macht an, die in Streitfragen die passive Macht der EU überwog. Damit konnte international Anarchie über Kooperation abgebaut und mit

---

37 Vgl. ebd., S. 8, 12 ff.
38 Vgl. ebd., S. 13, 25.
39 Vgl. Dullien/Herr (2010), S. 5.
40 Vgl. Daniels (2017), S. 29.
41 Vgl. Wiemeyer (2010), S. 248.

dem gemeinsamen Ziel regulierter Finanzmärkte eine Wertegemeinschaft gebildet werden. Dies entspricht einem institutionellen Attribut. Gleichzeitig wirkte das erfolgreiche Werben für eine strenge Finanzaufsicht als Agenda-Setting, was ein institutionelles und liberales Element darstellt.

Die Finanzpolitik Obamas entsprach einem klaren Präferenzwandel der USA und prägte als liberales Attribut die Außenpolitik. Traditionell standen die USA eher für weitgehend freie Märkte, weshalb der neuerliche Fokus auf Reglementierung einen starken Richtungswechsel darstellte.[42] Die nationale Kontrolle des Bankwesens über strenge Gesetze erfolgte aber weniger durch Anziehung in Form von *soft power*, sondern mehr über Zwang als *hard power*.

International agierten die USA auch über konstruktivistische Symbolmacht, was in aktiver und direkter Anziehung mündete. So hatte der wichtige Finanzplatz Großbritannien – zu der Zeit noch EU-Mitglied – schon früh scharfe Regularien nach US-Vorbild umgesetzt.[43] Insgesamt konnten die USA ihre Ziele mit einer Mischung aus Anziehung und Zwang umsetzen.

Die EU verfolgte wie die USA eine Einhegung der Finanzmärkte und gleichzeitig eine Stützung von Akteuren, die keine Mitglieder der G20 waren. Dabei entwickelte die EU an der Seite der USA *soft power* über Agenda-Setting, da international die Notwendigkeit der Finanzmarktregulierung Zustimmung erfuhr. Zuvor agierten die Finanzmärkte weitgehend frei. Dieser erhebliche Bruch bestehender Strukturen entsprach einem konstruktivistischen Element. Die IWF-Politik der EU erfolgte als realistisches Element über direkte und aktive Macht, da die hohe Anteilseignerschaft nicht etwa für Agenda-Setting genutzt wurde, sondern vielmehr wirtschaftlicher *hard power* über Zwang entsprach. Insgesamt konnte die EU ihre Ziele erreichen, wenngleich international die USA ihre Vorstellungen stärker umsetzen konnten. Auch intern musste die EU von der Zielsetzung einer zentralen Aufsicht zu Gunsten von dezentral-europäischer und hoher nationaler Überwachung teils abrücken, was ein liberales Element darstellt und ihre Macht schwächte.

42 Vgl. Wiemeyer (2010), S. 248.
43 Vgl. Daniels (2017), S. 13, 26.

4.3 Internationale Klimapolitik

Mit dem Industriezeitalter setzte die Menschheit verstärkt auf fossile Brennstoffe, Rodung der Wälder sowie Ausweitung der Viehzucht. Dadurch wurde der Klimawandel und die Erderwärmung besonders durch das vom Menschen verursachte CO_2 vorangetrieben. Derzeit steigt die Temperatur pro Jahrzehnt um 0,2 °C, wozu die natürliche Erwärmung durch Vulkanaktivität und Sonneneinstrahlung zwischen 1890 und 2010 etwa eine Erwärmung um 0,1 °C beigetragen hat.[44]

Die USA traten bis zur Amtszeit Obamas in Fragen des Klimaschutzes traditionell eher wirtschaftsfokussiert auf. Internationale Zusammenarbeit in diesem Bereich fand primär auf bilateraler Ebene statt, ohne substantielle Fortschritte zu erreichen. Obama forderte jedoch eine Führungsrolle der USA beim Klimaschutz.[45] Als zentrale Instrumente galten der Aufbau eines Emissionshandelssystems, der Ausbau erneuerbarer Energien und die Reduzierung von Emissionen. Dazu beteiligten sich die USA verstärkt an multilateralen Foren wie der *United Nations Framework Convention on Climate Change (UNFCC)*. Hier galt die Vereinbarkeit der Ergebnisse der VN-Klimakonferenzen mit dem nationalen US-Recht als größte Herausforderung, um völkerrechtlich bindende Zusagen zu treffen.[46] Dafür hätte es einer Mehrheit von 67 % im US-Senat bedurft, welche die demokratische Partei 2009 mit 59 % der Sitze verfehlte.[47] Gegen die geringe Verbindlichkeit des US-Ansatzes war schwer anzukommen, da die USA als größte Volkswirtschaft weltweit und zweitgrößter Emittent eine herausragende Bedeutung einnehmen. Der innere Widerstand gegen Obamas Vorhaben war groß, so dass der Präsident diese verstärkt über exekutive Gesetze durchsetzte. Diese trugen jedoch der divergierenden Leistungsfähigkeit der US-Bundesstaaten Rechnung, weshalb die Klimaschutzziele als Mittelwert für die USA formuliert wurden. So mussten Staaten mit hohem Kohleabbau etwa einen geringeren Anteil erneuerbarer Energie erreichen.[48]

Die EU und viele Entwicklungsländer verfolgten international verbindliche Ziele, die USA plädierten dagegen für einen freiwilligen Ansatz. Das Ziel der USA war es dabei, bis dato zurückhaltende Länder wie China mit einzubeziehen. In Form bilateraler Verhandlungen gelang dies der Obama-Administration auch und zunehmend konnten hierüber auch ver-

---

44 Vgl. Europäische Kommission.
45 Vgl. Mildner/Richert (2010), S. 7, 13.
46 Vgl. ebd., S. 5 ff., 10.
47 Vgl. US-Repräsentantenhaus.
48 Vgl. Dröge/Thielges (2014), S. 1 f.

bindliche Zusagen generiert werden, die inhaltlich den Zielen der *UNFCC* entsprachen.[49] Im Vergleich verlor der multilaterale Ansatz der EU dadurch an Bedeutung.[50]

Die EU nimmt traditionell eine Vorreiterrolle beim Klimaschutz ein. Ab 2007 verfolgte sie eine Zieltrias aus der Reduktion von CO_2 über ein Emissionshandelssystem, dem Ausbau erneuerbarer Energien und einer hohen Energieeffizienz in Wirtschaft und Privathaushalten. Damit etablierte sich auch die Idee, dass Klimaschutz Kosten senken kann.[51] Dennoch sahen sich diese Ziele – wie in den USA – dem Spannungsverhältnis aus Umweltschutz und Wirtschaftsinteressen ausgesetzt. Dabei gedachte auch die EU einzelstaatlichen Interessen über subsidiäre Elemente, bspw. einer Wahlmöglichkeit beim Ausbau erneuerbarer Energien. Insgesamt vollzog sich die Umweltpolitik unter einem hohen Grad europarechtlicher Regulierung, wenngleich ihr ein teils starker Lobbydruck – etwa aus der Automobilbranche – entgegenschlug. Als Folge dieses wirtschaftlichen Drucks haben sich die Mitgliedstaaten der EU eine gewisse Autonomie in der Umweltpolitik bewahrt.[52] Eine weitere Herausforderung bildet die wachsende Spannung zwischen Nordwest- und Mittelosteuropa bezüglich der Verbindlichkeit von Maßnahmen. Vor allem im Zuge der Invasion pro-russischer Separatisten in der Ukraine 2014 scheinen die Themen Umweltschutz und Energiesicherheit diametrale Pole zu bilden, weshalb Klimapolitik seitdem primär auf freiwilliger Basis erfolgt. Dies liegt aber auch in einem Effizienzverlust der Klimaschutzinstrumente als Folge der Wirtschafts- und Finanzkrise ab 2008 begründet. So erfuhren die CO_2-Lizenzen einen Preissturz, einige Branchen waren wegen mangelnder Produktnachfrage gar überversorgt. Eine Folge war, dass die EU-Klimapolitik an internationaler Vorbildwirkung verlor. Bei der VN-Klimakonferenz von Paris 2015 setzten sich die USA daher zunehmend mit ihrem freiwilligen und national orientierten Lösungsansatz durch.[53]

Die Gestaltungsfähigkeit der USA und EU aus theoretischer Perspektive

Die USA hatten eine internationale Führungsrolle sowie eigene effektive Klimaschutzmaßnahmen angestrebt. In multilateralen Foren wie den VN

49 Vgl. ebd., S. 3; Mildner/Richert (2010), S. 8.
50 Vgl. Bundeszentrale für politische Bildung (2020).
51 Vgl. Fischer (2009), S. 8 ff.; Dröge/Thielges (2014), S. 18.
52 Vgl. Fischer (2009), S. 114 ff., 121.
53 Vgl. Dröge/Thielges (2014), S. 4, 24; Fischer/Geden (2015), S. 2 ff.

lehnte das Land völkerrechtlich verbindliche Verhandlungsansätze weitgehend ab, weshalb es hier kein Agenda-Setting über Anziehung gab. Stattdessen setzten die USA auf realistische Macht, die aktiv und indirekt erfolgte, da sie institutionell eingebettet – hier in Form von diplomatischer Kooperation – war. Dennoch wirkte sie aufgrund der wirtschaftlichen Bedeutung des Landes in Form von Zwang über *hard power*. Gleichzeitig entwickelten die USA in bilateralen Foren *soft power* über Agenda-Setting und konnten bis dato zurückhaltende Akteure für den zunehmend geteilten Wert Klimaschutz gewinnen. So wurde zum einen die Institution Völkerrecht geschwächt, dafür aber die Wertebasis Klimaschutz gestärkt. National setzen die USA erfolgreich auf liberale Machtelemente in Form von Rechtssätzen.

Dazu ist den USA ein konstruktivistisches Machtattribut zu attestieren, da die allgemeine Fokusverschiebung von Wirtschaftsleistung auf Umweltschutz einen Bruch mit bestehenden Strukturen darstellt. Gleiches gilt für die teilweise Abkehr von der multilateralen Struktur des Klimaregimes hin zu neuen bilateralen Strukturen. Dies stellt eine hohe aktive, direkte Macht über Ideen dar, die mit China und Indien Platz eins und drei der weltweit größten Emittenten einbinden konnte.[54]

Die EU strebte eine internationale Vorreiterrolle für ihre Klimainstrumente über multilaterale und rechtlich verbindliche Klimapolitik an. Da die Funktionalität dieser Instrumente weltweit verfolgt wurde, kann der EU Anziehung über die *soft power* Agenda-Setting attestiert werden. Dazu entwickelte sie eine hohe konstruktivistische aktive und direkte Macht, da die Strukturen, die Wirtschaftskraft für unvereinbar mit Umweltschutz einordneten, zunehmend aufgebrochen wurden. Stattdessen etablierte sich die Deutung, dass Umweltschutz auch Kosten sparen kann. Mit der Finanzkrise 2008 folgte die EU teils auch den Ideen der USA, indem eine verstärkt nationale Problemlösung fokussiert wurde. Die EU-einheitliche Klimapolitik war zunehmend in Auflösung begriffen, was sich mit dem Ukraine-Konflikt 2014 verstärkte. Die weiteren Zugeständnisse an die Nationalstaaten entsprechen einem Machtverlust der EU als liberales Element in Folge innerer Präferenzbildungsprozesse.

54 Vgl. Bundeszentrale für politische Bildung (2020).

5 Die zentralen Ergebnisse und ihre praktische Verwendbarkeit

Die Hypothesen der Arbeit konnten grundsätzlich bestätigt werden. So ist das EU-Potential im militärischen Untersuchungsfeld relativ gering, vor allem im Verhältnis zu einer Militärmacht wie Russland. Im ökonomischen und ökologischen Bereich hat die EU mehr Gestaltungsfähigkeit gezeigt, wenngleich der Vergleichsakteur USA hier stärker einzuschätzen war. Dies liegt jedoch mehr in der herausragenden Rolle der USA begründet und weniger im mangelnden Großmachtpotential der EU. Die EU konnte ihre finanz- und umweltpolitischen Ziele weitgehend umsetzen. Die Finanzmärkte sind nun stärker reguliert und eine weltweite Sensibilität für das Thema Umweltschutz geschaffen worden. Aber insbesondere beim Umweltschutz erlebte die EU zuletzt eine wachsende innere Spaltung und Ablehnung durch einzelne Mitgliedstaaten.

Es hat sich gezeigt, dass die unterschiedlichen theoretischen Blickwinkel auf Macht eine gute Analyse ermöglicht haben. So stellte sich das Machtpotential der EU auch innerhalb der einzelnen Untersuchungsfelder ambivalent dar. Im militärischen Feld offenbarte sich zwar, dass die EU ihre Ziele weniger stark umsetzen konnte als Russland. Gleichzeitig besitzt die EU aufgrund ihrer ökonomischen Macht und institutionellen Stärke strategische Einflussmöglichkeiten. Aber dieses Potential muss von militärischer *hard power* flankiert werden, um etwa humanitäre Maßnahmen abzusichern.

Allgemein sollte die Entwicklungsrichtung der EU stärker in den Fokus rücken als die bisherige Interessendurchsetzung. Vor allem der Tendenz zur nationalen Problembearbeitung ist entgegenzuwirken und Einigkeit anzustreben. Denn die geeinte liberale und institutionelle Stärke erscheinen in einer globalisierten Welt, wo multiple Interdependenz dominiert, als gute Voraussetzung für einen zukünftigen Großmachtstatus. Auch die Fähigkeit, Umweltveränderungen deuten zu können und bestehende Strukturen aufzubrechen, birgt hohes Potential, insbesondere in Zeiten großer Veränderungen durch Krisen. Die EU sollte dieses Großmachtpotential nutzen, will sie ihre Werte kultivieren und exportieren. Vor allem die derzeitige Entwicklung in den USA erfordert hier ein stärkeres Engagement der EU, da sich die Entwicklungsrichtung der westlichen Führungsmacht äußerst unsicher darstellt. Daher sind folgende Aspekte anzustreben:

Die EU sollte ihre starke *soft power* in liberaler, institutioneller und konstruktivistischer Tradition erhalten und außenpolitisch weiterhin fokussieren.

- Die EU sollte diese Potentiale um eine starke *hard power* ergänzen. Dafür bedarf es der Errichtung eines Militärs unter EU-Führung.
- Die EU sollte der Tendenz zu nationaler Problembearbeitung entgegenwirken und wieder mehr Geschlossenheit anstreben.

In militärischer Hinsicht bietet sich etwa der Ausbau und die Fokussierung von bestehenden Strukturen an, bspw. den *European Battlegroups*. Auf EU-Ebene wird im Zuge des russischen Angriffskrieges in der Ukraine bereits deren Ausbau und flexiblere Mobilmachung diskutiert.[55]

6 Ausblick

Im Vergleich zur EU zeigen sich Länder wie Russland und China wenig reformfähig gegenüber Umweltveränderungen und reagieren auf diese überwiegend repressiv.[56] Russland bildet aktuell ein Beispiel über die Unfähigkeit, die veränderten Umweltbedingungen des internationalen Systems im 21. Jahrhundert zu deuten. Das Land versucht sich an einer Revision der Staatenwelt hin zu sowjetischen Verhältnissen. Kleine Staaten sind dabei ein Spielball der Großmächte, welche das internationale System unter sich aufteilten. Diese Politik verfolgt Russland über eine konventionelle und äußerst destruktive Kriegsführung, wie sie eher typologisch für das 20. Jahrhundert war.[57] Dazu zeigt sich das Land außer Stande, die gesellschaftlichen Realitäten innerhalb der Ukraine zu deuten, also die geringe pro-russische Haltung weiter Bevölkerungsteile.[58] Dabei stand bereits die Maidan-Bewegung ab 2013 für eine anti-autoritäre und Korruption ablehnende Grundhaltung der ukrainischen Bevölkerung[59], welche kaum vereinbar mit der russischen Gegenwartskultur erscheint.

Gleiches gilt für die neuen Partnerschaften, die Russland anstrebt. So verlegt das Land seinen Fokus vermehrt auf Asien, insbesondere auf China und Indien, zwei potentiell mächtige Akteure.[60] Doch hier wird sich kaum ein mächtiges Triumvirat herausbilden, da Indiens Nähe zu Russland primär in einer militärischen Handelspartnerschaft begründet

55 Vgl. Fama/Musiol (2022), S. 5.
56 Vgl. Barg/Schucher (2013), S. 1; Kreft (2006), S. 1; Göbel (2015), S. 18 f.; Kluge (2021), S. 1; Libman (2016), S. 32- 34.
57 Vgl. Härtel (2022), S. 3.
58 Vgl. Klein (2022), S. 3.
59 Vgl. Bartkowski (2014), S. 2; Sasse (2018), S. 2.
60 Vgl. Wagner (2022), S. 1; Peschel/Junhua (2022), S. 1.

liegt. Russische Waffen bilden jedoch Indiens militärstrategischen Kern als Machtgegengewicht zu China. China gilt als Indiens Hauptkonkurrent um die Vorherrschaft in Asien. Aus diesem Grund richtet Indien seinen Blick parallel nach Westen. Im Rahmen des Quad-Formates an Seiten Australiens, Japans und der USA versucht das Land im Pazifikraum Chinas Einfluss zu beschränken.[61]

Auch China scheint im Gedanken der Systemkonfliktlogik des Kalten Krieges verfangen zu sein und dabei die Bedeutung kleinerer Akteure zu unterschätzen. Dies ist für Chinas eigenes Machtstreben insofern nachteilig, als dass es für diesen Status Einfluss in Regionen sucht, die diese Weltsicht eher ablehnen. Exemplarisch hierfür steht der afrikanische Kontinent, wo China sich ökonomisch stark engagiert und bisher bei politischer Positionierung eher zurückhaltend zeigt. Dies bewertet China im Vergleich zum westlichen Sendungsbewusstsein als Vorteil seiner expansionistischen Außenpolitik.[62] In der momentanen Situation stehen weite Teile Afrikas dem russischen Weltbild und der chinesischen Zurückhaltung jedoch ambivalent bis abwehrend gegenüber. Ein Indiz hierfür bildet die Abstimmung der VN zur humanitären Resolution A/ES-11/L.1[63] bezüglich des Ukrainekrieges, wo sich Enthaltungen und Zustimmungen in etwa die Waage hielten und nur die Militärdiktatur Eritreas gegen sie stimmte. Stellvertretend für die Ablehnung Russlands revisionistischer Politik steht die Rede des kenianischen Botschafters Martin Kimani vor den VN im Zuge der Resolution. Im Kern argumentiert dieser gegenüber Russlands Position, die Ukraine habe als historischer Teil der Sowjetunion keine Existenzberechtigung, dass dieser Umstand auf einen Großteil des afrikanischen Kontinents zutrifft. Viele Länder Afrikas sind aus einer historischen Zugehörigkeit zu Groß-, respektive Kolonialmächten hervorgegangen. Insofern fuße deren Daseinsberechtigung in Russlands Weltsicht nicht auf der Institution souveräner Völker, sondern dem Wohlwollen der mächtigen Staaten.[64]

Hier bildet das europäische Weltbild, definiert über die Institutionen Völkerrecht, Souveränität von Staaten sowie dem Umweltschutz einen starken und v. a. international gefragten Gegenpol. Die gegenwärtig teils geringe Geschlossenheit der EU bildet dabei kein Novum. Vielmehr hat sie in ihrer Genese umfangreiche Erfahrung mit der Kooperation souverä-

---

61 Vgl. Wulf (2022a), S. 1; Wulf (2022b), S. 2.
62 Vgl. Kamp (2021), S. 58–59; Schmidt (2018), S. 3.
63 Vgl. Ostheimer (2022), S. 2.
64 Vgl. Dörries (2022), S. 2 f.

ner Staaten bei komplexen Herausforderungen gesammelt.[65] Im Vergleich zu autoritären Systemen zieht die Fähigkeit, den europäischen Einigungsprozess unter Beachtung individueller mitgliedstaatlicher Bedürfnisse zu vollziehen, keinen Legitimitätsverlust nach sich und kann ebenso als attraktives Vorbild für das internationale System betrachtet werden. Denn die Verwerfungen der Gegenwart werden eher politische Systeme überstehen, die flexibel auf Krisen reagieren können.

Literaturverzeichnis

Asseburg, M. (2020): Wiederaufbau in Syrien: Herausforderungen und Handlungsoptionen für die EU und ihre Mitgliedstaaten, SWP-Studie 7/2020, Stiftung Wissenschaft und Politik -SWP- Deutsches Institut für Internationale Politik und Sicherheit, Berlin, Online unter: https://www.swp-berlin.org/publikation/wiederaufbau-in-syrien (Abruf: 08.2022).

Asseburg, M./ Wimmen, H. (2012): Der gewaltsame Machtkampf in Syrien, Szenarien und Einwirkungsmöglichkeiten der internationalen Gemeinschaft, SWP-Aktuell 12, Stiftung Wissenschaft und Politik -SWP- Deutsches Institut für Internationale Politik und Sicherheit, Berlin, Online unter: https://www.swp-berlin.org/publications/products/aktuell/2012A12_ass_wmm.pdf (Abruf: 08/2022).

Barg, J./ Schucher, G. (2013): Die "Null-Protest-Logik": soziale Stabilität und staatliche Gewalt in China, GIGA Focus Asien, 7, GIGA German Institute of Global and Area Studies – Leibniz-Institut für Globale und Regionale Studien, Institut für Asien Studien, Hamburg, Online unter: https://www.ssoar.info/ssoar/bitstream/handle/document/35715/ssoar-2013-barg_et_al-Die_Null-Protest-Logik_soziale_Stabilitat_und.pdf?sequence=1&isAllowed=y&lnkname=ssoar-2013-barg_et_al-Die_Null-Protest-Logik_soziale_Stabilitat_und.pdf (Abruf: 08.2022).

Bartkowski, M. (2014): Analyse: Die Maidan-Revolution in der Ukraine – Gewaltloser Widerstand in gewaltgeladener Situation, Bundeszentrale für politische Bildung, Online unter: https://www.bpb.de/themen/europa/ukraine/181536/analyse-die-maidan-revolution-in-der-ukraine-gewaltloser-widerstand-in-gewaltgeladener-situation/ (Abruf: 07.2022].

Bino, T./ Krause, J. (2017): Russia changes the game: Bilanz der russischen Militärintervention in Syrien, in: SIRIUS – Zeitschrift für strategische Analysen, Jg.1, Nr. 1, de Gruyter, Berlin, S. 68–79, Online unter: https://www.degruyter.com/document/doi/10.1515/sirius-2017-0005/html (Abruf: 08.2022).

Boekle, H. et al. (1999): Normen und Außenpolitik: Konstuktivistische [sic!] Außenpolitiktheorie, Tübinger Arbeitspapiere zur Internationalen Politik und Friedensforschung Nr. 34, Online unter: https://d-nb.info/1167407814/34 (Abruf: 08.2022).

65 Vgl. Stock (2003), S. 112.

Borrell, J. (2020): Ein neues Kapitel in den Beziehungen EU-USA – nutzen wir es bestmöglich, European Union External Action, The Diplomatic Service of the European Union, Online unter: https://www.eeas.europa.eu/eeas/ein-neues-kapitel-den-beziehungen-eu-usa-—nutzen-wir-es-bestmöglich_de (Abruf: 08.2022).

Bull, H. (1995): The Anarchical Society, A Study of Order in World Politics, 2. Auflage, Columbia University Press, New York.

Bundesbank: Baseler Ausschuss für Bankenaufsicht, Online unter: https://www.bundesbank.de/de/aufgaben/bankenaufsicht/bundesbank/basel/baselerausschuss-fuer-bankenaufsicht-597762 (Abruf: 08.2022).

Bundesregierung (2020): Die G20, Online unter: https://www.bundesregierung.de/bregde/themen/g7-g20/die-g20-387324 (Abruf: 06.2021).

Bundesregierung (2021): Die G7, Online unter: https://www.bundesregierung.de/bregde/themen/g7-g20/gruppe-der-7-387336 (Abruf: 08.2022).

Bundeszentrale für politische Bildung (2017): Globale Finanz- und Wirtschaftskrise 2008/2009, Online unter: http://www.bpb.de/nachschlagen/zahlen-undfakten/globalisierung/52584/finanz-und-wirtschaftskrise (Abruf: 08.2022).

Bundeszentrale für politische Bildung (2020): Fünf Jahre Pariser Klimaabkommen, Online unter: https://www.bpb.de/politik/hintergrund-aktuell/322749/fuenf-jahre-pariser-klimaabkommen (Abruf: 08.2022).

Chase, R. et al. (1999): The Pivotal States, A New Framework for U.S. Policy in the Developing World, Norton, New York – London.

Cooper, A. (1997): Niche Diplomacy: A Conceptual Overview, in: A. Cooper (Hrsg.): Niche Diplomacy, Middle Powers after the Cold War, Studies in Diplomacy, Macmillan Press, Basingstoke, S. 1–24.

Daniels, L. (2017): Letzte Ausfahrt Basel: zum Stand der Bankenregulierung in den USA und der EU zehn Jahre nach der globalen Finanzkrise, SWP-Studie 12/2017, Stiftung Wissenschaft und Politik -SWP- Deutsches Institut für Internationale Politik und Sicherheit, Berlin, Online unter https://www.swp-berlin.org/publikation/bankenregulierung-in-den-usa-und-der-eu-letzte-ausfahrt-basel (Abruf: 08.2022).

Dörries, Bernd (2022): Kenias Botschafter und Afrikas Botschaft an Russland, in: Süddeutsche Zeitung, 23.02.2022, Online unter https://www.sueddeutsche.de/meinung/profil-kimani-sicherheitsrat-1.5535323 (Abruf: 08.2022).

Dröge, S./ Thielges, S. (2014): Neue Führung in der Klimapolitik: "yes, we can – after all": die USA zwischen internationalem Anspruch und nationalen Herausforderungen, SWP-Aktuell 44/2014, Stiftung Wissenschaft und Politik -SWP- Deutsches Institut für Internationale Politik und Sicherheit, Berlin, Online unter: https://www.ssoar.info/ssoar/bitstream/handle/document/39650/ssoar-2014-droge_et_alNeue_Fuhrung_in_der_Klimapolitik.pdf?sequence=1&isAllowed=y&lnkname=ssoar-2014- droge_et_al-Neue_Fuhrung_in_der_Klimapolitik.pdf (Abruf: 08.2022).

Dullien, S./ Herr, H. (2010): Die EU-Finanzmarktreform, Stand und Perspektiven im Frühjahr 2010, Internationale Politikanalysen, Friedrich Ebert Stiftung, Online unter: https://library.fes.de/pdf-files/id/ipa/07157.pdf (Abruf: 08.2022).

Europäische Kommission: Ursachen des Klimawandels, Climate Action, Climate Change, Online unter: https://ec.europa.eu/clima/change/causes_de (Abruf: 08.2022).

Europäische Kommission (2015): Joint Communication to the European Parliament, the Council, the European Economic and Social Committee and the Committee of the Regions, Review of the European Neighbourhood Policy, SWD (2015) 500 final, Online unter: 51 https://ec.europa.eu/neighbourhood-enlargement/sites/near/files/neighbourhood/pdf/keydocuments/151118_joint-communication_review-of-the-enp_en.pdf (Abruf: 06.2021).

Europäische Union (2021): Die EU – kurz gefasst, Ziele und Werte der EU, Online unter: https://europa.eu/european-union/about-eu/eu-in-brief_de#stabilit%C3%A4t,- gemeinsame-w%C3%A4hrung,-mobilit%C3%A4t-und-wachstum (Abruf: 06.2021).

Fama, G./ Musiol, L. (2022): The War in Ukraine Raises New Questions for EU Foreign Policy, Commentary, European & Central Asia, International Crisis Group, Online unter: https://www.crisisgroup.org/europe-central-asia/eastern-europe/ukraine/war-ukraine-raises-new-questions-eu-foreign-policy (Abruf: 07.2022).

Fischer, S./ Geden, O. (2015): Die Grenzen der "Energieunion": auch in absehbarer Zukunft werden lediglich pragmatische Fortschritte bei der Energiemarktregulierung im Zentrum der EU-Energie- und Klimapolitik stehen, SWP-Aktuell 36/2015, Stiftung Wissenschaft und Politik -SWP- Deutsches Institut für Internationale Politik und Sicherheit, Berlin, Online unter: https://www.ssoar.info/ssoar/bitstream/handle/document/42829/ssoar-2015-fischer_et_alDie_Grenzen_der_Energieunion_auch.pdf?sequence=1&isAllowed=y&lnkname=ssoar2015-fischer_et_al-Die_Grenzen_der_Energieunion_auch.pdf (Abruf: 08.2022).

Fuchs, J. (2009): Das demokratische Imperium – Die USA und ihre Rolle als letzte verbliebene Weltmacht, in: Forum für osteuropäische Ideen- und Zeitgeschichte, Heft 2, ibidem Verlag, Stuttgart, S. 127–143.

Göbel, C. (2015): Prekäre Arbeitsverhältnisse als Hauptursache für soziale Unruhen in China: Ergebnisse einer Auswertung von 40.000 Protestberichten, Conference Paper: Seminar der Universitäten Wien und Kyoto zum Thema “Prekäre Arbeit“, Online unter: https://www.researchgate.net/publication/282670957_Prekare_Arbeitsverhaltnisse_als_Hauptursache_von_sozialen_Unruhen_in_China_Ergebnisse_einer_Auwertung_von_40000_Protestberichten (Abruf: 08.2022)

Günay, C. (2020): Keynote: Dr. Cengiz Günay, 8. Juli 2020, Faculty Talk – 10 Jahre arabischer Frühling – die Folgen für die Region und Europa, Donau Universität Krems, Online unter: https://www.donau-uni.ac.at/dam/jcr:6abc2523-0491-4d48-985b-6440a038de29/Transkription_FacultyTalk_Günay.pdf (Abruf: 08.2022).

Härtel, A. (2022): Standpunkt: Nur Gegenmachtbildung zähmt revisionistische Kräfte, Bundeszentrale für politische Bildung, Online unter: https://www.bpb.de/themen/kriege-konflikte/dossier-kriege-konflikte/509627/standpunkt-nur-gegenmachtbildung-zaehmt-revisionistische-maechte/ (Abruf: 07.2022).

Heinemann, F./ Schmuck, O. (2020): Ausgewählte Bereiche gemeinschaftlichen Handelns, Bundeszentrale für politische Bildung, Informationen zur politischen Bildung Nr. 345, Europäische Union, Online unter: https://www.bpb.de/izpb/europaeische-union345/324592/ausgewaehlte-bereiche-gemeinschaftlichen-handelns (Abruf: 08.2022).

Heinrich, M./ Jessop, B. (2013): Die EU-Krise aus Sicht der Kulturellen Politischen Ökonomie, Krisendeutungen und ihre Umsetzung, in: DAS ARGUMENT 301 – Neugründung Europas als passive Revolution?, Jg. 55, Nr. 2, Argument Verlag GmbH, Hamburg, S. 19–33.

Hurrell, A. (2000): Some Reflections on the Role of Intermediate Powers in International Institutions, in: A. Hurrell et al.: Paths to Power: Foreign Policy Strategies of Intermediate States, Latin American Program, Working Paper Nr. 244, Woodrow Wilson International Center, Washington D.C., S. 1–11.

Kamp, M. (2021): Das Engagement autoritärer Geberstaaten in Afrika. Großmachtstreben und Systemexport im geopolitischen Wettstreit?, in: Auslandsinformationen Nr. 2, Konrad Adenauer Stiftung e. V., S. 57–70, Online unter: https://www.kas.de/documents/259121/13447291/DE_kas_ai_02-2021_kamp_web.pdf/1ad5af85-bd08-b672-ab44-f515e06c61b4?version=1.0&t=1625213433474 (Abruf: 07.2022).

Klein, E. (2022): Kommentar: Russland will die Ukraine kontrollieren – und wird langfristig das Gegenteil erreichen, Ukraine-Analyse Nr. 263, Bundeszentrale für politische Bildung, Online unter: https://www.bpb.de/themen/europa/ukraine/506894/kommentar-russland-will-die-ukraine-kontrollieren-und-wird-langfristig-das-gegenteil-erreichen/ (Abruf: 08.2022).

Kluge, J. (2021): Putin und die Proteste in Russland: Die Zeit des Taktierens ist vorbei, Kurz gesagt, Stiftung Wissenschaft und Politik -SWP- Deutsches Institut für Internationale Politik und Sicherheit, Berlin, Online unter: https://www.swp-berlin.org/publikation/putin-und-die-proteste-in-russland-die-zeit-des-taktierens-ist-vorbei (Abruf: 08.2022).

Kreft, H. (2006): China – Die soziale Kehrseite des Aufstiegs, Bundeszentrale für politische Bildung, Online unter: https://www.bpb.de/apuz/29357/china-die-soziale-kehrseite-desaufstiegs?p=all (Abruf: 08.2022).

Krell, G. (2003): Theorien in den Internationalen Beziehungen, in: M. Knapp/ G. Krell: Einführung in die Internationale Politik: Studienbuch, 4. Auflage, Oldenbourg Wissenschaftsverlag, München – Wien, S. 57–90.

Lemke, C.(2011): Internationale Beziehungen – Grundkonzepte, Theorien und Problemfelder, 3. Auflage, Oldenbourg Wissenschaftsverlag, München.

Libman, A. (2016): Russische Regionen: sichere Basis oder Quelle der Instabilität für den Kreml?, SWP-Studie 19/2016, Stiftung Wissenschaft und Politik -SWP- Deutsches Institut für Internationale Politik und Sicherheit, Berlin, Online unter: https://www.ssoar.info/ssoar/bitstream/handle/document/49484/ssoar-2016-libmanRusische_Regionen_sichere_Basis_oder.pdf?sequence=1&isAllowed=y&lnkname=ssoar2016-libman-Russische_Regionen_sichere_Basis_oder.pdf (Abruf: 08.2022).

Lippert, B. (2020): Das auswärtige Handeln der EU, Bundeszentrale für politische Bildung, Informationen zur politischen Bildung Nr. 345, Europäische Union, Online unter: https://www.bpb.de/izpb/europaeische-union-345/324611/das-aus waertige-handeln-dereu (Abruf: 08.2022).

Lukes, S. (2005): Power and the Battle for the Hearts and Minds, in: Millenium, Jg. 3, Nr. 3, De Gruyter, Berlin u. a., S. 477–493.

Marti, U. (2003): Theorien der Internationalen Beziehungen, in: G. Kohler/ U. Marti: Konturen der neuen Welt(un)ordnung, Beiträge zu einer Theorie der normativen Prinzipien internationaler Politik, De Gruyter, Berlin – New York, S. 62–79.

Mildner, S./ Richert, J. (2010): Obamas neue Klimapolitik: Möglichkeiten und Grenzen eines klimapolitischen Wandels in den USA, SWP-Studie S 4, Stiftung Wissenschaft und Politik -SWP- Deutsches Institut für Internationale Politik und Sicherheit, Berlin, Online unter: https://www.ssoar.info/ssoar/bitstream/han dle/document/26143/ssoar2010-mildner_et_alobamas_neue_klimapolitik.pdf?se quence=1&isAllowed=y&lnkname=ssoar-2010- mildner_et_al-obamas_neue_kli-mapolitik.pdf (Abruf: 08.2022).

Mitrany, D. (1975): The Functional Theory of Politics, London School of Economics & Political Science, London.

Münkler, H. (2005): Imperien, Die Logik der Weltherrschaft – vom Alten Rom bis zu den Vereinigten Staaten, 5. Ed., Rowohlt, Berlin.

Nolte, D. (2006): Macht und Machthierarchien in den internationalen Beziehungen: Ein Analysekonzept für die Forschung über regionale Führungsmächte, GIGA Working Papers Nr. 29, German Institute of Global and Area Studies (GIGA), Hamburg, Online unter: https://www.econstor.eu/bitstream/10419/47870/1/60521851X.pdf (Abruf: 08.2022).

Nye, J. (2004): Soft Power, The Means to Success in World Politics, Public Affairs Books, New York.

Ostheimer, A. (2022): Drei UN-Resolutionen zur humanitären Situation in der Ukraine, Länderberichte, Konrad Adenauer Stiftung e. V., Online unter: https://www.kas.de/de/laenderberichte/detail/-/content/drei-un-resolutionen-zur-human itaeren-situation-in-der-ukraine (Abruf: 07.2022).

Peschel, S./ Junhua, Z. (2022): Chinas Verhältnis zu Russland und dem Krieg in der Ukraine, Interview, Bundeszentrale für politische Bildung, Online unter: https://www.bpb.de/themen/asien/china/508260/chinas-verhaeltnis-zu-russland -und-dem-krieg-in-der-ukraine/ (Abruf: 07.2022).

Rauch, C. (2018): Realism and Power Transition Theory: Different Branches of the Power Tree, E-International Relations, Online unter: https://www.e-ir.info/pdf/72575 (Abruf: 08.2022).

Rittberger, V./ Zangel, B. (2003): Internationale Organisationen, Politik und Geschichte, Europäische und weltweite Zusammenschlüsse, 3. Auflage, Leske & Budrich, Opladen.

Rizzo, R./ Meister, S./ Rühlig, T. (2022): Die EU und die Anderen, in: Internationale Politik, Das Magazin für globales Denken Nr. 1/2022, S. 30–39, Online unter: https://internationalepolitik.de/de/die-eu-und-die-anderen (Abruf: 08.2022).

Sasse, G. (2018): Kommentar: Zwischen Realität und Mythenbildung: Der Maidan vor fünf Jahren, Bundeszentrale für politische Bildung, Online unter: https://www.bpb.de/themen/europa/ukraine/281640/kommentar-zwischen-realitaet-und-mythenbildung-der-maidan-vor-fuenf-jahren/ (Abruf: 07.2022).

Schaller, C. (2013): Der Bürgerkrieg in Syrien, der Giftgas-Einsatz und das Völkerrecht, SWP-Aktuell 54/2013, Stiftung Wissenschaft und Politik -SWP- Deutsches Institut für Internationale Politik und Sicherheit, Berlin, https://www.swp-berlin.org/publications/products/aktuell/2013A54_slr.pdf (Abruf: 08.2022).

Schmidt, D. (2018): China. Außen- und Sicherheitspolitik, Bundeszentrale für politische Bildung, Online unter: https://www.bpb.de/shop/zeitschriften/izpb/275541/aussen-und-sicherheitspolitik/ (Abruf: 07.2022).

Stamm, A. (2004): Schwellen- und Ankerländer als Akteure einer globalen Partnerschaft, Überlegungen zu einer Positionsbestimmung aus deutscher entwicklungspolitischer Sicht, Discussion-Paper 1, Deutsches Institut für Entwicklungspolitik, Bonn.

Stock, R. (2003): Kollektive Großmacht Europa? Gegengewicht, Partner oder Rivale der Vereinigten Staaten von Amerika?, in: Harth, T. et al.: Nationalstaaten in der EU – Identität und Handlungsmöglichkeiten, Leske & Budrich, Opladen, S. 111–122.

Treverton, G./ Jones, S. (2005): Measuring National Power, RAND Corporation, Santa Monica, Online unter: https://www.rand.org/pubs/conf_proceedings/CF215.html (Abruf: 08.2022).

US-Repräsentantenhaus: Congress Profiles, 111th Congress (2009–2011), Online unter: https://history.house.gov/Congressional-Overview/Profiles/111th/ (Abruf: 08.2022).

Wagner, C. (2022): Indien: Ein Verlierer des Krieges in der Ukraine? Kurz gesagt, 09.03.2022, Stiftung Wissenschaft und Politik -SWP- Deutsches Institut für Internationale Politik und Sicherheit, Berlin, Online unter: https://www.swp-berlin.org/publikation/indien-ein-verlierer-des-krieges-in-der-ukraine (Abruf: 07.2022).

Wiemeyer, J. (2010): Die Europäische Union in der Wirtschafts- und Finanzkrise, in: Jahrbuch für Christliche Sozialwissenschaften, Band 51, Weltwirtschaft und Gemeinwohl, Eine Zwischenbilanz der Wirtschaftskrise, S. 249–276, Online unter: https://www.uni-muenster.de/Ejournals/index.php/jcsw/article/view/35/31 (Abruf: 08.2022).

Wissenschaftliche Dienste Deutscher Bundestag (2016): Die politikwissenschaftliche Diskussion zur Frage der institutionellen Legitimität der NATO, Ein Blick in die Theorien der Internationalen Beziehungen, Dokumentation WD 2 – 3000 – 001/15, Online unter: https://www.bundestag.de/resource/blob/414696/30e8510d7bbc846765fd05424e5a45dc/ WD-2–001–15-pdf-data.pdf (Abruf: 08.2022).

Wrobel, R. (2020): Das Modell "Soziale Marktwirtschaft": Chancen im internationalen Systemwettbewerb zwischen Freier Marktwirtschaft und chinesischem Staatskapitalismus, Ordnungspolitische Diskurse Nr. 4/2020, OrdnungsPolitisches Portal (OPO), Erfurt, Online unter: https://www.econstor.eu/bitstream/10419/227571/1/174223822X.pdf (Abruf: 08.2022).

Wulf, H. (2022a): In die Quere gekommen, Asiens Supermächte China und Indien streben nach Höherem – und geraten dabei immer stärker auf Kollisionskurs. Droht gar ein Krieg?, IPG-Journal, Friedrich-Ebert-Stiftung e. V., Online unter: https://www.ipg-journal.de/regionen/asien/artikel/in-die-quere-gekommen-4448/ (Abruf: 07.2022).

Wulf, H. (2022b): Ausgerüstet. Steht das indisch-russische Verhältnis vor einer Zäsur? Durch eine Politik der Äquidistanz versucht Indien, sich aus der Abhängigkeit zu manövrieren, IPG-Journal, Friedrich-Ebert-Stiftung e. V., Online unter: https://www.ipg-journal.de/regionen/asien/artikel/ausgeruestet-5823/ (Abruf: 07.2022).

Zürn, M. (1994): Neorealistische und Realistische Schule, in: A. Boeckh (Ed.): Lexikon der Politik, Bd. 6: Internationale Beziehungen, C.H. Beck, München, S. 309–322.

Extremismus im öffentlichen Dienst im Spiegel von öffentlich-politischem Diskurs, Regierungshandeln und Rechtsprechung

Vivien Heller und Frank Elster

1 *Einführung und Hintergrund*

Extremismus im öffentlichen Dienst ist kein neues, aber ein zurzeit wieder hochaktuelles Thema. In jüngster Zeit haben sich die Meldungen dort aufgedeckter Fälle – wie etwa rechtsextremistischer Chatgruppen – abermals gehäuft. Diese wiederkehrenden Fälle, aber auch rechtsextremistische Anschläge wie in Halle 2019 oder in Hanau 2020, haben das Thema Extremismus als gesamtgesellschaftliches Thema in den Fokus der Öffentlichkeit gerückt und den politischen Diskurs erneut aufflammen lassen. Dabei sind Fälle von Extremismus speziell im öffentlichen Dienst schwerwiegend, denn es geht um Institutionen, deren Beschäftigte zum Großteil dem Berufsbeamtentum angehören. Durch das besondere Dienst- und Treueverhältnis sind sie die Vertreter[1] des Rechtsstaats und folglich mit der Aufgabe betraut, für den demokratischen Rechtsstaat einzustehen und die Verfassung sowie die damit verbundenen Werte zu schützen. Anstelle des öffentlichen Dienstes im Allgemeinen rücken jedoch vornehmlich die Sicherheitsbehörden in den Fokus der öffentlichen Kritik. Dabei zeichnen sich die Sicherheitsbehörden durch ihre besonders sensible Aufgabenstellung aus, da sie das Gewaltmonopol des Staates verkörpern und die Verfassung als „Wächter des Rechtsstaats“ schützen sollen.[2] Der Missbrauch der ihnen zu diesem Zweck erteilten Befugnisse kann das Vertrauen, das den Sicherheitsbehörden – und somit dem gesamten öffentlichen Dienst – entgegengebracht wird, erheblich untergraben.

---

1 Zur besseren Lesbarkeit wird in dieser Arbeit das generische Maskulin verwendet.
2 Vgl. Bundesministerium für Verfassungsschutz (2020), S. 6.

2 Zielsetzung und methodische Grundlagen

Die Zielsetzung der Arbeit ist es, einen ersten Überblick zum Thema Extremismus im öffentlichen Dienst zu gewinnen und festzustellen, inwiefern der politische Diskurs begründet ist. Die Arbeit spiegelt den politisch-öffentlichen Diskurs an bestehender Rechtsprechung und Regierungshandeln, um darzustellen, welchen Stellenwert die Thematik in diesen beiden Bereichen einnimmt. Ausgehend von der Einschätzung zu den Sicherheitsbehörden beschäftigen sich die Ausführungen vor allem mit dem Kernpunkt der öffentlichen Debatte, der Frage nach extremistischen Netzwerken innerhalb der Behörden. Hierfür diente vornehmlich die Sichtung von aktuellen Presseartikeln und Kommentaren von politisch unterschiedlich ausgerichteten Herausgebern als Grundlage. Im Folgenden wird der Diskurs an der existierenden Rechtsprechung gespiegelt. Der Fokus liegt hier aufgrund der besonderen Rechte- und Pflichtenbindung auf dem Berufsbeamtentum. Dazu wird der Ursprung der Rechtsprechung zum Extremismus im öffentlichen Dienst aus den 1970er Jahren beschrieben und anschließend beleuchtet, auf welche Weise die Rechtsprechung die Wesensgrundsätze der für den Beamten maßgeblichen Verfassungstreue definiert. Hier bildet der „Extremistenbeschluss" als maßgebliches Urteil zur Thematik die Grundlage der Argumentation und wird durch weitere gesichtete Urteile aus unterschiedlichen Instanzen, sowie Kommentarliteratur zur Rechtsprechung ergänzt. Das Thema Regierungshandeln wird unter den – vom Bund selbst verwendeten – Gesichtspunkten Prävention, Detektion und Reaktion aufgezeigt. Aus diesem Grund bilden Veröffentlichungen von Bundesbehörden selbst, etwa des Bundesministeriums des Innern (BMI) und des Verfassungsschutzes, sowie der erstmals veröffentlichte Lagebericht „Rechtsextremismus in den Sicherheitsbehörden" die Grundlage dieses Abschnitts. Zur Vertiefung wurde zusätzlich ein Experteninterview mit dem Leiter des zuständigen Referats in der Dienstrechtsabteilung des BMI geführt.

3 Die zentralen Ergebnisse und ihre praktische Verwendbarkeit

3.1 Extremismus im öffentlichen Dienst – Ein Überblick über den politisch-öffentlichen Diskurs

Die Sichtung diverser Presseartikel hat gezeigt, dass das Thema Rechtsextremismus in Sicherheitsbehörden nicht neu ist, sondern es sich vielmehr um ein „politisches Dauerthema“[3] handelt. Erstmals geriet es in den 1990er Jahren aufgrund einiger „umstrittener Einsätze und mangelnder Präsenz bei pogromartigen Krawallen“[4] der Polizei in den öffentlich-politischen Diskurs. Fälle aus der jüngeren Vergangenheit, wie etwa der des „NSU 2.0“, dessen rechtsextreme Drohschreiben auf Bezugspunkte und Insiderwissen der Polizei hinwiesen[5], haben das Thema erneut in den Fokus gerückt. Darüber hinaus zeigen die Aufdeckungen rechtsextremer Chatgruppen in der Polizei[6], dass die Nutzung von sozialen Netzwerken und des digitalen Raums zur Verbreitung rechtsextremer Inhalte, aber auch zur Planung extremistischer Anschläge, ein wachsendes Problem darstellt.

3.1.1 Politischer Diskurs: Einzelfälle oder Netzwerke?

Die öffentliche Diskussion richtet sich zunehmend auf die Frage, ob die aufgedeckten Einzelfälle nur die „Spitze des Eisbergs“[7] ganzer extremistischer Netzwerke innerhalb des Sicherheitsapparats darstellen und es insgesamt um das Bekämpfen, aber auch Verstehen von Strukturen gehe. Eine übergreifende, wissenschaftliche Untersuchung der Gefährdung der Polizei durch extreme Strukturen sei daher nötig.[8] Darüber hinaus wird fortwährend diskutiert, inwieweit sich „geringe Zahlen“ im Zusammenhang mit extremistischen Fällen definieren lassen. Während Bundesinnenminister Seehofer im Rahmen der Vorstellung des Lageberichts „Rechtsextremismus in den Sicherheitsbehörden“ von „nur 34 erwiesenen rechtsextremistischen Fällen“[9] spricht und ausführte, dass die geringen Zahlen aufgedeckter rechtsextremistischer Fälle deutlich zeigten, dass „die ganz überwiegende Mehrheit der Mitarbeiter der Sicherheitsbehörden fest auf dem Boden des Grundgesetzes steht“[10] und es „kein strukturelles Problem“

3 http://www.bpb.de/apuz/291189/polizei-und-rechtsextremismus (Abruf: 03.2021).

4 http://www.bpb.de/apuz/291189/polizei-und-rechtsextremismus (Abruf: 03.2021).

5 Vgl. von Bebenburg/ Voigts (2019), S. 132.

6 https://www.spiegel.de/panorama/justiz/nrw-sechs-kommissaranwaerter-wegen-rechter-polizei-chats-entlassen-a-bb956702-46db-48b1-bc0b-090e48ab7b67 (Abruf 03.2021).

7 Vgl. Bartsch (2020b), S. 11 f.

8 https://www.sueddeutsche.de/politik/polizei-untersuchung-rechtsextremismus-1.5034937 (Abruf 04.2021).

9 https://www.bmi.bund.de/SharedDocs/pressemitteilungen/DE/2020/10/lagebild-rechtsextremismus.html (Abruf: 04.2021).

10 https://www.bmi.bund.de/SharedDocs/pressemitteilungen/DE/2020/10/lagebild-rechtsextremismus.html (Abruf: 04.2021).

gebe, argumentieren andere, dass jeder Einzelne, der im Staatsdienst nicht auf dem Boden des Grundgesetzes stehe, bereits ein Problem darstelle.[11] Auch Kriminologen sind der Ansicht, dass nur ein Bruchteil aller Polizisten mit extremistischen Gedanken ausreiche, um „bedeutsame Radikalisierungskammern und Netzwerke“[12] innerhalb der Polizei zu bilden. Ob es sich bei den aufgetretenen Vorfällen um Einzelfälle handelt und wann man von einem systemischen Problem in den Sicherheitsbehörden sprechen kann, bleibt umstritten. Insgesamt herrscht in den Medien allerdings breite Einigkeit, dass Sicherheitsbehörden oder der gesamte öffentliche Dienst nicht unter Generalverdacht zu stellen seien.

3.1.2 Extremismus bei der Polizei – Stand der Forschung

Zum derzeitigen Zeitpunkt existieren kaum aktuelle Studien zum Thema Extremismus im öffentlichen Dienst. Der Großteil der wissenschaftlichen Untersuchungen stammt diesbezüglich aus den 1990er Jahren, als eine Studie des Politikwissenschaftlers Hans-Gerd Jaschke Fremdenfeindlichkeit bei Polizeibeamten maßgeblich auf einseitig negative, kriminalitätsbezogene, polizeiliche Alltagserfahrungen mit ausländischen Gruppen zurückführte.[13]

Eine Ausnahme stellt eine Langzeitstudie der Polizeihochschule NRW dar. Die Studie untersuchte dabei fremdenfeindliche Denkweisen junger Polizeianwärter und wie diese sich in einem Zeitraum von vier Jahren, von Beginn des Studiums bis in das erste Dienstjahr nach Abschluss, entwickelte.[14] Die Untersuchung kam zu dem Ergebnis, dass die befragten Anwärter zu Beginn der Studie keine auffällig erhöhte fremdenfeindliche Einstellung besaßen und diese während des Studiums – auch zurückführend auf Lehrmodule zu diesem Thema – konstant abnahmen. Im ersten Jahr nach der Ausbildung wurde jedoch ein leichter Anstieg festgestellt. Auch hier könnte diese Zunahme nach Ansicht der Forscher auf mögliche problematische Auseinandersetzungen mit ethnischen Minderheiten während der Dienstzeit zurückgeführt werden.[15] Insgesamt zeigen die vorhandenen Studien, dass die Forschung die Themen Rassismus und Extremismus in Sicherheitsbehörden bisher nur sehr selektiv beleuchtet hat, was auf man-

11 Vgl. Bartsch (2020b), S. 10.
12 Vgl. Bartsch (2020b), S. 12.
13 Vgl. Jaschke (1994), S. 317–223.
14 Vgl. Krott et al. (2018), S. 8.
15 Vgl. Krott et al. (2018), S. 8.

gelnde oder vielmehr eine nicht öffentlich zugängliche Informationsbasis zurückzuführen ist.[16] Eine vom Bundesinnenministerium geplante Studie über Alltagsschwierigkeiten von Sicherheitsbeamten soll daher unter anderem auch das Thema Extremismus beleuchten.

3.2 Extremismus im öffentlichen Dienst – Regelungsrahmen und Rechtsprechung

3.2.1 Die Verfassungstreuepflicht im Beamtenverhältnis und der Versuch einer Konkretisierung in den 1970er Jahren

Extremismus im öffentlichen Dienst berührt besonders die Verfassungstreue als „Kern der allgemeinen Treuepflicht"[17] im Rahmen des Dienst- und Treueverhältnisses auf Grundlage von Art. 33 Abs. 4 und 5 Grundgesetz (GG). Inhaltlich ist damit die gegenseitige Treue von Beamten und Dienstherrn gemeint, was auf Seiten des Dienstherrn Fürsorge, auf Seiten des Beamten die Pflicht zur Verfassungstreue bedeutet[18] und sich in § 7 Abs. 1 Nr. 2 Bundesbeamtengesetz (BBG) konkretisiert: Demnach darf nur zum Beamten berufen werden, wer die Gewähr bietet, jederzeit für die freiheitliche demokratische Grundordnung einzutreten. Der Begriff der freiheitlichen demokratischen Grundordnung wurde dabei hauptsächlich durch die Rechtsprechung des Bundesverfassungsgerichtes (BVerfG) als die „obersten Grundwerte des Verfassungsstaates" geprägt."[19] Neben der rechtlichen Bedeutung zeigt auch die historische Entwicklung der Rechtsprechung, welcher enorme Stellenwert dem Thema Extremismus im öffentlichen Dienst eingeräumt wird. Mit dem grundlegenden „Extremistenbeschluss" vom 22. Mai 1975 leitete das BVerfG nicht nur erstmals die Verfassungstreuepflicht für das Beamtenrecht aus dem Art. 33 GG her[20], sondern definierte diese auch als rechtliche Voraussetzung für den Eintritt in das Beamtenverhältnis.[21] Laut Beschluss setzt die Verfassungstreuepflicht eines Beamten nicht die Identifikation mit den Zielen und der Politik der amtierenden Regierung voraus, sondern vielmehr die Identifikation mit

16 https://www.bpb.de/apuz/antirassismus-2020/316766/rassismus-und-polizei-zum-stand-der-forschung (Abruf: 03.2021).
17 Werres (2021), Rn. 11–20.
18 Jachmann (2000), S. 181.
19 Dederer (2020) Rn. 63.
20 Vgl. Siems (2014), S. 339.
21 BVerfG, Beschluss vom 22. Mai 1975 – 2 BvL 13/73, NJW 36/1975, S. 1641.

der grundsätzlichen Idee der freiheitlich demokratischen Grundordnung des Staates. Dabei seien Kritik am Staat und Bestrebungen nach Änderungen erlaubt – sogar erwünscht – solange die verfassungsmäßige Grundlage dabei nicht in Frage gestellt werde.[22] Überdies fordere die Verfassungstreue mehr als nur eine „formal korrekte, (…) kühle, innerlich distanzierte Haltung gegenüber Staat und Verfassung", sie fordere vielmehr eine eindeutige Distanzierung von Gruppen und Bestrebungen die diese angreifen, bekämpfen oder diffamieren. Denn in Krisenzeiten sei der Staat darauf angewiesen, dass der Beamte aufgrund dieser geforderten Treuepflicht Partei für ihn ergreift.[23] Schließlich sei die Verfassung keine wertneutrale Hülle, sondern konstituiere eine wehrhafte Demokratie, indem sie selbst aktiv Vorkehrungen gegen Bedrohungen trifft.[24] Diese aktiven Vorkehrungen bestünden darin, dass die Verfassung es ausschließe, Bewerber zum Staatsdienst zuzulassen, die die freiheitliche demokratische, rechts- und sozialstaatliche Ordnung ablehnen und bekämpfen: „Der freiheitliche demokratische Rechtsstaat kann und darf sich nicht in die Hand seiner Zerstörer geben."[25] Diese Rechtsauffassung des BVerfG im Extremistenbeschluss von 1975 bildet bis heute die maßgebliche, juristische Grundlage zum Thema Extremismus im öffentlichen Dienst.

3.2.2 Wesensgrundsätze der Verfassungstreuepflicht und ihrer Verletzung

Die Nichterfüllung von Pflichten eines Beamten, zu denen auch die Verfassungstreuepflicht zählt, wird durch § 77 Abs. 1 S. 1 BBG geregelt. Die Pflichtverletzung kann durch aktives Handeln, aber auch durch Unterlassen erfolgen. Zum Thema Pflichtverletzung durch aktives Handeln gibt es eine umfassende Rechtsprechung. So führt das „bloße Haben" einer politischen Überzeugung und die Mitteilung dieser Meinung, laut BVerfG alleine niemals zu einer Verletzung der Treuepflicht.[26] Zu einer Verletzung komme es demnach erst, wenn die politische Überzeugung die Einstellung des Beamten gegenüber der verfassungsmäßigen Ordnung, der Art der Erfüllung seiner Dienstpflichten, sowie seine politische Aktivitäten im Sinne dieser Überzeugung beeinflusst.[27] Das Lesen extremistischer Literatur oder

22 BVerfG, Beschluss vom 22. Mai 1975 – 2 BvL 13/73, NJW 36/1975, S. 1642.
23 BVerfG, Beschluss vom 22. Mai 1975 – 2 BvL 13/73, NJW 36/1975, S. 1642.
24 BVerfG, Beschluss vom 22. Mai 1975 – 2 BvL 13/73, NJW 36/1975, S. 1642.
25 BVerfG, Beschluss vom 22. Mai 1975 – 2 BvL 13/73, NJW 36/1975, S. 1642.
26 BVerfG, Beschluss vom 22. Mai 1975 – 2 BvL 13/73, NJW 36/1975, S. 1643.
27 BVerfG, Beschluss vom 22. Mai 1975 – 2 BvL 13/73, NJW 36/1975, S. 1643.

die passive Anwesenheit bei einer extremistischen Demonstration führen demnach für sich noch nicht zu einer Verletzung der Verfassungstreuepflicht.[28] Die Verbreitung extremistischer Gesinnungen in den sozialen Netzwerken hingegen, gehe nach Ansicht eines Gerichts über eine bloße Meinungsäußerung hinaus, da es der Beamte auf eine „wirksame Verbreitung seines Standpunktes, oder auf eine Teilnahme am politischen Meinungskampf" angelegt hatte.[29] Generell spricht sich die Rechtsprechung im Falle einer oder mehrerer Pflichtverletzungen, für eine Gesamtschau der zur Last gelegten Verhaltensweisen und dem sich daraus ergebenden Persönlichkeitsbild eines Beamten aus.[30] Lässt sich aus dieser Gesamtschau der Persönlichkeit eine „innere Abkehr von den Fundamentalprinzipien der freiheitlich-demokratischen Grundordnung"[31] erkennen, ist eine Ahndung durch disziplinarische Maßnahmen möglich. Weiterführend ist die mögliche Verletzung der Verfassungstreuepflicht auch bereits im Hinblick auf den Zugang zu öffentlichen Ämtern von Bedeutung. So können Zweifel an der Einhaltung der Verfassungstreuepflicht auch eine mangelnde Eignung eines Beamten für den öffentlichen Dienst begründen.[32] Dabei kann nach Beschluss des Bundesverwaltungsgerichts (BVerwG) auch eine extremistische Haltung zur mangelnden Eignung eines Bewerbers führen.[33] Im Zusammenhang mit der Eignung eines Bewerbers ist in der Rechtsprechung auch häufig von der „Gewähr der Verfassungstreue" die Rede. Dazu beschloss das BVerwG, dass die mangelnde Gewähr eines Beamten, jederzeit für die Grundordnung einzutreten für sich noch kein Dienstvergehen darstelle, sondern dies erst bei nachgewiesener Verletzung der Treuepflicht der Fall sei. Handelt es sich jedoch um einen Beamtenbewerber, reiche mangelnde Gewähr aber bereits aus, um die begehrte Einstellung abzulehnen.[34] Von der Einstellungsbehörde ist daher – durch eine Prüfung der Gesamtpersönlichkeit – prognostizierend einzuschätzen, ob der Bewerber jetzt und in Zukunft das Erfordernis der Verfassungstreue erfüllen wird. Die Rechtsprechung zeigt also, dass eine Pflichtverletzung der Verfassungstreue im bestehenden Dienstverhältnis ein aktives Handeln

---

28 Vgl. Siems (2014), S. 340.

29 OVG Berlin-Brandenburg, Urteil vom 4. März.2020 -OVG 82 D 1.19, BeckRS 2020, Rn. 72.

30 Bundesministerium des Innern (2020b), S. 6.

31 BVerwG, Urteil vom 17. November.2017 – 2 C 25/17, NVwZ 2018, Rn. 81cc.

32 Vgl. Werres (2021), Rn. 11–20.

33 Vgl. Deutscher Bundestag (2020c), S. 13.

34 Vgl. BVerwG, Urteil vom 27. November.1980 – 2 C 38.79, AP GG Art. 33 Abs. 2 Nr. 10.

voraussetzt, im Hinblick auf den Zugang zum öffentlichen Dienst aber bereits Zweifel an der Gewähr der Verfassungstreue eine Ablehnung rechtfertigt.

3.2.3 *Verfassungstreuepflichtverletzung durch Parteimitgliedschaft*

Grundsätzlich dürfen sich Beamte politisch betätigen, ihre politische Meinung äußern und Mitglied einer Partei sein. Jedoch beinhaltet die Verfassungstreuepflicht auch die politische Treuepflicht eines Beamten. Diese fordert von einem Beamten, dass er sich eindeutig von Gruppen und Bestrebungen distanziert, die den Staat und die geltende Verfassungsordnung angreifen, bekämpfen und diffamieren.[35] Ob ein Beamter durch eine Mitgliedschaft in einer Partei oder Organisation gegen seine politische Treuepflicht verstößt, ist von der Einstufung der Partei durch den Verfassungsschutz abhängig.[36] Eine Partei gilt als verfassungswidrig, wenn sie durch Beschluss des BVerfG gemäß Art. 21 Abs. 2 GG als verboten erklärt wird. In diesem Fall verstößt der Beamte schon durch die einfache Mitgliedschaft gegen die politische Treuepflicht.[37] Rechtlich interessanter ist daher die Einstufung einer Partei als „Verdachts- bzw. Prüffall“ durch das Bundesamt für Verfassungsschutz (BfV). Die Mitgliedschaft in einer vom BfV als „Verdachts- oder Prüffall“ eingestuften Partei führt für sich betrachtet zunächst zu keinen beamtenrechtlichen Konsequenzen, da diese noch nicht eindeutig als verfassungsfeindlich identifiziert wurde. Um in diesem Stadium den Verdacht einer Treuepflichtverletzung und damit eines Dienstvergehens zu rechtfertigen, müssen zu der Mitgliedschaft weitere Handlungen hinzukommen.[38] Wenn ein Beamter jedoch Mitglied in einer als „verfassungsfeindliches Beobachtungsobjekt“ eingestuften Partei ist, das heißt es wurden tatsächliche Anhaltspunkte für Bestrebungen und Tätigkeiten gegen die freiheitlich demokratische Grundordnung festgestellt, rechtfertigt dies bereits Zweifel an seiner Verfassungstreue.[39] Laut BVerwG schließe die Mitgliedschaft in einer verfassungsfeindlichen Partei zwar nicht zwingend verfassungstreues Verhalten aus, würde aber bei gebotener Berücksichtigung der Einzelumstände gleichwohl Schlüsse auf fehlende

35 BVerfG, Beschluss vom 22. Mai 1975 – 2 BvL 13/73, NJW 36/1975, S. 1642.
36 Vgl. Bundesministerium des Innern (2020b), S. 8.
37 Haneke (2019), S. 33.
38 Vgl. Bundesministerium des Innern (2020b), S. 8.
39 Vgl. Bundesministerium des Innern (2020b), S. 8.

Verfassungstreue rechtfertigen.[40] Eindeutiger ist es, wenn die Aktivitäten eines Beamten über die bloße Mitgliedschaft in einer verfassungsfeindlichen Partei hinausgehen. So konkretisiert das BVerwG, dass die aktive Übernahme von Parteiämtern und Kandidaturen in einer Partei, die mit der freiheitlich demokratischen Grundordnung unvereinbare Ziele verfolgt, gegen die Treuepflicht verstoße. Mit der Distanzierungspflicht eines Beamten sei es unvereinbar, wenn dieser durch die Übernahme von Kandidaturen und Ämtern nach außen hin als deren Repräsentant erscheine. Darüber hinaus könne die Übernahme von herausgehobenen Funktionsämtern und dem damit verbundenen Einsatz für die Partei als Ausdruck eigener verfassungsfeindlicher Einstellungen angesehen werden.[41] Zusammenfassend ist es in der Rechtsprechung im Hinblick auf eine Verletzung der politischen Treuepflicht auch hier von Bedeutung, wie aktiv sich der betroffene Beamte innerhalb einer extremistischen Partei betätigt.

3.2.4 Treuepflichtverletzung durch Tätowierung

Ein in der Rechtsprechung zurzeit besonders streitbehaftetes Thema ist die Auslegung einer Tätowierung als Eignungskriterium im Sinne des Art. 33 Abs. 2 GG und somit für den Zugang zum öffentlichen Dienst.[42] Unabhängig von der grundsätzlichen Debatte zu Tätowierungen, steht die Einstellungsablehnung bei Tattoos, die selbst Straftaten darstellen oder Zweifel an der Verfassungstreue des Beamten auslösen, in der Rechtsprechung außer Frage. Ein Eignungsmangel gemäß Art. 33 Abs. 2 GG kann sich dabei sowohl aus dem Inhalt der Tätowierung, als auch durch Zweifel an der Gewähr der Verfassungstreue aufgrund der Tätowierung ergeben.[43] In einem maßgeblichen Beschluss im Jahr 2017 hielt das BVerwG dazu insbesondere fest, dass die Verfassungstreuepflicht auch durch das Tragen einer Tätowierung mit verfassungsfeindlichem Inhalt verletzt werde, wenn dadurch eine Ablehnung der verfassungsmäßigen Ordnung des Grundgesetzes zum Ausdruck komme.[44] Denn Folgerungen über seine politische Einstellung könne ein Beamter auch durch plakative Kundgabe in Gestalt des Tragens einer Tätowierung mit verfassungsfeindlichem Inhalt ziehen. Da-

---

40 BVerwG, Urteil vom 27. November.1980 – 2 C 38.79, AP GG Art. 33 Abs. 2 Nr. 10.

41 Vgl. BVerwG, Urteil vom 12. März.1986 – 1 D 103/84, NJW 1986, S. 3097.

42 Vgl. Pfeffer (2020), S. 15.

43 Vgl. Pfeffer (2020), S. 16.

44 BVerwG, Urteil vom 17. November.2017 – 2 C 25/17, NVwZ 2018, Rn. 13.

rüber hinaus sei das in der Rechtsprechung geforderte „Mehr“ als das bloße Haben einer politischen Überzeugung durch Tätowierung möglich. Zwar stelle diese zunächst nur eine Körperdekorierung dar, jedoch werde der Körper dadurch bewusst als Kommunikationsmedium eingesetzt.[45] Dabei betont das Gericht, dass der Tätowierung ein besonderer Stellenwert zukomme, da der Träger sich durch das Einstechen in besonders intensiver Weise zu seiner verfassungsfeindlichen Anschauung bekenne: „Ein Beamter, der sich mit einer Auffassung, die der Werteordnung des Grundgesetzes widerspricht, derart identifiziert, dass er sie sich in die Haut eintätowieren lässt, ist nicht tragbar.“[46]

3.2.5 Disziplinarrechtliche Konsequenzen

Disziplinarrechtliche Maßnahmen spielen eine zentrale Rolle in der Bekämpfung und Ahndung von Extremismus im öffentlichen Dienst. Sinn und Zweck des Disziplinarrechts ist es, den Beamten an seine auf dem besonderen Dienst- und Treueverhältnis beruhenden Pflichten zu erinnern und zur Einhaltung dieser zu ermahnen.[47] Die Entscheidung über die Maßnahme wird unter Berücksichtigung der Schwere des Dienstvergehens, dem Persönlichkeitsbild des Beamten, sowie der daraus resultierenden Beeinträchtigung des Vertrauens des Dienstherrn oder der Allgemeinheit (§ 13 Abs. 1 S. 2 – 4 BDG) getroffen. Die Verletzung oder mangelnde Verfassungstreuepflicht, beispielsweise aufgrund extremistischer Bestrebungen, kann eine Entfernung aus dem Beamtenverhältnis zur Folge haben.[48] Diese disziplinarische Höchstmaßnahme ist dabei gemäß des Grundsatzes der Verhältnismäßigkeit nur dann angemessen, wenn der Beamte „durch ein schweres Dienstvergehen das Vertrauen des Dienstherrn oder der Allgemeinheit endgültig verloren hat“ (§ 13 Abs. 2 S. 1 BDG). Die Entfernung aus dem Dienstverhältnis auf Lebenszeit ist nur aufgrund eines begangenen konkreten Dienstvergehens möglich, nicht schon aufgrund mangelnder Gewähr der Verfassungstreue.[49] Da die Entfernung aus dem Dienstverhältnis zu erheblichen und spürbaren Konsequenzen im Leben des Betroffenen führt, kann der Dienstherr diese Entscheidung nicht selbstständig treffen. Vielmehr muss der Dienstherr gemäß § 34 Abs. 1

45 BVerwG, Urteil vom 17. November.2017 – 2 C 25/17, NVwZ 2018, Rn. 23–25.
46 BVerwG, Urteil vom 17. November.2017 – 2 C 25/17, NVwZ 2018, Rn. 26.
47 Vgl. Nokiel (2019), S. 293.
48 Vgl. Siems (2014), S. 342.
49 Vgl. BVerwG, Urteil vom 27. November.1980 – 2 C 38.79, S. 4.

BDG Disziplinarklage einreichen und das Urteil durch ein Verwaltungsgericht ausgesprochen werden.[50] Weniger hoch liegt die Schwelle zur disziplinarischen Höchstmaßnahme hingegen bei Beamten auf Probe oder Widerruf. Beamte auf Probe können bereits wegen Nichtbewährung in der Probezeit entlassen werden.[51] Unzureichende Bewährung kann sich auch aus mangelnder Gewähr der Verfassungstreue ergeben.[52] Weiter verschärfend können Beamte auf Widerruf gemäß § 37 Abs. 1 S. 1 BBG jederzeit und ohne Einhaltung einer Frist entlassen werden.[53] Grundsätzlich genügen zur Entlassung bereits Zweifel an der persönlichen oder fachlichen Befähigung des Beamten auf Widerruf für das angestrebte Amt, wozu auch Zweifel an der Gewähr der Verfassungstreue zählen.

3.3 Extremismus im öffentlichen Dienst – Regierungshandeln

3.3.1 Präventionsmaßnahmen zur Extremismusbekämpfung

Gerade da die bereits erläuterten statusbedingten, rechtlichen Schranken die Ahndung extremistischer Handlungen eines auf Lebenszeit Verbeamteten erheblich erschweren, kommt der sorgfältigen Auslese von Nachwuchskräften eine besondere Bedeutung zu.[54] Bereits im Auswahlverfahren müssen die Behörden daher prüfen, ob die Eignungsvoraussetzung der von der Verfassung geforderten Gewähr der Verfassungstreue erfüllt ist.[55] In der praktischen Umsetzung soll im Zuge des Auswahlverfahrens auf Anhaltspunkte in Form von Äußerungen oder Verhaltensweisen geachtet werden, die auf verfassungsfeindliches und politisch extremes Gedankengut hindeuten könnten. Sollten sich während des Auswahlverfahrens tatsächlich Zweifel an der Verfassungstreue ergeben, muss im weiteren Vorgehen eine Prüfanfrage an den Verfassungsschutz gerichtet werden, ob Tatsachen vorliegen, die eine Nichteinstellung des Bewerbers begründen.[56] Allerdings darf eine Anfrage nur dann erfolgen, wenn die Einstellung des Bewerbers tatsächlich beabsichtigt wird und die Anfrage zur Verfassungs-

50 Vgl. Nokiel (2019), S. 292.
51 Vgl. Sauerland (2020), Rn. 13.
52 Vgl. Deutscher Bundestag (2020a), S. 7 f.
53 Vgl. Sauerland (2020b), Rn. 5.
54 Mammen (persönliches Interview, März 2021).
55 Bundesministerium des Innern (2020b), S. 11.
56 Vgl. Bundesministerium des Innern (2020b), S. 11.

treue die letzte zu prüfende Einstellungsvoraussetzung darstellt.[57] Die Verfassungstreuepflicht ist zwar von hoher Bedeutung für die Einstellung in den öffentlichen Dienst, sie rechtfertigt aufgrund des Grundsatzes der Verhältnismäßigkeit jedoch keine routinemäßige, „pauschale" Überprüfung. Anders ist es jedoch etwa im Hinblick auf die Einstellung in sicherheitsrelevanten Bereichen, welche mit der Durchführung einer Sicherheitsüberprüfung einhergeht.[58] Dadurch soll gewährleistet werden, dass Bewerber, bei denen begründete Zweifel an der Verfassungstreue vorliegen, nicht in sicherheitsempfindlichen Tätigkeiten eingesetzt werden können. Insgesamt zeigt sich, dass Auswahlverfahren und Einstellung die „wichtigsten Filter"[59] der Behörden sind, um Verfassungsfeinde von vorne herein vom öffentlichen Dienst fernzuhalten.

Präventionsmaßnahmen sind jedoch nicht nur vor der Einstellung von Bedeutung, sondern bilden auch danach weiterhin die Grundlage für die Beschäftigung im öffentlichen Dienst. Aus diesem Grund sind die Themen Verfassungstreue und Extremismus fester Bestandteil der Ausbildungs- und Fortbildungsprogramme der Behörden.[60] Besonderes Gewicht wird dabei auf die Sensibilisierung von Führungskräften gelegt. Es sei insbesondere die Aufgabe dieser, einzuschätzen ab wann ein Mitarbeiter „die Grenze zu einer möglichen Tendenz zum Extremismus" überschritten hat, um daraufhin weitere disziplinarrechtliche Schritte einzuleiten.[61] Darüber hinaus sei es laut Bundesministerium des Inneren (BMI) jedoch genauso wichtig, Kompetenzen der Mitarbeiter zu fördern, die mit extremistischen Einstellungen nicht vereinbar sind. Dazu zählen unter anderem Wertschätzung und Empathie, sowie interkulturelle Kompetenzen. Denn im bloßen „Mahnen und Warnen" sieht das BMI zum einen die Gefahr, nicht alle Mitarbeiter zu erreichen, zum anderen könne die Befürchtung, unter Generalverdacht zu stehen, zu einer „inneren Abwehrhaltung" der Mitarbeiter führen.[62] Insgesamt ist es von größter Bedeutung, dass die vielfältigen Maßnahmen nicht „punktuell" erfolgen, sondern für die Mitarbeiter und Führungskräfte vielmehr zum festen Bestandteil im Werdegang von Einstellung bis Ruhestand werden.[63]

---

57 Vgl. Bundesministerium des Innern (2020b), S. 11.
58 Vgl. Bundesministerium des Innern (2020b), S. 11.
59 Haneke (2019), S. 36.
60 Vgl. Bundesministerium des Innern (2020b), S. 14.
61 Vgl. Bundesamt für Verfassungsschutz (2020) S. 30.
62 Vgl. Bundesministerium des Innern (2020b), S. 14.
63 Vgl. Bundesamt für Verfassungsschutz (2020) S. 23.

3.3.3 Detektion extremistischer Fälle im öffentlichen Dienst

Die Detektion extremistischer Fälle, insbesondere das frühzeitige Erkennen und die richtige Einordnung in Bezug auf Tiefe und Reichweite, können laut des vorgestellten Lageberichts „Rechtsextremismus in den Sicherheitsbehörden" nur auf Basis eines „effektiven, verbindlichen und strukturierten Informationsaustauschs" erfolgen.[64] Gleichzeitig identifizierte der Bericht aber die auf Bundesebene fehlende zentrale Erfassung, Bewertung und Zusammenführung der Daten als Problempunkt.[65] Ursächlich könnte mitunter auch die föderale Aufgabenverteilung innerhalb des Verfassungsschutzbundes sein, die mit autarken Landesbehörden eine Herausforderung für die gesamte Organisation darstellt.[66] Darüber hinaus kam der Lagebericht zu dem Schluss, dass der Verfassungsschutz, speziell in Bezug auf extremistische Fälle im öffentlichen Dienst, bisher nicht genügend oder zu spät eingebunden worden ist. In vielen Fällen sei dem Verfassungsschutz das Beamtenverhältnis oder die Zugehörigkeit zu einer Sicherheitsbehörde des Betroffenen nicht bekannt gewesen oder mitgeteilt worden.[67] Die 2019 im BfV neu geschaffene „Zentralstelle Rechtsextremisten im öffentlichen Dienst" soll daher zu Verbesserungen führen. Diese fungiert als Koordinierungsstelle für die Bearbeitung rechtsextremistischer Fälle im öffentlichen Dienst. Neben der Analyse möglicher Vernetzungen der Fälle miteinander oder zu anderen Gruppierungen ist es Zielsetzung der Stelle, den jeweiligen Beschäftigungsbehörden sämtliche für beamtenrechtliche Maßnahmen relevante Erkenntnisse mitzuteilen.[68] Darüber hinaus ist auch die statistische Erhebung der Disziplinarverfahren im Rahmen der vom BMI jährlich veröffentlichten Disziplinarstatistik als Detektionsmittel zu nennen. In dieser wird seit dem letzten Jahr auch die Verletzung der Verfassungstreue als gesonderte Kategorie hervorgehoben.[69] Diese bietet zwar keinen Rückschluss auf die Zahl neu eingeleiteter Verfahren,[70] stellt aber auf langfristige Sicht ein sinnvolles Analyseinstrument dar, um fest-

---

64 Vgl. Bundesamt für Verfassungsschutz (2020), S. 24.
65 Vgl. Bundesamt für Verfassungsschutz (2020), S. 7.
66 https://www.verfassungsschutz.de/DE/verfassungsschutz/verfassungsschutzverbund/foederale-aufgabenteilung/foederale_aufgabenteilung_node.html (Abgerufen: April 2021).
67 Vgl. Bundesamt für Verfassungsschutz (2020), S. 7 f.
68 Vgl. Bundesamt für Verfassungsschutz (2020), S. 29.
69 Vgl. Mammen (persönliches Interview, März 2021).
70 Vgl. Mammen (persönliches Interview, März 2021).

zustellen wie sich die Zahl der Disziplinarverfahren entwickelt und ob ergriffene Maßnahmen wirken.[71]

3.3.4 Reaktion auf extremistische Fälle im öffentlichen Dienst

„Der Detektion muss eine konsequente Reaktion folgen."[72] Neben der zeitnahen Aufklärung extremistischer Verdachtsfälle, ist von ebenso hoher Bedeutung, dass die gewonnenen Erkenntnisse des Verfassungsschutzes in die eingeleiteten Disziplinarverfahren mit einfließen und somit die Grundlage für die anzusetzende Disziplinarmaßnahme bilden.[73] Aus diesem Grund erhielt das BMI durch die Innenminister und -senatoren den Auftrag zu prüfen, inwiefern disziplinarrechtliche Konsequenzen bei extremistischen Bestrebungen ermöglicht werden können.[74] Im Zuge des Prüfauftrags ist festgestellt worden, dass mit dem bestehenden Disziplinarrecht angemessen gegen extremistische Bestrebungen im öffentlichen Dienst vorgegangen werden könne und es zudem geeignet und ausreichend sei, Verletzungen der politischen Treuepflicht aufgrund extremistischer Bestrebungen festzustellen und zu ahnden.[75] Dennoch erfordere ein effektiver Schutz vor rechtsextremistischen Umtrieben innerhalb der öffentlichen Verwaltung eine regelmäßige Überprüfung des rechtlichen Instrumentariums. Gerade im Hinblick auf die oft langwierigen Verfahrensdauern zur Entfernung aus dem Beamtenverhältnis erscheine es angezeigt, rechtliche und tatsächliche Möglichkeiten in Bezug auf die Beschleunigung des Verfahrens und die Folgen bei erwiesenen Fällen weiterzuentwickeln.[76] Als Vorbild hierfür könnte das Land Baden-Württemberg dienen. Während die Verhängung schwerer, statusrelevanter Maßnahmen, wie die Entfernung aus dem Beamtenverhältnis auf Bundesebene nur per Richterspruch erfolgen kann, kann diese in Baden-Württemberg nun im behördlichen Verfahren durch Verwaltungsakt, ausgesprochen werden.[77] Zielsetzung dieser Gesetzesreform war es, die Durchführung von Disziplinarverfahren zu vereinfachen, um somit eine „rasche und wirksame" Sanktionierung

71 Vgl. Bundesministerium des Innern (2020b), S. 13.
72 Bundesamt für Verfassungsschutz (2020), S. 25.
73 Bundesamt für Verfassungsschutz (2020), S. 25.
74 Vgl. Bundesministerium des Innern (2020b), S. 3.
75 Vgl. Bundesministerium des Innern (2020b), S. 10.
76 Vgl. Bundesamt für Verfassungsschutz (2020), S. 25 f.
77 Deutscher Bundestag (2020b), S. 4 f.

von Dienstvergehen sicherzustellen.[78] Auch wenn sich dieses Gesetz nach den befürwortenden Ausführungen des BVerfG auf die disziplinarrechtlichen Regelungen auf Bundesebene übertragen ließe,[79] wird diese Entscheidung von Bundesbehörden kritisch gesehen.[80] Abschließend ist im Zuge der Erarbeitung des Berichts festgestellt worden, dass sowohl auf Bundes- als auch auf Länderebene in den letzten Jahren bereits viel zum Thema Extremismusbekämpfung getan und erarbeitet worden ist. Daher werden im Bericht hauptsächlich Handlungsempfehlungen, in Form von „best practices“ bereits vorhandener Maßnahmen, zusammengefasst dargestellt.[81] Am Ende können die Maßnahmen jedoch am sinnvollsten von den jeweiligen Behörden festgelegt werden.[82]

3.4 Praktische Verwendbarkeit der zentralen Ergebnisse

Mit der Arbeit wird das für die Funktionsfähigkeit des öffentlichen Dienstes als zentralem Element der rechtsstaatlichen Ordnung essenzielle Thema Extremismus in seiner politischen, rechtlichen sowie verwaltungs- und personalwirtschaftlichen Dimension durchdrungen. In diesem Dreiklang gewährt sie nicht nur einen konzisen Überblick über die vielschichtige Materie, sondern gibt eine Handreichung für die abgewogene Einordnung des Themas und sensibilisiert zugleich für den Umgang mit dem Phänomen Extremismus in der öffentlichen Personalwirtschaft. Insofern bietet sie Leserinnen und Lesern eine Hilfestellung, eigenes verantwortliches Handeln in diesem kritischen Feld auf eine gesicherte Grundlage zu stellen und auszurichten.

4 Resümee

Die Aufarbeitung des Themas zeigt, dass der rege politisch-öffentliche Diskurs zum Extremismus im öffentlichen Dienst, gerade in Bezug auf die Sicherheitsbehörden, begründet ist. Das bestätigen die in jüngster Zeit

---

78 Vgl. Landtag von Baden-Württemberg (2008), S. 1.
79 Vgl. Deutscher Bundestag (2020b), S. 16.
80 Vgl. Mammen (persönliches Interview, März 2021).
81 Vgl. Mammen (persönliches Interview, März 2021).
82 Vgl. Mammen (persönliches Interview, März 2021).

aufgedeckten Fälle in den Sicherheitsbehörden wie auch die festgestellten Zahlen extremistischer Verdachtsfälle und ihre Einordnung.

Ausgehend von der grundlegenden Rechtsprechung der 1970er Jahre zeigt sich, dass Extremisten im öffentlichen Dienst unter keinen Umständen zu dulden sind. Die Ausführungen zur Verfassungstreuepflicht fordern nicht nur das Bekenntnis zum Verfassungsstaat, sondern definieren diese auch als rechtliche Voraussetzung für den Zugang zu öffentlichen Ämtern. Verfassungsfeinde sind von Beginn an vom öffentlichen Dienst fernzuhalten.

Die Spiegelung der Regierungshandlungen hat gezeigt, dass auf Bundesebene bereits umfangreiche Maßnahmen zur Extremismusbekämpfung ergriffen wurden. Dabei liegt der Fokus – im Einklang mit der Rechtsprechung – auf Einstellung und Auswahlverfahren als maßgebliche Präventionsmaßnahme. Aber auch die Fortbildung und Sensibilisierung von Beschäftigten gewinnt zunehmend an Bedeutung. Weiterführend zeigt sich, dass die frühzeitige Einbindung des Verfassungsschutzes, sowie die Optimierung des Informationsaustauschs zwischen den (Sicherheits-)Behörden die wichtigsten und effizientesten Möglichkeiten darstellen, um extremistische Verdachtsfälle im öffentlichen Dienst aufzudecken und Zusammenhänge zwischen Sachverhalten zu identifizieren.

Mit Blick in die Zukunft bedarf es zusätzlicher Forschung zum Thema Extremismus, insbesondere in den Sicherheitsbehörden. Nur so kann der Diskurs zu diesem Thema auf einer wissenschaftlich fundierten Grundlage und zugleich versachlicht weitergeführt werden. Auch wird sich erst zukünftig zeigen, in welcher Weise die durch die Regierung eingeführten Maßnahmen zur Extremismusprävention greifen und inwieweit die durch den Lagebericht aufgedeckten Problemfelder optimiert werden. Im Bereich des Disziplinarrechts hat das Land Baden-Württemberg mit der Novellierung des Landesbeamtenrechts bereits einen beispielhaften, wenn auch nicht unumstrittenen Schritt hin zu einer Verfahrensbeschleunigung unternommen. Während der Fokus der bisherigen Untersuchungen hauptsächlich auf den Sicherheitsbehörden lag, sollte eine Bestandsaufnahme extremistischer Verdachtsfälle, etwa in Form eines Lageberichts, zukünftig auf den gesamten öffentlichen Dienst ausgeweitet werden. Denn nur durch Aufklärung und Transparenz kann der Ruf der großen Zahl von verfassungstreuen Staatsdienern gewahrt werden. Letztlich muss sich die Gesellschaft darauf verlassen können, dass alle Beschäftigten des öffentlichen Diensts unzweifelhaft auf dem Boden der freiheitlichen demokratischen Grundordnung stehen.

Literaturverzeichnis

Bartsch, M. (2020): Der Feind im Innern, in: Der Spiegel, Ausgabe 33/2020, S. 9–17.

Bundesministerium des Innern (2020): Bericht des BMI zu TOP 13 der 212. IMK vom 17. bis 19. Juni 2020 zum Thema „Disziplinarrechtliche Konsequenzen bei extremistischen Bestrebungen", Erfurt.

Bundesministerium der Verteidigung (2020): Jahresbericht – Koordinierungsstelle für Extremismus-verdachtsfälle BMVg, Berlin.

Dederer, in: Maunz/Dürig (Hrsg), GG Art. 91 Grundgesetz-Kommentar, Werkstand: 92, Rn. 62–68 (EL August 2020).

Deutscher Bundestag, Wissenschaftliche Dienste (2020): Beendigung von Dienstverhältnissen von Beamten und Tarifbeschäftigten im öffentlichen Dienst bei Verletzung der Verfassungstreuepflicht, Aktenzeichen WD 6 – 3000 – 069/20, Berlin.

Deutscher Bundestag, Wissenschaftliche Dienste (2020): Prävention von Extremismus im öffentlichen Dienst: Datenschutz und Grundrechte, Aktenzeichen WD 3 – 3000 – 118/20, Berlin.

Haneke, A. (2019): Radikal im Staatsdienst – Beamte zischen besonderer Loyalitätspflicht und freier Meinungsäußerung, in: Meisner, M./ Kleffner, H. (Hrsg.): Extreme Sicherheit – Rechtsradikale in Polizei, Verfassungsschutz, Bundeswehr und Justiz, Freiburg im Breisgau.

Jachmann, M. (2000): Das Berufsbeamtentum Säule der Rechtstaatlichkeit? In: Zeitschrift für Beamtenrecht, Ausgabe 06/2000, S. 181–190.

Jaschke, H. (1994): Ein empfindlicher Apparat: Rechte Tendenzen und Fremdenfeindlichkeit in der Polizei, in: Heitmeyer, Wilhelm (Hrsg.): Das Gewalt-Dilemma, 3. Aufl., Berlin.

Krott, N./ Krott, E./ Zeitner, I. (2018): Xenophobic attitudes in German police officers: A longitudinal investigation from professional education to practice, in: International Journal of Police Science and Management.

Landtag von Baden-Württemberg (2008): Gesetzentwurf der Landesregierung: Gesetz zur Neuordnung des Landesdisziplinarrechts (LDNOG), Drucksache 14 / 2996.

Mammen, L. (März 2021) (Bundesministerium des Innern, Leiter des Referats D 2): persönliches Experteninterview.

Nokiel, W. (2019): Voraussetzung, Bedeutung und Notwendigkeit des Disziplinarrechts als ordnungsrechtliches Instrument des Beamtenrechts, in: Der öffentliche Dienst, Ausgabe 12/2019, S. 289–296.

Pfeffer, K. (2020): Das Beamtenrecht auf dem Prüfstand – Regelungsbedarfe/-optionen bei Zugangsbeschränkungen zum Polizeivollzugsdienst wegen Tätowierungen?, in: Neue Zeitschrift für Verwaltungsrecht, Heft 1–2/2020, S. 15–19.

Sauerland, in: Brinktrine/Schollendorf (Hrsg.), § 34 Entlassung von Beamtinnen auf Probe und Beamten auf Probe, Kom. BeckOK Beamtenrecht Bund (21. Edition April 2020).

Sauerland, in: Brinktrine/Schollendorf (Hrsg.): § 37 Entlassung von Beamtinnen auf Widerruf und Beamten auf Widerruf, Kom. BeckOK Beamtenrecht Bund (21. Edition April 2020)

Siems, T. (2014): Der Umgang mit Extremismus im Öffentlichen Dienst, in: Die öffentliche Verwaltung, Ausgabe 08/2014, S. 338–343.

Voigts, H./ von Bebenburg, P. (2019): „NSU 2.0" – Der hessische Polizeiskandal, in: Meisner, M./ Kleffner, H. (Hrsg.): Extreme Sicherheit – Rechtsradikale in Polizei, Verfassungsschutz, Bundeswehr und Justiz, Freiburg im Breisgau.

Werres, in: Brinktrine/Schollendorf (Hrsg.), Verfassungstreuepflicht, Kom. BeckOK Beamtenrecht Bund in: BeamtStG § 33 Rn. 11–20 (21. Edition Januar 2021).

Teilprivilegierung von Bauvorhaben gemäß § 35 IV BauGB mit besonderer Betrachtung des Bestandsschutzes

Franziska Bäuerle und Peter Eisenbarth

1 Einleitung

Die Baukultur der heutigen Zeit erlebt eine zunehmende Diversität. Dies zeigen Flachdach-Neubauten, Tiny Houses (besonders kleine Häuser), aber auch die steigende Zahl an Interessenten für abgelegene und alte Bauernhäuser in ländlichen Regionen. Diese werden stilecht saniert und als Wohngebäude umgenutzt. In vielen Fällen bleiben diese Bestandsgebäude aber über Jahre hinweg ungenutzt und zerfallen beständig, bis sie letztlich zur Gefährdungsprävention abgerissen werden müssen. Dabei können diese Gebäude oftmals durch gewisse Veränderungen und Anpassungen an die heutigen Anforderungen nutzbar gemacht werden. Unter dem Gesichtspunkt der Nachhaltigkeit ist eine Wiederverwertung von Baustoffen und -materialien zu empfehlen. Dies trägt zur Erhaltung der vielseitigen, architektonischen Stile aus vergangenen Jahrzehnten bei.

Die Kurzfassung dieser Bachelorarbeit beschäftigt sich mit Bauten im Außenbereich und damit einer Form nachhaltigen Bauens des 2021 modernisierten § 35 IV. Dabei bleibt eine ausführliche Beleuchtung des Bestandsschutzes aus Verkürzungsgründen außen vor. Es erfolgt eine Fokussierung auf die rechtliche und praktische Problematik und Aktualität der einfach-rechtlichen Ausgestaltung des aktiven Bestandsschutzes, besonders vermittelt durch die Änderungen im Zuge des Baulandmobilisierungsgesetzes, anhand von ausgewählten Praxisfällen. Nachdem das Baulandmobilisierungsgesetz vornehmlich auf Wohngebäude abstellt, entfällt in dieser Zusammenfassung auch eine ursprünglich enthaltene Darstellung gewerblicher Objekte nach § 35 IV Nr. 6.[1]

---

1 Sofern in dieser Arbeit bei den genannten Paragrafen eine Angabe des einschlägigen Gesetzes fehlt, ist in diesem Falle immer das Baugesetzbuch gemeint; Landesgesetze beziehen sich auf Baden-Württemberg.

2 Die Vorschrift des § 35 BauGB

Die Außenbereichs-Vorschrift unterlag seit ihrem Ursprung im Jahr 1936 einigen komplexen Änderungen, die neue Konstellationen einband.[2]

§§ 30 und 34 dienen vorwiegend der städtebaulichen Entwicklung[3], während der Zweck des § 35 – Bauen im Außenbereich – die größtmögliche Schonung des Außenbereichs ist.[4] Dieses wesentliche Gebot soll wesensfremde Anlagen vom Außenbereich fernhalten.[5] Dabei wird der Erhalt der naturbelassenen Flächen als Erholungsort für die Allgemeinheit angestrebt, eine Freihaltung für die städtebauliche Entwicklung[6] sowie für die diesem „planartig zugewiesenen" Vorhaben.[7] Dies trägt auch dem Grundsatz Rechnung, dass die bauliche Entwicklung primär durch Bauleitpläne erfolgen soll und dient einer geregelten, städtebaulichen Entwicklung, der Kosteneinsparung bei der Erschließung neuer Baustandorte und der Vorbeugung von Nutzungskonflikten.[8]

Die Vorschrift des § 35 regelt die privilegierten, sonstigen und teilprivilegierten bzw. begünstigten Vorhaben. Im Vorfeld der Abwägung des Vorhabens mit den öffentlichen Belangen erfolgt eine Verschiebung der Gewichte (sog. „unechte Abwägung"[9]: bei den privilegierten Vorhaben zugunsten des Vorhabens; bei den sonstigen Vorhaben zugunsten der öffentlichen Belange). Diese öffentlichen Belange sind nicht abschließend, sondern lediglich beispielhaft, in § 35 III aufgeführt.

§ 35 IV gilt als einfach-gesetzliche Regelung des Bestandsschutzes und wurde im Jahre 1976, zur Regelung neu hinzugekommener Baubedürfnisse, ergänzt.[10] Diese Vorhaben setzen eine vorhandene bauliche Anlage voraus.[11] Durch die Restriktion des § 35 II nehmen diese Ausnahmefälle nach § 35 IV in der Praxis zu.[12]

---

2 Grotefels/Schmidt (2017) S. 2.

3 Herbolsheimer/Krüper (2020) S. 22.

4 BVerwG, Beschl. v. 31.01.2019 – 4B26/18 -, juris Rn. 7.

5 Battis et al. (2019), § 35 Rn. 1; Schrödter/Rieger (2019), BauGB § 35 Rn. 1, 2; z.B. auch BayVGH, Urt. v. 13.12.2018, – 2B18.1797 -, juris Rn. 34.

6 Herbolsheimer/Krüper (2020) S. 22.

7 OVG Lüneburg, Urt. v. 28.03.2008 – 1KN93/07 – juris Rn. 49; VGH BW, Beschl. v. 13.04.2016 – 3S337/16 – juris Rn. 13.

8 vgl. Rabe et al (2014) S. 174, Rn. 360.

9 Herbolsheimer/Krüper (2020) S. 30.

10 Herbolsheimer/Krüper (2020) S. 23 f.; Kümper (2017) S. 11, 12; BT-DS 7/2496, S. 49.

11 BVerwG, Urt. v. 17.02.2011 – 4C9/10 -, juris Rn. 11.

12 Hauth (2008) S. 84.

3 Sonstige Bauvorhaben im Außenbereich nach § 35 IV BauGB

Die Regelung des § 35 IV als Ausgestaltung der von der Rechtsprechung konstruierten Grundsätze des Bestandsschutzes für den Außenbereich ist als abschließende Regelung zu betrachten,[13] durch die ein direkter Anspruch aus Art. 14 GG entfällt.[14] Die Vorschrift wurde ursprünglich mit dem Ziel eingeführt, den Strukturwandel in der Landwirtschaft zu begünstigen, im Laufe der Zeit durch entsprechende Änderungen und Anpassungen zu begleiten und dem Verfall von Bestandsgebäuden entgegenzuwirken.[15]

§ 35 IV erleichtert die Zulässigkeit von sonstigen Vorhaben im Außenbereich, die den Erhalt (durch Änderung, Nutzungsänderung oder Neuerrichtung) und die Erweiterung des Bestands zum Ziel haben. Gemeinsame Voraussetzung ist also eine vorhandene Bausubstanz.[16]

Die Vorschrift bestimmt, dass den Vorhaben gewisse öffentliche Belange, darunter

- der Widerspruch zu Darstellungen des Flächennutzungsplans oder eines Landschaftsplans (vgl. § 35 III 1 Nr. 1 und 2),
- das Beeinträchtigen der natürlichen Eigenart der Landschaft (vgl. teilweise § 35 III 1 Nr. 5) oder
- die Befürchtung der Entstehung, Verfestigung oder Erweiterung einer Splittersiedlung (vgl. § 35 III 1 Nr. 7),

nicht entgegengehalten werden können. Diese Belange dürfen nicht in die Abwägung einfließen, unabhängig wie gewichtig sie sind.[17]

Die Formulierung „*soweit sie im Übrigen außenbereichsverträglich im Sinne des Absatzes 3 sind*" (§ 35 IV 1) weist darauf hin, dass die übrigen öffentlichen Belange (beispielhaft in § 35 III) berücksichtigt werden müssen.[18] Insofern ist also die Bezeichnung der „Teilprivilegierung" auf das Entgegenhalten nur bestimmter öffentlicher Belange zurückzuführen.[19] Es muss

13 Schrödter/Rieger (2019), BauGB zu § 35, Rn. 200.

14 Decker (2011) S. 519.

15 s. etwa BT-DS 7/2496, S. 49; BT-DS 17/11468, S. 15; BVerwG, Urt. v. 17.02.2011 – 4C9/20 -, juris Rn. 12.

16 Brenndörfer (2009) S. 282; Scheidler (2021a) S. 51; BVerwG, Urt. v. 17.02.2011 – 4C9/10, juris Rn. 11.

17 Scheidler (2021a) S. 51; BVerwG, Urt. v. 17.02.2011 – 4C9/10 -, juris Rn. 10.

18 Battis et al. (2019), § 35 Rn. 125.

19 Hauth (2008) S. 88 f.

eine enge Auslegung vorgenommen werden[20], Analogien sind nicht zulässig.[21]

Die Durchsetzbarkeit eines sonstigen Vorhabens (§ 35 II) ist durch die Vorschrift des § 35 IV erhöht, wenn die Voraussetzungen eines teilprivilegierten Vorhabens vorliegen. Die in der Praxis relevanteste Vorschrift ist die des § 35 IV 1 Nr. 1.[22]

3.1 Nutzungsänderung land- oder forstwirtschaftlicher Gebäude (Nr. 1)

Die Nutzungsänderung von land- und forstwirtschaftlichen Gebäuden soll den Strukturwandel in der Landwirtschaft erleichtern, insbesondere das von den Land- und Forstwirten in die Gebäude investierte Kapital erhalten sowie dem „Verfall erhaltenswerter Bausubstanz" entgegentreten.[23] Trotz der Nutzungsaufgabe des Betriebs sollen diese Gebäude weiterverwendet werden können[24], um einen sozialverträglichen Wandel zu gewährleisten.[25]

Die Nutzungsänderung ist unter der Voraussetzung zulässig, dass das Gebäude einem land- oder forstwirtschaftlichen Betrieb dient oder diente und dieses lediglich einen untergeordneten Teil der Betriebsfläche[26] einnimmt.

Die Zulässigkeit liegt auch bei mehrfacher Nutzungsänderung eines ehemals privilegierten Gebäudes vor.[27] Wenn die genehmigte Nutzung nicht oder nicht in der genehmigten Weise ausgenutzt wird oder keine tatsächliche Nutzung erfolgt, erlischt die Baugenehmigung.[28] Eine spätere Nutzungsänderung ist nicht mehr zulässig.

---

20 BVerwG, Urt. v. 08.10.1998, – 4C6–97 – NVwZ 1999, S. 298.

21 BVerwG, Urt. v. 29.09.1987 – 4B191/87 – NVwZ 1988, S. 357.

22 Vgl. Hendrischke (2002) S. 54, dies folgt aus der Bedeutung des § 35 I Nr. 1.

23 BVerwG, Urt. v. 18.08.1982 – 4C33/81 – juris Rn. 14 unter Hinweis auf BT-DS 7/2496, S. 49; zum Strukturwandel auch BayVGH, Urt. v. 27.07.2018 – 15B17.1169 – juris Rn. 39.

24 Vgl. VG München, Bescheid v. 05.05.2020 – M9K18.5818 – juris Rn. 33.

25 Vgl. BVerwG, Urt. v. 11.11.1988 – 4C50/87 – NVwZ-RR 1989 341 f. u.w.

26 Die Fläche des Betriebs muss ggü. dem Vorhaben in „wirtschaftlicher Hinsicht" deutlich überwiegen, d.h. den „Schwerpunkt" darstellen: Battis et al. (2019), § 35 Rn. 22.

27 Dazu ausführlicher in den Empfehlungen der Baulandkommission, S. 9 bzw. BT-DS 19/24838, Nr. 15, S. 28.

28 Nies (2003) S. 119.

Neben diesen Voraussetzungen werden noch weitere, kumulativ vorliegende Voraussetzungen gefordert, die der Gesetzgeber in den Buchstaben a) bis g) festgeschrieben hat.

Die zweckmäßige Verwendung erhaltenswerter Bausubstanz (Buchstabe a) verlangt, dass diese nicht vollständig beseitigt wird.[29] Der bautechnische Zustand muss so gut erhalten sein, dass eine anderweitige Verwendung möglich ist und diese wirtschaftlich vertretbar erscheint.[30] Hilfsweise können die Sanierungskosten mit den Kosten eines Ersatzbaus abgewogen werden oder ein vorliegender Denkmalschutz den Erhalt rechtfertigen.[31] Von einem erhaltenswerten Gebäude kann nicht mehr die Rede sein, wenn dieses zerstört ist oder der Zustand so schlecht ist, dass das Vorhaben eher zu einem Neubau führen würde.[32] Die Bausubstanz kann auf sämtliche Weisen verwendet werden, ein Ausschluss von neuen Funktionen erfolgt nicht.[33]

Die Voraussetzung der wesentlichen Wahrung der äußeren Gestalt (Buchstabe b) verhindert einen Abbruch und das Erstellen eines Ersatzbaus.[34] Neben der Kubatur, als äußere Form, sind die nach außen sichtbaren und die Gestalt bestimmenden Elemente wie Dach und Wände eines Gebäudes maßgebend.[35] Geringfügige Änderungen sind zulässig.[36]

Die Frist, dass die Nutzungsaufgabe nicht länger als sieben Jahre zurückliegen darf (Buchstabe c), ist in Baden-Württemberg nicht anzuwenden (§ 245 b II i.V.m. § 1 AGBauGB), was eine Erleichterung für die Zulässigkeit der Nutzungsänderung darstellt, da nicht ermittelt werden muss, wann die Nutzung vollständig und nicht nur teilweise aufgegeben wurde.[37]

In Buchstabe d ist das Erfordernis der zulässigen Errichtung des Gebäudes vor mindestens sieben Jahren festgesetzt. Dies soll das baldige Ändern

---

29 BayVGH, Urt. v. 05.02.2007 – 1BV05.2981 – juris Rn. 32, vgl. BayVGH, Beschl. v. 20.01.2020 – 1ZB18.934 – juris Rn. 11.

30 OVG Münster, Urt. v. 26.07.2018 – 10A2600/15 – juris Rn. 71.

31 Brenndörfer (2009) S. 289 f., Fall Nr. 9 in Anlehnung an OVG Münster, Urt. v. 18.12.2003 – 10A1574/01 – juris; Brügelmann et al (2021), § 35 Rn. 130.

32 VG Saarlouis, Beschl. v. 05.09.2018 – 5L2434/17 – juris Rn. 53; Ernst et al. (2021) § 35 Rn. 140; OVG Münster, Urt. v. 19.02.2004 – 7A1423/03 – juris Rn. 9.

33 Brenndörfer (2009) S. 289; Fall Nr. 10 in Anlehnung an VG Neustadt (Weinstraße), Urt. v. 25.07.2002 – 2K357/02 – juris Rn. 19 (lediglich hilfsweises Eingehen auf das Problem).

34 Scheidler (2021b), S. 27.

35 BVerwG, Beschl. v. 22.05.2007 – 4B14/07 – juris Rn. 5.

36 Brenndörfer (2009) S. 292.

37 Vgl. Scheidler (2021b) S. 27.

zu einer neuen Nutzung verhindern.[38] Eine zulässige Errichtung liegt vor, wenn das Gebäude im Einklang mit dem materiellen Baurecht errichtet worden ist[39] oder eine Baugenehmigung für das entsprechende Gebäude vorliegt.[40] Als vollständig errichtet gilt das Gebäude, wenn es seiner Funktion gerecht nutzbar ist.[41]

Zudem muss zwischen dem Gebäude und der Hofstelle ein räumlich-funktionaler Zusammenhang bestehen (Buchstabe e). Hier ist die Hofstelle heranzuziehen, von der das Gebäude seine Privilegierung erhalten hat. Dieser Zusammenhang liegt vor, wenn das Gebäude in unmittelbarer Nähe des Hofes liegt oder Bestandteil desselben ist.[42]

Strittig ist in diesem Fall, ob der betroffene Betrieb noch betrieben werden muss.[43]

Buchstabe f) legt fest, dass neben den privilegierten Wohnungen höchstens fünf weitere Wohnungen je Hofstelle zulässig sind. Unter die Privilegierung fallen eine Betriebsleiterwohnung und ein Altenteilerhaus, die nach Aufgabe des Betriebes bestehen bleiben dürfen.[44]

Die Verpflichtung, keine Ersatzbebauung für die Nutzungsänderung vorzunehmen (Buchstabe g) soll verhindern, dass Betriebsgebäude in ein Wohnhaus umgenutzt werden, um den Neubau eines weiteren Betriebsgebäudes zu rechtfertigen.[45]

---

38 Schrödter/Rieger (2019) § 35 Rn. 206.

39 BVerwG, Urt. v. 03.08.2016 – 4C3/15 – juris Rn. 18.

40 Dieses Merkmal gilt als Verankerung des Bestandsschutzes, BVerwG, Urt. v. 03.08.2016 – 4C3/15 – juris Rn. 18 f.

41 Brenndörfer (2009) S. 293 m.V.a. Jäde, in: JDW, § 35 Rn. 107; BVerwG, Beschl. v. 15.06.2000 – 4B30/00 – juris Rn. 2.

42 Battis et al. (2019) § 35 Rn. 138; vgl. BVerwG, Urt. v. 18.05.2001 – 4C13.00 – juris Rn. 19 f.; Nicht umfasst sind fernliegende und freistehende Feldscheunen, OVG Berlin-Brandenburg, Beschl. v. 05.06.2020 – 2S77.19 – juris Rn. 10.

43 Verneinend: BayVGH, Urt. v. 27.02.2020 – 2B19.2199 – juris Rn. 37; OVG Koblenz, Urt. v. 27.02.2018 – 8A11535/17 – juris Rn. 31; OVG Münster, Urt. v. 06.07.2016 – 7A472/15 – juris Rn. 83, bejahend: VG Saarland, Urt. v. 12.09.2006 – 5K140/05 – juris Rn. 54; VG Gelsenkirchen, Urt. v. 11.03.2014 – 9K1725/12 – juris Rn. 51.

44 Scheidler (2021b) S. 27.

45 Schrödter/Rieger (2019) § 35 Rn. 210.

3.2 Neuerrichtung gleichartiges Wohngebäude (Nr. 2)

Die Errichtung eines Ersatzbaus ist unter gewissen Voraussetzungen zulässig. Ein „gleichartige(s) Wohngebäude an gleicher Stelle“ soll neu errichtet werden können.[46] Dabei ist die Nutzungsart des Gebäudes entscheidungserheblich, da dieses als Wohngebäude genutzt werden muss. Die „objektive Zweckbestimmung“ des Neubaus muss mit dem Altbau übereinstimmen.[47] Ein Neubau zum Zwecke der Vermietung als Ferien- und Wochenendhäusern ist nicht zulässig, da „Ferienwohnen“ nicht gleichbedeutend mit einem „Dauerwohnen“ ist.[48]

§ 35 IV 1 Nr. 2 ist nur anwendbar, wenn das abzureißende Gebäude zu Beginn der Arbeiten noch vorhanden ist. Eine „zeitliche Zäsur“ zwischen Abriss und Neubau darf nicht vorhanden sein. Vielmehr muss ein „einheitlicher Lebenssachverhalt“ bestehen, damit der Bestandsschutz übergreifen kann.[49]

Die Vorschrift bezweckt, dass Gebäude nicht nur unvollkommen und mit großem Aufwand erhalten werden können. Dafür müsste ein Ersatzbau sachgerechter und wirtschaftlicher sein.[50] Ein zulässigerweise errichtetes Gebäude kann neu errichtet werden, wenn dieses Missstände oder Mängel aufweist und schon länger vom Eigentümer selbst genutzt wird (§ 35 IV 1 Nr. 2).

Das Gebäude muss gleichartig[51] sein, geringe Abweichungen sind zulässig[52], insbesondere in Bezug auf den Standort (§ 35 IV 2). Das Beibehalten des exakten ursprünglichen Zustands wäre oftmals wenig praktikabel. Ferner soll die geringfügige Abweichung in ihrer Qualität keine zusätzlichen (nicht nur geringfügigen) Beeinträchtigungen der ausgeblendeten, öffentlichen Belange in § 35 III erwarten lassen.[53] Geringfügig ist die Standortänderung jedenfalls dann nicht mehr, wenn der Ersatzbau tiefer in den Au-

---

46 Ein Ersatzbau wird als Neubau gewertet, vgl. BVerwG, Beschl. v. 27.10 2004 – 4B74.04 – juris Rn. 3.

47 Hendrischke (2002), S. 130 f.

48 BVerwG, Beschl. v. 16.01.2014 – 4B32/13 – juris Rn. 5.; BVerwG, Beschl. v. 13.09.1988 – 4B155/88 – juris Rn. 2.

49 Scheidler (2021b) S. 28; OVG Münster, Urt. v. 06.02.2015 – 2A1394/13 – juris Rn. 76.

50 Finkelnburg et al. (2017) S. 141, Rn. 70.

51 In Bezug auf Bauvolumen, Nutzung und Funktion zwischen altem Gebäude und Ersatzbau.

52 BVerwG, Urt. v. 19.02.2004 – 4C4/03 – juris Rn. 10; BVerwG, Urt. v. 08.06.1979 – IVC23.77 – juris Rn. 15.

53 Brenndörfer (2009) S. 283; BVerwG, Urt. v. 23.01.1981 – 4C85.77 – juris Rn. 15.

ßenbereich hineingelegt wird.[54] In Bezug auf die Quantität wird laut Literaturauffassung die Grenze bei 10 % angenommen. Wenn die Erweiterung 10 % des Bestandes über- oder unterschreitet, ist die Abweichung nicht mehr geringfügig.[55] Die Änderung der inneren Raumaufteilung hingegen wirkt sich nicht negativ auf die Zulässigkeit des Ersatzbaus aus.[56]

Das Erfordernis der zulässigerweisen Errichtung des Gebäudes (Buchstabe a) entspricht dem in § 35 IV 1 Nr. 1.[57]

Die Vorschrift verlangt das Vorliegen von Missständen oder Mängeln (Buchstabe b).[58] Voraussetzung ist, dass ein „funktionsfähiges Gebäude vorhanden"[59] ist. Modernisierungs- oder Instandsetzungsarbeiten sind grundsätzlich in gewissem Maße verfahrensfrei möglich.[60] Sofern die Instandsetzung technisch und wirtschaftlich nicht mehr vertretbar ist, ist das Vorhaben zulässig.[61]

Das Wohngebäude muss vom Eigentümer zu einem früheren Zeitpunkt genutzt worden sein.[62] Die Literatur vertritt den Standpunkt, dass ein Zeitraum von vier Jahren als ausreichend gilt.[63] Die Vorschrift soll nur diejenigen begünstigen, die seit Jahren unter den begrenzten Wohnverhältnissen leben und damit den Wert der Gebäude für sich und ihre Familie bewiesen haben (sog. Rheumaklausel[64]).[65]

---

54 BVerwG, Urt. v. 23.01.1981 – 4C85.77 – juris Rn 16.

55 Ernst et al. (2021) § 35 Rn. 164; Brügelmann et al. (2021) § 35 Rn. 169; a.A. Schrödter/Rieger (2019) § 35 Rn. 212.

56 BayVGH, Urt. v. 05.02.2007 – 1BV05.2981 – juris Rn. 18.

57 Siehe auch oben 3.1.

58 Missstände bedeutet, dass das Gebäude nicht den allgemeinen Anforderungen an gesunde Wohn- und Arbeitsverhältnisse entspricht (§ 177 I). Mängel liegen vor, wenn die bestimmungsgemäße Nutzung durch Abnutzung, Alterung, Witterungseinflüsse oder Einwirkungen Dritter nicht nur unerheblich beeinträchtigt ist *oder* das Gebäude nach seiner äußeren Beschaffenheit das Straßen-/Ortsbild nicht nur unerheblich beeinträchtigt (§ 177 II); vgl. Scheidler (2021b) S. 28 und Schrödter/Möller (2019) § 177 Rn. 24.

59 VG Gelsenkirchen, Urt. v. 10.11.2006 – 5K4668/03 – juris Rn. 42.

60 s. auch Fall 3 unter VI.C.

61 VG Gelsenkirchen, Urt. v. 10.11.2006 – 5K4668/03 – juris Rn. 42.; so auch Rabe et al. (2014) S. 192, Rn. 408.

62 s. auch oben 4.

63 Vgl. Brügelmann et al. (2021) § 35 Rn. 137 sowie Nachweise bei Ernst et al (2021) § 35, Rn. 150; die Rspr. hat 3 Jahre als unzureichend betrachtet, vgl. BVerwG, Urt. v. 22.02.1996 – 4B25/96 – juris Rn. 11 (1 ½ Jahre); OVG Lüneburg, Urt. v. 07.12.1977 – 1A198/75 – BRS 33 Nr. 77 (3 Jahre); Hess. VGH, Urt. v. 29.08.2002 – 9ZU700/02 – juris Rn. 11 (2 ½ Jahre).

64 Vgl. BR-DS 465/18; Brügelmann et al. (2021) § 35 Rn. 273 m.w.N.

65 BVerwG, Urt. v. 23.01.1981 – IVC82.77 – juris Rn. 14.

Die Voraussetzung des Buchstaben c) soll gewährleisten, dass der Ersatzbau weiterhin vom Eigentümer und dessen Familie genutzt wird. Dadurch soll verhindert werden, dass Außenbereichsgebäude zur Errichtung neuer Wohngebäude und zum gewinnbringenden Verkauf von Investoren aufgekauft werden.[66]

Das Tatbestandsmerkmal „Eigenbedarf" (Buchstabe d): *Tatsachen rechtfertigen die Annahme, dass das Gebäude für den Eigenbedarf des Eigentümers oder dessen Familie genutzt wird [...]* bestimmt sich danach, ob ein „begründeter Verdacht"[67] besteht, dass das Gebäude verkauft oder vermietet werden könnte. Ernsthafte Zweifel an der Erfüllung der Voraussetzung gehen zu Lasten des Bauherrn.[68]

3.3 Ersatzbauten (Nr. 3)

Wenn ein Gebäude durch ein außergewöhnliches Ereignis zerstört wurde, kann dieses gleichartig neu errichtet werden. Dies gilt nur, sofern der vorherige Bestand rechtmäßig sowie funktionsgerecht nutzbar war.[69]

Wie bereits in Nr. 2 vorausgesetzt, ist nur ein gleichartiges Gebäude an gleicher Stelle zulässig.[70] Das Gebäude muss „zulässigerweise errichtet"[71] worden sein.

Ein außergewöhnliches Ereignis definiert sich als ein *„außerhalb der allgemeinen Lebenserfahrung und der Einwirkungsmöglichkeiten des Eigentümers"*[72] liegendes Ereignis. Dazu zählen ein Brand, Naturereignis oder vergleichbarer Unglücksfall, wie Überschwemmungen, Erdbeben, eine Explosion oder ein Flugzeugabsturz.[73] Nicht davon erfasst wird ein Einsturz aufgrund mangelhafter Statik, unterlassener Unterhaltung des Gebäudes[74],

66 BVerwG, Urt. v. 13.03.1981 – 4C2/78 – juris Rn. 9; vgl. BT-DS 7/2496, Begründung S. 33, 49; Brügelmann et al. (2021) § 35 Rn. 137; OVG Münster, Urt. v. 06.02.2015 – 2A1394/13 – juris Rn. 114.

67 Ernst et al. (2021) § 35 Rn. 150a.

68 Schrödter/Rieger (2019) § 35 Rn. 141; Brügelmann et al. (2021) § 35 Rn. 138.

69 Ernst et al. (2021) § 35 Rn. 152.

70 s. die Ausführungen unter IV.B.: Geringfügige Abweichungen wie Erweiterungen und Änderungen des Standorts sind auch hier zulässig (§ 35 IV 2).

71 siehe auch oben 3.1.

72 VG Schleswig, Urt. v. 21.12.2017 – 2A101/16 – juris Rn. 29.

73 BVerwG, Urt. v. 09.10.1981 – 4C66/80 – juris Rn. 7.

74 Verfall durch Abnutzung, Alterung, Witterungseinflüsse, (Hendrischke (2002) S. 130 f.).

ein Einsturz während der Instandsetzungsmaßnahmen,[75] oder ein schuldhaftes Zerstören durch den Eigentümer selbst.[76] Erfolgt die Zerstörung durch Dritte, ist ein Wiedererrichten im Umkehrschluss grundsätzlich zulässig.[77] Im Ergebnis ist ein Ereignis, das zur Zerstörung des Gebäudes führt, nur relevant, wenn dessen Zustand nicht bereits im Vornhinein sehr schlecht war.[78]

Besondere Tatbestandsvoraussetzung ist hier das alsbaldige Neuerrichten des Gebäudes, welche eine zeitliche Einschränkung normiert.[79]

Damit ist zu rechnen, wenn der Bauherr die Absicht der Neuerrichtung durch einen Baugenehmigungsantrag oder eine ähnliche Erklärung offenbart.[80] Dies muss zu einem Zeitpunkt erfolgen, zu *„dem die bodenrechtliche Situation des Grundstücks durch Folge nachwirkender Prägung durch das zerstörte Gebäude für den Wiederaufbau noch aufnahmefähig war“*[81].

In Anbetracht dieses unbestimmten Rechtsbegriffs wurde vom BVerwG das sogenannte Zeitmodell entwickelt. Im ersten Jahr nach der Zerstörung des Gebäudes wird grundsätzlich mit dem Wiederaufbau gerechnet. Im zweiten Jahr ist von einer „widerlegbaren Vermutung“ zu sprechen, dass mit einem Aufbau noch gerechnet werden kann. Im dritten Jahr jedoch kehrt sich diese Auffassung um, da sich die Grundstückssituation inzwischen durch die Zerstörung gewandelt hat. Nach einem Ablauf von zwei Jahren kann also nicht mehr mit einem Wiederaufbau gerechnet werden.[82] Im Zweifelsfall fällt die Entscheidung zu Lasten des Bauherrn.[83]

[Wegen des für diese Zusammenfassung begrenzten Umfangs werden hier die Folgenden Aspekte des § 35 IV Nr. 4 und 5 nur verkürzt dargestellt, obwohl sie

---

75 Ernst et al. (2021) § 35 Rn. 152 m.w.N.; Schrödter/Rieger (2019) § 35 Rn. 218; Brügelmann et al. (2021) § 35 Rn. 142.

76 Brügelmann et al. (2021) § 35 Rn. 143; vgl. Schrödter/Rieger (2019) § 35 Rn. 218; Hendrischke (2002) S. 131 f.; Rabe et al. (2014) S. 192 f., Rn. 409.

77 Vgl. BVerwG, Urt. v. 18.08.1982 – 4C45/79 – juris Rn. 17 f.

78 BVerwG, Urt. v. 13.03.1981 – 4C2.78 – juris Rn. 10; VG Schleswig, Urt. v. 21.12.2017 – 2A101/16 – juris Rn. 29 (Verfall eines Gebäudes durch Sturmereignisse).

79 Brenndörfer (2009) S. 284.

80 BVerwG, Urt. v. 08.06.1979 – IVC23.77 – juris Rn. 22.

81 VG Schleswig, Urt. v. 21.12.2017 – 2A101/16 – juris Rn. 31; es wird auch von einem nachwirkenden Bestandsschutz gesprochen, vgl. Decker (2011) S. 527; BVerwG, Urt. v. 02.10.2007 – 4B39/07 – juris Rn. 2.

82 Brenndörfer (2009) S. 284; BVerwG, Urt. v. 21.08.1981 – 4C65/80 – juris Rn. 11 f.; BVerwG, Urt. v. 08.06.1979 – IVC23.77 – juris Rn. 22; s. dazu auch Ernst et al. (2021) § 35 Rn. 153.

83 BVerwG, Urt. v. 21.08.1981 – 4C65.80 – juris Rn. 17; s. dazu auch Decker (2011) S. 527.

in der Arbeit intensiv nach ihren Voraussetzungen und wissenschaftlichen Bewertung bearbeitet sind.]

3.4 Änderung erhaltenswerter Gebäude (Nr. 4)

Eine Nutzungsänderung i.S.d. § 29 I eröffnet den Anwendungsbereich der §§ 30 bis 37, wenn die Identität der baulichen Anlage so verändert werden soll, dass ein Aliud im Vergleich zum Ursprungsgebäude entsteht. Diese Veränderungen finden sich in den Nummern 4 bis 6 des § 35 IV.[84]

Die Änderung erhaltenswerter Gebäude soll erwirken, dass, für das objektive öffentliche Interesse wichtige, kulturbedeutsame Gebäude vor dem Verfall bewahrt werden.[85] Ausgeschlossen ist die Anwendung der Vorschrift auf eine Ruine bzw. auch ein zerfallenes Haus.[86] Voraussetzung ist, dass ein Zusammenhang zwischen dem Standort sowie der früheren und jetzigen Nutzung vorliegt, wobei eine große Variation an Nutzungen zulässig ist.[87] Das Gebäude muss durch seine nach außen sichtbaren Elemente die Umgebung durch seine Wirkung auf diese prägen.[88] Eine Nähe zum Denkmalschutz kann in vielen Fällen als Indiz gelten[89].

3.5 Erweiterung Wohngebäude (Nr. 5)

Die Erweiterung eines Wohngebäudes soll nach einem objektiven Maßstab der Familie zur Versorgung mit angemessenem Wohnraum dienen[90], um

---

84 Brenndörfer (2009) S. 285 m.w.N.

85 Hendrischke (2002) S. 137.

86 Vgl. BVerwG, Beschl. v. 18.09.1984 – 4B203/84 – juris Rn. 4; OVG Lüneburg, Urt. v. 25.04.2018 – 1LB69/17 – juris Rn. 19, 27.

87 Ernst et al. (2021) § 35 Rn. 156.

88 Hendrischke (2002) S. 136; BVerwG, Beschl. v. 17.01.1991 – 4B186/90 – juris Rn. 3; Schrödter/Rieger (2019) § 35 Rn. 146; Brügelmann et al. (2021) § 35 Rn. 148 m.w.N.;
Beispiele für solche erhaltenswerten Gebäude sind Wassertürme, Windmühlen oder landwirtschaftliche Anwesen Scheidler (2021b) S. 29.

89 Weiterführend Brügelmann et al. (2021) § 35 Rn. 148 m.w.N.; Ernst et al. (2021) § 35 Rn. 155.

90 Vgl. Battis et al. (2019) § 35 Rn. 156, 157.

das generationenübergreifende Familienzusammenleben zu unterstützen[91] und „Härten und Schwierigkeiten" zu vermeiden.[92]

Von der Vorschrift sind lediglich geringfügige Um- bzw. Ausbauten umfasst,[93] die untergeordnet sein müssen und sich am Bestand ausrichten sollen.[94] Die Nutzung darf jedoch nicht aufgegeben worden sein, wobei zur Beurteilung das Zeitmodell des BVerwG herangezogen werden kann.[95] Eine qualitative Veränderung ist ausgeschlossen.[96]

4 Änderungen durch das Baulandmobilisierungsgesetz

Die Änderungen durch das Baulandmobilisierungsgesetz[97] sehen eine einfachere Baulandmobilisierung für Kommunen vor und sollen den Flächenzugriff erleichtern.

Unter den umfangreichen Modifikationen ist auch eine Anpassung des § 35 IV erfolgt.[98] Diese soll dazu beitragen, bereits bestehendes Bauland für Wohnzwecke zu nutzen, um der das Angebot übersteigenden Nachfrage nach Wohnungen entgegenzukommen.[99] Dieses Potenzial im ländlichen Raum kann als sinnvoller Schritt zur weiteren Nutzung von bestehenden Gebäuden gesehen werden[100] und stellt eine Senkung der Hürden für Wohnbauvorhaben dar.[101]

Für die praktische Anwendung des Bauplanungsrechts ergeben sich durch die Änderungen Schwierigkeiten, die durch die Rechtsprechung beseitigt werden müssen. In Hinsicht auf die speziell beleuchteten Regelungen des § 35 IV kann dagegen von einer größeren Komplexität des Prüfprogramms ausgegangen werden.[102]

91 Rabe et al. (2014) S. 193, Rn. 411.
92 Hendrischke (2002) S. 134 f.
93 OVG Koblenz, Urt. v. 02.05.2018 – 1A11658/17 – juris Rn. 21.
94 BT-DS 10/4630, S. 90.
95 BayVGH, Urt. v. 27.11.2018 – 1B16.1879 – juris Rn. 42 unter Hinweis auf BVerwG, Urt. v. 18.05.1995 – 4C20.94 – juris Rn. 15.
96 BVerwG, Urt. v. 23.01.1981 – IVC82.77 – juris Rn. 18; Brügelmann et al. (2021), § 35 Rn 152; Hendrischke (2002) S. 134 f.
97 Inkraftgetreten am 23.06.2021.
98 BT-DS 19/24838, Nr. 15, S. 28.
99 Vgl. BT-DS 19/24838, Begründung, S. 17.
100 Stellungnahme Kommunale Spitzenverbände S. 9 (Anlage 19 der Arbeit – hier nicht beigefügt).
101 Scheidler (2021a) 53.
102 Bezüglich der angesprochenen Änderung siehe oben 4.

5 Fälle aus der Praxis[103]

Tabelle 1: „Der Ersatzbau" – Die Errichtung eines Wohngebäudes anstelle einer Scheune

Vorhaben	Das Ersetzen einer Scheune durch ein Wohnhaus.
Zweck	Die Pflege des bisherigen Landwirts bei Altersschwäche; Eine erleichterte forstwirtschaftliche Tätigkeit, da der Wald in geringerer Entfernung erreichbar ist.
Privilegierung	§ 35 I: Das Vorhaben ist nicht privilegiert und dienlich, da es nicht wirtschaftlich sinnvoll und betriebsdienlich in Bezug auf die Außenbereichsschonung ist. Eine ständige Anwesenheit ist nicht erforderlich.[104] § 35 II, IV: Fehlende Betriebsdienlichkeit des Vorhabens, nicht bloße Nutzungsänderung des Gebäudes und keine Gleichartigkeit des Ersatzbaus zum Ursprungsgebäude in Hinblick auf Bauvolumen, Nutzung und Funktion.[105] § 35 II: Entgegenstehende öffentliche Belange.
Ergebnis	Die befürchtete intensivere Nutzung des Außenbereichs könnte zu mehr Verkehr und stärkerer Zersiedlung führen. Das Vorhaben ist daher unzulässig.
Lösungsvorschlag	Der Erhalt der wesentlichen Gebäudeteile zur Beibehaltung der äußeren Gestalt und zur weiteren zweckmäßigen Verwendung der Bausubstanz.

103 Wegen des beschränkten Raums dieser Zusammenfassung folgt eine tabellarische Übersicht der in der Arbeit ausführlich untersuchten Fälle.

104 BVerwG, Urt. v. 03.11.1972 – IVC9.70 – BeckRS 1972, 30425586; BayVGH, Beschl. v. 11.07.2016 – 15ZB14.400 – juris Rn. 10; OVG Koblenz, Beschl. v. 16.09.2011 – 8A10675/11 – NVwZ-RR 2011, 886 u.w.

105 BVerwG, Urt. v. 08.06.1979 – 4C23.77 – juris Rn. 25; BVerwG, Urt. v. 23.01.1981 – 4C85.77 – juris Rn. 18.

Tabelle 2: „Ferien auf dem Bauernhof" – Die Umnutzung eines Betriebsgebäudes zu Ferienwohnungen

Vorhaben	Die Nutzungsänderung eines landwirtschaftlichen Betriebsgebäudes mit Einbau von Fremdenzimmern.
Zweck	Die Existenzsicherung nach Aufgabe der Tierhaltung und damit eines wesentlichen Teiles der Landwirtschaft.
Privilegierung	Liegt hier eine genehmigungsfreie Nutzungsänderung vor? Die Variationsbreite der Nutzung wird verlassen, daher erfolgt die Beurteilung der genehmigungspflichtigen Nutzungsänderung nach den §§ 29 bis 38. § 35 I: Die Nutzung wird als landwirtschaftlicher Nebenbetrieb von der privilegierten Landwirtschaft nicht als „mitgezogen" angesehen[106], da diese dem Betrieb aufgrund bereits bestehender Beherbergungsmöglichkeiten nicht untergeordnet ist.[107] Zudem ist die Nutzung dem Betrieb nicht dienlich. § 35 II, IV: Ferienwohnungen gelten nicht als Wohnungen i.e.S.[108], daher ist die Vorschrift nicht anwendbar. § 35 II: Entgegenstehende öffentliche Belange.
Ergebnis	Da keine genehmigungsfreie Nutzungsänderung vorliegt und die Genehmigung auch nicht erteilt werden kann (s.o.), ist das Vorhaben unzulässig.
Lösungsvorschlag	Die Aufstellung eines vorhabenbezogenen Bebauungsplans.

---

106 62. Baureferentenbesprechung, TOP 5 zu § 35 I Nr. 1 BauGB (Anlage 3 der Arbeit – hier nicht beigefügt).

107 OVG Schleswig Urt. v. 2.12.1993 – 1L130/92 – BeckRS 2013, 57445.

108 Sauter (2021) § 35 Rn. 1–10; OVG Schleswig, Urteil vom 02.12.1993 – 1L130/92 -, juris Rn. 27; 56. Baureferentenbesprechung, TOP 8 zu § 35 IV Nr. 1 BauGB in der Fassung des § 4 III BauGB-MaßnahmenG (Anlage 2 der Arbeit – hier nicht beigefügt), LT-DS 14/2958, S. 4.

Tabelle 3: Das „Hexenhäusle“ – Die Sanierung eines Hauses im Wald

Vorhaben	Die Sanierung eines alten Bauernhauses im Wald.
Zweck	Die abgelegene Bausubstanz bewohnbar machen.
Privilegierung	Gilt die Instandsetzung als genehmigungspflichtige Änderung des Gebäudes, liegt sogar Gleichartigkeit zur Neuerrichtung vor oder handelt es sich um eine verfahrensfreie energetische Sanierung? Erscheint das Ursprungsgebäude noch als Hauptsache?[109] Dies ist der Fall, wenn das Vorhaben nach § 50 LBO verfahrensfrei ist und sowohl der Nutzungszweck[110] als auch die Identität[111] der Anlage gewahrt bleiben. Maßnahmen zur vorwiegenden Dämmung sind verfahrensfrei, ebenso Änderungen an Dach und Fenstern. Diese überschreiten nicht die Grenze zur Wesentlichkeit, wenn das Gebäude dadurch im Bestand erhalten werden soll. Die Identität der Anlage bleibt gewahrt.[112]
Ergebnis	Das Vorhaben stellt eine energetische Sanierung dar und ist daher zulässig.
Folgen	Eine neuartige Unruhe im Wald, unerwünschte Zersiedlung durch Berufungsfälle sowie weitere Eingriffe als Folge des Vorhabens.

6 *Fazit*

Wie die Praxisfälle zeigen, sind die Hürden für die Verwirklichung eines entsprechenden Vorhabens sehr hoch. Um ein Gebäude im Außenbereich vor dem Verfall zu bewahren und erhalten zu können, müssen die Eigentümer einen hohen Aufwand betreiben, der schon allein im Verständnis der rechtlichen Vorgaben und Vorschriften liegt. Diese Schwierigkeit folgt insbesondere aus dem Bestandsschutz, da zu Unrecht oftmals das

109 Beckmann (2014) S. 409; BVerwG, Beschl. v. 21.03.2001 – 4B18/01 - juris Rn. 11; vgl. BayVGH, Beschl. v. 07.08.2012 – 15ZB10.1506 – juris Rn. 5.

110 Sauter (2021) § 50 Rn. 227.

111 VGH BW, Urt. v. 17.09.1998 – 3S1934/96, juris Rn. 18.

112 Vgl. BVerwG, Urt. v. 17.01.1986 – 4C80/82, juris Rn. 17.

Greifen dessen als letztes Mittel gegen eine behördliche Entscheidung angenommen wird. Die Beispiele verdeutlichen, dass ein Rückgriff auf den Bestandsschutz schon allein aufgrund ausreichender baurechtlicher Regelungen nicht erforderlich ist und dieser verfassungsunmittelbare Bestandsschutz daher aufgegeben werden sollte.[113]

Da das Baulandmobilisierungsgesetz nur geringfügige Änderungen des § 35 vorsah, wird in absehbarer Zukunft keine grundlegende Umgestaltung stattfinden. Grundsätzlich wird von Experten eine Verschiebung der Verantwortung auf die Planungsbefugnis der Gemeinden und mit Festschreibungen in Satzungen von Ländern und Regionen befürwortet[114], um mehr Akzeptanz für ein Vorhaben zu erreichen. Dies folgt aus der Entscheidung durch ein Gremium, nach vorangehendem Planungsprozess, im Rahmen von umfangreichen Fachplanungen.[115]

Der Bedarf der Anpassung der Vorschriften zu Vorhaben im Außenbereich umfasst speziell jene Betriebe, die durch die generelle Verschiebung hin zu größeren Betrieben den Außenbereich stärker belasten, sowie Arten neuartiger Energieerzeugung wie Windkraft-, Solarkraft- oder Biomasseanlagen.[116] Daraus ergeben sich neue Anforderungen an neue Betriebsformen, die zu Zeiten der Entstehung des § 35 nicht vorhanden waren.

Dabei sollte die Frage nicht außer Acht gelassen werden, wie nicht mehr genutzte, leerstehende Gebäude ohne erheblichen Mehraufwand für die Eigentümer genutzt und erhalten werden können. Bezüglich der Sozialpflichtigkeit des Eigentums (Art. 14 II 1 GG) sollte ein leichterer Erhalt eines Bestandsgebäudes erreicht werden. In Hinblick auf die Verwaltungsverfahren ist eine Verschlankung zu befürworten, da ein Vorhaben im Außenbereich nur im vollumfänglichen Baugenehmigungsverfahren durchgeführt werden kann und damit viel Zeit beansprucht.[117] Das würde auch der fehlenden Kapazität in den Baurechtsverwaltungen aufgrund fehlenden Personals sowie nicht verfügbaren Planstellen zugutekommen und dem aktuellen Bauboom[118] positiv begegnen. Es dient auch der Verhinde-

113 So auch Mampel (2002) S. 331; Ausnahme: vereinfachte Verfahren oder genehmigungsfreie Anlagen.

114 Vgl. Peithmann (2017) S. 17–20.

115 Bicker/Peithmann (2017) S. 24–26.

116 Priebs (2017) S. 21, 22.

117 Die Pflicht zur Durchführung eines Baugenehmigungsverfahrens, das ein vereinfachtes Verfahren nach § 52 LBO ausschließt, ist in §§ 49, 52 I, 51 I 1, II LBO geregelt, soweit die Anlage nicht verfahrensfrei gemäß § 50 LBO ist.

118 Tagesschau: Bauboom (Anlage 33 der Arbeit – hier nicht beigefügt).

rung aufwändiger Rückbaumaßnahmen und der Bewahrung der Gebäude vor dem Verfall.[119]

Denn was passiert mit Gebäuden, um die sich niemand kümmert und verantwortlich fühlt? Wer initiiert den Abriss eines baufälligen Gebäudes?[120]

Besonders in der aktuellen Zeit und mit Blick auf die Zukunft, in der Rohstoffe und Ressourcen für den Bau neuer Gebäude knapp sind und noch knapper werden können[121], muss ein Umdenken hin zum nachhaltigeren Bauen geschehen.

In Deutschland werden im Durchschnitt pro Tag 52 Hektar Fläche verbraucht.[122] Insofern ist über neue Möglichkeiten nachzudenken, wie auch der Flächenverbrauch und die damit verbundene Bodenversiegelung reduziert werden kann, um zudem das Nachhaltigkeitsziel der Bundesregierung[123] zu erreichen.

Dies sind Fragen, denen sich der Gesetzgeber stellen muss und die in nicht allzu ferner Zukunft eine rechtliche Verankerung bzw. Veränderung finden müssen. Ohne entsprechende Anpassung der rechtlichen Grundlagen kann auch dem Klimaschutz nicht begegnet werden.

Die Umnutzung und Wiederverwendung von Bestandsgebäuden beanspruchen keine neuen Flächen. Die begünstigten Vorhaben im Außenbereich stellen somit nach hier vertretener Auffassung eine nachhaltige und zukunftsfähige Perspektive dar. Die gesetzlichen Vorschriften müssen angepasst werden, um in Zukunft das Entscheidende nicht aus den Augen zu verlieren.

---

119 Kwasniok/Versen (2018), S. 204 zum Vorrang der Innenentwicklung vor der Außenentwicklung.

120 Die nicht außer Acht zu lassenden eigentumsrechtlichen Gegebenheiten sollen hier nicht vertieft werden.

121 Vgl. Roswag (2015), DBZ 2015 (online) unter der Überschrift „Ressourcen“; vgl. auch zur Ressource Holz: Jakob (2021) Tagesschau (online).

122 BMU, Flächenverbrauch – worum geht es? (Anlage 36 der Arbeit – hier nicht beigefügt).

123 Ab 2030 sollen nur noch 30 Hektar pro Tag versiegelt werden (entspricht 42 Fußballfeldern), Deutsche Nachhaltigkeitsstrategie, S. 27 – Ziel zum Flächenverbrauch, (Anlage 5 der Arbeit – hier nicht beigefügt).

Literaturverzeichnis

Battis, U. et. al., (2019), Kommentar zum *Baugesetzbuch*, 14. Auflage, München.

Beckmann, K. (2014), *Der baurechtliche Bestandsschutz – eine systematische Darstellung über Wesen und die Reichweite desselben*, KommJur 2014, S. 401–409.

Bicker, S., Peithman, O. (2017), *§ 35 BauGB in der Planungspraxis, ein Gespräch mit Umweltwissenschaftler Stephan Bicker über die Entscheidungsverfahren bei der Genehmigung von Vorhaben im Außenbereich*, Akademie für Raumforschung und Landesplanung, Interview in Nachrichten der ARL, 2017, S. 24–26.

Brenndörfer, B. (2009), *Reichweite und Grenze des baurechtlichen Bestandsschutzes*, Schriften zum deutschen und europäischen Kommunalrecht, Band 35, 1. Auflage.

Brügelmann, H. et. al. (2021) *Kommentar zum Baugesetzbuch*, 117. Lieferung, Stuttgart.

Decker, A. (2011), *Reichweite und Grenzen des baurechtlichen Bestandsschutzes*, BayVBl, S. 517–530.

Ernst, W. et. al (2021), Kommentar zum *Baugesetzbuch*, 141. EL Februar 2021, Rechtsstand: Oktober 2020, München.

Finkelnburg, K. et. al. (2017) *Öffentliches Baurecht, Band I: Bauplanungsrecht*, Schriftenreihe der juristischen Bildung, Band 107, 7. Auflage, München.

Grotefels, Susan und Schmidt, Gabriele (2017), *Editorial – Bauen im Außenbereich – Zur Reformbedürftigkeit des § 35 BauGB*, Akademie für Raumforschung und Landesplanung, Nachrichten der ARL, 2017, S. 2–3.

Hauth, M. (2008), *Vom Bauleitplan zur Baugenehmigung: Bauplanungsrecht, Bauordnungsrecht, Baunachbarrecht*, 9. Auflage, München.

Hendrischke, O. (2002), *Landwirtschaft im Bauplanungsrecht – Rahmenbedingungen landwirtschaftlicher und alternativer Landnutzung unter besonderer Berücksichtigung des Außenbereichs*, Baden-Baden 2002.

Herbolsheimer, Volker und Krüper, Julian (2020), *§ 35 BauGB verstehen und anwenden*, Juristische Ausbildung 2020, S. 22–35.

Jakob, S. (2021), *Deutschland geht das Holz aus*, Tagesschau, Artikel vom 24.04.2021, URL: https://www.tagesschau.de/wirtschaft/technologie/holz-baustoff-mangel-corona-101.html, Abruf am 17.08.2021.

Kümper, B. (2017), *Zur Rechtsgeschichte des § 35 BauGB – ausgewählte Entwicklungsschritte der Gesetzgebung zum Bauen im Außenbereich*, Akademie für Raumforschung und Landesplanung, Nachrichten der ARL, 2017, S. 9–12.

Kwasniok, D., von Versen, M. (2018), *Bauliche Innenentwicklung versus Außenentwicklung in Theorie und Praxis – Dargestellt an ausgewählten Fallbeispielen in Rheinland-Pfalz*, Technische Universität Kaiserslautern, veröffentlichte Masterarbeit, 2018.

Mampel, D. (2002), *Verkehrte Eigentumsordnung – Das Unwesen des verfas*

Peithmann, O. (2017), *§ 35 BauGB: Kritische Bestandsaufnahme und Ansätze zur Reform*, Akademie für Raumforschung und Landesplanung, Nachrichten der ARL, 2017, S. 16–20.

Priebs, A. (2017), *Nachhaltige Nutzung des Außenbereichs – Kommentar zum Beitrag von Ortwin Peithmann*, Akademie für Raumforschung und Landesplanung, Nachrichten der ARL, 2017, S. 21–23.

Rabe, K. et. al. (2014), *Bau- und Planungsrecht*, Verwaltung in Praxis und Wissenschaft (vpw), 7. Auflage, Stuttgart.

Roswag, E. (2015), *Zukunftsorientiertes Bauen, Klimawandel und Ressourcenknappheit fordern Veränderung*, Deutsche BauZeitschrift 2015, Berlin, URL: https://www.dbz.de/artikel/dbz_Bautechnik_Zukunftsorientiert_Bauen_Eike_Roswag_2347593.html, Abruf am 17.08.2021

Sauter, H. (2021), Kommentar zur *Landesbauordnung für Baden-Württemberg*, 3. Auflage, 58. Lieferung, 2021.

Scheidler, A. (2021a), *Baulandmobilisierung durch Änderung bauplanungsrechtlicher Zulassungstatbestände*, WiVerw 2021, S. 45–53.

Scheidler, A. (2021b), *Die bauplanungsrechtlich begünstigten Vorhaben nach § 35 Abs. 4 BauGB*, ZfBR 2021, S. 25–32.

Schrödter, W. (2019), Kommentar zum *Baugesetzbuch*, 9. Auflage.

Die bauplanungsrechtliche Zulässigkeit von Biogasanlagen im Außenbereich

Johannes Letsch und Pascal Becker

1 Einleitung

Das Ziel, regenerative Energien im Rahmen des Strukturwandels in der Landwirtschaft zu fördern und dies mit der Freihaltung des Außenbereichs von Bebauung in Einklang zu bringen, stellt ein in der Praxis immer wieder aufkommendes Problem dar. Die Verwirklichung beider Aspekte, die ihren Ursprung im Umwelt- und Klimaschutz haben, erfordert umfangreiche Interessensabwägungen und nicht zuletzt das Eingehen von Kompromissen.

Die Energiegewinnung aus Biomasse ist neben den bekannten Größen Wind, Wasser und Sonne ein Sektor, der sich in der Vergangenheit immer mehr etablieren konnte. Maßgeblich für den Aufschwung der energetischen Nutzung von Biomasse war neben der Einführung des Erneuerbare-Energien-Gesetzes (EEG), durch welches auch die energetische Nutzung von Biomasse gefördert wird, die Baugesetzbuch (BauGB) – Novelle im Jahr 2004, mittels welcher die bauplanungsrechtliche Zulässigkeit von Biogasanlagen im Außenbereich erleichtert werden sollte.[1] Zwar kam dies der Realisierung von Biogasanlagen entgegen und trug somit positiv zum Strukturwandel in der Landwirtschaft bei. Allerdings brachte die auf Biogasanlagen gemünzte Neufassung des § 35 Abs. 1 Nr. 6 BauGB auch viele Unklarheiten und Umsetzungsschwierigkeiten mit sich.

Zielsetzung der Arbeit ist es, einige der mit der bauplanungsrechtlichen Zulässigkeit nach § 35 Abs. 1 Nr. 6 Hs. 1 BauGB aufkommenden Problematiken praxisorientiert zu klären, unter Abwägung der zu Beginn genannten Aspekte Handlungsempfehlungen darzustellen und herauszuarbeiten, unter welchen Maßgaben Biomasseanlagen ein echter ökologischer Baustein im System der regenerativen Energiegewinnung sein können.

1 Söfker, (2020), Rn. 11, 12; Kruschinski, (2010), S. 79.

2 Die bauplanungsrechtliche Zulässigkeit von Biogasanlagen im Außenbereich nach § 35 Abs. 1 Nr. 1 BBauG / BauGB

Bis zur Gesetzesänderung durch das EAG Bau 2004 waren Biogasanlagen im Einzelfall über den Privilegierungstatbestand des § 35 Abs. 1 Nr. 1 BBauG / BauGB im Außenbereich zulässig. Eine Behandlung dieser Anlagen als „landwirtschaftlicher Betrieb" im Sinne dieser Vorschrift war jedoch nicht unproblematisch. Denn um eine landwirtschaftliche Betätigung bejahen zu können, verlangt die Rechtsprechung eine unmittelbare Bodenertragsnutzung oder im Einzelfall bestimmte Produktions- und Veredelungsstufen.[2] Zwar handelt es sich bei der Produktion von Biomasse um Landwirtschaft, auch im Sinne des § 201 BauGB, da hier eine unmittelbare Bodenertragsnutzung in Form der Gewinnung von Biomasse durch Ackerbau vorliegt.[3] Allerdings geht die Funktion einer Biogasanlage weiter als die reine Produktion von Biomasse, da Biogasanlagen die produzierte Biomasse energetisch nutzen. Die gewonnene Biomasse ist also lediglich das für den Betrieb einer Biogasanlage benötigte einzubringende Material. Eine zu weite Auslegung des Begriffs der Landwirtschaft, welche eine Biogasanlage miteinschließen würde, würde auch anderen industriellen Fertigungsanlagen die Möglichkeit eröffnen, unter den o. g. Privilegierungstatbestand gefasst zu werden. Dies würde dem grundlegenden Gedanken, den Außenbereich vor Bebauung zu schützen, zuwiderlaufen. Hinsichtlich dessen, ob die Gewinnung von Biogas unter die o. g. Veredelung zu fassen ist, gab es verschiedene Auffassungen. Im Ergebnis hat sich in der Rechtsprechung die Meinung, dass die Gewinnung von Biogas nicht unter eine solche Veredelung zu fassen ist, durchgesetzt.[4] Andernfalls wäre es womöglich nicht erforderlich gewesen, § 35 Abs. 1 Nr. 6 BauGB in die heutige Fassung zu ändern. Letztendlich handelt es sich bei dem reinen Betrieb einer Biogasanlage also um einen Gewerbebetrieb.

Eine Zulässigkeit im Rahmen des § 35 Abs. 1 Nr. 1 BauGB war folglich nur unter bestimmten Voraussetzungen möglich. Bei der Biogasanlage musste es sich um eine „dienende-" oder „mitgezogene Nutzung" des eigentlich privilegierten landwirtschaftlichen Betriebs i. S. v. § 35 Abs. 1 Nr. 1 BBauG / BauGB handeln.[5]

---

2 BVerwG, Urteil vom 13. Dezember 1974 – IV C 22.73, WKRS 1974, 13370; BVerwG, Urteil vom 11. Dezember 2008 – 7 C 6.08, WKRS 2008, 29444; Meißner, 2020, S. 8, BVerwG, Urteil vom 04. Juli 1980 – IV C 101/77, WKRS 1980, 11243.

3 BVerwG, Urteil vom 11. Dezember 2008 – 7 C 6.08, WKRS 2008, 29444, Rn. 19.

4 Hentschke/Ulbrich, (2005), S. 42.

5 Hentschke/Ulbrich, (2005) S. 42.

2.1 Die Biogasanlage als „dienende Nutzung" eines Betriebes nach § 35 Abs. 1 Nr. 1 BBauG / BauGB

Um das Merkmal des „Dienens" bejahen zu können, kommt es zum einen darauf an, „ob ein vernünftiger Landwirt unter Berücksichtigung des Gebots größtmöglicher Schonung des Außenbereichs ein Bauvorhaben mit gleichem Verwendungszweck errichten würde".[6] Zum anderen ist maßgeblich, ob das Vorhaben die Stellung eines untergeordneten Betriebsteils einnimmt und mit dem Hauptbetrieb in einem funktionalen Zusammenhang steht. Um eben diesen untergeordneten Betriebsteil bejahen zu können, wurde auf den prozentualen Anteil der Einnahmen aus der Biogasanlage im Verhältnis zu den Gesamteinnahmen des Betriebs abgestellt. Die aus der Biogasanlage erzielten Einnahmen durften keinen nennenswerten Teil des Gesamterwerbs des Betriebes darstellen, damit die dienende Funktion zu bejahen sei.[7]

2.2 Die Biogasanlage „als mitgezogene Nutzung" eines Betriebes nach § 35 Abs. 1 Nr. 1 BBauG / BauGB

Eine „mitgezogene Nutzung" liegt dann vor, wenn durch das Vorhaben die Annahme eines landwirtschaftlichen Betriebes als solcher nicht in Frage gestellt wird und das Erscheinungsbild eines im Außenbereich gelegenen Betriebes unverändert bleibt. Es müsste sich also um eine sog. bodenrechtliche Nebensache handeln[8]. Anhaltspunkte hierfür sind der von der Biogasanlage eingenommene Anteil an der gesamten Betriebsfläche und der zu investierende Arbeitseinsatz im Rahmen des Betreibens der Biogasanlage.[9]

2.3 Gründe für die Einführung von § 35 Abs. 1 Nr. 6 BauGB

Die Einordnungsmöglichkeit von Biogasanlagen als „dienende-" wie auch als „mitgezogene Nutzung" eines landwirtschaftlichen Betriebes nach § 35 Abs. 1 Nr. 1 BauGB reichte angesichts des Strukturwandels in der Land-

---

6 BVerwG, Urteil vom 03. November 1972 – IV C 9.70, WKRS 1972, 14274.
7 Hentschke/Ulbrich, (2005) S. 42.
8 BVerwG, Beschluss vom 28. August 1998 – 4 – B 66/98, WKRS 1998, 13924, RN 6.
9 OVG RLP, Urteil vom 24. Oktober 2001 – 8 A 10125/01, RDL 2003, 295 – 296.

wirtschaft nicht mehr aus, um solche Anlagen rentabel betreiben zu können.[10] Der Klimawandel erfordert mehr Klima- bzw. Umweltschutz. Da die energetische Nutzung von Biomasse zu den regenerativen Energiequellen gehört, gestaltet sich diese, sofern es sich um die energetische Nutzung von Abfallbiomasse handelt, als eine dem Umweltschutz zugutekommende Erwerbsquelle. Die energetische Nutzung von Biomasse sollte nicht weiter als Nebenerwerbsquelle, wie es die „dienende Nutzung" forderte, eingeordnet werden. Vielmehr musste diese als Haupterwerbsquelle angesehen werden.[11] Aufgrund der Größe moderner Anlagen konnte man ebenfalls nicht mehr von einem nur nebensächlichen Arbeitseinsatz sprechen, den eine „mitgezogene Nutzung" forderte. So hat der Gesetzgeber das EAG Bau 2004 zum Anlass genommen, § 35 BauGB derart abzuändern, dass zum einen die bauplanungsrechtliche Absicherung der Zielsetzung des EEG 2004 und zum anderen die Erleichterung der Errichtung von Biogasanlagen im Außenbereich ermöglicht wird.[12] Der Gesetzgeber versuchte so, mit § 35 Abs. 1 Nr. 6 BauGB neben einer allgemeinen energiepolitischen Zielsetzung einen Kompromiss zwischen der befürchteten Belastung des Außenbereiches und den an weiteren Erwerbsquellen interessierten Landwirten zu finden.[13]

3. Die bauplanungsrechtliche Zulässigkeit von Biogasanlagen im Außenbereich nach § 35 Abs. 1 Nr. 6 BauGB

Um den Privilegierungstatbestand des § 35 Abs. 1 Nr. 6 BauGB zu erfüllen, müssen Biogasanlagen den dort genannten Voraussetzungen entsprechen. Bevor auf die einzelnen Privilegierungsvoraussetzungen eingegangen werden kann, ist zunächst aber die Frage zu klären, ob § 35 Abs. 1 Nr. 6 BauGB eine abschließende Regelung darstellt oder ob auch beispielsweise ein Rückgriff auf § 35 Abs. 1 Nr. 1 BauGB erfolgen kann.

10 Koppitz, (2004), Rn. 96; Hentschke/Ulbrich, (2005) S. 42 – 43; BR-Dr. 756/03 vom 17. Oktober 2003, S. 153.
11 Hentschke/Ulbrich, (2005) S. 43.
12 Berkemann/Halama, 2004, S. 406; Kruschinski, (2010), S. 79.
13 Berkemann/Halama, (2004), S 406.

3.1. Der Rückgriff auf § 35 Abs. 1 Nr. 1 BauGB

Die Frage, ob es sich bei § 35 Abs. 1 Nr. 6 BauGB um eine abschließende Regelung handelt, wird kontrovers diskutiert. Zum einen wird die Auffassung vertreten, dass es sich bei § 35 Abs. 1 Nr. 6 BauGB um eine abschließende Regelung für die Zulässigkeit von Biogasanlagen im Außenbereich handelt.[14] Begründet wird dies mit dem Gesetzeswortlaut und den gesetzgeberischen Motiven dahingehend, dass mit § 35 Abs. 1 Nr. 6 BauGB die Möglichkeit der Errichtung von Biogasanlagen in umfangreicherem Maße als zuvor ermöglicht wird, zugleich aber der Außenbereich eben durch die Voraussetzungen in Nr. 6 nach wie vor größtmöglichen Schutz erhalten solle.[15] Mit dieser Begründung scheint diese Auffassung zunächst sinnig, zumal von § 35 Abs. 1 Nr. 6 BauGB eben auch solche Anlagen erfasst werden, die ansonsten unter § 35 Abs. 1 Nr. 1 BauGB gefallen wären.

Andere vertreten die Meinung, dass § 35 Abs. 1 Nr. 6 BauGB nicht als abschließende Regelung anzusehen sei.[16] § 35 Abs. 1 Nr. 6 BauGB als abschließend anzusehen, würde zu einer Rechtsminderung gegenüber § 35 Abs. 1 Nr. 1 BauGB führen.[17] Ohnehin bestünde zwischen den einzelnen Alternativen des Abs. 1 keine Spezialität.[18] So seien auch beispielsweise Windenergieanlagen als untergeordnete Nebenanlage eines gemäß § 35 Abs. 1 Nr. 1 BauGB privilegierten Betriebes zulässig.[19] Vor diesem Hintergrund könne eine Biogasanlage, obwohl sie die Leistungsbegrenzung von 2,0 MW überschreitet, ggf. in besonders begründeten Einzelfällen nach § 35 Abs. 1 Nrn. 3 oder 4 BauGB zulässig sein.[20] Da es sich hier allerdings um eine Überschreitung der vom Gesetzgeber normierten Voraussetzungen handelt, sollte von einem solchen Rückgriff abgesehen werden.

Wesentlich bedeutsamer erscheint allerdings die Heranziehung einer möglichen Privilegierung nach § 35 Abs. 1 Nr. 1 BauGB, da diese nicht der durch den Planvorbehalt geschaffenen Steuerungsmöglichkeit des § 35 Abs. 3 S. 3 BauGB unterliegt.[21] Ginge man davon aus, dass § 35 Abs. 1 Nr. 6

---

14 VG Stade, Urteil vom 12. Mai 2011 – 2 A 130/10, openJur 2012, 51903, Rn. 45; Hentschke/Ulbrich, (2005), S. 43; EZBK/Söfker, (2020), Rn. 59; BT-DR 15/2250 S. 55; Stür, (2015) Rn. 3005; Mitschang/Reidt, (2019), S. 712.

15 Söfker, (2020), Rn. 59.

16 Brügelmann/Dürr, (2020), Rn. 122; Berkemann/Halama, (2004), S. 408.

17 Berkemann/Halama, (2004), S. 408.

18 Brügelmann/Dürr, (2020), Rn. 122.

19 BVerwG, Urteil vom 04. November 2008 – 4 B 44.08, WKRS 2008, 25403.

20 Brügelmann/Dürr, (2020), Rn. 122.

21 Brügelmann/Dürr, (2020), Rn. 122.

BauGB abschließend ist und es träte der Fall ein, dass eine aufgrund ihrer „dienenden Funktion“ eher kleine Biogasanlage, welche der Strom- und Wärmeerzeugung des eigenen Betriebs dienen soll, in einem Gebiet liegt, in dem der Flächennutzungsplan Biogasanlagen i. S. v. § 35 Abs. 1 Nr. 6 BauGB ausdrücklich nicht an dieser Stelle ausgewiesen hat, entfiele die Möglichkeit, die geplante Anlage an dieser Stelle zu realisieren. Dem geplanten Vorhaben würden öffentliche Belange im Sinne von § 35 Abs. 3 S. 3 BauGB entgegenstehen. Ob es tatsächlich zu einer solchen Fallkonstellation kommt, bleibt abzuwarten. Da Biogasanlagen im Falle des § 35 Abs. 1 Nr. 1 BauGB auch nur in einer dem landwirtschaftlichen Betrieb „dienenden-“ bzw. „mitgezogenen Funktion“ zulässig sind (s. o.), handelt es sich hierbei auch vielmehr um eine Unterschreitung der vom Gesetzgeber normierten Voraussetzungen an die bauplanungsrechtliche Zulässigkeit einer Biogasanlage. Der größtmögliche Schutz des Außenbereichs wäre also mithin gewahrt.

Höchstrichterliche Entscheidungen dahingehend, ob es sich bei § 35 Abs. 1 Nr. 6 BauGB um eine abschließende Regelung handelt, gibt es bis zum jetzigen Zeitpunkt nicht. Unter Beachtung der obigen Ausführungen sollte § 35 Abs. 1 Nr. 6 BauGB allerdings als nicht abschließend angesehen werden. Man sollte aber nicht pauschal alle erdenklichen Rückgriffmöglichkeiten auf andere Privilegierungstatbestände erlauben. Letztendlich sollte immer der Wille des Gesetzgebers, dem Außenbereich größtmöglichen Schutz zu bieten, beachtet werden.

3.2. *Im Rahmen eines Betriebes nach Nummer 1 oder 2 oder eines Betriebes nach Nummer 4, der Tierhaltung betreibt, gemäß § 35 Abs. 1 Nr. 6 Hs. 1 BauGB*

Gemäß § 35 Abs. 1 Nr. 6 Hs. 1 BauGB muss die energetische Nutzung von Biomasse im Rahmen eines Betriebes nach Nummer 1, 2 oder 4, soweit letzterer Tierhaltung betreibt, erfolgen. Bei der Formulierung „im Rahmen“ handelt es sich um einen unbestimmten Rechtsbegriff, welcher einer genaueren Auslegung bedarf. Zuvor ist allerdings zu klären, ob es sich bei der Formulierung des § 35 Abs. 1 Nr. 6 Hs. 1 BauGB um eine selbstständig zu prüfende Privilegierungsvoraussetzung dieser Norm handelt.

3.2.1. § 35 Abs. 1 Nr. 6 Hs. 1 BauGB als selbstständig zu prüfende Privilegierungsvoraussetzung?

Die Thematik betreffend, ob es sich hierbei um eine selbstständig zu prüfende Privilegierungsvoraussetzung handelt, vertritt Mantler im Rahmen seiner systematischen und am Wortlaut orientierten Auslegung dieser Begriffe die Auffassung, dass der Betrieb nach § 35 Abs. 1 Nrn. 1, 2 oder 4, sofern letzterer Tierhaltung betreibt, nur den Rahmen für die Nutzung der Biomasse stellt und lediglich als Anknüpfungspunkt dient. Qualitative Anforderungen an diesen Anknüpfungspunkt lassen sich wiederum nicht aus diesem Wortlaut, sondern vielmehr aus den in § 35 Abs. 1 Nr. 6 BauGB gelisteten Unterpunkten lit. a – d entnehmen. Die Voraussetzungen der privilegierten Zulässigkeit seien daher ausschließlich aus der Aufzählung der lit. a – d von § 35 Abs. 1 Nr. 6 BauGB zu entnehmen. Das Merkmal „im Rahmen eines Betriebes" wäre somit nicht als eigene Privilegierungsvoraussetzung zu problematisieren.[22] Dieser Auffassung folgend würde sodann auch die umfangreiche Auslegungsproblematik dieser Formulierung entfallen.

Allerdings geht die Mehrheit der Meinungen in Literatur und Rechtsprechung davon aus, dass es sich hierbei um eine selbstständig zu prüfende Privilegierungsvoraussetzung handelt.[23] Andernfalls wäre die Aufnahme dieser Begriffe ohne Aussagegehalt und damit bedeutungslos und überflüssig.[24] Auch auf höchstrichterlicher Ebene wird diese Formulierung als eigenständige Privilegierungsvoraussetzung angesehen, welche verhindern soll, dass ein Eingriff solitär stehender Vorhaben in den Außenbereich erfolgt.[25] Untermauert wird diese Auffassung dann noch damit, dass bei der Gesetzesänderung im Jahre 2011 eine Streichung der Voraussetzungen „im Rahmen des Betriebes" aufgrund der u.a. Auslegungsproblematik diskutiert wurde, die Bundesregierung aber letztendlich keinen Änderungsbe-

---

22 Mantler, (2007), S. 55.

23 Söfker, (2020), Rn. 59b; OVG Niedersachsen Urtei. vom 14. März 2013 – 12 L 153/11, WKRS 2013, 33479; VG Staade, Urteil vom 09. Dezember 2008 – 2 A 1457/07, WKRS 2008, 28260; Berwanger, (2013), S. 1051; VGH München, Beschluss vom 08. November 2013 – 22 CS 13.1984 ZUR 2014, S. 179 ff; Beschluss vom 02. November 2017 – 2 BV 15.2712, BeckRS 2017, 133278; Busse/Kraus, (2020).

24 OVG Niedersachsen, Urteil vom 14. März 2013 – 12 L 153/11, WKRS 2013, 33479, Rn. 37.

25 BVerwG, Urteil vom 11. November 2008 – 7 C 6.08, WKRS 2008, 29444, Rn. 18.

darf in dieser Sache gesehen hat.[26] Damit wird deutlich, dass der Gesetzgeber trotz bewusster Auslegungsproblematik weiter an der Existenz dieser Privilegierungsvoraussetzung festhalten wollte.

3.2.2. Auslegung des unbestimmten Rechtsbegriffes „im Rahmen“

Dem Wortlaut von § 35 Abs. 1 Nr. 6 BauGB lässt sich bereits entnehmen, dass die Biogasanlage nicht selbstständig bzw. losgelöst von einem Betrieb nach § 35 Abs. 1 Nr. 1, 2 oder 4 BauGB, sofern letzterer Tierhaltung betreibt, errichtet und betrieben werden darf. Die Anlage ist also nicht isoliert zulässig, sondern setzt den im Außenbereich privilegierten Betrieb voraus und muss sich in dessen „Rahmen“ bewegen.[27] Fraglich ist allerdings, wann sich die Biogasanlage „im Rahmen“ des im Außenbereich privilegierten Betriebs bewegt.

3.2.2.1 Rückgriff auf Anforderungen an die in § 35 Abs. 1 Nr. 1 BauGB erforderliche „dienende Funktion“

Im unmittelbaren Anschluss an die Gesetzesänderung durch das EAG Bau 2004 wurde zunächst überlegt, auf Merkmale der „dienenden Funktion“ zurückzugreifen. Ein vollständiger Rückgriff auf die Anforderungen, die das Vorliegen der Voraussetzungen des „Dienens“ im Rahmen des § 35 Abs. 1 Nr. 1 BauGB bejahen, kommt, entgegen der Auffassung des VG Mainz, nicht in Betracht.[28] Es darf explizit nicht verlangt werden, dass die Biogasanlage noch immer von untergeordneter Bedeutung für den Betrieb sein muss.[29] Hätte der Gesetzgeber dies gewollt, so hätte er auch die entsprechende Formulierung verwendet und diese nicht durch die Worte „im Rahmen“ ersetzt.[30] Auch liefe andernfalls die Voraussetzung von § 35 Abs. 1 Nr. 6a BauGB ins Leere, da ihr im Falle des „Dienens“ gerade keine

---

26 BT-Drs. 17/6253, S. 8, 10; OVG Niedersachsen, Urteil vom 14. März 2013 – 12 L 153/11, WKRS 2013, 33479, Rn. 49 – 51.

27 OVG Niedersachsen, Urteil vom 14. März 2013 – 12 LC 153/11, WKRS 2013, 33479, Rn. 38.

28 VG Mainz, Urteil vom 23. Januar 2007 – 3 K 194/06, WKRS 2007, 62191.

29 Söfker, (2020) Rn. 59b; Peine/Knopp/Radke, (2009) S. 116 – 117; BVerwG, Urteil vom 11. Dezember 2008 – 7 C 6.08, WKRS 2008, 29444, Rn. 19.

30 BVerwG, Urteil vom 11.12.2008 – 7 C 6.08, WKRS 2008, 29444, Rn. 19; Peine/Knopp/Radke, (2009) S. 116 – 117.

eigene Funktion mehr zukäme[31]. Gegen die Auffassung des VG Mainz spricht zudem, dass diese den o. g. Gründen zuwiderlaufen würde, welche Anlass für die Gesetzesänderung im Jahr 2004 waren. Infolgedessen, dass ein solch gänzlicher Rückgriff also nicht möglich ist, wird eine Biogasanlage auch dann im Rahmen eines landwirtschaftlichen Betriebes betrieben, wenn der landwirtschaftliche Betrieb ausschließlich Biomasse erzeugt.[32]

Es gestattet sich allerdings eine zum Teil entsprechende Anwendung der Merkmale der „dienenden Funktion" an dieser Stelle, nämlich insoweit, dass eine funktionale Zuordnung und eine räumliche Nähe zu den o. g. Betrieben bestehen muss.[33] Eine Prüfung dessen an dieser Stelle erübrigt sich allerdings, da § 35 Abs. 1 Nr. 6a BauGB explizit den räumlich-funktionalen Zusammenhang fordert.

3.2.2.2. Rechtliche Zuordnung der Biogasanlage zum Betrieb nach § 35 Abs. 1 Nr. 1, 2 oder 4 BauGB

Um letztendlich also bestimmen zu können ob die Voraussetzungen der Formulierung „im Rahmen" vorliegen, ist eine rechtliche Zuordnung der Biogasanlage zum Basisbetrieb erforderlich.[34] Wesentlicher Anhaltspunkt hierfür ist die Identität von Inhaber des Basisbetriebs (Landwirt) und des Betreibers der Biogasanlage. Eine Biogasanlage wird demnach zweifellos „im Rahmen" eines Betriebes nach § 35 Abs. 1 Nr. 1, 2 oder 4 BauGB, sofern letzterer Tierhaltung betreibt, betrieben, wenn Inhaber des Basisbetriebs und der Biogasanlage personenidentisch sind.[35] Zwingend erforderlich darf eine solche Zuordnung allerdings nicht sein.[36] So würde zum einen erschwert, eine Kooperation von mehreren Betrieben zu erreichen.[37] Zum anderen ist zu beachten, dass angesichts des Strukturwandels in der Landwirtschaft unterschiedliche Betriebsformen unter Ausnutzung der ge-

31 Loibl/Reichl, (2008), S. 137.

32 BVerwG, Urteil vom 11. Dezember 2008 – 7 C 6.08, WKRS 2008, 29444, Rn. 19.

33 Söfker, (2020), Rn. 59b.

34 OVG Niedersachsen, Urteil vom 14. März 2013 – 12 LC 153/11, WKRS 2013, 33479, Rn. 31; Peine/Knopp/Radke, (2009), S. 119.

35 Peine/Knopp/Radke, (2009), S. 119; Söfker, (2020), Rn. 59b.

36 Peine/Knopp/Radke, (2009), S. 119; VGH München, Urteil vom 02. November 2017 – 2 BV 15.2712; Kruschinski, (2009), Rn. 48.

37 Peine/Knopp/Radke, (2009), S. 119.

sellschaftsrechtlichen Nomenklatur hervorgebracht wurden, welche so nicht realisiert werden könnten.[38]

Strittig bleibt dann aber noch, wann eine rechtliche Zuordnung zum Basisbetrieb zu bejahen ist, wenn Inhaber dessen und Inhaber der Biogasanlage nicht personenidentisch sind, etwa, wenn die Biogasanlage von einer Gesellschaft betrieben wird, in der außer dem den Basisbetrieb führenden Landwirt auch Dritte z. B. in Form reiner Kapitalgeber vertreten sind. Zumeist wird in Rechtsprechung und Literatur die Meinung vertreten, dass der Inhaber des Basisbetriebs innerhalb der Gesellschaft, welche Inhaberin der Biogasanlage ist, einen „maßgeblichen Einfluss" auf den Betrieb der Biogasanlage haben muss-[39] Begründet wird diese Ansicht zum einen damit, dass es sich bei § 35 BauGB um eine Ausnahmevorschrift handelt, um den Außenbereich grundsätzlich vor Bebauung zu schützen und somit eng auszulegen sei.[40] Zum anderen sollte durch die Einführung von § 35 Abs. 1 Nr. 6 BauGB für landwirtschaftsfremde Dritte wie z.B. reine Kapitalgeber keine Möglichkeit geschaffen werden, sich im Außenbereich anzusiedeln.[41] Dies würde dem o. g. Wesen des Außenbereichs zuwiderlaufen. Hintergrund für die Einführung von § 35 Abs. 1 Nr. 6 BauGB war es, im Wesentlichen den Strukturwandel in der Landwirtschaft zu fördern (s. o.). Daher ist es auch wichtig, dass der landwirtschaftliche Charakter des Gesamtunternehmens erhalten bleibt und die Erträge aus der Biogasanlage auch überwiegend in der Landwirtschaft verbleiben.[42] Ebenso bestünde ohne den „maßgeblichen Einfluss" des den Basisbetrieb führenden Landwirts ggf. die Möglichkeit, die Privilegierungsvoraussetzungen für Biogasanlagen zu unterlaufen.[43]

Andere Meinungen in der Literatur fordern einen solchen „maßgeblichen Einfluss" allerdings explizit nicht. Begründet wird dies zum einen damit, dass dem Außenbereichsschutz bereits durch die weiteren Privilegierungsvoraussetzungen des § 35 Abs. 1 Nr. 6 a – d BauGB genüge getan sei.[44] Zum anderen würde eine weitergehende Prüfung zu einer Über-

38 Kruschinski, (2009), S. 1273.

39 Söfker, (2020), Rn. 59b; VGH München, Urteil vom 02. November 2017 – 2 BV 15.2712, BeckRS 2017, 133278, Rn. 30; OVG Niedersachsen, Urteil vom 14. März 2013- 12 LC 153/11, WKRS 2013, 33479, Rn. 42; Kruschinski, (2009), S. 1234.

40 Kruschinski, (2009), S. 1234.

41 Kruschinski, (2009), S. 1235.

42 OVG Niedersachsen, Urteil vom 14. März 2013 – 12 LC 153/11, WKRS 2013, 33479, Rn. 42; Kruschinski, (2009), S. 1273.

43 Kruschinski, (2009), S. 1274.

44 Berwanger, (2013), S. 1054.

frachtung des Genehmigungsverfahrens aufgrund komplexer gesellschaftsrechtlicher Fallgestaltungen führen und eine permanente Überwachung der gesellschaftsrechtlichen Strukturen erfordern.[45] Ebenso sei zu beachten, dass Landwirte nicht immer die Möglichkeit hätten, Mittel aufzubringen bzw. entsprechende Kredite zu wirtschaftlich vertretbaren Konditionen zu erlangen.[46] Auch wäre dem Strukturwandel in der Landwirtschaft bereits dadurch Genüge getan, dass Landwirte wirtschaftliche Vorteile in Form von Gewinnbeteiligungen, möglichen Zusatzeinnahmen, dauerhafter und beständiger Auslastung der Arbeitskräfte, Verwendung etwaiger entstehender Gärreste als hochwertigen Dünger, der Nutzung der Wärme der Anlage für den Betrieb und dem sicheren und dauerhaften Absatz der im eigenen Betrieb erzeugten Biomasse hätten.[47]

Letzteres wurde seitens des OVG Niedersachsen als explizit nicht ausreichend angesehen, um den Strukturwandel in der Landwirtschaft zu fördern. Es handele sich hierbei um mittelbare wirtschaftliche Vorteile, die der Gesetzgeber in Abwägung zwischen dem Außenbereichsschutz und der Unterstützung des landwirtschaftlichen Strukturwandels nicht ausreichen lassen wolle.[48] Das Argument der befürchteten Überfrachtung des Genehmigungsverfahrens möge zwar zutreffen, allerdings sei nicht ersichtlich, dass damit unüberwindbare Vollzugsprobleme verbunden wären.[49] Es ist auch davon auszugehen, dass ein Verwaltungssachbearbeiter sich aufgrund seiner erlernten Kenntnisse und Fähigkeiten auch in die gesellschaftsrechtliche Materie einarbeiten kann und somit auf Dauer kein enorm hoher zusätzlicher Verwaltungsaufwand bestehen würde. Die angesprochene Überfrachtung des Verfahrens kann daher nicht Grund dafür sein, grundlegende Einwände gegen o. g. Auslegung der Norm herzuleiten. Bezugnehmend auf die von den Landwirten benötigten Fremdmittel ist zu erwähnen, dass diese es nicht rechtfertigen, dem Gesetzgeber zu unterstellen, er habe deshalb in Kauf genommen, dass landwirtschaftsfremde

45 Manten, (2008), S. 576 und 578; Kusche, (2011), S. 129.
46 VG München, Urteil vom 29. Juni 2011 – M 9 K 11.2929 Rn. 39, 40; Berwanger, (2013), S. 119.
47 Mantler, (2007), S. 55.
48 OVG Niedersachsen, Urteil vom 14. März 2013 – 12 LC 153/11, WKRS 2013, 33479, Rn. 46.
49 OVG Niedersachsen, Urteil vom 14. März 2013 – 12 LC 153/11, WKRS 2013, 33479, Rn. 47.

Kapitalgeber maßgeblichen Einfluss auf den Betrieb der Biogasanlage ausüben können.[50]

Letztendlich ist festzustellen, dass die Argumentationen bzgl. dessen, dass der den Basisbetrieb führende Landwirt keinen „maßgeblichen Einfluss" auf den Betrieb der Biogasanlage haben muss, zwar stichhaltig sind und von Literatur und Rechtsprechung an sich auch nicht verneint werden. Allerdings geben diese keinen Anlass für eine solche Auslegung des Begriffs „im Rahmen".

Für eine Befürwortung des Erfordernisses des „maßgeblichen Einflusses" spricht, dass – wenn man diesen hier nicht verlangen würde – an die Formulierung „im Rahmen", außer in den Fällen, in denen Eigentümeridentität besteht, keinerlei weitere Anforderungen mehr gestellt würden. Dies hätte zur Folge, dass es sich in den anderen Fällen also gar nicht mehr um eine selbstständig zu prüfende Voraussetzung handeln würde. Das ist wiederrum so explizit vom Bundesgesetzgeber nicht gewollt (s. o.). Solange dieser also an der aktuellen Formulierung im Gesetzestext festhält, ist davon auszugehen, dass im Falle, dass Basisbetriebsinhaber und Inhaber der Biogaslanlage nicht personenidentisch sind, der den Basisbetrieb führende Landwirt einen „maßgeblichen Einfluss" auf den Betrieb der Biogasanlage haben muss.

3.2.2.2.1. Der „maßgebliche Einfluss"

Im Folgenden ist sodann zu klären, was unter einem „maßgeblichen Einfluss" des den Basisbetrieb führenden Landwirtes zu verstehen ist. Gemeint ist damit, dass die Einflussmöglichkeiten des den Basisbetrieb führenden Landwirtes so weit reichen müssen, dass gegen seinen Willen keine wesentlichen Entscheidungen getroffen werden können.[51] Dahingehend, wie dies sichergestellt werden kann, gibt es unterschiedliche Auffassungen. Wichtig dabei ist es, auf die unterschiedlichen Möglichkeiten der gesellschaftsrechtlichen Ausgestaltung zu achten.

Zum einen wird davon ausgegangen, dass der maßgebliche Einfluss sich grundsätzlich aus einer eingeräumten Geschäftsführungsbefugnis oder einer entsprechenden Befugnis im Gesellschaftervertrag ergeben kann.

---

50 OVG Niedersachsen, Urteil vom 14. März 2013 – 12 LC 153/11, WKRS 2013, 33479, Rn. 46.

51 VG Minden, Urteil vom 14. Februar 2012 – 1 K 2425/10, WKRS 2012, 15404, Rn. 36; Berwanger, (2013), S. 119.

„Ein Innehaben der Mehrheit an den Gesellschaftsanteilen seitens des den Basisbetrieb führenden Landwirts ist nicht unbedingt notwendig, kann aber, wenn damit sein „maßgeblicher Einfluss" gewahrt werden kann, ausreichend sein",[52] so beispielsweise im Falle einer GmbH bzw. GmbH & Co. KG. Dort ist der „maßgebliche Einfluss" gewahrt, wenn der den Basisbetrieb führende Landwirt dauerhaft die Mehrheit der Gesellschaftsanteile der Gesellschaft innehat und sein Einfluss nicht durch Gesellschaftsvertrag oder sonstige Verträge und Regelungen eingeschränkt oder aufgehoben werden darf.[53] Handelt es sich hingegen um eine Aktiengesellschaft, liegt der „maßgebliche Einfluss" vor, wenn der Basisbetriebsinhaber mindestens 50 % plus 1 der Aktien hält und gleichzeitig allein vertretungsberechtigtes Mitglied des Vorstandes ist.[54]

Andere in Rechtsprechung und Literatur diskutierte Möglichkeiten, den „maßgeblichen Einfluss" des den Basisbetrieb führenden Landwirtes zu wahren, sind z. B. die Regelung eines einheitlichen qualifizierten Quorums oder Einstimmigkeit für wichtige Entscheidungen oder die Vereinbarung eines Zustimmungsvorbehalts.[55] Ein klassischer Zustimmungsvorbehalt und das qualifizierte Quorum reichen allerdings grundsätzlich nicht aus, um den „maßgeblichen Einfluss" sicherzustellen. Durch mögliche landwirtschaftsfremde stille Gesellschafter könnte ein erforderliches Quorum auch erreicht werden, ohne dass der den Basisbetrieb führende Landwirt „maßgeblichen Einfluss" auf die Entscheidung hatte. Zudem besteht die Gefahr, dass durch gegenseitige Mehrheitsbeteiligungen an den anderen möglichen Beteiligungsgesellschaften der vertragliche Zustimmungsvorbehalt am Ende praktisch funktionslos werden könnte.[56] Das ist insbesondere dann der Fall, wenn sich landwirtschaftsfremde Kapitalgeber im Rahmen einer Gesellschaft am Basisbetrieb beteiligen.[57]

Um den „maßgeblichen Einfluss" sicherzustellen, sollte es allerdings ausreichen, wenn ein Zustimmungsvorbehalt so festgelegt wird, dass die Zustimmung durch bestimmte Gesellschafter (z. B. der den Basisbetrieb

52 Söfker, (2020), Rn. 59b.

53 Busse/Kraus, (2020).

54 Busse/Kraus, (2020); VGH München, Urteil vom 02. November 2017 – 2 BV 15.2712, BeckRS 2017, 133278, Rn. 31.

55 Berwanger, (2013), S. 119.; VG Staade, Urteil vom 09. Dezember 2008 – 2 A 1457/07, WKRS 2008, 28260, Rn. 39; Kruschinsky, (2009), S. 1235; OVG Niedersachsen, Urteil vom 14.03.2013 – 12 LC 153/11, WKRS 2013, 33479, Rn. 53.

56 Kruschinsky, (2009), S. 1235.

57 VG Staade, Urteil vom 09. Dezember 2008 – 2 A 1457/07, WKRS 2008, 28260, Rn. 34.

führende Landwirt) oder eine bestimmte Gruppe von Gesellschaftern (im Falle einer Kooperation von mehreren Landwirten, s. u.) eingeholt werden muss. Auch eine bei Entscheidungen bestehende Einstimmigkeit sollte als ausreichend angesehen werden, um den „maßgeblichen Einfluss" des den Basisbetrieb führenden Landwirtes sicherzustellen. Für landwirtschaftsfremde Dritte, z. B. in Form reiner Kapitalgeber, gestaltet es sich so attraktiver, sich in einer solchen Gesellschaft zu beteiligen. Das kommt sodann Landwirten zugute, denen es nicht möglich ist, Mittel aufzubringen bzw. entsprechende Kredite zu wirtschaftlich vertretbaren Konditionen zu erlangen. Ebenfalls entfiele so auch eine permanente Überwachung der gesellschaftsrechtlichen Strukturen der Betreibergesellschaft. Die Möglichkeiten, den „maßgeblichen Einfluss" mittels spezieller Zustimmungsvorbehalte oder bei einer für Entscheidungen erforderliche Einstimmigkeit sicherzustellen, kommen daher auch der Auffassung entgegen, welche keinen „maßgeblichen Einfluss" fordert (s. o.).

Höchstrichterliche Entscheidung dieser Thematik bleiben abzuwarten. Letztendlich ist angesichts der Fülle an Gestaltungsmöglichkeiten immer eine Einzelfallbetrachtung durchzuführen, bei der grundsätzlich die o. g. erste Auffassung angewandt werden kann, die beiden zuletzt genannten Möglichkeiten aber in keinem Fall außer Acht gelassen werden sollten.

3.2.2.2.2. Ausnahme im Falle einer Kooperation privilegierter Landwirte im Sinne von § 35 Abs. 1 Nr. 6b BauGB

Fraglich ist, ob es mit dem Zweck des Gesetzes vereinbar ist, dass der den Basisbetrieb führende Landwirt an einer Gesellschaft, in der sich mehrere Gesellschafter im Sinne des § 35 Abs. 1 Nr. 6b BauGB befinden, nur in einem geringeren und unbedeutenden Maße beteiligt ist.[58]

Unproblematisch zu bejahen ist dies, wenn die Betreibergesellschaft dauerhaft ausschließlich aus Gesellschaftern im Sinne des § 35 Abs. 1 Nr. 6b BauGB besteht.[59] Der Absicht, den Strukturwandel in der Landwirtschaft zu unterstützen, wird so auf jeden Fall genüge getan, da es sich ja um ausschließlich landwirtschaftliche Betriebe handelt, bei denen die Erträge aus der Biogasanlage verbleiben.

---

58 OVG Niedersachsen, Urteil vom 14. März 2013 – 12 LC 153/11, WKRS 2013, 33479, Rn. 54.

59 Busse/Kraus, (2020).

Nicht ganz einheitlich sind Aussagen in Literatur und Rechtsprechung dahingehend, wie damit umzugehen ist, wenn die Betreibergesellschaft nicht ausschließlich aus Gesellschaftern im Sinne des § 35 Abs. 1 Nr. 6b BauGB besteht, sondern sich ebenfalls landwirtschaftsfremde Dritte in dieser befinden (z. B. reine Kapitalgeber). Einerseits wird die Meinung vertreten, dass der den Basisbetrieb führende Landwirt auch dann noch einen „maßgeblichen Einfluss" auf die Betriebsführung haben muss.[60] Andere sprechen davon, dass es im Falle einer Kooperation von privilegierten Landwirten ausreicht, wenn diese zusammen einen „bestimmenden Einfluss" auf die Betriebsführung haben.[61] Allerdings lässt sich deren Ausführungen nicht klar entnehmen, auf welche Betreiberkonstellation sich genau bezogen wird. Einerseits könnte es sich hierbei lediglich um eine Verdeutlichung dessen handeln, dass es mit dem Zweck des Gesetzes unproblematisch vereinbar ist, dass der Inhaber des Basisbetriebes an einer Gesellschaft, in der sich ausschließlich privilegierte Gesellschafter befinden, nur in einem geringeren und unbedeutenden Maße beteiligt ist. Andererseits könnte es sich aber eben auch um die Privilegierungsvoraussetzung handeln, welche an eine Gesellschaft, die nicht ausschließlich aus privilegierten Landwirten besteht, gestellt wird. Da wiederum andere in Literatur und Rechtsprechung vertretene Meinungen explizit davon sprechen, dass der den Basisbetrieb führende Landwirt in einem solchen Fall zusammen mit den anderen Landwirten einen „bestimmenden Einfluss" auf die Gesellschaft haben muss, ist davon auszugehen, dass auch die o. g. Meinungen sich also auf diese Konstellation beziehen.[62] Auch wenn der Gesetzeswortlaut davon spricht, die Biogasanlage habe „im Rahmen eines Betriebes" zu erfolgen, sollte nicht immer ausschließlich auf den „maßgeblichen Einfluss" des diesen Betrieb führenden Landwirts abgestellt werden. Im Rahmen der Zielsetzung, den Strukturwandel in der Landwirtschaft zu fördern, ist gerade eine Kooperation privilegierter Landwirte gewünscht und soll gefördert werden.[63] Durch eine Kooperation privilegierter Landwirte besteht auch weniger die Gefahr, dass sich landwirtschaftsfremde Ka-

---

60 Busse/Kraus, (2020).

61 VGH München, Urteil vom 02. November 2017 – 2 BV 15.2712, BeckRS 2017 133278, Rn. 30; VGH München, Urteil vom 08. November 2013 – 22 CS 13.1984, ZUR 2014, S. 179ff, Rn. 20e; Battis/Krautzberger/Löhr/Mitschang/Reidt, 14. Aufl. 2019, BauGB § 35 Rn. 49.

62 OVG Niedersachsen, Urteil vom 14. März 2013 – 12 LC 153/11, WKRS 2013, 33479, Rn. 54; Brügelmann/Dürr, (2020), Rn. 126.

63 OVG Niedersachsen, Urteil vom 14. März 2013 – 12 LC 153/11, WKRS 2013, 33479, Rn. 44.

pitalgeber ausschließlich einen einzigen privilegierten Landwirt als Anknüpfungspunkt suchen und dadurch eine Vielzahl an Biogasanlagen im Außenbereich entstehen könnten. Der Kooperation von Landwirten sollte daher keine Steine derart in den Weg gelegt werden, dass auch im Falle einer Kooperation ein „maßgeblicher Einfluss" nur des den Basisbetrieb führenden Landwirts gefordert wird. Folglich sollte es in solchen Fällen also genügen, wenn die privilegierten Landwirte zusammen in der Gesellschaft einen „bestimmenden Einfluss" auf diese haben.

Auffallend ist, dass hier nun von einem „bestimmenden Einfluss" gesprochen wird. Da es sich hierbei allerdings um ein Synonym zur Formulierung des „maßgeblichen Einflusses" handelt, ist davon auszugehen, dass die obigen Ausführungen hinsichtlich dessen, wann von einem „maßgeblichen Einfluss" gesprochen werden kann, hier entsprechend, selbstverständlich angepasst auf mehrere Landwirte, angewendet werden können. So wäre der „bestimmende Einfluss" also im Falle einer GmbH / GmbH & Co. KG. gewahrt, wenn die privilegierten Landwirte zusammen dauerhaft die Mehrheit der Gesellschaftsanteile der Gesellschaft innehaben und deren Einfluss nicht durch Gesellschaftsvertrag oder sonstige Verträge und Regelungen eingeschränkt oder aufgehoben werden darf. Handelt es sich um eine Aktiengesellschaft, läge ein „bestimmender Einfluss" vor, wenn die privilegierten Landwirte zusammen mindestens 50 % plus 1 der Aktien halten und ausschließlich diese Landwirte vertretungsberechtigte Mitglieder des Vorstandes sind. Die Befürchtung, dass durch eine mögliche Veräußerung von Aktien oder Gesellschaftsanteilen einzelner beteiligter Landwirte an Nichtlandwirte ein Nichtlandwirt Mehrheitsaktionär bzw. Mehrheitsgesellschafter werden könnte, ist unbegründet. Dies würde zu einer Entprivilegierung der Anlage führen.[64]

Ebenfalls wäre ein „bestimmender Einfluss" durch den o. g. Zustimmungsvorbehalt oder eine bei Entscheidungen geforderte Einstimmigkeit gesichert.

Auch bei dem im Falle des bei einer Kooperation von Landwirten geforderten „bestimmenden Einflusses" sollte aufgrund der Fülle an gesellschaftsrechtlichen Gestaltungsmöglichkeiten immer eine Einzelfallbetrachtung stattfinden.

---

64 Brügelmann/Dürr, (2020), Rn. 126; VGH München, Urteil vom 02. November 2017 – 2 BV 15.2712, BeckRS 2017, 133278, Rn. 31; VGH München, Beschluss vom 08. November 2013 – 22 CS 13.1984, ZUR 2014, S. 179 ff.

4 Gegenüberstellung von Vor- und Nachteilen der energetischen Nutzung von Biomasse

„Biomasse ist eine erneuerbare, jedoch begrenzte Ressource, deren Nutzung ein hohes Konfliktpotenzial birgt".[65]

Ein großer umweltpolitischer Vorteil ist, dass Biogas CO^2-neutral ist und sogar zur Senkung des CO^2-Gehaltes in der Atmosphäre beitragen kann, sofern die bei dem Prozess entstehende Wärme ebenfalls genutzt wird. Im Unterschied zu Wind- und Sonnenenergie ist Biogas witterungsabhängig einsetzbar und kann so die in der Energieerzeugung wichtige Grundlast unterstützen. Biogas inkl. Biomethan waren im Jahr 2016 mit einem Anteil von 17,2 % an der Bruttostromerzeugung aus erneuerbaren Energien beteiligt. Bezogen auf die gesamte Bruttostromerzeugung in Deutschland wurden damit rund 5 % aus Biogas und Biomethan bereitgestellt.[66]

Nachteile, die mit der energetischen Nutzung von Biomasse einhergehen, sind zum einen mögliche Geruchsbelästigungen solcher Anlagen, auch dann, wenn diese sich nicht in unmittelbarer Nähe von Ortschaften befinden. Weiterhin besteht die Gefahr des Ausstoßes zu großer Mengen Methan, welche den Treibhauseffekt verstärken. Zu Beginn des Jahres 2019 entwichen noch durchschnittlich etwa 5 % des in Biogasanlagen produzierten Methans unkontrolliert in die Atmosphäre.[67] Es ist aber davon auszugehen, dass dem im Rahmen des technischen Fortschritts immer mehr entgegengewirkt werden kann. Ein weiteres Risiko, dass mit dem Betrieb von Biogasanlagen einhergeht, ist die Explosionsgefahr aufgrund der erheblichen Mengen an extrem entzündbaren Gasen. Auch wird von Biogaskritikern eine Verschlechterung der Ökobilanz durch lange Transportwege von Biomasse angeführt. Dem entgegen steht allerdings die Regelung aus § 35 Abs. 1 Nr. 6 b BauGB, wonach die Biomasse überwiegend aus dem Betrieb oder überwiegend aus diesem und aus nahe gelegenen Betrieben stammen muss, wodurch lange Transportwege verhindert werden sollen.

Den ausschlaggebendsten Nachteil stellt aber die energetische Nutzung der sogenannten Anbaubiomasse (nachwachsende Rohstoffe wie z. B. Mais

---

65 Quelle: https://www.umweltbundesamt.de/publikationen/globale-landflaechen-biomasse (Abruf :. 12.03.2021).

66 Quelle: https://www.umweltbundesamt.de/themen/klima-energie/erneuerbare-energien/bioenerge#bioenergie-ein-weites-und-komplexes-feld (Abruf :. 12.03.2021).

67 Quelle: https://www.umweltbundesamt.de/themen/wirtschaft-konsum/industriebranchen/biogasanlagen#einfuhrung (Abruf :. 12.03.2021).

und Getreide) dar. Der intensive Anbau nachwachsender Rohstoffe bringt den Verlust wertvoller Ökosysteme wie Wälder, Moore und artenreichem Grünland mit sich.[68] Dies hat sodann auch den Verlust der biologischen Artenvielfalt und der regionaltypischen Kulturlandschaft zur Folge.[69] Bezugnehmend auf den Verlust von Wäldern und Mooren ist allerdings zu erwähnen, dass es gemäß der Erneuerbare-Energien-Richtlinie 2009/28/EG verboten ist, Biomasse zu verwenden, die von Flächen stammt, welche dafür gerodet oder mittels Drainagen trocken gelegt werden mussten.[70] Durch den intensiven Anbau nachwachsender Rohstoffe entsteht aber eine Konkurrenz zum Anbau von Nahrungsmitteln.[71] Für beides werden landwirtschaftliche Flächen benötigt. Ein Landwirt entscheidet sich in der Regel für die wirtschaftlichste Alternative. Auch trägt aus Anbaubiomasse erzeugte Bioenergie somit zur Preissteigerung von Agrarrohstoffen bei.[72] Zu den zuvor genannten negativen Auswirkungen im Bereich des Naturschutzes kommen ebenfalls negative Auswirkungen auf Grund- und Oberflächenwasser sowie den Boden hinzu. Die Erzeugung von Anbaubiomasse ist ohnehin auf nutzbares Wasser angewiesen. Hinzu kommt eine Wasserbelastung durch den intensiven Einsatz von Dünge- und Pflanzenschutzmitteln. Dies kann zu einer Verunreinigung des Grund- und Oberflächenwassers führen, z. B. durch einen zu hohen Nitratgehalt.[73] Ebenfalls führt es zu einer Belastung des Bodens, welcher durch den Anbau solcher Monokulturen ohnehin schon einen Verlust wichtiger Nährstoffe erleidet. Und Boden ist ein unverzichtbares, begrenztes und nach menschlichen Maßstäben nicht erneuerbares Gut.[74]

Es ist jedoch keineswegs so, dass die Nachteile die Vorteile überwiegen. Hauptsächlich liegen die Nachteile im intensiven Anbau nachwachsender Rohstoffe, also der Erzeugung von Anbaubiomasse. Die energetische Nut-

---

68 Quelle: https://www.umweltbundesamt.de/publikationen/globale-landflaechen-biomasse (Abruf :. 12.03.2021); Quelle: https://www.umweltbundesamt.de/themen/klima-energie/erneuerbare-energien/bioenerge#bioenergie-ein-weites-und-komplexes-feld (Abruf :. 12.03.2021).

69 Schäfer, (2008), S. 985.

70 Quelle: https://www.umweltbundesamt.de/themen/klima-energie/erneuerbare-energien/bioenerge#bioenergie-ein-weites-und-komplexes-feld (Abruf :. 12.03.2021).

71 Schäfer, (2008), S. 985.

72 Quelle: https://www.umweltbundesamt.de/themen/klima-energie/erneuerbare-energien/bioenerge#bioenergie-ein-weites-und-komplexes-feld (Abruf :. 12.03.2021).

73 Quelle: https://www.umweltbundesamt.de/publikationen/globale-landflaechen-biomasse (Abruf :. 12.03.2021).

74 Quelle: https://www.umweltbundesamt.de/publikationen/globale-landflaechen-biomasse (Abruf :. 12.03.2021).

zung von Biomasse umfasst allerdings auch die sog. Abfallbiomasse. Unter diese fallen biologische Rest- und Abfallstoffe, Landschaftspflegematerial, landwirtschaftliche Reststoffe (wie z. B. Gülle), Abfälle aus der Nahrungsmittelindustrie und vieles mehr. Die Nutzung von Abfallbiomasse als Kaskadennutzung wirft im Gegensatz zur Anbaubiomasse die geringsten ökologischen Probleme auf.[75] Unter Kaskadennutzung versteht man eine Strategie, Rohstoffe oder daraus hergestellte Produkte in zeitlich aufeinander folgenden Schritten so lange, so häufig und so effizient wie möglich stofflich zu nutzen und erst am Ende des Produktlebenszyklus energetisch zu verwerten.[76] Das trifft auf die Abfallbiomasse zu, da Abfall- und Reststoffe erst nach einer gegebenenfalls mehrfachen Nutzung für die Energiegewinnung eingesetzt werden. Allerdings beträgt der Anteil der Abfallbiomasse lediglich 20 % an der energetisch genutzten Biomasse.[77]

Im Hinblick auf das Klimaziel der Bundesregierung, bis zum Jahr 2050 die Treibhausgasemissionen um 80 bis 95 % zu verringern, muss als erstes die Stromversorgung umgestaltet werden. Dazu zählt auch, die Energieversorgung so weit wie möglich durch erneuerbare Energien sicherzustellen. Durch Biogas inkl. Biomethan wird aktuell nur ein geringer Teilder gesamten Bruttostromerzeugung bereitgestellt (s.o.). Es ist auch nicht davon auszugehen, dass der Anteil von Biogas an der Bruttostromerzeugung steigen wird. Anbaubiomasse kann aufgrund des enormen Flächenverbrauchs und den damit verbundenen Umweltproblemen künftig, rein rechnerisch, nur in sehr geringem Maße zur Energieversorgung beitragen.[78] Da dies aktuell den größten Teil der energetisch genutzten Biomasse darstellt und nicht automatisch mehr Abfallbiomasse anfällt, sondern diese höchstens effizienter genutzt werden kann, wird die energetische Nutzung von Biomasse nur ein geringer, aber wichtiger Bestandteil des Ausbaus erneuerbarer Energien bleiben. Durch die Möglichkeit der Speicherung des durch Biogas erzeugten Stroms können wetterbedingte Schwankungen im Bereich der Wind- und Solarenergie ausgeglichen werden.

---

75 Quelle: https://www.umweltbundesamt.de/publikationen/globale-landflaechen-biomasse (Abruf :. 12.03.2021).

76 Quelle: https://www.umweltbundesamt.de/publikationen/globale-landflaechen-biomasse (Abruf :. 12.03.2021).

77 Quelle: https://www.umweltbundesamt.de/themen/wirtschaft-konsum/industriebranchen/biogasanlagen#einfuhrung (Abruf :. 12.03.2021).

78 Quelle: https://www.umweltbundesamt.de/themen/klima-energie/erneuerbare-energien/bioenerge#bioenergie-ein-weites-und-komplexes-feld (Abruf :. 12.03.2021); Quelle: https://www.umweltbundesamt.de/publikationen/globale-landflaechen-biomasse (Abruf :. 12.03.2021).

5 Fazit

Zusammenfassend bleibt zu sagen, dass die energetische Nutzung von Biomasse, sofern es sich im Wesentlichen um Abfall- und nicht um Anbaubiomasse handelt, trotz der damit verbundenen Risiken weiterhin wünschenswert ist und gefördert werden sollte.

Nachdem die energetische Nutzung von Biomasse im Laufe der Zeit immer populärer wurde und daher eine Zulässigkeit von Biogasanlagen als „dienende“ oder „mitgezogene Nutzung“ innerhalb des § 35 Abs. 1 Nr. 1 BauGB für Landwirte nicht mehr rentabel war, hat der Gesetzgeber im Jahr 2004 mit der Änderung von § 35 Abs. 1 Nr. 6 BauGB die bauplanungsrechtliche Zulässigkeit von Biogasanlagen im Außenbereich unter Gewährleistung größtmöglichen Außenbereichsschutzes erleichtern wollen, um so den Strukturwandel in der Landwirtschaft und die Nutzung regenerativer Energien zu fördern.

Um letztendlich Rechtssicherheit im Umgang mit allen bei der bauplanungsrechtlichen Zulässigkeit von Biogasanlagen im Außenbereich verbundenen Fragestellungen und Problemen zu bekommen, bedarf es entweder einer Fülle an höchstrichterlichen Entscheidungen oder besser noch einer klaren Handlungsempfehlung der Bundesgesetzgebers.

Literaturverzeichnis

Battis, Ulrich/Krautzberger, Michael/Löhr, Rolf-Peter/Mitschang, Stefan/Reidt, Olaf, (2019), Baugesetzbuch, Kommentar 14. Auflage.

Berkemann, Jörg/Halama, Günter (2005), Erstkommentierung zum BauGB 2004

Berwanger, J. (2013): § 35 Abs. 1 Nr. 6 BauGB – Biogasanlagen im Außenbereich und gesellschaftsrechtliche Beteiligung des privilegierten Landwirts, in: NVwZ, S. 116 – 120.

Berwanger, J. (2013): Landwirtschaftsbetrieb mit Biogasanlage – Besteht die rechtliche Notwendigkeit einer qualifizierten gesellschaftsrechtlichen Verklammerung, in: BauR, S. 1046–1055.

Bioenergie | Umweltbundesamt, https://www.umweltbundesamt.de/themen/klima-energie/erneuerbare-energien/bioenerge#bioenergie-ein-weites-und-komplexes-feld, Abruf v. 12.03.2021

Biogasanlagen | Umweltbundesamt, https://www.umweltbundesamt.de/themen/wirtschaft-konsum/industriebranchen/biogasanlagen#einfuhrung, Abruf v. 12.03.2021

Brügelmann, Hermann/Dürr, Hansjochen, Baugesetzbuch, Kommentar, Loseblatt, 116. EL Oktober 2020

Deutsches Biomasseforschungszentrum, Report Nr. 30, Anlagenbestand Biogas und Biomethan – Biogaserzeugung und Nutzung in Deutschland, veröffentlicht auf Bioenergie | Umweltbundesamt, https://www.umweltbundesamt.de/themen/klima-energie/erneuerbare-energien/bioenerge#bioenergie-ein-weites-und-komplexes-feld, Abruf v. 12.03.2021.

Hentschke, H./Ulbrich, K., (2005): Baurechtliche Zulässigkeit für Biomasseanlagen im Außenbereich nach dem EAG Bau, in: AUR, S. 41–46.

Koppitz, Hans Joachim, (2004): Bauvorhaben im Außenbereich, Rechtsgrundlagen – Zulässigkeitsrahmen – Steuerung –

Kruschinkski, H.-U., (2009): Bindung der Biogasanlage an den Landwirtschaftlichen Betrieb, in: BauR, S. 1234–1237 und 1270–1274.

Kruschinkski, H.-U., (2010): Biogasanlagen als Rechtsproblem – Errichtung und wirtschaftlicher Betrieb als Beitrag zu einer nachhaltigen Energiegewinnung

Kusche, C., (2011): Der Rechtsrahmen für die Zulassung von Biogasanlagen, in Schriften zum Umweltenergierecht

Loibl, H./Reichl, J., (2008): Die Privilegierung von Biogasanlagen im Außenbereich, in: UPR, S. 134 – 141.

Manten, G., (2008): Biogasanlagen zwischen Immissionsschutz und Bauplanungsrecht, in: ZUR, S. 576 – 583.

Mantler, M., (2007) Biomasseanlagen im Außenbereich, in: BauR, S. 50–62.

Meißner, J., (2020) Baugesetzbuch, Kurzkommentar, Quelle: https://research.wolterskluwer-online.de/document/5d416df3-e20e-4001-9646-0b25b02efd02

Peine, F.-J./Knopp, L./Radke, A., (2009): Das Recht der Errichtung von Biogasanlagen

Positionspapier UBA 2013, Globale Landflächen und Biomasse nachhaltig nutzen, https://www.umweltbundesamt.de/publikationen/globale-landflaechen-biomasse, Abruf v. 12.03.2021.

Simon, A./Busse, J., (2020): Bayrische Bauordnung, Kommentar, Loseblatt, 139. Auflage

Söfker/Ernst/Zinkhan/Bielenberg/Krautzberger, (2020): Baugestezbuch, Kommentar, Loseblatt 139. EL

Stür, Bernhard, (2015), Bau- und Fachplanungsrecht, 5.Auflage

Lösungsansätze für die Behebung von Schwachstellen in der Durchführung von Maßnahmen der Anwendungssicherheit gem. Art. 32 DSGVO aufgrund von Zuordnungsproblematiken der Verantwortlichkeiten

Clemens Niklas Kroll und Manuel J. Heinemann

1 *Einführung und Problemaufriss*

In dem Rechenzentrum des öffentlich-rechtlichen IT- und Kommunikationsdienstleisters *Dataport Anstalt des öffentlichen Rechts* werden etwa 950 elektronische Fachverfahren im Auftrag der öffentlichen Verwaltung betrieben.[1] Davon stellen etwa dreißig Fachverfahren Eigenentwicklungen Dataports dar. Die große Mehrheit der betriebenen Verfahren wird also von Drittanbietern entwickelt. Diese Ausgangslage führt in der Praxis regelmäßig zu der Entstehung einer Kausalitätskette, welche sich folgendermaßen zusammensetzt:
(1.) Ein öffentlicher Auftraggeber beschafft ein spezifisches Fachverfahren über einen Drittanbieter. (2.) Der öffentliche Auftraggeber beauftragt Dataport daraufhin damit, das betreffende Fachverfahren im Rechenzentrum in Betrieb zu nehmen. (3.) Im Zuge des Betriebs werden durch das Fachverfahren personenbezogene Daten zum Zweck der Aufgabenerfüllung der öffentlichen Verwaltung verarbeitet. (4.) Als Folge dieser Verarbeitungstätigkeit kann eine komplexe *Dreieckskonstellation* zwischen dem Auftraggeber, Dataport und dem Drittanbieter bezüglich der Zuordnung der datenschutzrechtlichen Rollen nach der Europäischen Datenschutz-Grundverordnung (DSGVO) entstehen. Aus diesen datenschutzrechtlichen Rollen ergeben sich wiederum die Verantwortlichkeiten hinsichtlich der durchzuführenden technischen und organisatorischen Schutzmaßnahmen der Datensicherheit gem. Art. 32 DSGVO. Die korrekte Zuordnung dieser Rollen und damit einhergehenden Verantwortlichkeiten kann die drei Akteure dabei, aufgrund ihrer komplex ausgestalteten Rechtsbeziehungen zueinander, in der Praxis vor Herausforderungen stellen.[2] Werden

1 Vgl. Dataport AöR, https://www.dataport.de/was-wir-tun/rechenzentrum/.
2 Vgl. Artikel-29-Datenschutzgruppe (2010), S. 4.

die betreffenden Verantwortlichkeiten verkannt, besteht die Gefahr, dass zwingend zu treffende Datenschutzmaßnahmen im Rahmen des Fachverfahrensbetriebs nicht ordnungsgemäß durchgeführt werden.

2 *Untersuchungsgegenstand und Zielsetzung*

Im Zentrum, der diesem Beitrag zugrundeliegenden Bachelor-Thesis, stand die Untersuchung derartiger Zuordnungsproblematiken der Verantwortlichkeiten, in der beschriebenen Dreieckskonstellation, hinsichtlich der Durchführung von Maßnahmen der Datensicherheit gem. Art. 32 DSGVO. Hierbei stand, als Voraussetzung der Datensicherheit, die Gewährleistung der Anwendungssicherheit von betriebenen Fachverfahren und dabei, als spezielle Maßnahme, die ordnungsgemäße Durchführung von Sicherheitsaktualisierungen im Fokus der Untersuchungen. Diese Eingrenzung erfolgte, da nach einer Dataport-internen Auswertung der notgedrungene Betrieb veralteter Fachverfahren aufgrund nicht durchführbarer Sicherheitsaktualisierungen in den Jahren 2019 und 2020 eine der am häufigsten auftretenden Ausnahmen von dem bei Dataport etablierten Informationssicherheitsmanagementsystem (ISMS) darstellte.

Die Untersuchungsrelevanz der korrekten Zuordnung der datenschutzrechtlichen Verantwortlichkeiten und der ordnungsgemäßen Durchführung von Sicherheitsaktualisierungen liegt darin begründet, dass bei einer unterbliebenen oder nur teilweise erfolgten Durchführung dieser Maßnahme das Risiko der Entstehung von Sicherheitslücken in Fachverfahren signifikant ansteigt.[3] Werden diese Sicherheitslücken durch Cyberangriffe ausgenutzt, kann dies in kritischen Sicherheitsvorfällen kulminieren.[4] Infolgedessen können auch die durch das Fachverfahren zu verarbeitenden personenbezogenen Daten einem erheblichen Sicherheitsrisiko ausgesetzt werden, da die erhöhte Gefahr einer unrechtmäßigen Offenlegung und Weiterverarbeitung besteht. Bei den betroffenen personenbezogenen Daten handelt es sich dabei regelmäßig um besonders vertrauliche und sensible Daten der Bürgerinnen und Bürger, welche im Rahmen der Aufgabenerfüllung der öffentlichen Verwaltung verarbeitet werden. Die datenschutzrechtlichen Rollen und Verantwortlichkeiten der drei Akteure müssen daher klar zugeordnet und Sicherheitsaktualisierungen ordnungsgemäß durchgeführt werden, damit das Recht der Betroffenen auf den

---

3 Vgl. BSI (2020), S. 22 f.

4 Vgl. Pohlmann (2019), S. 3 f.

Schutz ihrer personenbezogenen Daten gem. Art. 8 Abs. 1 i.V.m. Art. 51 Abs. 1 S. 1 der Grundrechtcharta der Europäischen Union (GRCh) sowie deren Recht auf informationelle Selbstbestimmung gem. Art. 2 Abs. 1 i.V.m. Art. 1 Abs. 1 des Grundgesetzes (GG) durch die öffentliche Verwaltung gewährleistet werden kann.

Die Zielsetzung der Bachelor-Thesis bestand daher darin, anhand der anzustellenden Untersuchungen, Erkenntnisse hinsichtlich der Entstehung der zugrunde liegenden Problemstellung zu gewinnen und diesbezügliche Lösungsansätze aufzuzeigen. Diese Lösungsansätze sollen in der Verwaltungspraxis als Orientierungshilfe genutzt werden können, um der Entstehung von Schwachstellen in der Durchführung von Sicherheitsaktualisierungen präventiv vorzubeugen und somit die Rechtskonformität des Verwaltungshandelns gem. Art. 20 Abs. 3 GG zu gewährleisten.

Um Erkenntnisse über die zugrundliegende Problematik zu gewinnen und diesbezügliche Lösungsansätze aufzuzeigen, wurden mehrere zentrale Untersuchungsfragen entwickelt, welche wie folgt lauten:

1„In welchen Rechtsverhältnissen stehen die Akteure in der Dreieckskonstellation zueinander und inwiefern wirken sich die unterschiedlichen Rechtsbeziehungen auf die Zuordnung von Verantwortlichkeiten betreffend der Durchführung von Sicherheitsaktualisierungen i.S.v. Art. 32 DSGVO aus?“
2„Welche Spannungsfelder lassen sich durch die Auswertung der ermittelten Rechtsverhältnisse auf rechtlicher und auf operativer Ebene als Ursachen für die Entstehung von Schwachstellen in der Durchführung von Sicherheitsaktualisierungen i.S.v. Art. 32 DSGVO in der Dreieckskonstellation identifizieren?“
3„Welche Ansätze können auf rechtlicher und auf operativer Ebene zur Lösung der identifizierten Spannungsfelder Anwendung finden, um somit Schwachstellen in der Durchführung von Sicherheitsaktualisierungen i.S.v. Art. 32 DSGVO zu beheben?“

Für die Erörterung dieser Fragestellungen, wurden die hierfür einschlägigen Rechtsnormen identifiziert, analysiert und miteinander ins Verhältnis gesetzt. Darauf aufbauend wurde zur Auslegung dieser Rechtsnormen entsprechende Fach- und Kommentarliteratur herangezogen, um die beschriebene Problematik in ihre Bestandteile aufzugliedern und deren Zusammenhänge herauszuarbeiten. Im Folgenden werden das wissenschaftliche Vorgehen und die zentralen Ergebnisse der Bachelor-Thesis zusammenfassend dargestellt.

3 Wissenschaftliches Vorgehen

3.1 Technische Grundlagen

Das Fortschreiten der *Digitalen Transformation* führt zunehmend auch in der öffentlichen Verwaltung zu einer Digitalisierung von analog gespeicherten Daten und Prozessbestandteilen.[5] Dieser Vorgang stellt dabei die Grundlage für die Automatisierung von Datenverarbeitungsprozessen als Gegenpol zu manuell ausgeführten Verwaltungstätigkeiten dar.[6] Um Datenverarbeitungsprozesse zu automatisieren, werden die zu verarbeitenden Daten digitalisiert und an *elektronische Datenverarbeitungssysteme* (Computer) übertragen.[7]Die Datenverarbeitung erfolgt dabei durch die Software eines solchen Systems.[8] Im Verwaltungskontext werden diese Softwares als *elektronische Fachverfahren* oder auch als *Fachsoftwares* bezeichnet.[9] Durch den Betrieb von Fachsoftwares werden mithin regelmäßig erhebliche Mengen an personenbezogenen Daten der Bürgerinnen und Bürger im Rahmen der Aufgabenerfüllung der öffentlichen Verwaltung verarbeitet. Beispielhaft seien hier Fachsoftwares im Bereich der Steuerverwaltung (z. B. Daten aus Steuerbescheiden), der Sozialverwaltung (z. B. Daten aus Leistungsbescheiden), oder der Gesundheitsverwaltung (z. B. Daten aus Gesundheitszeugnissen) genannt.

Die Digitalisierung und Automatisierung von Datenverarbeitungsprozessen der öffentlichen Verwaltung birgt mithin auch datenschutzrechtliche Risiken. So hat die globale digitale Vernetzung durch die Entwicklung des Internets sowie von immer effizienteren Informationstechnologien zu der Entstehung eines Kriminalitätssektors geführt, welcher als *Cyberkriminalität* bezeichnet wird.[10] Der Sektor der Cyberkriminalität umfasst Straftaten unter der Nutzung von Informationstechnik, welche sich gegen das Internet, informationstechnische Systeme oder Daten richten.[11] Eines der zunehmend auftretenden Cyberangriffsszenarien umfasst, dass Angreifer mittels Schadsoftware durch Sicherheitslücken von informationstechnischen Systemen in diese eindringen, Teile des Systems sperren und perso-

5 Vgl. Piesold (2021), S. 11.
6 Vgl. Etscheid, (2018), S. 126.
7 Vgl. Abts/Mülder (2017), S. 12 f.
8 Vgl. Abts/Mülder (2017), S. 55.
9 Vgl. Wagner (2020), S. 30.
10 Vgl. Pohlmann (2019), S. 1.
11 Vgl. BKA (2020), S. 42.

nenbezogene Daten entwenden.[12] Im Zuge dessen wird den betroffenen Stellen gedroht, die kompromittierten Systeme dauerhaft zu sperren sowie die erlangten Daten zu löschen oder zu veröffentlichen, falls nicht eine bestimmte Lösegeldsumme transferiert wird (sogenannte *Ransomware*).[13] Eine solche Kompromittierung eines informationstechnischen Systems stellt dabei einen sogenannten *Sicherheitsvorfall* dar.[14] Nach derzeitigen Lageberichten des Bundesamtes für Sicherheit in der Informationstechnik (BSI) sowie des Bundeskriminalamtes (BKA) sind gerade öffentliche Stellen ein präferiertes Ziel solcher Cyberangriffe, da dort im besonders hohem Ausmaß vertrauliche und sensible personenbezogene Daten verarbeitet werden.[15] Um derartigen Sicherheitsvorfällen vorbeugen zu können, müssen Schutzmaßnahmen getroffen werden. Eine solche Schutzmaßnahme stellt die regelmäßige Durchführung von Sicherheitsaktualisierungen durch das Einspielen sogenannter *Patches* dar, um Sicherheitslücken in Fachsoftwares zu schließen.[16]

3.2 Rechtliche Grundlagen

3.2.1 Verhältnis: Datenschutz – Datensicherheit

Personenbezogene Daten sind gem. Art. 4 Nr. 1 DSGVO alle Informationen, die sich auf eine bestimmte oder bestimmbare natürliche Person beziehen. Das Recht auf Schutz personenbezogener Daten hat nach der nationalen Rechtsprechung des Bundesverfassungsgerichts (BVerfG) Grundrechtsqualität inne, da es seinen Wesenskern in der Ausformung des Rechts auf informationelle Selbstbestimmung findet, welches wiederum eine Ausprägung des Allgemeinen Persönlichkeitsrechts gem. Art. 2 Abs. 1 i.V.m. Art. 1 Abs. 1 GG darstellt.[17] Das Recht auf informationelle Selbstbestimmung umfasst die Befugnis des Einzelnen, grundsätzlich selbst über die Preisgabe und Verwendung der eigenen personenbezogenen Daten bestimmen zu können.[18] Für jegliche Einschränkungen dieses Rechts muss

---

12 Vgl. BSI (2021a), S. 12.
13 Vgl. Ebd.
14 Vgl. BSI (2020), S. 14.
15 Vgl. BSI (2021a), S. 74; BKA (2020), S. 22.
16 Vgl. BSI (2021a), S. 92.
17 BVerfG, Urteil vom 15. Dezember 1983 – 1 BvR 209/83 –, BVerfGE 65, 1 – 71, Rn. 149–150.
18 Ebd., Rn. 149.

eine Rechtsgrundlage vorliegen, durch welche die Verarbeitung legitimiert wird.[19]

Weiterhin wird das Recht auf Schutz personenbezogener Daten gem. Art. 8 Abs. 1 i.V.m. Art. 51 Abs. 1 S. 1 GRCh innerhalb des Geltungsbereichs der Europäischen Union normiert. Hierbei ist die Auslegungsweite des Begriffs „Schutz“ zu beachten.[20] Der Europäische Gerichtshof (EuGH) hat diesbezüglich ausgeführt, dass der Schutzbereich des Art. 8 Abs. 1 GRCh auch den wirksamen Schutz personenbezogener Daten vor Missbrauchsrisiken sowie vor unberechtigten Zugang und jeder unberechtigten Nutzung umfasst.[21] Somit wird neben der Rechtmäßigkeit der Verarbeitungstätigkeit auch die Sicherheit der Verarbeitung personenbezogener Daten durch Art. 8 Abs. 1 GRCh gewährleistet.[22] In Konsequenz umfasst das Recht auf Schutz personenbezogener Daten daher auch die Durchführung von technischen und organisatorischen Maßnahmen im Sinne der *Datensicherheit* gem. Art. 32 DSGVO, um den faktischen Schutz der personenbezogenen Daten zu gewährleisten.[23]

Die Datensicherheit kann wiederum als eine Untermenge der Informationssicherheit angesehen werden. Die Informationssicherheit umfasst die Durchführung von Maßnahmen zum Schutz von Informationen in digitaler sowie analoger Form, um deren Vertraulichkeit, Integrität und Verfügbarkeit sicherzustellen.[24] Die Datensicherheit umfasst dieselben Schutzziele bezogen auf Daten sowohl mit als auch ohne Personenbezug.[25] Bezüglich des Schutzes personenbezogener Daten gem. Art. 8 Abs. 1 GRCh bedeutet dies, dass Maßnahmen der Datensicherheit i.S.v. Art. 32 Abs. 1 lit. b DSGVO gewährleisten müssen, dass die für die Verarbeitungstätigkeit verwendeten Systeme und Dienste (1.) die Daten vor dem Zugriff unberechtigter Personen schützen (Vertraulichkeit), (2.) Manipulationen der Daten verhindern (Integrität) sowie (3.) autorisierten Personen die Benutzung der Daten ermöglichen (Verfügbarkeit).[26]

---

19 Ebd., Rn. 150–151.
20 Vgl. Plitz (2018), Art. 32, Rn. 5.
21 EuGH, Urteil vom 08. April 2014 – C-293/12 –, Rn. 54.
22 Vgl. Plitz, (2018), Art. 32, Rn. 6.
23 Vgl. Plitz, (2018), Art. 32., Rn. 5–6.
24 Vgl. Abts/Mülder (2017), S. 599 f.
25 Vgl. Witt (2010), S. 3.
26 Vgl. Martini (2021), Art. 32, Rn. 35d, 36, 38.

3.2.2 Rechtspflicht: Durchführung von Sicherheitsaktualisierungen

Den wesentlichen Zweck der DSGVO stellt gem. Art. 1 Abs. 1 DSGVO der Schutz natürlicher Personen bei der Verarbeitung personenbezogener Daten dar. Da die DSGVO i.S.d. Erwägungsgrundes (ErwG) 15 DSGVO *techniknеutral* ausgestaltet ist, bildet der sogenannte *risikobasierte Ansatz* den zentralen Ausganspunkt bezüglich der Festlegung geeigneter Maßnahmen der Datensicherheit gem. Art. 32 Abs. 1 lit. b DSGVO.[27] So steigen die Anforderungen an die zu treffenden technischen und organisatorischen Maßnahmen an, je höher das Risiko der Datenverarbeitung für die Rechte und Freiheiten der Betroffenen zu bewerten ist.[28] Im Zuge der Maßnahmenfestlegung ist ferner eine Gesamtabwägung durchzuführen zwischen (1.) den Implementierungskosten der Maßnahme, (2.) Art, Umfang, Umständen und Zweck der Verarbeitung, (3.) der Eintrittswahrscheinlichkeit und Schwere des Risikos für die Rechte und Freiheiten der Betroffenen sowie (4.) dem Stand der Technik.

Die in der Bachelor-Thesis detailliert erfolgte Auslegung des Art. 32 Abs. 1 DSGVO soll an dieser Stelle aufgrund des Beitragsumfangs nicht erfolgen. Innerhalb dieser Auslegung wurde die Durchführung von Sicherheitsaktualisierungen einer Gesamtabwägung unterzogen, um darzulegen, inwiefern sich eine Rechtspflicht zur Umsetzung dieser Maßnahme im Zuge von Verarbeitungstätigkeiten der öffentlichen Verwaltung aus datenschutzrechtlicher Perspektive ergibt. Im Rahmen dieser Gesamtabwägung wurde sich an den normierten Schutzmaßnahmen des IT-Grundschutz-Kompendiums[29] und des Standard-Datenschutzmodells (SDM)[30] orientiert. Als Voraussetzung für die Gewährleistung der Vertraulichkeit, Integrität und Verfügbarkeit personenbezogener Daten ist der Schutz vor äußeren Einflüssen, wie vor Schadsoftware, in dem SDM aufgeführt. Die unter der Basis-Anforderung OPS. 1.1.3.A15 des IT-Grundschutz-Kompendiums vorausgesetzte regelmäßige und zeitnahe Aktualisierung von Fachsoftwares stellt daher eine unabdingliche „Basismaßnahme" dar, um auftretende Sicherheitslücken zu schließen und somit die zu verarbeitenden personenbezogenen Daten vor einer Kompromittierung durch Schadsoftware zu schützen. Als Resultat dieser Auslegung stellte sich somit heraus, dass die Durchführung von Sicherheitsaktualisierungen eine unabdingliche Ba-

27 Vgl. Plitz (2018), Art. 24, Rn. 19.
28 Vgl. Martini (2021), Art. 24, Rn. 11.
29 Vgl. BSI (2021b).
30 Vgl. AK Technik der Konferenz der unabhängigen Datenschutzbehörden Bundes und der Länder (2020), S. 31–33.

sismaßnahme darstellt, um gem. 32 Abs. 1 lit. b DSGVO ein dem Verarbeitungsrisiko angemessenes Schutzniveau für die Rechte und Freiheiten der Betroffenen zu gewährleisten. Werden personenbezogene Daten im Zuge der Aufgabenerfüllung der öffentlichen Verwaltung durch Fachsoftwares verarbeitet, besteht daher eine Rechtspflicht zur Durchführung dieser Schutzmaßnahme.

3.2.3 Datenschutzrechtliche Rollenverteilung

Hinsichtlich der Betrachtung der datenschutzrechtlichen Rollenverteilungen ergab sich, dass der Verantwortliche i.S.v. Art. 4 Nr. 7 DSGVO die Entscheidungskompetenz über die Zwecke und wesentlichen Mittel der Datenverarbeitung innehat und dass dieser gem. Art. 5 Abs. 2, Abs. 1 lit. f i.V.m. Art. 24 DSGVO die Sicherheit der Verarbeitung zu verantworten hat. Der Verantwortliche bleibt auch dann für die Gewährleistung der Datensicherheit verantwortlich, wenn dieser die Verarbeitungstätigkeit in seinem Namen durch einen Auftragsverarbeiter durchführen lässt. Der Auftragsverarbeiter i.S.v. Art. 4 Nr. 8 DSGVO ist rechtlich an die Weisungen des Verantwortlichen gebunden und führt in dessen Auftrag geeignete technische und organisatorische Maßnahmen der Datensicherheit gem. Art. 32 DSGVO durch. Die datenschutzrechtliche Rolle des Drittanbieters ist mithin anhand einer Einzelfallbetrachtung zu bestimmen, da dieser weder unter den Tatbestand eines Verantwortlichen noch eines Auftragsverarbeiters fällt.

4 Untersuchungsergebnisse

4.1 Verantwortlichkeitszuordnung Dreieckskonstellation

Durch die Analyse der Ausgestaltung der Rechtsbeziehungen und Zuordnung der datenschutzrechtlichen Rollen innerhalb der spezifischen Dreieckskonstellation hat sich herausgestellt, dass die Auftraggeber die datenschutzrechtliche Rolle der Verantwortlichen gem. Art. 4 Nr. 7 DSGVO einnehmen, da es sich dabei um Behörden handelt, deren Verantwortlichkeit sich aus Rechtsgrundlagen ergibt, welche die Zwecke und wesentlichen Mittel der Datenverarbeitung ausdrücklich vorgeben. Der Auftraggeber bleibt auch dann für die Einhaltung der Gewährleistung der sicheren Datenverarbeitung gem. Art. 5 Abs. 2, Abs. 1 lit. f i.V.m. Art. 32 Abs. 1 lit. b

DSGVO verantwortlich, wenn dieser den Betrieb einer Fachsoftware, durch die Begründung eines EVB-IT Dienstvertrags, an Dataport auslagert und die Anstalt im Zuge dessen mit der Datenverarbeitung gem. Art. 28 DSGVO beauftragt. Dataport nimmt somit, durch die Begründung eines Auftragsverarbeitungsvertrags (AVV), die datenschutzrechtliche Rolle des Auftragsverarbeiters gem. Art. 4 Nr. 8 DSGVO ein. Die Anstalt kann ihrer Pflicht zur Durchführung von Sicherheitsaktualisierungen als Maßnahme der Datensicherheit gem. Art. 28 Abs. 3 S. 2 lit. c i.V.m. Art. 32 Abs. 1 lit. b DSGVO jedoch nur dann nachkommen, wenn ihr Sicherheitsaktualisierungen zur Verfügung gestellt werden. Hierbei ist Dataport von den Drittanbietern abhängig, welche die betreffenden Fachsoftwares entwickelt haben.

Abb. 1: Rechtsbeziehungen und datenschutzrechtliche Rollenverteilung in der Dreieckskonstellation[31]

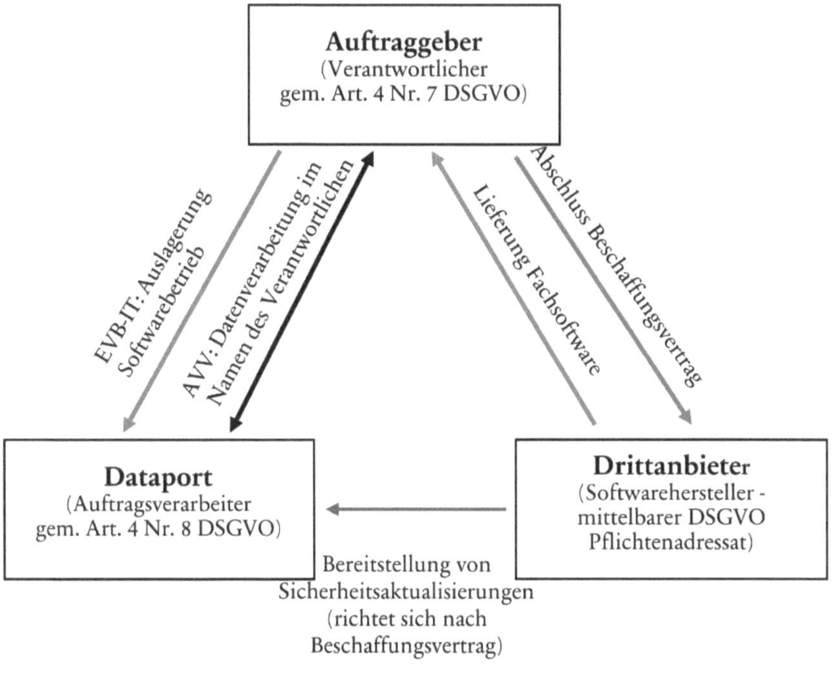

31 Quelle: Eigene Darstellung.

Eine Pflicht des Drittanbieters zur Bereitstellung von Sicherheitsaktualisierungen kann sich mithin nur aus dem Gegenstand des Beschaffungsvertrages zwischen dem Auftraggeber und dem Drittanbieter ergeben, da letzteren keine unmittelbaren datenschutzrechtlichen Pflichten nach der DSGVO treffen. Da der Auftraggeber für die Einhaltung der Gewährleistung der sicheren Datenverarbeitung verantwortlich ist, fällt diesem auch die Verantwortung hinsichtlich der Sicherstellung der ordnungsgemäßen Durchführung von Sicherheitsaktualisierungen zu. Aus seiner datenschutzrechtlichen Verantwortlichkeit heraus, hat der Auftraggeber den Drittanbieter daher zu der Bereitstellung von Sicherheitsaktualisierungen vertraglich zu verpflichten, welcher dadurch als mittelbarer Pflichtenadressat der DSGVO anzusehen ist.

4.2 Ermittelte Spannungsfelder

Durch die Auswertung der ermittelten Rechtsverhältnisse sowie der datenschutzrechtlichen Rollen und Verantwortlichkeiten in der Dreieckskonstellation ließ sich vorliegend eine zentrale Ursache bezüglich der Entstehung von Schwachstellen in der Durchführung von Sicherheitsaktualisierungen sowohl auf rechtlicher als auch operativer Ebene feststellen. Den Ausgangspunkt dieser Feststellung stellt der konfliktive Umstand dar, dass sich die Ausgestaltung des Beschaffungsvertrags zwischen einem Auftraggeber und einem Drittanbieter maßgeblich auf die Möglichkeiten Dataports auswirkt, Sicherheitsaktualisierungen operativ durchführen zu können. Die Beschaffung einer Fachsoftware unterliegt dabei den Vorschriften des Vergaberechts. In der Praxis kann die Beschaffung einer solchen IT-Leistung mithin ein komplexes Unterfangen für einen Auftraggeber darstellen, da es hierbei gilt, das Spannungsfeld zwischen der Wahrung der vergaberechtlichen Grundsätze und den datenschutzrechtlichen Anforderungen an den Auftragsgegenstand aufzulösen.[32] Fehlt es den Auftraggebern an ausreichendem vergaberechtlichen sowie datenschutzrechtlichen Fachwissen, so kann dies dazu führen, dass datenschutzrechtliche Anforderungen, wie eine vertraglich zu vereinbarende Leistungspflicht des Drittanbieters bezüglich der Bereitstellung von Sicherheitsaktualisierungen, im Zuge der Vertragsgestaltung unberücksichtigt bleiben. Die Gewährleistung der Durchführung dieser Maßnahme muss jedoch bereits bei der Beschaffung der Verarbeitungstechnologien durch den Auftraggeber Be-

32 Vgl. Rosenkötter/Hansen/Tegeler (2021), S. 362.

rücksichtigung finden. Das Fundament für eine ordnungsgemäße Durchführung von Sicherheitsaktualisierungen ist daher bereits im Vergabeverfahren zu legen.[33] Als zentraler Lösungsansatz bezüglich der Behebung von Schwachstellen in der Durchführung von Sicherheitsaktualisierungen wurde sich daher auf die Darlegung einer Vorgehensweise fokussiert, durch welche die an eine Fachsoftware zu stellenden datenschutzrechtlichen Anforderungen in einem Vergabeverfahren Berücksichtigung finden können.

5 Lösungsansatz: Datenschutzrechtskonforme Softwarebeschaffung

5.1 Vergaberechtlicher Vertragsschluss

Nach der einheitlichen Rechtsauffassung des BGH, des BVerfG sowie des BVerwG werden öffentliche Auftraggeber bei Beschaffungsvorgängen privatrechtlich tätig, da sie nicht als Hoheitsträger der öffentlichen Gewalt, sondern als private Nachfrager am Markt tätig werden.[34] Bei der Begründung eines Beschaffungsvertrages zwischen einem öffentlichen Auftraggeber und einem Bieter finden daher die vertragsrechtlichen Bestimmungen der §§ 145 ff. des Bürgerlichen Gesetzbuches (BGB) Anwendung.[35] Ein Vertrag stellt ein Rechtsgeschäft dar, welches durch zwei inhaltlich übereinstimmende, mit Bezug aufeinander abgegebene Willenserklärungen, namentlich Angebot und Annahme, zustande kommt. Ein Beschaffungsvertrag kommt demgemäß folgendermaßen zustande: (1.) Ein öffentlicher Auftraggeber schreibt einen zu beschaffenden Auftragsgegenstand aus (*invitatio ad offerendum*), (2.) ein Bieter unterbreitet dem öffentlichen Auftraggeber ein diesbezügliches Angebot, (3.) der öffentliche Auftraggeber erteilt auf das Angebot des Bieters den Zuschlag, wodurch die Annahme des Angebots und damit der Vertragsschluss zustande kommt.[36] Folglich muss der von dem öffentlichen Auftraggeber verlangte Auftragsgegenstand bekannt gegeben sein. Dies setzt die Veröffentlichung der Vergabeunterlagen gem. § 29 Abs. 1 VgV durch den öffentlichen Auftraggeber voraus, welche

---

33 Vgl. Rosenkötter/Hansen/Tegeler, (2021), S. 361; Thapa (2019), S. 24.

34 BGH, Urteil vom 26. Oktober 1961 – KZR 1/61 –, BGHZ 36, 91, 103, Rn. 11; BVerfG, Beschl. vom 13. Juni 2006 – 1 BvR 1160/03 –, BVerfGE 116, 135 – 163, Rn. 52; BVerwG, Beschl. vom 02. Mai 2007 – 6 B 10/07 –, BVerwGE 129, 9–20, Rn. 5.

35 Vgl. Burgi (2021), § 2, Rn. 14–15.

36 BVerwG, Beschluss vom 02. Mai 2007 – 6 B 10/07 –, BVerwGE 129, 9–20, Rn. 6.

alle Angaben enthalten müssen, die für eine Entscheidung eines Bieters bezüglich der Abgabe eines Angebots notwendig sind.

5.2 Vertragsgegenstand: Inhalt der Vergabeunterlagen

Die beiden wesentlichen Elemente der Vergabeunterlagen bilden (1.) die Vertragsunterlagen in Form der Leistungsbeschreibung gem. § 29 Abs. 1 Nr. 3 VgV, welche den konkreten Vertragsgegenstand bestimmt sowie (2.) die Klassifizierung der Zuschlagskriterien gem.

§ 29 Abs. 1 Nr. 2 VgV, welche den zentralen Maßstab der Angebotsbewertung festlegt und somit die Grundlage der Zuschlagserteilung zur Begründung des Vertragsschlusses darstellt.

5.2.1 Leistungsbeschreibung (Definition der Softwareanforderungen)

Die Leistungsbeschreibung stellt das zentrale Element der Vergabeunterlagen dar.[37] Aus ihr ergeben sich die vertraglichen Hauptleistungspflichten eines Auftragnehmers, wodurch sie die Grundlage der Angebotserstellung darstellt.[38] Bei IT-Beschaffungen wie im Falle einer Fachsoftware, besteht die Besonderheit, dass sich die Leistungsbeschreibung aus dem sogenannten Lastenheft und dem Pflichtenheft zusammensetzt. Das Pflichtenheft wird auf Grundlage des Lastenhefts zusammen von dem Auftraggeber und dem potentiellen Auftragnehmer erstellt und legt fest, wie die Anforderungen an die Fachsoftware konkret umzusetzen sind.[39] Bei einer Zuschlagserteilung werden diejenigen Leistungspflichten zum Vertragsgegenstand erklärt, welche in dem Pflichtenheft zwischen den Vertragsparteien vereinbart worden sind.[40] Soll die Bereitstellung von Sicherheitsaktualisierungen als Vertragspflicht begründet werden, so muss diese Anforderung daher zuerst durch den öffentlichen Auftraggeber in das Lastenheft mitaufgenommen werden, damit diese Leistungspflicht des Auftragnehmers durch das Pflichtenheft vertraglich vereinbart werden kann.

37 Vgl. Opitz (2015), S. 104.
38 Vgl. Kirch (2013), S. 57.
39 OLG Köln, Urteil vom 29. Juli 2005 – 19 U 4/05 –, OLGR Köln 2005, 642, Rn. 40.
40 Vgl. Opitz (2015), S. 109.

5.2.2 Kriterienkatalog (Klassifizierung der Zuschlagskriterien)

Aus den vergaberechtlichen Grundsätzen der Transparenz, des Wettbewerbs und der Gleichbehandlung ergibt sich, dass die in dem Lastenheft dargelegten Anforderungen in gewichtete Kriterien zu überführen sind.[41] Zu diesem Zweck sind die Vergabekriterien in einem Katalog in Bewertungs- und Ausschlusskriterien einzuteilen.[42] Die Nichterfüllung eines Ausschlusskriteriums stellt dabei eine unzulässige Änderung an den Vergabeunterlagen gem. § 53 Abs. 7 S. 1 VgV dar, welche gem. § 57 Abs. 1 Nr. 4 VgV unweigerlich zu einem Angebotsausschluss führt. Die Bereitstellung von Sicherheitsaktualisierungen sollte daher als ein solches Ausschlusskriterium klassifiziert werden, um zu gewährleisten, dass nur diejenigen Angebote in der weiteren Angebotswertung Berücksichtigung finden können, welche diese Anforderung erfüllen. Durch diese Vorgehensweise kann somit die Grundlage dafür geschaffen werden, dass die Durchführung von Sicherheitsaktualisierungen als Maßnahme der Datensicherheit gem. Art. 32 Abs. 1 lit. b DSGVO ordnungsgemäß erfolgen kann.

5.3 Abwägung: Leistungsbestimmungsrecht – Wettbewerbsgrundsatz

Soll die Anforderung der Bereitstellung von Sicherheitsaktualisierungen als Ausschlusskriterium klassifiziert werden, so fällt diese Entscheidung grundsätzlich unter das Leistungsbestimmungsrecht des öffentlichen Auftraggebers.[43] Die Klassifizierung eines Ausschlusskriteriums führt mithin unweigerlich zu einer Verengung des Wettbewerbs, da potenzielle Auftragnehmer, welche dieses Kriterium nicht erfüllen, von dem Vergabeverfahren ausgeschlossen werden. Zur Prüfung des Vorliegens einer gerechtfertigten Beschränkung des Wettbewerbsgrundsatzes durch die Ausübung des Leistungsbestimmungsrechts hat das OLG Düsseldorf ein Schema entwickelt, welches zur Strukturierung einer solchen Überprüfung herangezogen werden kann.[44] Die Grenzen des Leistungsbestimmungsrechts sind demnach eingehalten, wenn (1) die Bestimmung durch den Auftragsgegenstand sachlich gerechtfertigt ist, (2) vom Auftraggeber dafür nachvollziehbare objektive und auftragsbezogene Gründe angegeben worden

41 Vgl. Kirch (2013), S. 69.
42 Vgl. Kirch (2013), S. 69.
43 OLG Düsseldorf, Beschluss vom 17. Februar 2010 – VII-Verg 42/09 –, Rn. 28.
44 OLG Düsseldorf, Beschluss vom 01. August 2012 – VII-Verg 10/12 –, Rn. 44–49.

sind und die Bestimmung folglich willkürfrei getroffen worden ist, (3) solche Gründe tatsächlich vorhanden (festzustellen und notfalls erwiesen) sind und (4) die Bestimmung andere Wirtschaftsteilnehmer nicht diskriminiert.[45]
Wie nachfolgend aufgezeigt, kann die Klassifizierung der Bereitstellung von Sicherheitsaktualisierungen als Ausschlusskriterium, anhand des angeführten Prüfungsschemas, in der Praxis als rechtskonform begründet werden.

5.3.1 Sachliche Rechtfertigung

Den Auftragsgegenstand stellt vorliegend eine Fachsoftware für die Erfüllung spezifischer Aufgaben der öffentlichen Verwaltung dar. Die regelmäßige Durchführung von Sicherheitsaktualisierungen soll dabei die Aufrechterhaltung des ordnungsgemäßen Betriebs der Software gewährleisten. Die Klassifizierung der Bereitstellung von Sicherheitsaktualisierungen als Ausschlusskriterium kann somit durch den Auftragsgegenstand sachlich gerechtfertigt werden.

5.3.2 Willkürfreiheit

Im Zuge des Betriebs von Fachsoftwares, werden regelmäßig besonders vertrauliche und sensible personenbezogene Daten der Bürgerinnen und Bürger verarbeitet. Wie dargelegt, stellt die regelmäßige Durchführung von Sicherheitsaktualisierungen dabei eine geeignete Maßnahme der Datensicherheit gem. Art. 32 Abs. 1 lit. b DSGVO dar, um ein dem Verarbeitungsrisiko genügendes Schutzniveau für die Rechte und Freiheiten der Betroffenen zu gewährleisten. Wie dargestellt, trägt der Auftraggeber in seiner datenschutzrechtlichen Rolle als Verantwortlicher gem. Art. 5 Abs. 2, Abs. 1 lit. f i.V.m. Art. 32 Abs. 1 lit. b DSGVO die Verantwortung dafür, die Sicherheit der Verarbeitungstätigkeit durch eine Fachsoftware zu gewährleisten und hat hierfür die Bereitstellung von Sicherheitsaktualisierungen durch den Auftragnehmer mit diesem vertraglich zu vereinbaren. Die regelmäßige Durchführung von Sicherheitsaktualisierungen dient dabei dem Zweck der Behebung von Sicherheitslücken in Fachsoftwares, bei deren Ausnutzung die Gewährleistung der Vertraulichkeit, Integrität

45 OLG Düsseldorf, Beschluss vom 01. August 2012 – VII-Verg 10/12 –, Rn. 44–49.

und Verfügbarkeit der zu verarbeitenden personenbezogenen Daten gefährdet werden, wodurch wiederum das Recht der Betroffen auf Schutz ihrer personenbezogenen Daten gem. Art. 8 Abs. 1 GRCh sowie weitere einfachgesetzliche und verfassungsrechtliche Rechtsgüter Schaden nehmen können. Die Klassifizierung der Bereitstellung von Sicherheitsaktualisierungen als Ausschlusskriterium ist folglich als willkürfrei anzusehen, da es nachvollziehbar, objektiv und auftragsbezogen begründet werden kann.

5.3.3 Tatsächliche Gegebenheit

Ferner kann in der Praxis ein Zusammenhang zwischen der Gefährdung personenbezogener Daten, welche durch Softwares verarbeitet werden, und der unterlassenen Durchführung von Sicherheitsaktualisierungen nachgewiesen werden. Wie erörtert, führen Sicherheitslücken in informationstechnischen Systemen vermehrt zu Sicherheitsvorfällen aufgrund von Cyberangriffen durch Schadsoftware, die auch darauf abzielen, die Kontrolle über personenbezogene Daten zu erlangen, welche im Zuge der Aufgabenerfüllung der öffentlichen Verwaltung durch Fachsoftwares verarbeitet werden. Dieser Kausalzusammenhang wird durch die angeführten Lageberichte des BSI sowie des BKA bestätigt.[46] Auch zeigt die eingangs angeführte Dataport-interne Auswertung auf, dass der notgedrungene Betrieb veralteter Fachsoftwares aufgrund nicht durchführbarer Sicherheitsaktualisierungen in den Jahren 2019 und 2020 eine der am häufigsten aufgetretenen Ausnahmen von dem ISMS darstellte. Die Begründung der Gefährdung personenbezogener Daten aufgrund unterbliebener Sicherheitsaktualisierungen bei Fachsoftwares und das daraus resultierende Risiko der Ausnutzung von entstehenden Sicherheitslücken können daher als in der Praxis erwiesen angesehen werden.

5.3.4 Nichtdiskriminierung

Zudem stellt die Bereitstellung von Sicherheitsaktualisierungen eine Anforderung dar, welche durch jeden potentiellen Auftragnehmer erfüllbar ist und somit keinen Bieter einem anderem vorzieht. So handelt es sich bei dem Auftragsgegenstand um eine Fachsoftware, welche durch einen Auftragnehmer entweder bereits entwickelt wurde oder zu entwickeln ist.

---

46 Vgl. BSI (2021a), S. 74; BKA (2020), S. 22.

Folglich sind die Auftragnehmer die Ersteller des sogenannten Quellcodes, durch dessen Erstellung die Software entsteht.[47] Da in der Regel nur die Auftragnehmer das Wissen über die Zusammensetzung des Quellcodes innehaben, ist es folglich auch nur für diese möglich, Sicherheitsaktualisierungen für die betreffende Fachsoftware zu entwickeln. Daher sind die Auftraggeber und Dataport aufgrund ihres fehlenden Wissens um die Beschaffenheit des Quellcodes bei der Durchführung von Sicherheitsaktualisierungen auf die Mitwirkung der Auftragnehmer angewiesen. Da die potentiellen Auftragnehmer über den Quellcode verfügen, kann sich jeder von ihnen dazu entscheiden, Sicherheitsaktualisierungen bereitzustellen und somit in das weitere Vergabeverfahren einbezogen zu werden oder sich hierzu nicht bereitzuerklären und somit auszuscheiden.

5.3.5 *Zwischenergebnis*

Anhand der dargelegten Argumentationsweise ergibt sich die Möglichkeit, die Klassifizierung der Bereitstellung von Sicherheitsaktualisierungen als Ausschlusskriterium rechtskonform begründen zu können. So wurde aufgezeigt, dass die Entscheidung zu dieser Klassifizierung gegen keine vergaberechtlichen Grundsätze verstößt und daher in den Grenzen des Leistungsbestimmungsrechts des öffentlichen Auftraggebers liegt.

6 *Fazit und Ausblick*

Das Ziel der zugrunde liegenden Bachelor-Thesis war es, Lösungsansätze für die Behebung von Schwachstellen in der Durchführung von Sicherheitsaktualisierungen in einer Dreieckskonstellation zwischen einem Auftraggeber, Dataport und einem Drittanbieter aufzuzeigen.

Bezüglich der Ausgestaltung der Rechtsverhältnisse in der Dreieckskonstellation hat sich herausgestellt, dass die Auftraggeber die datenschutzrechtliche Rolle der Verantwortlichen gem. Art. 4 Nr. 7 DSGVO einnehmen. Die Auftraggeber beauftragen Dataport mit dem Betrieb der bei den Drittanbietern vergaberechtlich beschafften Fachsoftwares, wodurch Dataport die datenschutzrechtliche Rolle des Auftragsverarbeiters gem. Art. 4 Nr. 8 DSGVO einnimmt. Der Drittanbieter stellt keinen unmittelbaren datenschutzrechtlichen Pflichtenadressat in der Dreieckskonstellation dar.

47 Vgl. Schmidt (2019), § 1, Rn. 147–148.

Daher hat der Auftraggeber aufgrund seiner datenschutzrechtlichen Verantwortlichkeit den Drittanbieter vertraglich zu verpflichten Sicherheitsaktualisierungen an Dataport bereitzustellen, um die Sicherheit der Verarbeitung gem. Art. 32 DSGVO gewährleisten zu können. Somit stellt der Drittanbieter einen mittelbaren Pflichtenadressat der DSGVO dar.

Als zentrale Ursache für die Entstehung von Schwachstellen in der Durchführung von Sicherheitsaktualisierungen wurde das Spannungsfeld zwischen der Wahrung der vergaberechtlichen Grundsätze und den datenschutzrechtlichen Anforderungen an eine zu beschaffende Fachsoftware identifiziert, welche es im Rahmen der Ausgestaltung des Beschaffungsvertrags aufzulösen gilt, um zu gewährleisten, dass ein Drittanbieter Sicherheitsaktualisierungen an Dataport bereitstellt.

Als möglicher Ansatz zur Auflösung des betreffenden Spannungsfeldes wurde eine vergaberechtskonforme Vorgehensweise dargelegt, welche es ermöglicht, die Bereitstellung von Sicherheitsaktualisierungen durch einen Drittanbieter als Ausschlusskriterium zu klassifizieren, um zu gewährleisten, dass Sicherheitsaktualisierungen an Dataport bereitgestellt und deren operative Durchführung somit gewährleistet werden kann.

Die aus den Untersuchungen gewonnen Erkenntnisse können somit eine unterstützende Orientierungshilfe für die Verwaltungspraxis darstellen, um der Entstehung von Schwachstellen in der Durchführung von Sicherheitsaktualisierungen präventiv vorbeugen zu können.

Im Vorfeld der Beschaffung und des Betriebs einer Fachsoftware ist in der Praxis mithin die Durchführung einer präzisen Bewertung hinsichtlich des spezifischen Datenschutzrisikos der Verarbeitung sowie eine darauf aufbauende, vollständige Analyse betreffend der an eine Fachsoftware zu stellenden datenschutzrechtlichen Anforderungen unerlässlich. Nur durch diese Vorgehensweise können somit angemessene Maßnahmen der Datensicherheit zum Schutz der Rechte und Freiheiten der Betroffenen operativ durchgeführt und dadurch die Datenschutzrechtskonformität der Verarbeitungstätigkeiten, im Sinne eines rechtsstaatlichen Verwaltungshandelns gem. Art. 20 Abs. 3 GG, gewährleistet werden.

Literaturverzeichnis

https://www.bsi.bund.de/SharedDocs/Downloads/DE/BSI/Publikationen/Lageberichte/Lagebericht2020.pdf?__blob=publicationFile&v=1 (Abruf: 24.11.2021).

Bundeskriminalamt (BKA) (2020), Bundeslagebild Cybercrime 2020, https://www.bka.de/SharedDocs/Downloads/DE/Publikationen/JahresberichteUndLagebil-der/Cybercrime/cybercrimeBundeslagebild2020.html;jsessinid=1AC266AA1BF1CDEF03DD7CE74A01BF37.live612?nn=28110 (Abruf: 24.11.2021).

Bundesministerium der Finanzen (BMF) (2021), Allgemeine Informationen zur Umsetzung der datenschutzrechtlichen Vorgaben der Artikel 12 bis 14 der Datenschutz-Grundverordnung in der Steuerverwaltung, https://www.bundesfinanzministerium.de/Content/DE/Downloads/BMF_Schreiben/Weitere_Steuerthemen/Abgabenordnung/2021-07-30-Korrektur-Allgemeine-Informationen-Datenschutz-Grundverordnung-Steuerverwaltung-anlage-1.pdf (Abruf: 24.11.2021).

Burgi, M. (2021), Vergaberecht, Systematische Erläuterungen für Praxis und Ausbildung, München.

Dataport AöR (2021), Twin Data Center, https://www.dataport.de/was-wir-tun/rechenzentrum/ (Abruf: 24.11.2021).

Etscheid, J. (2018), Automatisierungspotentiale der Verwaltung, in: Kompetenzzentrum Öffentliche IT, (Un)Berechenbar? Algorithmen und Automatisierung in Staat und Gesellschaft, S. 126–158, https://www.oeffentliche-it.de/documents/10181/14412/%28Un%29berechenbar+-+Algorithmen+und+Automatisierung+in+Staat+und+Gesellschaft, (Abruf: 24.11.2021).

Hornung, G. (2011), Datenschutz durch Technik in Europa – Die Reform der Richtlinie als Chance für ein modernes Datenschutzrecht, in Zeitschrift für Datenschutz, Heft 2, S. 51 (Abruf über beck-online.Die Datenbank).

Kirch, T. (2013), Vertragsgestaltung durch rechtssichere Leistungsbeschreibung, in: von Wietersheim, M. (Hrsg.), Vergaben von IT-Leistungen, Komplexe Projekte und Standardprodukte, Köln, S. 57–85.

Konferenz der unabhängigen Datenschutzbehörden des Bundes und der Länder (2018) Kurzpapier Nr. 18, Risiko für die Rechte und Freiheiten natürlicher Personen, https://www.datenschutzkonferenz-online.de/media/kp/dsk_kpnr_18.pdf (Abruf: 24.11.2021).

Martini, M. (2021), in: Paal, B. P./ Pauly, D. A. (Hrsg.), Datenschutz-Grundverordnung, Bundesdatenschutzgesetz: Kommentar, München (zi-tiert als Martini, Art. Rn.).

Maurer, H./Waldhoff, C. (2017), Allgemeines Verwaltungsrecht, München.

Opitz, M. (2015), Die EVB-IT, in: Kulartz, H.-P./Opitz, M./Steding, R (Hrsg.), Vergabe von IT-Leistungen, Fehlerfreie Ausschreibungen und rechtssichere Vertragsinhalte, Köln, S. 193–220.

Opitz, M. (2015), Die Prüfung und die Wertung von Angeboten, in: Kulartz, H.-P./ Opitz, M./Steding, R (Hrsg.), Vergabe von IT-Leistungen, Fehler-freie Ausschreibungen und rechtssichere Vertragsinhalte, Köln, S. 135–168.

Opitz, M. (2015), Die Vergabeunterlagen, in: Kulartz, H.-P./Opitz, M./Steding, R. (Hrsg.), Vergabe von IT-Leistungen, Fehlerfreie Aus-schreibungen und rechtssichere Vertragsinhalte, Köln, S. 97–134.

Piesold, R.-R. (2021), Kommunales E-Government, Grundlagen und Baustei-ne zur Digitalisierung von Verwaltungen, Berlin/Heidelberg.

Plitz, C. (2018), in: Gola, P. (Hrsg.), Datenschutz-Grundverordnung, VO (EU) 2016/679: Kommentar, München (zitiert als Plitz, Art., Rn.).

Pohlmann, N. (2019), Cyber-Sicherheit, Das Lehrbuch für Konzepte, Prinzi-pien, Mechanismen, Architekturen und Eigenschaften von Cyber-Sicherheitssystemen in der Digitalisierung, Wiesbaden.

Reimer, P. (2019), Verwaltungsdatenschutzrecht, Das neue Recht für die behördliche Praxis, Baden-Baden.

Rosenkötter, A./Hansen, H./Tegeler, E. (2021), Berücksichtigung daten-schutzrechtlicher Aspekte in Vergabeverfahren nach „Schrems II“,

in Neue Zeitschrift für Baurecht und Vergaberecht, Heft 6, S. 355 (Abruf über beck-online.Die Datenbank).

Roßnagel, A./Richter, P./Nebel, M. (2013), Besserer Internetdatenschutz für Europa – Vorschläge zur Spezifizierung der DS-GVO, in Zeitschrift für Datenschutz, 2013, Heft 3, S. 103 (Abruf über beck-online.Die Daten-bank).

Schäffer, R./Figgen, M. (2013), Verfahrensausgestaltung, in: von Wieters-heim, M. (Hrsg.), Vergaben von IT-Leistungen, Komplexe Projekte und Standardprodukte, Köln, S. 9–35.

Schlimme, O. (2021), Digitalisierung der öffentlichen Verwaltung aus Sicht der IT-Beschaffung, Eine kritische Würdigung der Entwicklungen seit der letzten Vergaberechtsreform im Spannungsfeld zwischen Handlungsfähig-keit und rechtmäßiger Beschaffung, Wiesbaden.

Schmidt, M. (2019), in: Auer-Reinsdorff, A./Conrad, I. (Hrsg.), Handbuch IT- und Datenschutzrecht, München (zitiert als Schmidt, §, Rn.).

Thapa, B. E. P. (2019), IT-Sicherheit, in: Kompetenzzentrum Öffentliche IT (Hrsg.), Strategische Beschaffung in der IT-Konsolidierung, Berlin, S. 1–31, https://www.oeffentliche-it.de/documents/10181/14412/Strategische+Beschaffung+in+der+IT-Konsolidierung (Abruf: 24.11.2021).

Wagner, J. (2020), Jens, Legal Tech und Legal Robots, Der Wandel im Rechtswesen durch neue Technologien, Wiesbaden.

Witt, B. C. (2010), Datenschutz kompakt und verständlich, Eine praxisorien-tierte Einführung, Wiesbaden.

Kap. 3:
Prämierte Arbeiten aus dem Polizei- und Sicherheitsmanagement

Generation Z – Problemfall oder zukunftsorientierter Hoffnungsträger? Inwieweit prägt und bewegt die Einflussnahme eines ganzen Generationenwandels die Bundespolizei?

Vanessa Boos und Oliver Hennings

1 Einleitung

> „Ich habe überhaupt keine Hoffnung mehr in die Zukunft unseres Landes, […]. Unsere Jugend ist unerträglich, unverantwortlich und entsetzlich anzusehen.“[1]

Bereits Aristoteles Meinung über die Jugend in der Antike war eher von Kritik geprägt, doch auch mehr als 2.000 Jahre später wird dieser Kommentar gegenüber jüngeren Generationen aufgegriffen. Besonders mit der Generation Z wird das Zitat innerhalb der Forschung in Verbindung gebracht.

Es handelt sich um eine Generation, geprägt durch Vorurteile und der Ungewissheit, wie sie sich zukünftig weiterentwickeln und die Arbeitswelt prägen wird. Die Generation Z, die hohe Erwartungen gegenüber ihrem beruflichen Werdegang mitbringt, die ewigen Studenten und die eine Herausforderung für Führungskräfte sein soll, gleichzeitig „sensibel“ wie „arbeitsscheu“, „nicht belastbar“ und „fordernd“.[2] Sie gilt als „faul und verwöhnt“ mit untypischen Berufswünschen wie „Influencer“,[3] geprägt durch die sozialen Medien und der Unfähigkeit, das Smartphone aus der

---

1 Aristoteles (384–322 v.Chr.) zitiert in: Maas, Rüdiger: Generation Z. Für Personaler und Führungskräfte. Ergebnisse der Generation-Thinking-Studie, München: Hanser 2019, S. 20.

2 Kaiser, Tobias (5/2019): Arbeitsscheu? jetzt wird ein Generation-Z-Vorurteil entzaubert. (https://www.welt.de/wirtschaft/karriere/bildung/article192748703/Generation-Z-So-ticken-die-nach-1995-Geborenen.html, letzter Zugriff: 27. April 2021 um 14:43).

3 Rehbock, Larissa (9/2019): Faul und verwöhnt? Was Arbeitgeber an der Generation Z nicht verstehen. (https://www.spiegel.de/start/generation-z-faul-und-verwoehnt-stimmen-die-vorurteile-a-e312bb0e-07f6-46db-a34c-ac7a2a2cb174, letzter Zugriff: 27. April 2021 um 15:07 Uhr).

Hand zu legen, sollen charakteristische Merkmale der Generationsvertreter sein. Junge Menschen, die zwischen 1995 und 2010 geboren wurden und die, so scheint es, Freizeit und Privatleben über die Arbeit stellen.[4]

Die Relevanz einer ausführlichen Auseinandersetzung mit der Generation Z wird deutlich, da sie nach und nach auf den Arbeitsmarkt strömt und es fraglich ist, inwieweit sich die erwähnten Vorurteile bestätigen lassen. Betrachtet man die Tatsache, dass die Vertreter in naher Zukunft Mitarbeiter oder gar Führungskräfte werden, wird die Bedeutsamkeit einer Analyse deutlich. Eine Unwissenheit dem gegenüber, wie die ab 1995 Geborenen „ticken“[5], kann besonders auf Arbeitgeberseite zu Unverständnis, Problemen oder gar Konflikten im Umgang mit den Generationsvertretern führen.

2 Der Generationenwandel

2.1. Der historische Einfluss: Von den Babyboomern bis heute

Gesellschaftliche Wandlungsprozesse sind alltäglich und beeinflussen einen Jeden, wenn auch scheinbar unbemerkt und sukzessiv. Prägenden Ereignissen verändern sie soziale Werte, Ansichten und Einstellungen und bedingen eine stetige und unaufhaltbare Veränderung der Gesellschaft.

Die Soziologie definiert den Begriff der „Generation“ als „Gesamtheit von Menschen ungefähr gleicher Altersstufe [...], die ihre Wurzeln in den prägenden Jahren einer Person hat“[6] – wobei unter den Worten der „prägenden Jahre“ das Alter zwischen dem 11. und dem 15. Lebensjahr verstanden wird.

4 Vgl. Maas (2019), S. 11, 24.

5 Scholz, Christian: Generation Z. Wie sie tickt, was sie verändert und warum sie uns alle ansteckt, Weinheim: Wiley 2014.

6 Mangelsdorf, Martina: Von Babyboomern bis Generation Z. Der richtige Umgang mit unterschiedlichen Generationen im Unternehmen, Offenbach: Gabal 2015, S. 12.

2.2. *Die Faszination der Generation Z im Vergleich zu vorherigen Generationen*

2.2.1. *Eigenschaften und Werte*

Die Generation Z gilt als digitale Generation, die in eine Zeit hineingeboren wird, in der Internet, Smartphones, der mediale und ununterbrochene Austausch im Sekundentakt Alltag geworden sind. Ihre Persönlichkeit wird als „digital durchwirkt“[7] beschrieben und mobile Endgeräte sind ein Grundbedürfnis für die 12 Millionen Vertreter. Sie gelten als spontaner, selbstbewusster und aufgeschlossener, auch wenn sie dadurch häufig impertinent, arrogant sowie überheblich erscheinen.[8]

Das Denken und Handeln der Generation Z wird vor allem durch zeitgenössische Ereignisse wie die Flüchtlingskrise ab 2015, den EU-Ausstieg Großbritanniens und die immer noch andauernde Corona-Krise geprägt.

Die Gestaltung der Freizeit und deren Stellenwert im Leben gewinnt immer mehr an Bedeutung, sie wollen ein Leben fernab von Sorgen, voller Spaß und Selbstverwirklichung.[9] Ein weiteres Merkmal ist die Sprunghaftigkeit der Generation: Häufig entscheidet sie sich um oder bleibt selten bei der ersten Wahl.[10]

Die Familie wird wichtiger und bedeutet vor allem Sicherheit, Beratung, Unterstützung und eine Vorbildfunktion.[11] Neben den Eltern werden andere Persönlichkeiten mit medialem Einfluss als Idole angesehen.[12] Besonders Instagram und Co. ermöglichen der Generation Z einen Blick auf die Welt, in der Selbstverwirklichung und -entfaltung großgeschrieben werden.[13]

Fraglich bleibt jedoch, wie sich die beschriebenen charakteristischen Merkmale und Verhaltensweisen auf die berufliche Ebene der „Digital Natives 2.0“[14] auswirken.

---

7 Kring, Wolfgang; Hurrelmann, Klaus: Die Generation Z erfolgreich gewinnen, führen, binden, Herne: Kiehl 2019, S. 15.
8 Vgl. ebd., S. 14ff.
9 Vgl. Maas (2019), S. 22f.
10 Vgl. ebd., S. 31ff.
11 Vgl. Mangelsdorf (2015), S. 20f.
12 Vgl. Kring; Hurrelmann (2019), S. 26.
13 Vgl. Maas (2019), S. 30.
14 Vgl. ebd., S. 37ff.

2.2.2. Erwartungshaltung gegenüber Beruf und Karriere

Bisher durchgeführten Studien des Instituts für Generationsforschung lassen erkennen, dass die Generation Z ganz anders tickt als ihre Vorgänger.[15]

Wird die berufliche Ausbildung in der Vergangenheit noch sehr ernst genommen, so werden heute hingegen circa 26 % aller Ausbildungen abgebrochen oder Studienfächer mehrmals gewechselt. Werte wie Fleiß und Gehorsam werden zweitrangig und der Fokus wird auf soziale Kontakte und den Genuss des eigenen Lebens gelegt.[16]

> „Ich möchte nicht so viel arbeiten […]. Wenn ich meine Freundschaften nicht mehr pflegen kann, dann bringt mir Geld auch nichts."[17]

Die Generation Z fordert feste Arbeitszeiten, wodurch das Private und der Beruf voneinander getrennt werden und sich, das berufliche Leben unterordnen soll. Was früher noch als „Work-Life-Balance" bezeichnet wurde, wird nun als „Work-Life-Separation" formuliert.[18] Ansprüche wie der Spaß an der Arbeit, Transparenz, Sinnhaftigkeit und Sicherheit spielen eine bedeutende Rolle für die berufliche Erfüllung.[19] Im Vordergrund steht ein gutes Arbeitsklima,[20] in der die Zeit für soziale Kontakte ein „gutes Leben" definiert[21].

Gegenüber den Führungskräften wird Feedback besonders wichtig, welches möglichst permanent und ehrlich erfolgen sollte.[22] So wünscht sich die Generation Z mehr Mitbestimmung, gegenseitiger Akzeptanz sowie Respekt, weg von Hierarchieverhältnissen[23] oder einen autoritären Führungsstil.[24] Die Karrierepläne gilt es seitens des Arbeitgebers zu unterstützen, die eigene Führungsposition wird von „allein" kommen.[25] Auch

15 Maas (2019), S. 17.

16 Vgl. ebd., S. 22ff.

17 Ebd., S. 24.

18 Vgl. Maas (2019), S. 68, 77.

19 Vgl. Kring; Hurrelmann (2019), S. 18f.

20 Vgl. Schlotter, Lorenz; Hubert, Philipp: Generation Z. Personalmanagement und Führung, Wiesbaden: Springer Gabler 2020, S. 4. im Vergleich zu Dahlmanns, Andreas: Generation Y und Personalmanagement, Mering: Rainer Hampp Verlag 2014, S. 6.

21 Vgl. Kring; Hurrelmann (2019), S. 133f.

22 Vgl. Schlotter; Hubert (2020), S. 33–37.

23 Vgl. Kring; Hurrelmann (2019), S. 75ff.

24 Vgl. Schlotter; Hubert (2020), S. 1ff.

25 Vgl. Maas (2019), S. 48, 86.

wenn die meisten Vertreter der Generation Z jung in das Berufsleben einsteigen, ist der Wille, Verantwortung zu übernehmen, gegeben.[26]

Obwohl der öffentliche Dienst als attraktiver Arbeitgeber gilt, da er Chancen auf Weiterbildungsmöglichkeiten und die gewünschte Absicherung bietet, stellt sich die Frage, ob er diese Anforderungen erfüllen kann, hofft die Generation Z dort auf Selbstverwirklichung und sinnstiftende Aufgaben?[27] Auf welche Veränderungen muss sich besonders die Bundespolizei einstellen?

3 Die Bundespolizei und die Auswirkungen der gesellschaftlichen Wandlungsprozesse

3.1. Der Generationsvergleich innerhalb der Bundesbehörde

3.1.1. Einstellung und Gewinnung

Die Bundespolizei möchte neues Personal gewinnen und die Einstellungszahlen aufstocken. Spätestens mit Blick auf die Anwärterzahlen der Jahrgänge, aber auch an den geplanten Einstellungen und bisherigen Statistiken wird dies sichtbar. Ein Großteil derer, die künftig Polizeibeamte und Führungskräfte werden sollen, sind Angehörige der Generation Z.

Betrachtet man die bisherigen Statistiken, wird deutlich, dass es in den Jahren 2017 bis 2020 ungefähr 12.000 geplante Einstellungen gab. Es kann davon ausgegangen werden, dass die meisten Anwärter direkt nach ihrem Schulabschluss zur Bundespolizei gekommen sind und demnach schätzungsweise zwischen 1998 und 2002 geboren wurden.

Statistische Erhebungen im Jahrgang haben diese Vermutung bestätigt, denn ungefähr 68 % der Angehörigen des 75. Studienjahrgangs wurden in dem angegeben Zeitraum geboren, allein davon fast 29 % im Jahr 1999.[28] In diesem Jahr (2021) ist die Einstellung von circa 3.700 Anwärtern geplant und auch in den kommenden Jahren soll es jährlich über 1.000 geplante Einstellungen geben.[29] Die Einstellungsoffensive der Bundespolizei soll der unvermeidlichen Tatsache entgegenwirken, dass die Mitarbeiter-

26 Vgl. Schlotter; Hubert (2020), S. 41.

27 Vgl. Homma, Sven; Milkau, Sabina: Generation Y. Die Attraktivität im Öffentlichen Dienst. In: Laux, Dieter (Hrsg.): Ist der öffentliche Dienst als Arbeitgeber zukunftsfähig?, Norderstedt 2015, S. 48ff.

28 Vgl. Anlage 2.

29 statistische Angaben des Bundespolizeipräsidiums Referat 75.

zahlen der deutschen Polizei in den nächsten Jahren sinken werden.[30] Denn, dass die Belegschaft beziehungsweise die Bevölkerung im Allgemeinen altert, kann an konkreten Zahlen festgemacht werden: Waren 1970 noch 30 % der Bevölkerung in Deutschland jünger als 20 Jahre, sind es heute schätzungsweise nur noch 18 %. Dafür steigt jedoch der Anteil der über 65-jährigen auf 23 %, der in den vergangenen Jahren noch bei 14 % lag.[31] Auch die Beschäftigtenzahl des öffentlichen Dienstes verändert sich und sinkt jährlich um circa 1,5 %, was ein überdurchschnittlich hohes Ausscheiden der geburtenstarken Jahrgänge wie der Babyboomer nach sich zieht.[32]

Daher muss die Bundespolizei die Nachwuchsgewinnung auf die jeweilige junge Generation ausrichten, um deren Interesse zu wecken. Anders als vergleichsweise bei vorherigen Generationen wie den Babyboomern oder der Generation X ist die Ausgangssituation auf dem Arbeitsmarkt bereits eine völlig andere, der – Stand 2019 – viele freie Stellen und somit mehr denn je neue Chancen für Berufseinsteiger bietet.[33] Durch Accounts auf den sozialen Medien wie Facebook, Instagram oder YouTube unter dem Namen „bundespolizeikarriere“, aber auch durch den Podcast „Funkdisziplin“ versucht die Bundespolizei nicht nur Präsenz zu zeigen und einen Einblick in die Arbeit der Behörde zu geben, sondern auch neue Mitarbeiter zu werben:

> „Eine sinnvolle Strategie zur Nachwuchsgewinnung besteht aus dreierlei Zutaten: den passenden Kanälen, den passenden Formaten sowie der passenden Unternehmenskultur. […] im World Wide Web vertraut die Generation Z wie keine zuvor auf die Empfehlung von Influencern.“[34]

Homma und *Milkau* kommen zu dem Ergebnis, dass im öffentlichen Dienst die Anstrengungen für die Personalgewinnung, -bindung und -entwicklung erhöht werden müssen, um auch für die jungen Generationen

---

30 Vgl. Fürst, Michael: Zukunftsfähigkeit der Polizei. In: Laux, Dieter (Hrsg.): Ist der öffentliche Dienst als Arbeitgeber zukunftsfähig?, Norderstedt 2015, S. 167ff.

31 Vgl. Mangelsdorf (2015), S. 9.

32 Vgl. Homma; Milkau (2015), S. 27–32.

33 Vgl. Bundespolizei kompakt: Junge Generation als Chance. Noch nie in der Geschichte waren die Veränderungen so groß, Ausgabe 6/2019, S. 25. (https://www.bundespolizei.de/Web/DE/04Aktuelles/05Kompakt/Ab-03-2019/2019/06/gesamtausgabe-doppelseiten.pdf?__blob=publicationFile&v=6, letzter Zugriff: 30. März 2021 um 12:01 Uhr).

34 Roedenbeck Schäfer, Maja: Generation Z gewinnen und binden. In: Sozialwissenschaft, Ausgabe 2/2020, S. 27.

als Arbeitgeber attraktiv zu bleiben.[35] Denn wurden noch vor einigen Jahren Bewerbungsmappen mit Foto abgeschickt, so erfolgt eine Bewerbung heutzutage oftmals durch das Zusenden von digital aufbereiteten Dokumenten oder teilweise sogar zwanglos und unförmlich per Klick über die Internetseite des jeweiligen Arbeitgebers, denn „ein direkter Austausch mit dem zukünftigen Arbeitgeber wird dabei wie selbstverständlich erwartet"[36]. Und dennoch, so scheint es, hat die Bundespolizei vielversprechende Chancen, auch zukünftig junge Mitarbeiter vor allem durch ihre Onlinepräsenz zu gewinnen, da sie durch die Beibehaltung von Seriosität authentisch und echt wirkt. Sie gibt dadurch den Vertretern der Generation Z die Möglichkeit, sich mit ihnen zu identifizieren. Spätestens die immensen Anwärterzahlen der starken Jahrgänge in den letzten Jahren zeigen deutlich, dass diese junge Generation bereit ist, gewonnen zu werden.

3.1.2. Arbeitsmoral

Die allgemein geltende Einstellung gegenüber der eigenen Arbeit und die zukünftigen Karrierepläne, die in der Literatur dargestellt werden, vermitteln eine klare Vorstellung von der Generation Z. Doch inwieweit ist die charakteristische Arbeitsethik auf die jüngeren Vertreter in der Bundespolizei zutreffend und welche Unterschiede weisen diese im Gegensatz zu anderen Generationen auf? Spätestens nach erfolgter Analyse der Personalstatistiken wird klar, dass mit Eintritt der Generation Z bei der Bundespolizei Generationen aufeinandertreffen, die teilweise unterschiedliche Werte und Ansichten bezüglich der Arbeitsmoral vertreten. Diese müssen auch nach dem vollständigen Austritt der Babyboomer bis schätzungsweise 2030 generationsübergreifend miteinander verbunden werden.[37]

Erste Unterschiede zwischen den Generationen werden bereits bei der dem Stellenwert des Gehalts sichtbar. Anders als die Generation Z sehen die Babyboomer eher einen geringeren Anreiz in der Höhe des Einkommens, während das Gehalt bei den Generationsvertretern der Z ein wesentlicher Aspekt neben der Sinnhaftigkeit der Aufgaben hinsichtlich der Berufswahl ist.[38] Nach *Martina Mangelsdorf* sieht lediglich die Generation

---

35 Vgl. Homma; Milkau (2015), S. 30f.

36 Bundespolizei kompakt: Nachwuchswerbung in sozialen Netzwerken Wie sich die Bundespolizei auf die Lebenswirklichkeit einer neuen Generation einstellen muss, Ausgabe 2/2017, S. 23.

37 Vgl. Kring; Hurrelmann (2019), S. 13f.

38 Vgl. Scholz (2014), S. 36, 63.

Y in der Höhe des Gehalts keinen besonders nennenswerten Motivationsfaktor.[39]

Parallelen zwischen der Generation Z und den Babyboomern werden bei den Themen Mitbestimmungsmöglichkeiten und Transparenz im beruflichen Kontext deutlich, die für beide Generationen einen wichtigen Aspekt bilden.[40]

Bei gesellschaftlich hoch angesehenen Werten innerhalb der Gesellschaft weist die Generation Z Gemeinsamkeiten zu den Babyboomern auf, jedoch mit dem Unterschied, dass sich die ältere Generation den gewünschten entgegengebrachten Respekt und das geforderte Maß an Anerkennung erarbeiten musste.[41] Für die jungen Generationsvertreter gelten Respekt, Anerkennung und Wertschätzung als Grundlage, die mit dem Berufseintritt gefordert werden. Thematisiert wurde dies erstmals durch die Generation Y. Kommt es nicht zu der gewünschten Erfüllung, ist die Generation Z weniger motiviert, Leistung zu zeigen.[42]

Spätestens seit dem beruflichen Einstieg der Generation Y spielen vor allem die Sinnhaftigkeit der Aufgaben sowie der Spaß innerhalb des beruflichen Umfeldes eine primäre Rolle.

Sind Beförderungen, finanzielle Vergütung oder der Erwerb eines bestimmten Status‘ oder Titels für die zahlenmäßig am stärksten vertretene Generation der Babyboomer als Ansporn und als klarer Motivationsfaktor zu sehen,[43] so sprechen sie Lob und positives Feedback eher ein geringeres Maß an Wichtigkeit zu, ganz nach dem Motto: „Nicht geschimpft, ist Lob genug.“[44] Es handelt sich hierbei um einen Punkt, der bei den jüngeren Generationen hingegen völlig anders bewertet wird und der durch die Kollegen oder Vorgesetzten aus anderen Generationen beachtet werden sollte, um längerfristig die Arbeitszufriedenheit zu gewährleisten. Für die zukünftigen Kollegen der Generation Z ist positives und regelmäßiges Feedback, wie oben bereits angesprochen, ähnlich wichtig wie für die Generation Y, dennoch mit dem Unterschied, dass der Z dabei vor allem Authentizität und Ehrlichkeit wichtig ist und dabei mehr die Qualität des Feedbacks im Vordergrund steht.[45]

39 Vgl. Mangelsdorf (2015), S. 136.
40 Vgl. Maas (2019), S. 7.
41 Vgl. Mangelsdorf (2015), S. 14f.
42 Vgl. Schlotter; Hubert (2020), S. 52.
43 Vgl. Maas (2019), S. 7.
44 Vgl. Mangelsdorf (2015), S. 127.
45 Vgl. ebd., S. 136.

Eine Entwicklung, mit der sich die Forschung eingehend auseinandergesetzt hat, ist die Frage nach der Flexibilität innerhalb des Berufslebens der jüngeren Generationen. Beginnend bei den Babyboomern haben die verschiedenen Generationen in den letzten Jahrzehnten der Flexibilität einen unterschiedlichen Stellenwert zugesprochen. Auch wenn die Babyboomer eine vom Arbeitgeber gebotene flexible Arbeitsgestaltung zwecks Arbeitszeit und -ort positiv aufnehmen, wird diese dennoch nicht erwartet und auch nicht als ein Ausdruck der Hingabe zum Beruf betrachtet.[46]

Nach *Dieter Laux* wandelt sich bei den nachfolgenden Generationen diese Einstellung sowie das Bedürfnis hinsichtlich der flexiblen Arbeitszeiten und den unterschiedlichen Arbeitsmodellen.[47]

Der Generation X gibt Flexibilität die Möglichkeit, kompetent und effizient im Rahmen ihrer Aufgabenerfüllung zu handeln. Für sie steht gute Leistung und Karriere im Vordergrund, ohne das Privatleben dabei zu vernachlässigen.[48]

Die Nachfolgegeneration Y fordert hingegen regelrecht von ihrem Arbeitgeber, ihren Beruf flexibel ausüben zu können. Sie möchte eigenständig und frei darüber entscheiden, wo und wann sie arbeitet, was insbesondere durch ihre technologischen Kompetenzen, aber auch durch Bereitstellung zeitgemäßer Medien am Arbeitsplatz ermöglicht werden soll. Für sie sind besonders flexible und familienfreundliche Arbeitszeitmodelle attraktiv, wie zum Beispiel Home-Office.[49]

Die Generation Z möchte auf der einen Seite ähnlich wie die Generation Y ihre Arbeitszeiten frei wählen können, diese auf der anderen Seite aber als festgelegt wissen, um Überstunden zu vermeiden und um das Berufs- mit dem Privatleben vereinbaren zu können. Flexibilität hinsichtlich des Arbeitsortes gilt für die Generation Z nicht als attraktiv, denn wie bereits deutlich wurde, bevorzugt sie einen Beruf, der heimatnah ist, um die Bindung zur Familie und zu Freunden beziehungsweise zum gesamten sozialen Umfeld aufrecht erhalten zu können.[50]

Betrachtet man die Forschungsmeinung im genauen Vergleich zu der Bundespolizei als Arbeitgeber, wird schnell deutlich, dass die durchschnittlich geltenden Ansprüche der Generation Z – zumindest die Flexibilität

---

46 Vgl. Mangelsdorf (2015), S. 150.

47 Vgl. Laux, Dieter: Der öffentliche Dienst steht vor Herausforderungen. In: Laux, Dieter (Hrsg.): Ist der öffentliche Dienst als Arbeitgeber zukunftsfähig?, Norderstedt 2015, S. 7f.

48 Vgl. Mangelsdorf (2015), S. 45f.

49 Vgl. Dahlmanns (2014), S. 79–83.

50 Vgl. Kring; Hurrelmann (2019), S. 75ff.

betreffend – nur schwer bis nahezu nicht umsetzbar sind. Da es sich bei der Bundespolizei um eine bundesweit eingesetzte Behörde handelt und sich deren Aufgabenerfüllung nicht lokal beschränkt, sollte man sich spätestens nach der Zusage bewusst sein, was nach der Ausbildung oder dem Studium auf einen zukommen kann. Ebenfalls ist eine feste Regelung der Arbeitszeiten, die von den jüngeren Generationen gefordert wird, nicht mit der Arbeit bei der Bundespolizei vereinbar. Zwar werden unter anderem auch Teilzeitmodelle angeboten, um Mitarbeitern die Möglichkeit zu geben, trotz Familie den Beruf mit dem Privaten zu vereinbaren, dennoch können die Arbeitsstunden in der Regel nicht selbst eingeteilt und frei gewählt werden, da es oftmals wechselnde Schichtmodelle gibt, bei denen Arbeitstage und -stunden sowie freie Tage vorgegeben werden und je nach Anlass sind Überstunden unvermeidbar.

Ein Aspekt, der mit dem Anspruch an mehr Flexibilität einhergeht, ist die Vereinbarkeit des Berufs mit dem Privatleben. Wird bei den Babyboomern noch versucht, das Berufliche mit dem Privaten zu vereinen, trennt die Generation X diese zwei Felder komplett, auch wenn sie Gefahr läuft, womöglich das private Umfeld zu vernachlässigen.[51] Die Generation Y steht vor allem für eine „Work-Life-Balance", bei der es mehr um die Anerkennung der Freizeit und des sozialen Umfelds durch den Arbeitgeber hinsichtlich der Arbeitszeiten geht.[52] Für sie ist es kein Problem, wenn das Private mit dem Beruflichen verschmilzt, die Übergänge fließend sind oder sie auch einmal in der Freizeit eine dienstliche Mail beantworten muss, solange eine faire Balance besteht.[53] Die Nachfolgegeneration Z hingegen hat diesbezüglich eine andere Auffassung: Innerhalb der Forschung gibt es keine abschließende und allgemeingültige Meinung ihre Einstellung betreffend und es scheint, als wäre die Literatur wie bei keinem anderen der behandelten Aspekte so uneinig wie bei diesem. Die am meisten verbreitete Betrachtungsweise geht davon aus, dass sich die Generation Z eine „pragmatische Trennung"[54] von beruflichem und privatem Leben einfordert. Aus diesem Grund würden die Vertreter Home-Office oder E-Learning von zu Hause in der Regel ablehnen und sich eine Anpassung des Berufs an die sozialen und privaten Ansprüche beziehungsweise an das jeweilige Lebensmodell wünschen.[55] *Lorenz Schlotter* und *Philipp*

51 Vgl. Mangelsdorf (2015), S. 151.
52 Vgl. Dahlmanns (2014), S. 83.
53 Vgl. Homma; Milkau (2015), S. 39ff.
54 Kring; Hurrelmann (2019), S. 19.
55 Vgl. Maas (2019), S. 27, 68.

Hubert meinen hingegen, dass die gewünschte „Work-Life-Separation“[56] der Generation Z nicht anhand von konkreten oder verlässlichen Daten festgemacht werden kann.[57]

3.1.3. Der Führungswille: Führen und geführt werden

In den letzten Jahrzehnten haben sich auch die Anforderungen an die Führungskräfte und die eigene Führungsbereitschaft gewandelt. Demnach stellt sich folglich die Frage, inwieweit die vier erwähnten Generationen geführt werden möchten, wie sie generationsübergreifend miteinander verbunden werden können.[58]

> „Es bedarf eine kompetenzbasierte, generations- und kultursensible Führung […], die alle […] Generationen begeistert und verbindet, damit alle an der gemeinsamen Arbeitsumgebung arbeiten und fortlaufend hybride (analog wie digitale) Kompetenzen entwickeln.“[59]

Auf Grund der Tatsache, dass die Babyboomer überwiegend in klar geregelten Strukturverhältnissen aufwuchsen, sind vor allem Werte wie Disziplin, Fleiß, Gehorsam, Gewissenhaftigkeit und Sorgfalt von enormer Wichtigkeit für die zwischen 1946 und 1964 geborenen, um durch einen erfolgreichen Werdegang die angestrebten beruflichen Karriereziele zu erreichen.[60] Auch die fachliche Einarbeitung hat einen hohen Stellenwert, um sich mit den Arbeitsstrukturen und hierarchischen Verhältnissen auseinanderzusetzen und eine optimale Orientierung zu gewährleisten. Die Führungskraft stellt für sie eine Respektsperson dar, die sich durch ihre klaren Anweisungen definiert. Sie wünschen sich eine gute Beziehung und persönlichen Kontakt zu dieser, fordern aber auch Seriosität und Sachlichkeit.[61] Babyboomer in Führungspositionen bevorzugen einen demokratischen Führungsstil,[62] der sich vor allem durch eine Beteiligung der Mitar-

56 Schlotter; Hubert (2020), S. 56.
57 Vgl. ebd., S. 56.
58 Vgl. Lippold, Dirk: Führungskultur im Wandel. Klassische und moderne Führungsansätze im Zeitalter der Digitalisierung, Wiesbaden: Springer Gabler 2019, S. 29.
59 Ciesielski, Martin A.; Schutz, Thomas: Digitale Führung. Wie die neuen Technologien unsere Zusammenarbeit wertvoller machen, Berlin: Springer Gabler 2016, S. 29.
60 Vgl. Mangelsdorf (2015), S. 14f.
61 Vgl. ebd. S. 85, 91.
62 Vgl. ebd., S. 84.

beiter an Entscheidungsfindungsprozessen definiert.[63] Eigene Erfahrungen geben sie als Führungskräfte an nachgeordnete Stellen weiter. Diejenigen, die sich ihrem Vorgesetzten gegenüber leistungsbereit und loyal zeigen, werden belohnt. Ein Führungsstil mit Hilfe virtueller Neuerungen ist für sie ungewohnt und kann nicht die gewünschte Kontrolle gewährleisten.[64]

Die Generation X hat eine andere Vorstellung von der Art und Weise, wie sie im beruflichen Kontext geführt werden möchte: Für sie spielen insbesondere die Aspekte Unabhängigkeit und Selbstständigkeit eine wichtige Rolle. Nichtsdestotrotz sind sie gewillt, lange Arbeitstage in Kauf zu nehmen, vorausgesetzt, es ist ihnen möglich, eigene Ziele, wie beispielsweise ein hohes Gehalt, einen angesehenen gesellschaftlichen Status oder den beruflichen Erfolg, erreichen zu können.[65] In erster Linie erwarten sie als Grundlage ihrer beruflichen Tätigkeit, ähnlich wie die Babyboomer, einen festgelegten Erwartungshorizont seitens ihres Arbeitgebers. Auch sie wissen, was sie erreichen wollen und nehmen ihren Beruf und ihre Karriere sehr ernst. Der Spaß scheint in diesem Kontext eher keine Priorität zu haben.[66] Die Möglichkeit zur Weiterbildung und auf eine berufliche Karriere, schätzen die Vertreter der Generation X sehr, denn eine Vielzahl von Qualifikationen und erbrachten Leistungen verhilft ihnen zu einem kompetenteren Auftreten und begünstigt Beförderungen.[67] Die Generation X neigt dazu Arbeitsabläufe zu hinterfragen, auch wenn es sich dabei um Entscheidungen der Führungskraft handelt. Sie zieht eine selbstständige Eigenarbeit vor, was als ein Ausdruck von Unabhängigkeit gewertet werden kann.[68] Durch ihre direkte und prägnante Kommunikationsweise und durch ihre klaren und deutlichen Worte wirkt diese teilweise kühl und distanziert, weshalb es einen Vorgesetzten braucht, der diese Freiheit der Meinungsäußerung toleriert, dabei eine „professionelle Distanz“[69] hält und die Produktivität fördert.[70]

Führungskräfte in Unternehmen oder Behörden stammen meist aus der Generation X.[71] Ihr Führungsstil orientiert sich dabei oftmals an dem so

63 Vgl. Gabler Wirtschaftslexikon, Definition „Führungsstil“. (https://wirtschaftslexikon.gabler.de/definition/fuehrungsstil-35479, letzter Zugriff: 19. April 2021 um 12:38 Uhr).
64 Vgl. Mangelsdorf (2015), S. 84.
65 Vgl. ebd., S. 16.
66 Vgl. ebd., S. 45f., 85.
67 Vgl. ebd., S. 37.
68 Vgl. ebd., S. 56, 68.
69 Ebd., S. 85.
70 Vgl. ebd., S. 56f., 85.
71 Vgl. Lippold (2019), S. 28.

genannten prozessorientierten Führungsstil, der dadurch gekennzeichnet ist, dass die Führungskraft möglichst wenig steuernde Anweisungen gibt und eine organisatorische Rolle wahrnimmt. Die Entscheidungsfindung übernimmt die X gerne persönlich, um die größtmögliche Effizienz zu erreichen. Daher ist es eindeutig, dass Zielerreichung und Endergebnis für sie an oberster Stelle stehen, wofür sie ihre Mitarbeiter auch belohnt. Von diesen erwartet sie für ihr kompetentes und professionelles Auftreten das nötige Maß an Respekt. Im Gegensatz zu den Babyboomern kommt für die Generation X eine virtuelle Führung in Betracht.[72]

Laut Forschungsmeinung stellt die Generation Z mehr Anforderungen an ein nachhaltigeres, persönlicheres und produktiveres Arbeiten. In dem Anspruchsdenken der Generation kann eine Chance gesehen werden, Führungsstrukturen positiv zu verändern.[73] Doch welche Ansprüche äußert die junge Generation konkret an Vorgesetzte und wie möchte sie geführt werden? Die Vertreter erhoffen sich eine Führungskraft, welche nicht nur gerecht und kompetent ist, sondern sich auch durch ein freundliches und verständnisvolles Auftreten auszeichnet. Wie bereits im Kapitel „Arbeitsmoral" angesprochen, muss auch an dieser Stelle betont werden, dass sich die Generation Z für Leistungsanerkennung, Wertschätzung und Mitbestimmung hinsichtlich der Entscheidungsfindung ausspricht und diese Merkmale ihrerseits eine gute Führungskraft definieren.[74]

Betrachtet man die in der Forschung dargestellte Auffassung der Generation Z, welche in der Literatur dargestellt wird, ist nicht erkennbar, dass sich die Generationsvertreter gegen hierarchisch aufgebaute Strukturen innerhalb des beruflichen Lebens aussprechen, solange sie mit dem gewünschten Respekt behandelt und ernst genommen werden. Darüber hinaus kann sogar gesagt werden, dass sie eine klare Struktur in dienstlichen und personellen Angelegenheiten brauchen, da ihr in vielerlei Hinsicht Orientierung bietet.[75] Es kann davon ausgegangen werden, dass sich die Anwärter der Generation Z bewusst sind, dass sie sich mit Eintritt in eine Behörde mit Hierarchien auseinandersetzen und diese anerkennen müssen.

Bezüglich des Führungsstils spricht sich die Generation Z nach Auffassung der Forschung jedoch klar gegen einen autoritären Führungsstil und für eine Kommunikation auf Augenhöhe aus. Dabei sind ihr auch andere

---

72 Vgl. Mangelsdorf (2015), S. 84.
73 Vgl. Schlotter; Hubert (2020), S. 57.
74 Vgl. Mangelsdorf (2015), S. 85.
75 Vgl. ebd., S. 144.

Aspekte wie Transparenz,[76] die Möglichkeit des selbstständigen Arbeitens und die Festlegung konkreter Lernziele besonders wichtig. Die Führungsebene sollte nach Auffassung der Generationsvertreter auch eine unterstützende und motivierende Rolle einnehmen. Für sie ist Kommunikation auf Augenhöhe und Transparenz von enormer Wichtigkeit. Aus den bereits gewonnen Erkenntnissen über die Ansichten und Einstellungen der Generation Z kann geschlossen werden, dass sie die genannte Art der Führung ablehnt. Wäre es der Generation Z in der Bundespolizei freigestellt, sich für einen Führungsstil zu entscheiden, würden sie wahrscheinlich den integrativen Führungsstil wählen, bei dem ihre Meinung zwar berücksichtigt wird, die endgültige Entscheidung jedoch beim Vorsetzten liegt. Auch hierdurch werden Parallelen zu der Generation Y deutlich.[77]

Es ist jedoch fraglich, bis zu welchem Grad diese Führungsstile innerhalb der Bundespolizei Anwendung finden, denn betrachtet man den polizeilichen Alltag, wird zum Beispiel bei Sofortlagen und anhand der hohen Anzahl polizeilicher Kräfte deutlich, dass der autoritäre Führungsstil Anwendung finden muss. In solchen Situationen müssen innerhalb weniger Minuten Entscheidungen seitens der Führungskräfte getroffen und Befehle an nachgeordnete Kräfte gegeben werden. Die Führungskraft zeichnet sich besonders in solchen Situationen dadurch aus, dass sie die Verantwortung für die öffentliche Sicherheit und Ordnung sowie der ihr unterstellten Kräfte trägt. Sie muss hierbei die Kontrolle über das polizeiliche Tätigwerden behalten und möglichst schnell und direkt handeln.

Fundamental für die Generation Z ist nach der Forschungsmeinung ebenfalls eine Kontrollfunktion seitens des Vorgesetzten, die in Form von Rückmeldungen erfolgen sollte und ohne die die Motivation und Leitung seitens der Generationsvertreter nicht gewährleistet werden kann.[78] Auch äußert sich die Generation Z positiv gegenüber der Förderung von qualifizierenden Fort- und Weiterbildungsmöglichkeiten, die ebenfalls wie erfolgtes Feedback motivierend wirken können.[79] Darüber hinaus kann davon ausgegangen werden, dass sich die Generation Z als „Digital Natives 2.0" für einen Umgang mit technischen Medien im Arbeitsalltag aussprechen würde, da diese aus deren alltäglichen Leben nicht mehr wegzudenken sind. Bei einem sinnvoll gestalteten Einsatz können technische

76 Schlotter; Hubert (2020), S. 1ff.
77 Vgl. Kring; Hurrelmann (2019), S. 76f.
78 Vgl. Mangelsdorf (2015), S. 50, 70.
79 Vgl. Maas (2019), S. 86.

Medien die Produktivität und Motivation der Generationsvertreter durch ihre arbeitserleichternde Funktion fördern.[80]

Aus aktueller Sicht ist es jedoch schwierig, Aussagen darüber zu treffen, wie die zukünftigen Karrieren von Vertretern der Generation Z verlaufen werden oder wie diese selbst führen würden. Innerhalb der Forschung gibt es einige unterschiedliche Ansichten diesbezüglich: Laut *Scholz* sieht sich die Generation Z künftig im Allgemeinen nicht in einer Führungsposition, weit mehr noch lehnt sie diese und die Übernahme von Verantwortung ab, da das private Leben über der beruflichen Karriere steht. *Kring* und *Hurrelmann* betonen, dass es der Generation Z nach erfolgreicher Qualifizierung nicht auf den Faktor Geld ankommt, sondern auf die Weiterentwicklung von Fähigkeiten oder das Aneignen von neuem Wissen. Jedoch würden sie dadurch nicht ihr Privatleben vernachlässigen. Dass sich große Teile der Generation Z gänzlich gegen eine künftige Position als Führungskraft aussprechen, kann nicht erkannt werden.[81] Auch *Mangelsdorf* teilt in gewisser Hinsicht diese Auffassung: Ihrer Einschätzung nach wird die Position eines Vorgesetzten als auch eine „klassische Führungskarriere“ immer unattraktiver für die jungen Generationsvertreter, denn persönliche Entwicklung, Ziele und Wünsche stehen klar im Vordergrund.[82] Dem gegenüber vertritt *Maas* die Überzeugung, dass die nach 1995 Geborenen selbstbewusst sind, was ihren beruflichen Werdegang angeht, dass sie auch ohne große Anstrengung erfolgreich sein und Führungspositionen „von alleine“[83] erreicht werden. Allerdings wird in der Forschung auch die Ansicht deutlich, dass die Generation Z gewillt ist, Verantwortung zu übernehmen und eine Führungsposition ausüben möchte, um ihren eigenen Beitrag zum Unternehmenserfolg zu leisten. Nach dieser Auffassung sind gebotene Weiterbildungsmöglichkeiten, der individuelle berufliche Erfolg sowie die persönliche Erfüllung maßgeblich.[84]

Auf Grund der dargestellten, unterschiedlichen Ansichten zu dem Führungswillen der Generation Z innerhalb der Forschung, ist es schwer zu sagen, inwieweit diesbezüglich überhaupt Tendenzen sichtbar werden und eindeutige Schlüsse gezogen werden können.

---

80 Vgl. Schlotter; Hubert (2020), S. 50f.
81 Vgl. Kring; Hurrelmann (2019), S. 18f., S. 132f.
82 Vgl. Mangelsdorf (2015), S. 117f., 120.
83 Maas (2019), S. 48.
84 Vgl. Mangelsdorf (2015), S. 70, 120.

3.2. Zukunftsprognose für die Bundespolizei

Dem öffentlichen Dienst könnte in den nächsten Jahren ein Wandel durch die Einflüsse der Generation Z bevorstehen. Fraglich ist nur, ob dieser als Mehrwert gewertet oder als Herausforderung betrachtet werden muss.

Die analysierten Charakteristika hinsichtlich der Lebensauffassung, der Ansichten und Werte sowie die Einstellung gegenüber der Arbeitsmoral, der Ansprüche an die Führungsebene und die Haltung zum Führungswillen machen deutlich, inwieweit sich die Generation Z von ihren Vorgängergenerationen unterscheidet.

Auch im Jahr 2021 wird anhand der geplanten Stellen deutlich, dass mit Hilfe der Einstellungsoffensive dem gegenwärtigen Personalmangel entgegengewirkt werden soll.[85] 75 % der beschäftigten Personen öffentlichen Dienst sind älter als 35 Jahre und auch in den kommenden Jahren wird die Alterung der Belegschaft weiterhin zunehmen. In den nächsten 20 Jahren werden allein auf Bundesebene 63 % der Beschäftigten altersbedingt ausscheiden.[86] Doch auch die aktuellen Jahrgänge im gehobenen und mittleren Dienst mit Einstellungsbeginn zwischen 2018 und 2020 sind zahlenmäßig sehr stark und stellen aus jetziger Sicht mit circa 10.000 Anwärtern eine Herausforderung für die Bundespolizei dar. Bis Ende des Jahres sollen insgesamt 3.738 Anwärter im mittleren und gehobenen Dienst bei der Bundespolizei eingestellt werden.[87] Auf Grund der hohen Anwärterzahlen auch in diesem Jahr sind personelle und strukturelle Probleme ein aktuelles Thema innerhalb der Bundesbehörde. Diese sollen durch die Entstehung neuer Aus- und Fortbildungszentren in Bielefeld und Rotenburg an der Fulda sowie die Verwendung zahlreicher Polizeibeamter als Fachlehrer gelöst werden.[88]

> „Gelingt es [dem öffentlichen Dienst], die gesuchten Menschen zu finden, werden sie dafür sorgen, dass der öffentliche Dienst attraktiv bleibt […].“[89]

---

85 Vgl. Laux (2015), S. 13ff.

86 Vgl. Homma; Milkau (2015), S. 48.

87 statistische Angaben des Bundespolizeipräsidiums Referat 75.

88 Vgl. Haas, Alexander; Kranz, Lisa; Muhs, Mirjam; Schwarz, Henriette: Bundespolizei. Einstellungsoffensive mit Hacken, in: Magazin für Beamtinnen und Beamte (4/2015): Besoldungslücke. Fortschreibung der Ungerechtigkeit, S. 8f. (https://beamten-informationen.de/media/pdf/Beamten-Magazin_2015_04_final.pdf, letzter Zugriff: 26. April 2021 um 18:56 Uhr).

89 Laux (2015), S. 26.

Mit Einstellungsbeginn ab 2022 bis 2025 sinken die von der Bundespolizei benötigten Planstellen. In diesem Zeitraum rechnet das Präsidium nur noch mit 1.200 bis 1.400 Einstellungen pro Jahr. Grund dafür könnte das Ende der Einstellungsoffensive sein, da die geplanten Stellen den Personalmangel durch Ausscheiden der Babyboomer ausgeglichen haben. Jedoch muss an dieser Stelle betont werden, dass es sich hierbei um Planstellen handelt, die abhängig von externen Einflüssen, der jährlichen Bewerbersituation sowie dem Bundeshaushalt oder der politischen Lage sind.[90] Allgemein kann jedoch davon ausgegangen werden, dass ein Großteil der zukünftigen Polizeibeamten Vertreter der Generation Z sein werden.

Vor allem hinsichtlich der beruflichen Ansprüche, der Kommunikation und der Führung könnte es einen Wandel innerhalb der Bundespolizei geben. *Dirk Lippold* betont, dass es neue Führungsansätze braucht, um den Generationsunterschieden, der Digitalisierung sowie den neuen Medien gerecht zu werden.[91] Bezugnehmend auf den technischen Wandel und die sozialen Medien äußert er deutlich, dass eben jene Neuerungen nicht nur den wirtschaftlichen Sektor prägen, sondern auch das soziale Leben, ganze Generationen und damit auch die gemeinsame Kommunikation, bei der die Ansprüche nach sofortigem Informationsaustausch immer höher werden.

Doch auch die Forderung der Generation Z nach mehr Mitbestimmung bei der Entscheidungsfindung könnte die Bundespolizei vor eine Herausforderung stellen. Der zunehmende Wunsch nach mehr Handlungsspielraum und „wechselseitige[r] Einflussnahme zwischen Führungskräften und Geführten"[92] könnte die maßgebende Meinung der Führungskräfte eingrenzen, in dem auch die Mitarbeiter durch ihre fachlichen Kompetenzen am Entscheidungsprozess teilnehmen wollen.[93] Durch die Andersartigkeit der Generation Z in einigen Hinsichten können ihre innovativen Ideen zielfördernd sein, auch wenn eine Führungskraft unter Umständen ihre Anweisungen begründen und sich einer Diskussion stellen muss. Jedoch dient die Meinungsäußerung der Z oftmals als Möglichkeit der Weiterentwicklung.[94]

---

90 statistische Angaben des Bundespolizeipräsidiums Referat 75.

91 Vgl. Lippold (2019), S. 23.

92 Ebd., S. 26.

93 Vgl. ebd., S. 24f.

94 Luff, Johannes: Generation Z. Die Herausforderung für polizeiliches Führungshandeln. In: Der Kriminalist. Bund Deutscher Kriminalbeamter, Ausgabe 12/2020, S. 34.

Auch ihre Technologieaffinität und die fortschreitende Digitalisierung könnten bewirken, dass die Vertreter den Einsatz moderner Kommunikationsmittel fordern, um die Informationsgewinnung, Aufgabenerfüllung und den Austausch untereinander zu erleichtern. Besonders die sozialen Medien können durch Informationsgewinnung bei Ermittlungstätigkeiten zur Straftatenverhütung und -verfolgung dienen.[95]

Eine Möglichkeit neue Mitarbeiter zu gewinnen, die alle Voraussetzungen für den Polizeiberuf neben der Fitness und den schulischen Leistungen mitbringen, wäre die Abfrage gewisser Einstellungen den Beruf und gesellschaftliche Werte und Normen betreffend.[96] Dadurch könnte auch gewährleistet werden, dass Anwärter eingestellt werden, die die vollständige Bereitschaft mitbringen, in naher Zukunft auch eine Führungsposition zu übernehmen. Zusammenfassend kann gesagt werden, dass die Führungskräfte von heute gegenüber der Generation Z mehr Verständnis entgegenbringen müssen. Auch sollten sie neue Ideen aufgeschlossen aufnehmen und die Zusammenarbeit mit der Generation Z als Möglichkeit für mehr Selbstreflexion sehen.[97]

4 Fazit

Aus den Ergebnissen der Arbeit geht eindeutig hervor, dass sich die Generation Z zwar in vielerlei Hinsichten von den Babyboomern, der Generation X und der Generation Y unterscheidet, aber auch einige Gemeinsamkeiten mit ihnen aufweist. Sie charakterisiert sich zwar insbesondere durch ihr Interesse an der Digitalität und ihre besonders zeitintensive Nutzung der sozialen Medien, dennoch steckt weit mehr hinter der Generation Z als die einleitend beschriebene Abhängigkeit zu mobilen Endgeräten.

Aus den Umfrageergebnissen geht hervor, dass für die Vertreter der Generation Z innerhalb des Studienjahrgangs besonders die Aspekte Spaß an der Arbeit, Sinnhaftigkeit der Aufgaben, Transparenz und Mitbestimmung einen fundamentalen Stellenwert einnehmen, auch wenn diese nur bis zu einem gewissen Punkt ermöglicht werden können und im beruflichen Alltag lageabhängig sind. Ein gegenseitiger und respektvoller Umgang, geprägt von Wertschätzung und Anerkennung, ist für die Generation Z von Beginn ihres beruflichen Werdegangs an unabdingbar und fordert

95 Vgl. Lippold (2019), S. 26.
96 Vgl. Luff (12/2020), S. 33.
97 Vgl. ebd., S. 34.

diese ein, um für die Bundesbehörde gewonnen zu werden. Sie können eigeninitiativ arbeiten, sich von innen heraus motivieren und Leistungsbereitschaft auch bei Dingen aufbringen, die für sie persönlich weniger interessant sind. Anders als in der Literatur sprechen sich die Generationsvertreter in der Behörde nicht gegen Mehrarbeit oder eine strikte Trennung von Privat- und Berufsleben aus.

Auch stellt die Z besondere Ansprüche an die Führungskräfte der Bundespolizei. Hierbei wird deutlich, dass sich die Vertreter Anerkennung für erbrachte Leistungen wünschen und ihr Kommunikation auf Augenhöhe wichtig sind. Dennoch würde sich diese Generation eher für einen Führungsstil aussprechen, der die Beteiligung der Mitarbeiter offen befürwortet. Auch hinsichtlich ihrer eigenen Fortbildung und Karriere sollte der Vorgesetzte einen Vertreter aus der Generation Z motivieren und unterstützen. Doch gegenüber dem hohen Stellenwert des privaten Lebens und der Freizeit müssen sich die beruflichen Aspekte wie Karriere und die Verwendung als Führungskraft unterordnen. Auch die Selbstverwirklichung steht für die Generationsvertreter klar im Mittelpunkt.

Möglicherweise wird der Umgang mit den Generationsvertretern für das Personal in der Bundespolizei neu und auf den ersten Blick eine Herausforderung oder ein Problemfall sein, da sie andere Schwerpunkte setzt als ihre Vorgänger.

Es kann davon ausgegangen werden, dass die Generation Z die Bundespolizei durch ihre Einstellungen, Wünsche und Forderungen prägen wird. Inwieweit sich die Führungskultur weiterentwickeln wird, kann jedoch noch nicht im Konkreten gesagt werden. Dennoch kann abschließend davon ausgegangen werden, obwohl sich die Generation Z in zahlreichen Hinsichten von ihren Vorgängern unterscheidet und sie deshalb auf den ersten Blick eine Herausforderung für die Bundespolizei zu sein scheint, es eindeutige Tendenzen gibt, dass sie nicht wie angenommen ein Problemfall wird.

Durch das richtige Verständnis und den korrekten Umgang mit ihr, kann sie in den nächsten Jahren über sich hinauswachsen und die Bundesbehörde positiv prägen. Denn versucht man die Generation Z zu verstehen, können ihre Vertreter zukunftsorientierte Hoffnungsträger werden.

Literaturverzeichnis

CIESIELSKI, Martin A.; SCHUTZ, Thomas: Digitale Führung. Wie die neuen Technologien unsere Zusammenarbeit wertvoller machen, Berlin: Springer Gabler 2016.

DAHLMANNS, Andreas: Generation Y und Personalmanagement, Mering: Rainer Hampp Verlag 2014.

FÜRST, Michael: Zukunftsfähigkeit der Polizei. In: LAUX, Dieter (Hrsg.): Ist der öffentliche Dienst als Arbeitgeber zukunftsfähig?, Norderstedt 2015, S. 161–178.

HOMMA, Sven; MILKAU, Sabina: Generation Y. Die Attraktivität im Öffentlichen Dienst. In: LAUX, Dieter (Hrsg.): Ist der öffentliche Dienst als Arbeitgeber zukunftsfähig?, Norderstedt 2015, S. 27–56.

KRING, Wolfgang; HURRELMANN, Klaus: Die Generation Z erfolgreich gewinnen, führen, binden, Herne: Kiehl 2019.

LAUX, Dieter: Der öffentliche Dienst steht vor Herausforderungen. In: LAUX, Dieter (Hrsg.): Ist der öffentliche Dienst als Arbeitgeber zukunftsfähig?, Norderstedt 2015, S. 7–26.

LIPPOLD, Dirk: Führungskultur im Wandel. Klassische und moderne Führungsansätze im Zeitalter der Digitalisierung, Wiesbaden: Springer Gabler 2019.

LUFF, Johannes: Generation Z. Die Herausforderung für polizeiliches Führungshandeln. In: Der Kriminalist. Bund Deutscher Kriminalbeamter, Ausgabe 12/2020, S. 32–34.

MAAS, Rüdiger: Generation Z. Für Personaler und Führungskräfte. Ergebnisse der Generation-Thinking-Studie, München: Hanser 2019.

MANGELSDORF, Martina: Von Babyboomern bis Generation Z: Der richtige Umgang mit unterschiedlichen Generationen im Unternehmen, Offenbach: Gabal 2015.

ROEDENBECK SCHÄFER, Maja: Generation Z gewinnen und binden. In: Sozialwissenschaft, Ausgabe 2/2020, S. 26–27.

SCHLOTTER, Lorenz; HUBERT, Philipp: Generation Z. Personalmanagement und Führung, Wiesbaden: Springer Gabler 2020.

SCHOLZ, Christian: Generation Z. Wie sie tickt, was sie verändert und warum sie uns alle ansteckt, Weinheim: Wiley 2014.

Internetquellen

Bundespolizei kompakt: Nachwuchswerbung in sozialen Netzwerken. Wie sich die Bundespolizei auf die Lebenswirklichkeit einer neuen Generation einstellen muss, Ausgabe 2/2017, S. 23. https://www.bundespolizei.de/Web/DE/04Aktuelles/05Kompakt/Bis-02-2019/2017/kompakt_2-17_file.pdf?__blob=publicationFile&v=4 (letzter Zugriff: 24. März 2021 um 11:23 Uhr).

Bundespolizei kompakt: Junge Generation als Chance. Noch nie in der Geschichte waren die Veränderungen so groß, Ausgabe 6/2019, S. 25. https://www.bundespolizei.de/Web/DE/04Aktuelles/05Kompakt/Ab-03-2019/2019/06/gesamtausgabe-doppelseiten.pdf?__blob=publicationFile&v=6 (letzter Zugriff: 30. März 2021 um 12:01 Uhr).

Gabler Wirtschaftslexikon, Definition „Führungsstil". https://wirtschaftslexikon.gabler.de/definition/fuehrungsstil-35479 (letzter Zugriff: 19. April 2021 um 12:38 Uhr).

Haas, Alexander; Kranz, Lisa; Muhs, Mirjam; Schwarz, Henriette: Bundespolizei. Einstellungsoffensive mit Hacken, in: Magazin für Beamtinnen und Beamte: Besoldungslücke. Fortschreibung der Ungerechtigkeit, Ausgabe 4/2015, S. 8f. https://beamten-informationen.de/media/pdf/Beamten-Magazin_2015_04_final.pdf (letzter Zugriff: 26. April 2021 um 18:56 Uhr).

Das Phänomen Cybergrooming auf Gaming-Plattformen – Erarbeitung eines Präventionsvideos für Kinder

Sabrina Maria Mistler und Thomas Mohr

1 Einführung

Sexuelle Übergriffe auf Kinder mittels Informations- oder Kommunikationstechnologie nehmen vermehrt zu. Die steigenden Zahlen in der Polizeilichen Kriminalstatistik (PKS) verdeutlichen dies.

Im Internet sind die Kinder den Täter*innen oft schutzlos ausgeliefert. Hierbei wissen viele Eltern nicht, wo oder mit wem ihre Kinder im Internet in Kontakt treten. Oftmals wissen die Kinder selbst nicht, wer ihnen gegenübersitzt. Dies liegt häufig an der mangelnden Sensibilisierung der Kinder für Gefahren im Internet und dem daraus resultierenden Defizit diese Gefahren zu erkennen. Dabei können insbesondere vermeintlich harmlose Onlinespiele, in denen sich die Kinder ihre Zeit mit Spielen vertreiben, eine Plattform für Cybergrooming-Angriffe darstellen.

Da Kinder heutzutage bereits früh mit digitalen Geräten in Berührung kommen und die Nutzung solcher Geräte als normal gesehen wird, müssen sie für Gefahren im Internet sensibilisiert werden. In der Originalversion der Bachelorarbeit wurde ein realer Sachverhalt aus der Praxis verwendet, um den Ablauf solcher Cybergrooming-Angriffe und die daraus resultierenden möglichen Folgen darzustellen.

Die Bachelorarbeit widmet sich der Fragestellung, wie man Kindern das Phänomen Cybergrooming altersgerecht vermitteln und diese vor möglichen Gefahren bei Onlinespielen schützen kann. Hierfür wurde ein Präventionsvideo für Kinder erstellt. Für eine altersgerechte Vermittlung wurden zusätzlich eine Unterrichtseinheit und Handreichungen für Lehrkräfte und für Schüler*innen der Klassenstufen drei bis sechs entwickelt.

2 Das Phänomen Cybergrooming

In der Literatur existiert keine einheitliche Definition für den Begriff Cybergrooming, weshalb eine geeignete Definition für den weiteren Verlauf der Arbeit herausgearbeitet wurde.

Unterteilt man den Begriff Cybergrooming in die Wörter „Cyber“ und „Grooming“ und betrachtet die dazugehörigen Definitionen im Oxford Learner's Dictionary, scheint zunächst die Definition „Missbrauchsanbahnung im Internet“ ausreichend zu sein. Um eine vollständige Definition des Begriffs zu erhalten, muss jedoch noch die Opfergruppe miteinbezogen werden. Orientiert man sich an dem anzuwendenden Tatbestand sowie an den zahlreich existierenden Definitionen, zeigt sich, dass der Begriff „Kind“ in die Definition miteinbezogen werden muss.

Der Begriff Cybergrooming wird demnach in der vorliegenden Arbeit folgendermaßen definiert: „Cybergrooming ist die Anbahnung des sexuellen Missbrauchs eines Kindes über das Internet“.

2.1 *Modi Operandi und Täter*innenmerkmale*

Beim Cybergrooming existiert nicht nur eine bestimmte Tatbegehungsweise. Dies ist darauf zurückzuführen, dass Cybergrooming sowohl von beiden Geschlechtern als auch von unterschiedlichen Altersstufen begangen wird und die intrinsische Motivation der Täter*innen eine entscheidende Rolle spielt.[1]

Zur Erläuterung der Modi Operandi wird auf das internationale „European Online Grooming Project“ eingegangen. Dort wurden die sogenannten „Cybergroomer“ in die „intimitätssuchenden“, die „anpassungsfähigen“ und die „hypersexualisierten“ Täter*innen aufgeteilt und näher erläutert.[2] Die Ausführungen in dem „European Online Grooming Project“ führten zu den folgend dargestellten Annahmen.

Insgesamt zeigte sich, dass sowohl die intimitätssuchenden als auch die anpassungsfähigen Täter*innen die gefährlichsten Gruppen darstellen, da hier das Vertrauen der Kinder eine wesentliche Rolle einnimmt. Das Verhalten der hypersexualisierten Täter*innen könnte für die Kinder eine eher abschreckende Wirkung haben.

Es ist denkbar, dass insbesondere die anpassungsfähigen Täter*innen für die Kinder eine Gefahr auf Gaming-Plattformen darstellen könnten, da sie ihre Identität absichtlich verändern und das erlangte Vertrauen der Kinder ausnutzen, um pornografische Dateien von ihnen zu erhalten.

Die intimitätssuchenden Täter*innen hingegen können gerade wegen des persönlichen Kontakts besonders gefährlich sein und sollen nicht als

1 Vgl. Rüdiger (2020), S. 45.
2 Vgl. Webster et al. (2012), S. 81–86.

weniger gravierend dargestellt werden. Kinder lernen jedoch bereits früh, dass sie sich nicht mit fremden Personen treffen sollen. Zumal eine Verabredung zu einem Treffen deutlich länger dauert, als eine Datei über das Internet zu verlangen. Die Wahrscheinlichkeit, dass die anpassungsfähigen Täter*innen Erfolg haben, scheint demnach höher.

An den vorliegenden Zahlen der PKS ist zu erkennen, dass es sich bei den Täter*innen oftmals um Männer handelt. Ebenfalls erkennbar ist, dass das Alter der Täter*innen stark variiert. Die PKS aus dem Jahr 2020 belegt, dass mehr als die Hälfte der Tatverdächtigen (TV) unter 25 Jahre alt ist.

2.2 *Opfermerkmale*

„Ein landläufiges Klischee ist, dass vor allen Dingen Kinder Opfer von sexueller Onlinebelästigung sind“[3], so *Wachs (2014)*. Weiterhin zitiert er verschiedene Autor*innen die in „nationale[n] wie internationale[n] Befunde[n] [...] darauf hin[weisen], dass Jugendliche im Vergleich zu Kindern ein deutlich höheres Risiko aufweisen, Opfer von sexueller Viktimisierung zu werden“[4]. Laut dieser Befunde sollen „in der Altersspanne von 10 bis 18 Jahren [...] die 12- bis 16-Jährigen am stärksten gefährdet [sein]“[5]. Diese Altersgruppe umfasst demnach sowohl Kinder als auch Jugendliche.

Betrachtet man die Zahlen der PKS, ist zu erkennen, dass Mädchen deutlich öfter Opfer von Cybergrooming werden. Auch *Wachs (2014)* beschreibt folgendes: „Bisherige Studien zu Onlinebelästigung und Cybergrooming-Viktimisierung von Jugendlichen zeigen für Mädchen höhere Risiken als für Jungen, viktimisiert zu werden“[6]. Er erklärt dies „mit dem geschlechtsspezifischen Medienverhalten von Mädchen“[7]. Ebenfalls denkbar ist, dass Mädchen häufiger als Jungen Opfer von Cybergrooming werden, weil die meisten TV männlich sind und das Interesse an weiblichen Opfern dementsprechend vermutlich höher ist.

Das Auftreten der Opfer im Internet scheint ebenfalls eine wichtige Rolle zu spielen. Die Initiierung geht zwar grundsätzlich von den Täter*innen aus, dabei muss jedoch berücksichtigt werden, dass ein dem Alter nicht entsprechendes Verhalten ein erhöhtes Risiko darstellt Opfer von Cybergrooming zu werden. *Webster et al. (2012)* unterscheiden hier zwi-

3 Wachs (2014), S. 13.
4 Wachs (2014), S. 13.
5 Wachs (2014), S. 13.
6 Wachs (2014), S. 13.
7 Wachs (2014), S. 13.

schen dem Aussehen und dem Verhalten der Opfer im Internet. Für die Täter*innen spielt es bspw. eine Rolle, ob das Opfer bereits körperlich entwickelt ist, für sein/ihr Alter reif aussieht oder dass es „knapp unter“ dem gesetzlichen Schutzalter für sexuelle Aktivitäten ist.[8]

2.3 Die Viktimisierung und ihre Folgen

Der Begriff „Viktimisierung“ beschreibt den Prozess des Opferwerdens. Hierbei spielt u. a. auch die Verarbeitung der erlebten Situation eine entscheidende Rolle. Wird die erlebte Situation gut verarbeitet, d. h. die Opfer können gut mit der erlebten Situation umgehen, so treten oftmals weniger Folgen auf.

Das sogenannte Coping-Verhalten beschäftigt sich mit der „Möglichkeit einer positiven Bewältigung spezifischer Herausforderungen“[9]. In einem Artikel von *Wachs et al. (2012)* werden drei Bewältigungsstrategien genannt und die Ergebnisse der Analyse anhand einer Tabelle dargestellt. Führen die genannten Bewältigungsstrategien nicht oder nur geringfügig zum gewünschten Erfolg, kann dies sowohl zu kurzfristigen als auch zu langfristigen Folgen führen.

Zur Darstellung der Viktimisierungsgruppen wurde die Dissertation von Katzer (2007) herangezogen, in welcher die Autorin die weiblichen Opfer in fünf Viktimisierungsgruppen einteilte. Bei den Gruppen handelt es sich um die Unauffälligen, die Souveränen, die Braven-Schockierten, die Traumatisierten und die Abenteuerinnen.[10] Auffällig ist, dass in den Gruppen ausschließlich von Belastungen gesprochen wird. Demnach scheint es am wahrscheinlichsten und auch logischsten, dass die häufigsten Folgen des sexuellen Missbrauchs psychischer Natur sind und dies auch auf das Phänomen Cybergrooming übertragbar ist. Es ist davon auszugehen, dass bei den männlichen Opfern ähnliche Folgen zu erwarten sind. *Neutze et al. (2018)* kommen in ihrem Bericht bspw. zur Erkenntnis, dass die Opfer generell „höhere Werte für Aggressivität, Impulsivität, Depressivität, soziale Ängstlichkeit und Kontrollüberzeugung“[11] aufweisen.

Auch *Weiler (2011)* beschreibt, dass „die Kinder und Jugendlichen [...] zutiefst verstört [reagieren], wenn sie erkennen, dass sie getäuscht und

8 Vgl. Webster et al. (2012), S. 74.
9 Wachs (2014), S. 15.
10 Vgl. Katzer (2007), S. 96–97.
11 Neutze et al. (2018), S. 114.

ihr Vertrauen, eventuell sogar ihre Zuneigung ausgenutzt worden sind“[12]. Weiterhin nennt sie verschiedene Anzeichen, die auch als Folgen von Cybergrooming betrachtet werden können. Dazu zählen u.a. Verschlossenheit, Schlafstörungen, unmotivierte Aggression, Leistungsschwäche in der Schule, depressive Verstimmungen und starke Stimmungsschwankungen.[13]

3 Rechtliche Einordnung

Zur rechtlichen Einordnung von Cybergrooming, ist vor allem die Komponente Internet entscheidend. Der § 176 StGB stellt im Allgemeinen den sexuellen Missbrauch von Kindern unter Strafe. Die in Absatz 4 genannten Nr. 3 und Nr. 4 erfassen insbesondere das Einwirken auf Kinder mittels Informations- und Kommunikationstechnologie.[14]

In der Fassung vom 27.12.2003 des § 176 IV Nr. 3 StGB wurden erstmals Handlungen zum sexuellen Missbrauch von Kindern, welche bis zum diesem Zeitpunkt noch als „straflose Vorbereitungshandlungen“[15] angesehen wurden, erfasst und somit unter Strafe gestellt. Demnach muss es nicht zwingend zur Erfüllung des Tatbestandes kommen, sondern lediglich dazu geeignet sein. *Rüdiger (2020)* beschreibt, dass „aus der Kombination der unterschiedlichen Tatbestandsmerkmale und der damaligen Gesetzesbegründung sichtbar [wird], dass § 176 Abs. 4 Nr. 3 StGB vom Gesetzgeber als ein Cybergrooming-Tatbestand geschaffen wurde, wobei er explizit nur Kinder vor diesem Delikt geschützt sehen wollte“[16].

Am 21.01.2015 ist § 176 IV Nr. 3 und Nr. 4 StGB in Kraft getreten.[17] Bei Nr. 3 und Nr. 4 wurde der Passus „mittels Informations- oder Kommunikationstechnologie“ eingefügt, sowie Nr. 3 um Punkt b) erweitert.[18] Diese Neuerung ermöglicht die klare Einordnung, sollte ein Täter/eine Täterin auf ein Kind über das Internet einwirken.

12 Weiler (2011), S. 17.

13 Vgl. Weiler (2011), S. 105–106.

14 Gesetzesstand bei Abgabe der Thesis im April 2021. Die aktuelle anzuwendende Norm wurde am 01.07.2021 veröffentlicht. Hierbei handelt es sich nun um § 176c StGB.

15 BT-Drucks. 15/350, S. 18.

16 Rüdiger (2020), S. 281.

17 Vgl. BGBl. (2015), Teil I Nr. 2, 49. Gesetz zur Änderung des Strafgesetzbuches, S. 15.

18 Vgl. BGBl. (2015), S. 12.

Bezugnehmend auf das Phänomen Cybergrooming fasst *Rüdiger (2020)* in seiner Arbeit zusammen, dass sowohl Absatz 4 Nr. 3 als auch Absatz 4 Nr. 4 „zusammen das Phänomenfeld Cybergrooming [...] erfassen“[19], da „es naheliegend [erscheint], dass § 176 Abs. 4 Nr. 3 StGB häufig eine Art Vorfeldhandlung zu § 176 Abs. 4 Nr. 4 StGB darstellt, sofern das Tatmittel Internet Anwendung findet“[20]. Ebenfalls für die Betrachtung als Einheit spricht, dass Nr. 3 und Nr. 4 des § 176 IV StGB in der PKS gemeinsam unter dem Begriff „Einwirken auf Kinder“ erfasst werden.

4 Aktuelle Lage

Zur Verdeutlichung wurden die PKS und eine Statistik der Beratungsstelle „Nummer gegen Kummer“ aus dem Jahr 2020 herangezogen. Die PKS erfasst das Hellfeld, also alle den Strafverfolgungsbehörden bekannt gewordenen Fälle, und kann somit keine Aussage über das Dunkelfeld treffen. Bei der „Nummer gegen Kummer“ können die Kinder anonym anrufen und über ihre Sorgen sprechen.[21] Ob die dort besprochenen Fälle zur Anzeige gebracht wurden ist jedoch unbekannt. Die in dieser Statistik aufgeführten Zahlen zum sexuellen Missbrauch von Kindern könnten demnach erste Einblicke in das Dunkelfeld geben.

4.1 Polizeiliche Kriminalstatistik

Abbildung 1 zeigt die Entwicklung der erfassten Fälle von 2016 bis 2020. Es ist auffällig, dass die Zahlen stetig ansteigen und nicht rückläufig sind. Im Jahr 2020 sind die Fallzahlen, im Vergleich zum Vorjahr, um 17,62 % gestiegen. Dieser Anstieg innerhalb eines Jahres könnte u.a. auf die Corona-Situation, die seit März 2020 andauert, zurückzuführen sein. Vergleicht man die Jahre 2016 und 2020 miteinander, ist ein Anstieg von 89,30 % zu verzeichnen. Es ist denkbar, dass der stetige Anstieg der Zahlen u.a. mit der immer häufigeren Mediennutzung von Kindern aber auch mit dem generellen Medienkonsum der Gesellschaft zusammenhängt.

---

19 Rüdiger (2020), S. 286.
20 Rüdiger (2020), S. 284.
21 Vgl. Nummer gegen Kummer (2021), S. 3.

Abbildung 1: PKS-Zahlen „Erfasste Fälle" 2016–2020, Schlüsselnummer 131400[22], Grafik: eigene Darstellung

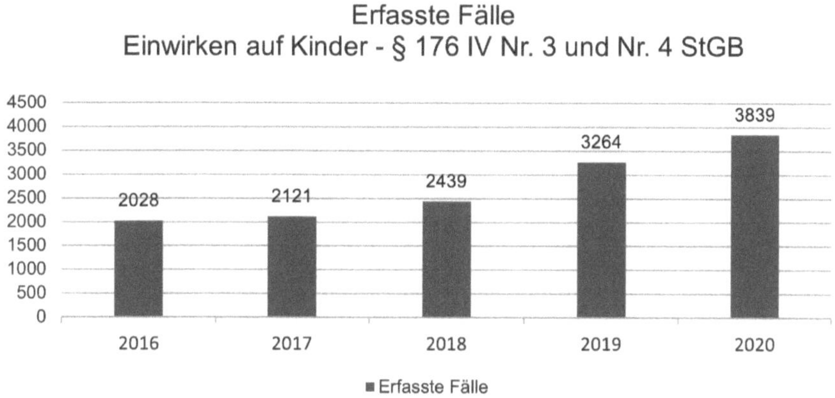

Betrachtet man die Geschlechterverteilung der TV aus dem Jahr 2020, so ist auffällig, dass 93,69 % der TV männlich waren. Vergleicht man die Zahlen der Jahre 2016 bis 2020 miteinander ergibt sich ein ähnliches Bild.[23] Weiterhin zeigt die PKS, dass die unter 25-jährigen TV im Jahr 2020 63,19 % der gesamten TV einnahmen, während im Jahr 2016 57,11 % der TV unter 25 Jahre alt waren. Der Anstieg um rund 6,08 % bei den unter 25-jährigen TV innerhalb von fünf Jahren zeigt, dass die TV immer jünger werden.[24]

Im Jahr 2020 waren 74,10 % der Opfer weiblich und 25,90 % männlich. Auffällig ist, dass die TV überwiegend männlich sind, während die Opfer überwiegend weibliche Kinder sind. Die Vermutung liegt demnach nahe, dass die Mehrzahl der männlichen TV weibliche Opfer bevorzugen. Vergleicht man die Zahlen der weiblichen Opfer von 2019 (2.841) mit denen aus dem Jahr 2020 (3.256), so ist ein prozentualer Anstieg von 14,61 % zu verzeichnen. Auch der Anteil der männlichen Opfer zeigt innerhalb eines Jahres (2019 – 2020) einen Anstieg von 37,77 %.[25]

22 Vgl. Bundeskriminalamt (2016–2020), PKS 2016–2020: T01 Grundtabelle Fälle V1.0.

23 Vgl. Bundeskriminalamt (2016–2020), PKS 2016–2020: T20 TV insgesamt nach Alter und Geschlecht.

24 Vgl. Bundeskriminalamt (2016–2020), PKS 2016–2020: T20 TV insgesamt nach Alter und Geschlecht V1.0.

25 Vgl. Bundeskriminalamt (2016–2020), PKS 2016–2020: T91 Opfer insgesamt nach Alter und Geschlecht – erweiterte Altersklassen V1.0.

Abbildung 2: PKS-Zahlen "Opfer insgesamt nach Alter" 2016–2020, Schlüsselnummer 131400[26], Grafik: eigene Darstellung

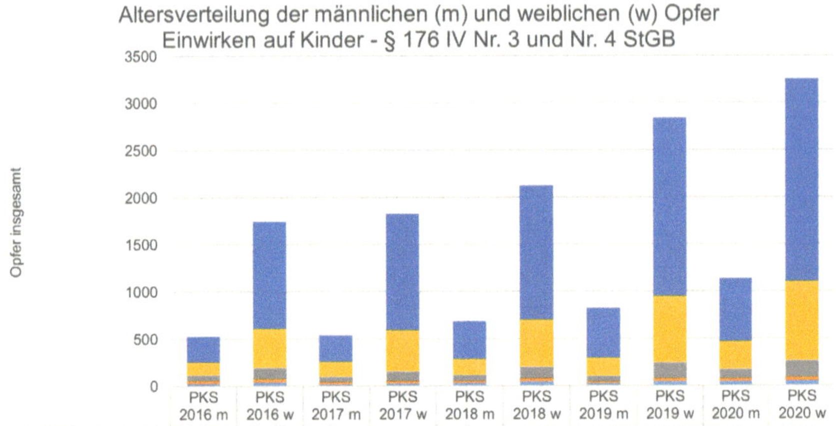

	PKS 2016 m	PKS 2016 w	PKS 2017 m	PKS 2017 w	PKS 2018 m	PKS 2018 w	PKS 2019 m	PKS 2019 w	PKS 2020 m	PKS 2020 w
12-14 Jahre	275	1135	283	1233	400	1421	530	1893	666	2153
10 - unter 12 Jahre	137	414	158	442	175	501	194	702	297	841
8 - unter 10 Jahre	58	118	59	97	63	120	62	169	100	171
6 - unter 8 Jahre	36	39	24	30	26	40	14	37	35	46
Unter 6 Jahren	22	38	16	25	27	41	26	40	40	45

Betrachtet man *Abbildung 2*, ist auffällig, dass der Anteil der 12- bis 14-jährigen von 2016 bis 2020 bei den männlichen und den weiblichen Opfern deutlich gestiegen ist. Bei den Mädchen stiegen die Zahlen innerhalb dieses Zeitraums um 89,69 %. Bei den Jungen lag der Anstieg bei 142,18 %. Ein ähnlich hoher Anstieg ist bei der Altersgruppe der 10- bis 12-jährigen innerhalb dieser fünf Jahre zu verzeichnen (weibliche Opfer: +103,14 %, männliche Opfer: +116,79 %).

Bei den 8- bis 10-jährigen stieg der Anteil der männlichen Opfer von 2016 bis 2020 um 72,41 %, während bei den weiblichen Opfern ein Anstieg von 44,92 % zu verzeichnen ist. Auf die Altersgruppe der unter 6- bis unter 8-jährigen wird aufgrund der vergleichsweise geringen Opferzahlen, sowie des geringen Anstiegs nicht näher eingegangen.

Schlussfolgernd lässt sich zu der Statistik aus *Abbildung 2* sagen, dass die Zahlen der männlichen Opfer von 2016 bis 2020 am meisten in der Altersstufe der 12- bis 14-jährigen zugenommen haben. Bei den weiblichen Opfern hingegen ist der größte Anstieg bei den 10- bis 12-jährigen zu

26 Vgl. Bundeskriminalamt (2016–2020), PKS 2016–2020: T91 Opfer insgesamt nach Alter und Geschlecht – erweiterte Altersklassen V1.0.

verzeichnen. Auffällig ist der prozentuale Unterschied beim Vergleich der Mädchen und Jungen der 8- bis 10-jährigen. Hier ist zu erkennen, dass der Anstieg bei den männlichen Opfern größer ist, wobei der Anteil der Mädchen innerhalb dieser Altersgruppe nahezu um die Hälfte angestiegen ist. Dies belegt, dass die Opfer im Allgemeinen immer jünger werden.

4.2 Nummer gegen Kummer

Die Statistik aus dem Jahr 2020 des Kinder- und Jugendtelefons von der Beratungsstelle „Nummer gegen Kummer" ähnelt den Zahlen der PKS. „Das Kinder- und Jugendtelefon [...] von Nummer gegen Kummer e.V. [...] ist das größte bundesweit erreichbare telefonische Beratungsangebot für Heranwachsende in Deutschland"[27]. Unter Heranwachsende werden hier sowohl Kinder als auch Jugendliche gefasst.

Unter neun Themenfeldern nahm das Thema „Gewalt und Missbrauch" mit 12,7 % den sechsten Platz ein. Nach Angaben der Statistik sind die Gespräche über dieses Thema im Vergleich zu 2019 um 2,1 % angestiegen.[28] Die Statistik der „Nummer gegen Kummer" zeigt, dass sich Mädchen mit 15,3 % öfter als Jungen (10,9 %) bei der „Nummer gegen Kummer" meldeten, wenn es um das Thema „Gewalt und Missbrauch" ging.[29]

Jedes der neun erfassten Themenfelder wurde in der Statistik mit seinen dazugehörigen Unterthemen genauer betrachtet. Bei dem Themenfeld „Gewalt und Missbrauch" steht der sexuelle Missbrauch mit 41,3 % an erster Stelle.[30] Eine Differenzierung, ob der sexuelle Missbrauch im realen Leben oder über das Internet stattgefunden hat ist nicht erkennbar, weshalb darüber keine Aussage getroffen werden kann. Es ist jedoch denkbar, dass der sexuelle Missbrauch bei dem Themenfeld „Gewalt und Missbrauch" an erster Stelle steht, da die Zahlen in der PKS vom Jahr 2020 ebenfalls angestiegen sind. Dies könnte mit der, seit März 2020 andauernden, Corona-Situation zusammenhängen.

---

27 Nummer gegen Kummer (2021), S. 3.
28 Vgl. Nummer gegen Kummer (2021), S. 13–14.
29 Vgl. Nummer gegen Kummer (2021), S. 14.
30 Vgl. Nummer gegen Kummer (2021), S. 17.

5 Medien- und Internetnutzung von Kindern

Zur Darstellung der Medien- und Internetnutzung von Kindern werden die KIM-Studie aus dem Jahr 2018 sowie eine Forsa-Studie aus dem Jahr 2021, die sich mit der Mediennutzung von Kindern und Jugendlichen in der Corona-Zeit beschäftigt, herangezogen.

Bei der KIM-Studie „wurden 1.231 Kinder zwischen sechs und 13 Jahren und deren Haupterzieher in ganz Deutschland von Mai bis Juni 2018 befragt“[31]. Bei der ersten Frage der Studie konnten die Kinder ihre Interessen anhand 17 vorgegebener Themen auswählen.[32] Das größte Interesse zeigten sie für das Themenfeld „Freunde/Freundschaft“.[33] Laut Angaben der Studie sei dieses Themenfeld bereits in den vorherigen Studien immer an erster Stelle gewesen.[34] An zweiter Stelle standen die Themen „Sport“, „Handy/Smartphone“ und „Schule“, sowie an dritter Stelle die Themen „Internet/Computer/Laptop“, „Musik“ und „Computer-, Konsolen- und Onlinespiele“.[35]

Die Studie belegt, dass etwa die Hälfte der befragten Kinder im Befragungszeitraum ein eigenes Mobiltelefon besaßen, sowie etwas weniger als die Hälfte eine eigene Spielekonsole.[36] Während 8 % der 6- bis 7-jährigen allein im Internet surften, sieht dies bei dem Spielen an Computer, Laptop, Konsole oder online anders aus. Bereits 23 % der 6- bis 7-jährigen nutzten dies allein. Im Vergleich zu den 12- bis 13-jährigen mit 44 % macht dies einen Unterschied von 21 % aus.[37]

Betrachtet man die Nutzungshäufigkeit der Gerätetypen „Computer/Laptop“, „Handy/Smartphone“, „Tablet“ und „Spielekonsole“, so ist bei der „(fast) täglichen sowie wöchentlichen Nutzung“ auffällig, dass die Geräte „Computer/Laptop“ mit 76 % und „Handy/Smartphone“ mit 58 % am häufigsten zur Internetnutzung verwendet wurden. Laut Angaben der Studie haben, bis auf die Nutzung von Computer und Laptop, alle Geräte im Vergleich zur letzten Studie an Bedeutung gewonnen.[38] Einen großen Anteil der Internetnutzung nehmen digitale Spiele ein.

---

31 Medienpädagogischer Forschungsverbund Südwest (mpfs) (2019), S. 2.
32 Vgl. mpfs (2019), S. 5.
33 Vgl. mpfs (2019), S. 5.
34 Vgl. mpfs (2019), S. 5.
35 Vgl. mpfs (2019), S. 5.
36 Vgl. mpfs (2019), S. 9.
37 Vgl. mpfs (2019), S. 16.
38 Vgl. mpfs (2019), S. 29.

Im Befragungszeitraum wurden Konsolenspiele mit 43 % am regelmäßigsten für digitale Spiele verwendet. Kurz darauf folgten Smartphone-Spiele mit 38 % sowie Computerspiele mit 37 %.[39] Kommt es demnach bei digitalen Spielen zu Cybergrooming liegt die Vermutung nahe, dass dies hauptsächlich bei Konsolenspielen stattfindet. Betrachtet man jedoch die Möglichkeit, dass digitale Spiele auf unterschiedlichen Endgeräten genutzt werden können, ist die Wahrscheinlichkeit insgesamt noch höher, dass es zu Cybergrooming auf Gaming-Plattformen kommen kann.

In einem Artikel der Nachrichten-Website „Heise online" vom April 2021 wurde über eine aktuelle „Studie der Forsa im Auftrag der DAK"[40] berichtet. Die Studie erhebt Zahlen über die Nutzungsdauer von sozialen Medien und Computerspielen von Kindern und Jugendlichen in Corona-Zeiten. Ein Zwischenstand der Studie ergab folgendes Ergebnis:

„Vor Corona waren die befragten Kinder und Jugendlichen an Wochentagen durchschnittlich eine Stunde und 23 Minuten lang mit Computer- oder Online-Spielen beschäftigt, im April 2020 während des ersten Lockdowns erhöhte sich die Nutzung stark auf zwei Stunden und zwölf Minuten am Tag. Im November 2020 waren es immer noch fast zwei Stunden täglich"[41], so *Heise online (2021)*.

Bereits vor Veröffentlichung der PKS 2020 war zu vermuten, dass die Anzahl der „Cybergrooming-Angriffe" gestiegen ist, da sich deutlich mehr Kinder, aufgrund der Corona-Situation in Deutschland, im Internet aufhalten. Durch das sogenannte Homeschooling findet der Unterricht über das Internet statt. Hierfür benötigen die Kinder ein digitales Endgerät. Dies führt wiederum dazu, dass sogar die Kinder, die sich sonst wenig im Internet aufgehalten haben, dieses vermehrt nutzen und eventuell uneingeschränkt Zugriff darauf haben.

6 Gefahren auf Gaming-Plattformen

Die Internet- und Mediennutzung von Kindern zeigte, dass digitale Spiele bei Kindern sehr beliebt sind und von ihnen regelmäßig allein genutzt werden.

---

39 Vgl. mpfs (2019), S. 53.

40 Pressemeldung zur Studie: Gaming und Social-Media-Nutzung haben zugenommen (2021), S. 1.

41 Pressemeldung zur Studie: Gaming und Social-Media-Nutzung haben zugenommen (2021), S. 1–2.

Durch Onlinespiele haben Nutzer*innen die Möglichkeit, trotz räumlicher Trennung, mit- oder gegeneinander zu spielen und über eingebaute Chatfunktionen miteinander zu kommunizieren. Diese Kommunikation kann sowohl durch Textnachrichten als auch durch Sprachnachrichten erfolgen. Die Möglichkeit und die Vielfältigkeit der Kommunikation in Onlinespielen kann somit einerseits als positive soziale Komponente, aber andererseits auch als negative, für Gefahren anfällige, Komponente betrachtet werden.

Nutzer*innen von Onlinespielen verwenden einen Nutzernamen, der für Mitspieler*innen sichtbar ist. Oftmals benutzen gerade Kinder Nutzernamen, die sie als Kind identifizieren oder ihr Geschlecht eindeutig offenbaren. Dies macht es für die „Cybergroomer“ einfacher sich ihr potenzielles Opfer gezielt auszusuchen.

Eine weitere mögliche Gefahr kann von dem Zugriff auf Onlinespiele ausgehen. Es existieren sowohl kostenpflichtige als auch kostenfreie Spiele. Letztere werden auch als „free-to-play-games“ bezeichnet. Diese können von den Kindern unkompliziert und eigenständig heruntergeladen werden, ohne dass die Eltern es wissen oder ihr Einverständnis gegeben haben.

Ein Merkmal dieser „free-to-play-games“ ist, dass diese meist einen sogenannten „Ingame-Shop“ enthalten, in welchem sich die Spieler*innen Upgrades für ihre Charaktere kaufen können. In den „Ingame-Shops“ kann entweder mit der sogenannten „Ingame-Währung“ oder mit einer Echtgeld-Währung bezahlt werden.

Die „Ingame-Währung“ kann durch das Spielen selbst freigeschaltet werden. Oftmals bedeutet dies: Je besser man spielt, desto mehr Ingame-Währung erhält man. Unabhängig davon ist dieser Weg für die Spieler*innen oft langwierig und uneffektiv, da sie meist sehr viel Zeit investieren müssen, um vergleichsweise wenig „Ingame-Währung“ zu erhalten. Die Echtgeld-Währung kann durch echtes Geld erworben werden. Hierbei gibt es einerseits die Möglichkeit das Geld direkt z. B. mit PayPal zu überweisen oder andererseits Gutscheine in Supermärkten oder Onlineshops zu kaufen. Dieser Weg ist im Vergleich zur „Ingame-Währung“ der schnellere und demnach auch effektivere.

Die „Ingame-Shops“ könnten eine Gefahr für Kinder darstellen, da diese in der Regel über ein begrenztes Taschengeld verfügen und dies dazu führen kann, dass sie sich ihre gewünschten Gegenstände nicht kaufen können. Die „Cybergroomer“ könnten dies wiederum ausnutzen, indem sie den Kindern „Ingame-Währung“ oder auch Gegenstände aus dem „Ingame-Shop“ schenken und als Gegenleistung bspw. Nacktbilder von den Kindern verlangen.

Zur besseren Veranschaulichung wird auf die Spielefunktionen des beliebten Onlinespiels „Fortnite“ eingegangen. Das Wissen über die unterschiedlichen Spielefunktionen und den Spielaufbau von „Fortnite“ beruhen auf eigenen Erfahrungen mit Onlinespielen.

„Fortnite“ ist aktuell eines der beliebtesten und erfolgreichsten Onlinespiele weltweit. Mit rund 350 Millionen registrierten Nutzern von August 2017 bis Mai 2020 liegt das Spiel weit vorne.[42] Bei dem Spiel handelt es sich um einen sogenannten „Shooter“ (engl. shoot = schießen), in welchem es darum geht, allein oder mit anderen Spieler*innen zusammen der oder die letzte „Überlebende“ bzw. die letzten „Überlebenden“ aus 100 Spieler*innen zu sein.

Das Spiel besticht mit seiner bunten und comicähnlichen Darstellung, was vor allem junge Kinder anzieht und das „Shooterspiel“ harmlos aussehen lässt. Für das Spiel liegt eine Altersbeschränkung von 12 Jahren vor. Der in Abschnitt 1 erwähnte Fall aus der Praxis bestätigt jedoch, dass das Spiel bereits von deutlich jüngeren Kindern gespielt wird. Dies könnte u.a. darauf zurückzuführen sein, dass es sich bei „Fortnite“ um ein „free-to-play-game“ handelt und von Kindern eigenständig heruntergeladen werden kann. „Fortnite“ verfügt zwar über die Möglichkeit einer Kindersicherung, bei der bestimmte Inhalte eingeschränkt werden können, dies ist jedoch nicht möglich, wenn die Eltern nicht wissen, dass ihr Kind dieses Spiel spielt oder dass solche Kindersicherungen existieren.

Ein selbst durchgeführter Download des Spiels auf den Laptop bestätigte die Annahme, dass keine Altersabfrage stattfindet. Dies erleichtert Kindern den Zugriff auf das Spiel, wobei diese bei einer existierenden Altersabfrage auch ein falsches Alter angeben könnten.

Die Vermutung liegt nahe, dass gerade junge Kinder dieses Spiel spielen, um sich besondere Charaktere und Ausrüstung zu kaufen und so mit anderen Mitspieler*innen zu konkurrieren. Erreicht ein Kind bspw. durch das reine Spielen nicht genügend „Ingame-Währung“ bzw. kann es sich diese nicht mit Echtgeld kaufen, so könnte es anfälliger für „Cybergroomer“ werden.

Zu erwähnen ist, dass Cybergrooming nicht nur bei dem Onlinespiel „Fortnite“ zu erwarten ist. Dieses Spiel wurde lediglich aufgrund der aktuellen Beliebtheit und der besseren Veranschaulichung herangezogen. Andere Onlinespiele, welche ein ebenso großes Spektrum abdecken und ähnliche Funktionen aufweisen, könnten ebenfalls als „Cybergrooming-Plattform“ dienen.

42 Vgl. Clement (2021), Absatz 1.

Weiterhin sollte die Vernetzung der digitalen Medien beachtet werden. „Cybergroomer“ könnten die Onlinespiele bspw. zur reinen Kontaktaufnahme verwenden und die Kommunikation auf einen anderen sozialen Kanal wie z.B. WhatsApp verlagern.

7 Zielgruppe des Präventionsvideos

Wie an der Cybergrooming-Definition zu erkennen ist, handelt es sich bei den Opfern des Phänomens um Kinder. Diese müssen insbesondere aufgrund ihrer hohen Schutzbedürftigkeit sensibilisiert werden und stehen im Fokus des erstellten Präventionsvideos.

Mit dem Video sollen sowohl weibliche als auch männliche Kinder angesprochen werden. Im Fokus liegen Kinder zwischen 9 und einschließlich 12 Jahren, da die Fallzahlen gerade bei den Opfern der 8- bis 10-jährigen innerhalb von fünf Jahren um 53,98 % gestiegen sind und Kinder zwischen 10 und 14 Jahren den größten Anteil der Opfer darstellen. Hier besteht demnach eindeutig Handlungsbedarf.

Die Tendenz zu digitalen Spielen auf Endgeräten nimmt mit dem Alter zu, weshalb so früh wie möglich Prävention betrieben werden sollte. Prävention bedeutet schließlich, dass Straftaten vorgebeugt werden sollen. Je früher Prävention betrieben wird, desto höher ist die Wahrscheinlichkeit, dass die Opferzahlen mit zunehmendem Alter der Kinder reduziert werden können.

Das Präventionsvideo könnte in den Schulen von Rheinland-Pfalz in den Klassenstufen 3 bis 6 eingesetzt werden. Der Lernort Schule wurde im Rahmen der Bachelorarbeit ausgewählt, da in diesen Klassenstufen noch ein durchaus starkes Vertrauensverhältnis zwischen den Lehrer*innen und den Schüler*innen besteht. Gerade bei dem Phänomen Cybergrooming spielt das Thema „Vertrauen“ zwischen den Kindern und ihren Bezugspersonen eine entscheidende Rolle.

Weiterhin gehören sowohl Lehrer*innen als auch die Eltern der Kinder zur Zielgruppe. Diese fungieren als Ansprechpartner*innen und Bezugspersonen der Kinder. Nur wenn die Kinder bestmöglich auf die Gefahren im Internet vorbereitet werden und sie ein solides Vertrauensverhältnis zu ihren Bezugspersonen haben, können sie effektiv vor Angriffen im Internet geschützt werden.

8 Gestaltung des Präventionsvideos

Das Präventionsvideo wurde in Form eines Erklärvideos gestaltet, da das Thema Cybergrooming im Allgemeinen ein komplexes Thema darstellt und es sich bei der Zielgruppe um Kinder handelt. Erklärvideos dienen der vereinfachten Darstellung komplexer Themen. Es wurde bewusst darauf geachtet, das Video möglichst kurz zu halten, damit die Aufmerksamkeitsspanne der Kinder nicht überlastet wird.

Das Video beginnt mit der Fragestellung „Was bedeutet eigentlich Cybergrooming?“. Danach wird der Begriff anhand eines vereinfachten Beispiels erklärt. Hierbei wird ein 10-jähriges Mädchen namens Lea vorgestellt. Diese lernt in einem Onlinespiel den 13-jährigen Jonas kennen, der regelmäßig mit ihr chattet und spielt. Irgendwann wird Lea von Jonas aufgefordert ihm ein Nacktbild zu schicken. Dabei versucht er Lea unter Druck zu setzen, indem er erwähnt, dass er ihr des Öfteren Geschenke gemacht hat. Lea hat das Bild zwar angefertigt, aber sich dazu entschieden mit ihren Eltern darüber zu sprechen, was in dem Onlinespiel vorgefallen ist. Zur Veranschaulichung der Gefährlichkeit wird Jonas‘ wahre Identität offenbart. Jonas ist in Wirklichkeit ein 24-jähriger Mann, der sich gerne kinderpornografische Dateien anschaut und versucht, diese in Onlinespielen von Kindern zu erlangen. Anschließend wird der Begriff Cybergrooming mithilfe des Beispiels für die Kinder in Kürze erläutert. Am Ende des Videos werden fünf Regeln aufgestellt, die das Spielen für Kinder auf Gaming-Plattformen sicherer machen sollen.

Da es sich bei Cybergrooming um ein Sexualdelikt handelt, muss das Thema den Kindern altersgerecht vermittelt werden. Es wurde darauf geachtet, dass den Kinder, sowohl sprachlich als auch visuell, keine Angst vor Onlinespielen gemacht wird und sie nicht mit Bezeichnungen konfrontiert werden, die für ihr Alter nicht angemessen sind. Weiterhin wurde beachtet, dass in dem Video keine Nacktbilder, nicht einmal von gezeichneten Figuren, auftauchen. Die Darstellung der Nacktbilder erfolgt durch das Durchstreichen der Kleidung mit einem roten Stift.

Für die Gestaltung des Präventionsvideos wurde neben der inhaltlichen zusätzlich die didaktische Komponente miteinbezogen. Hierfür wurde zunächst eine sogenannte didaktische Analyse vorgenommen. Diese beschäftigt sich mit der Frage „welcher Bildungsgehalt für die[...] konkreten Kinder [...] in diesem speziellen, ausgewählten (oder vorgegebenen) Unterrichtsinhalt stecken könnte“[43]. *Gonschorek/Schneider (2020)* gehen hier-

43 Gonschorek/Schneider (2020), S. 315.

bei auf das Modell von W. Klafki ein, welches u.a. die Gegenwarts- und Zukunftsbedeutung, sowie die Exemplarität erfasst.[44]

Weiterhin wurden sowohl eine didaktische Reduktion als auch eine didaktische Transformation vorgenommen. „Didaktische Reduktion meint die Rückführung komplexer Sachverhalte auf wesentliche Elemente und ein verständliches Niveau, didaktische Transformation bedeutet deren Umgestaltung zu unterrichtlichen Zwecken“[45].

Das Präventionsvideo steht unter dem Link https://video.polizei.rlp.de/m/249370f813d1239c1c88debc73053385a5817f3d2176471a4f8f63e40c228d09eb6568c0bbb276f8493179189382084 5deaf45ca5253f3203dc6b860c3d03f5f zur Ansicht bereit. Das Begleitmaterial kann mit einer E-Mail an hdp.cybercrime@polizei.rlp.de angefordert werden.

9 *Fazit*

Alles in allem zeigt sich, dass der Umgang mit dem Phänomen Cybergrooming auf Gaming-Plattformen noch in den „Kinderschuhen“ steckt. Zur eindeutigen Eingrenzung, welche und wie viele der auftretenden Cybergrooming-Fälle bei Onlinespielen stattfinden, sollten über diese Arbeit hinaus weitere Nachforschungen, z. B. durch Umfragen, vorgenommen werden.

Dennoch zeigt vor allem das erwähnte Beispiel in der Einleitung, dass Onlinespiele von „Cybergroomern“ genutzt werden, um den Kontakt zu Kindern aufzunehmen und diese kurz- oder langfristig sexuell zu missbrauchen. Der sexuelle Missbrauch könnte direkt auf der Gaming-Plattform stattfinden oder diese könnte zur Kontaktanbahnung benutzt werden. In letzterem Fall würden die „Cybergroomer“ die weitere Kommunikation auf andere Messenger-Dienste wie z. B. WhatsApp verlagern.

Der Schwerpunkt der Arbeit lag bei der Erstellung des Präventionsvideos für Kinder. Eine wichtige Erkenntnis hierfür war, dass die Kinder in erster Linie vor den anpassungsfähigen Täter*innen geschützt werden müssen, da diese das Vertrauen der Kinder missbrauchen, um ihre eigenen Bedürfnisse zu befriedigen. Weiterhin wurde deutlich, dass sich die Prävention sowohl an Mädchen als auch an Jungen richten muss.

Die dargestellte Medien- und Internetnutzung von Kindern verdeutlicht, dass diese stetig zunimmt und bereits die Jüngsten mit Smartphones

44 Vgl. Gonschorek/Schneider (2020), S. 316.
45 Gonschorek/Schneider (2020), S. 158.

und Spielekonsolen aufwachsen, ohne sich darüber bewusst zu sein, welche Gefahren das Internet mit sich bringt.

Weiterhin wurde ein möglicher Zusammenhang zwischen der, seit März 2020 andauernden, Corona-Situation und dem Anstieg der Fallzahlen im Bereich Cybergrooming aufgezeigt.

Abschließend lässt sich sagen: Je mehr Kinder mit dem Präventionsvideo erreicht werden können, desto höher ist die Wahrscheinlichkeit, dass diese achtsamer im Internet verkehren und infolgedessen weniger Opfer von Cybergrooming oder ähnlichen Straftaten im Internet werden. Gerade bei diesem Delikt ist jedes geschützte Kind ein Erfolg.

Literaturverzeichnis

Bundeskriminalamt Deutschland (2016–2020): Polizeiliche Kriminalstatistik 2016–2020. Wiesbaden: BKA. Zuletzt abgerufen am 19. April 2021 von https://www.bka.de/DE/AktuelleInformationen/StatistikenLagebilder/PolizeilicheKriminalstatistik/pks_node.html.

Clement, J. (2021): Registered users of Fortnite worldwide from August 2017 to May 2020. Stand: 29.01.2021. Zuletzt abgerufen am 19. April 2021 von https://www.statista.com/statistics/746230/fortnite-players/#statisticContainer.

Gonschorek, Gernot/Schneider, Susanne (2020): Einführung in die Schulpädagogik und die Unterrichtsplanung. 9. Auflage. Augsburg: Auer.

Katzer, Catarina (2007): Gefahr aus dem Netz – Der Internet-Chatroom als neuer Tatort für Bullying und sexuelle Viktimisierung von Kindern und Jugendlichen. Stand: Januar 2007, Zuletzt abgerufen am 19. April 2021 von https://www.researchgate.net/publication/277071227_Gefahr_aus_dem_Netz_-_Der_Internet-Chatroom_als_neuer_Tatort_fur_Bullying_und_sexuelle_Viktimisierung_von_Kindern_und_Jugendlichen.

Medienpädagogischer Forschungsverbund Südwest (Hrsg.) (2019): KIM-Studie 2018. Basisstudie. Stuttgart: Medienpädagogischer Forschungsverbund Südwest. Zuletzt abgerufen am 19. April 2021 von https://www.mpfs.de/fileadmin/files/Studien/KIM/2018/KIM-Studie_2018_web.pdf.

Neutze, J. et al. (2018): Sexualisierte Gewalt in den digitalen Medien. Berlin: Unabhängiger Beauftragter für Fragen des sexuellen Kindesmissbrauchs. Zuletzt abgerufen am 19. April 2021 von https://beauftragter-missbrauch.de/fileadmin/Content/pdf/Presse_Service/Hintergrundmaterialien/Sexualisierte-Gewalt-in-den-digitalen-Medien.pdf.

Nummer gegen Kummer (2021): Statistik 2020 Kinder- und Jugendtelefon. Wuppertal: Nummer gegen Kummer, Zuletzt abgerufen am 19. April 2021 von https://www.nummergegenkummer.de/wp-content/uploads/2021/03/2020_Statistik_KJT.pdf.

Pressemeldung zur Studie: Gaming und Social-Media-Nutzung haben zugenommen (2021): Heise Online. Stand: 09.04.2021. Zuletzt abgerufen am 19. April 2021 von https://www.heise.de/news/Studie-Gaming-und-Social-Media-Nutzung-haben-zugenommen-6009592.html.

Rüdiger, Thomas-Gabriel (2020): Die onlinebasierte Anbahnung des sexuellen Missbrauchs eines Kindes. Eine kriminologische und juristische Auseinandersetzung mit dem Phänomen Cybergrooming. Frankfurt: Verlag für Polizeiwissenschaft.

Wachs, Sebastian (2014): Cybergrooming – Erste Bestandsaufnahme einer neuen Form sexueller Onlineviktimisierung. In: Meister, Dorothee/Gross, Friederike von/Sander, Uwe (Hrsg.): Enzyklopädie Erziehungswissenschaft Online. Fachgebiet Medienpädagogik, Aktuelle Diskurse. Weinheim und Basel: Beltz Juventa, Zuletzt abgerufen am 19. April 2021 von https://www.researchgate.net/publication/262484714_Cybergrooming_-_Erste_Bestandsaufnahme_einer_neuen_Form_sexueller_Onlineviktimisierung.

Webster, Stephen et al. (2012): European Online Grooming Project – Final Report. Stand: März 2012, Zuletzt abgerufen am 19. April 2021 von https://www.researchgate.net/publication/257941820_European_Online_Grooming_Project_-_Final_Report.

Weiler, Julia von (2011): Im Netz: Tatort Internet – Kinder vor sexueller Gewalt schützen. Freiburg im Breisgau: Kreuz.

Technische, organisatorische und taktische Erfahrungen der kriminalpolizeilichen Praxis in Mecklenburg-Vorpommern in der Videovernehmung

Christina Solf und Uwe Rüffer

1 Einführung und Hintergrund

In Deutschland kam es erstmalig im Rahmen der Nürnberger Prozesse zu filmischen Aufzeichnungen eines öffentlichen Prozesses.[1] Sie dienten der Korrektur von Fehlern in den Niederschriften des Strafprozesses.[2] Von 1963 bis 1965 sind Tonaufzeichnungen einer Verhandlung der Auschwitz-Prozesse gefertigt worden. Zu dieser Zeit gingen aus der StPO weiterhin keine gesetzlichen Regelungen diesbezüglich hervor.[3] Den Verzicht zur Einführung von Tonbandaufzeichnungen zur lückenlosen Darstellung des gesamten Verlaufes einer Hauptverhandlung begründete der Gesetzgeber 1964 mit der zu dieser Zeit fehlenden technischen Voraussetzung.[4]

Im Zeitraum von 1975 bis 1977 wurden anlässlich des öffentlichkeitswirksamen Stammheim-Prozesses Tonbandaufzeichnungen gewisser Abschnitte der Verhandlung gefertigt, welche im Anschluss an den Prozess vernichtet werden sollten.[5]

Die Aufzeichnung einer Vernehmung in Bild und Ton wurde erstmalig im Jahre 1998 im Zusammenhang mit dem *1. Zeugenschutzgesetz* in das deutsche Strafverfahrensrecht eingeführt und gem. § 58a StPO normiert. Hierdurch sollten besonders schutzwürdige Zeugen vor der Durchführung von Mehrfachvernehmungen bewahrt werden.[6] Anlässlich dieser, für das deutsche Strafverfahren prägenden Gesetzesänderung, kam es in den weiteren Jahren schließlich zu einer sukzessiven Ausweitung des Anwen-

---

1 Leitner (2012), S. 35f.
2 Leitner (2012), S. 34.
3 Leitner (2012), S. 37.
4 BT-Drucks. IV/178, IV/1020, S. 5.
5 Leitner (2012), S. 39.
6 BGBl., Gesetz zur Änderung der Bundesgebührenordnung für Strafverfahren (Gesetz zum Schutz von Zeugen bei Vernehmungen im Strafverfahren und zur Verbesserung des Opferschutzes; Zeugenschutzgesetz – ZSchG vom 30.04.1988, Teil I Nr. 25, S. 820.; BT-Drucks. 13/7165, S. 5–7.; BT-Drucks. 16/12098, S. 12.

dungsbereiches der Bild- und Ton-Aufzeichnung. Das Hauptaugenmerk lag weiterhin auf der Stärkung der Stellung des Opferzeugen. Vernachlässigt oder sogar teilweise missachtet wurden zu dieser Zeit die in den Richtlinien für das Strafverfahren und das Bußgeldverfahren *(RiStBV)* enthaltenen Vorschriften; Nr. 5b, Nr. 19 und Nr. 45 Abs. 2 Satz 1 und 2.[7] Laut dieser sollte bei der Protokollierung einer Aussage möglichst weitgehend Gebrauch vom Einsatz technischer Hilfsmittel, insbesondere Tonaufnahmegeräten gemacht werden, bedeutsame Teile der Vernehmung möglichst wörtlich dokumentiert und ein Geständnis möglichst in den Worten des Geständigen dokumentiert werden.[8] Trotz einer fehlenden Gesetzeskraft dieser vornehmlich für die Staatsanwaltschaft bestimmten Verwaltungsvorschriften haben auch die weisungsgebundenen Ermittlungspersonen ihr Verwaltungshandeln nach diesen auszurichten.[9]

2004, infolge des Erlasses des *Opferrechtsreformgesetztes (I.OpferRRG)*, kam es zu einer ausschließlich auf die erste Instanz beschränkten Erweiterung rechtlicher Bestimmungen in Bezug auf Videovernehmungen.[10]

Mit dem *2. Opferrechtsreformgesetz (2.OpferRRG)* im Jahre 2009 erhielt die Polizei durch die Zitierung des § 58a StPO in § 163 Abs. 3 StPO die Befugnis zur Durchführung audiovisueller Zeugenvernehmungen. Dabei handelte es sich jedoch ausschließlich um polizeiliche Vernehmungen, in denen eine Aufzeichnung aufgrund des Schutzbedürfnisses des Zeugen geboten war.[11]

Die vorerst letzte Erweiterung des § 58a StPO durch das *Gesetz zur Stärkung der Rechte von Opfern sexuellen Missbrauchs (StORMG)* im Juni 2013 diente ausschließlich dem Zweck der Stärkung der bereits bestehenden Vorschriften im Sinne des Opferschutzes und erfasste nun auch volljährige Opferzeugen einer bestimmten Straftat, die zum Zeitpunkt der Tat unter 18 Jahre alt waren.[12]

---

7 BMJV (2015), Bericht der Expertenkommission zur effektiveren und praxistauglicheren Ausgestaltung des allgemeinen Strafverfahrens und des jugendgerichtlichen Verfahrens, S. 67ff.

8 Nr. 5b, Nr. 19, Nr. 45 Abs. 2 Satz. 1 und 2 RiStBV.

9 Polizeiabkürzung, RiStBV. Polizeiabkürzungen (2021), Quelle: https://www.polizeiabkuerzungen.de/ristbv/#:~:text=Richtlinien%20für%20das%20Strafverfah-ren%20und,einheitliche%20Sachbehandlung%20von%20Strafverfahren%20sicherzustellen (Abruf: 11.03.2021).

10 BGBl., Gesetz zur Verbesserung der Rechte von Verletzten im Strafverfahren (Opferrechtsreformgesetz – OpferRRG) vom 24.06.2004, Teil I Nr. 31, S. 1354.

11 BT-Drucks. 17/6261, 2011: S. 5.; BT-Drucks. 16/13671, 2009: S. 11.

12 BGBl., Gesetz zur Stärkung der Rechte von Opfern sexuellen Missbrauchs (StORMG) vom 16 Juni 2013, Teil I Nr. 32 S. 1805.

Die Forderungen nach einem verstärkten Einsatz der Bild- und Ton-Technik in Bezug auf Zeugen- und Beschuldigtenvernehmungen, wozu die Bundesrechtsanwaltskammer bereits 2010 einen Gesetzesentwurf vorlegte, blieben unbeachtet.[13][14] Erst seit November 2013 wurde die fakultative Möglichkeit der videografischen Beschuldigtenvernehmung in polizeilichen, staatsanwaltschaftlichen sowie richterlichen Vernehmungen durch einen in § 163a Abs. 1 Satz 2 StPO enthaltenen Verweis auf § 58a Abs. 1 Satz 1 StPO berücksichtigt.[15]

Eine Auseinandersetzung mit der bislang stark vernachlässigten Frage der Aufzeichnung von Beschuldigtenvernehmungen erfolgte durch eine vom Bundesministerium der Justiz und für Verbraucherschutz im Oktober 2015 eingesetzte Expertenkommission. Nebst ausgearbeiteten Unzulänglichkeiten der bis zu diesem Zeitpunkt praktizierten Form der Dokumentation von Vernehmungen stellte die Kommission fest, dass die Dokumentation aufgrund ihres technischen Standes sowie der gegenwärtigen technischen Möglichkeiten nicht mehr zeitgemäß sei. Zur effektiveren Gestaltung des Prozesses der Wahrheitsfindung müsse künftig moderne audiovisuelle Dokumentationstechnik genutzt werden.[16]

Gleiche Forderungen enthielt bereits der 2009 verabschiedete Fahrplan der Europäischen Union zur Stärkung der Verfahrensrechte von Verdächtigen oder Beschuldigten im Strafverfahren.[17] Ferner forderte die *EU-Richtlinie 2016/800* vom 11.05.2016 von allen Mitgliedstaaten, dass Befragungen durch die Polizei oder andere Strafverfolgungsbehörden im Jugendstrafverfahren audiovisuell aufzuzeichnen sind.[18] Internationale und europäische Entwicklungen und ein hieraus hervorgehender stetiger Wandel infolge komplexer Anforderungen machten eine Anpassung des Strafprozesses durch den deutschen Gesetzgeber unumgänglich.[19]

Dies äußerte sich schließlich in der Gesetzesänderung des § 136 StPO, mit dem *Gesetz zur effektiveren und praxistauglicheren Ausgestaltung des Straf-*

---

13 Winkel (6/2020), S. 321.

14 BRAK-Stellungnahme-Nr. 1/2010, S. 2ff.

15 BGBl., Gesetz zur Intensivierung des Einsatzes von Videokonferenztechnik in gerichtlichen und staatsanwaltschaftlichen Verfahren vom 25. April 2013, Teil I Nr. 20, S. 935.

16 BMJV (2015), Bericht der Expertenkommission zur effektiveren und praxistauglicheren Ausgestaltung des allgemeinen Strafverfahrens und des jugendgerichtlichen Verfahrens, S. 67ff.

17 ABl., Richtlinie 2014/41/EU vom 3. April 2014, L 130, S. 16f., Art. 24.; ABl., Entschließung des Rates vom 30. November 2009, 2009/C 295/03, S. 3, Maßnahme E.

18 ABl., Richtlinie (EU) 2016/800 vom 11. Mai 2016, L 132, S. 15, Art. 9.

19 Winkel (2020), S. 312.

verfahrens, welches am 17.08.2017 durch den deutschen Bundestag bereits verabschiedet wurde, allerdings erst ab dem 01.01.2020 in Kraft getreten ist. Neben bereits bestehenden gesetzlichen Regelungen zur Aufzeichnung von Vernehmungen sensibler Zeugen erlässt der Gesetzgeber hiermit ein Gesetz, welches in bestimmten rechtlich definierten Fällen die Notwendigkeit einer audiovisuellen Aufzeichnung von Beschuldigtenvernehmungen vorsieht.[20]

Allerdings stimmte die zuvor eingesetzte Expertenkommission in einem erheblich größeren Umfang für eine audiovisuelle Aufzeichnung von Beschuldigtenvernehmungen, als letztlich Gesetz geworden ist.[21]

2 *Zielsetzungen und methodische Grundlagen*

Infolge der Gesetzesänderung stand vor allem die Kriminalpolizei (nicht nur Mecklenburg-Vorpommerns) vor neuen technischen, organisatorischen und taktischen Herausforderungen. Während das Wesen der kriminalpolizeilichen Sachbearbeitung bislang darin bestand, einen Lebenssachverhalt – im kriminalistischen Sprachgebrauch Beweismittel – ausschließlich in Textform zu sichern, wird diese Dokumentationsform infolge der oben aufgeführten Gesetzesentwicklung künftig immer häufiger durch Videoaufzeichnungen zumindest ergänzt werden, die teilweise gar in die Hauptverhandlung eingeführt werden können.

Wie oben bereits dargestellt, existieren in Nischen der kriminalpolizeilichen Sachbearbeitung jahrelange Erfahrungen im Umgang mit Videovernehmungen und in einzelnen Fällen gar deren Nutzung in der gerichtlichen Hauptverhandlung.

Ziel der Bachelorarbeit ist es daher, die Erfahrungen in Form einer Bestandsaufnahme zu sichern und als Anregung den für die Einführung der Videotechnik Verantwortlichen zur Verfügung zu stellen. Der Fokus lag hierbei in der Generierung eines umfangreichen sowie tiefgehenden Hintergrundwissens, welches mithilfe erfahrener Vernehmer erzielt werden sollte.

Aus diesem Grund wurde sich für eine halbstandardisierte Befragung mit einer anschließend qualitativ- analytischen Auswertung der gewonnenen Daten entschieden.

20 Märkert (5/2020), S. 31f.
21 Floren (1/2020), S. 39.

Die qualitative Datenanalyse fußt auf der Grundlage der Reflexiven Grounded Theorie. Diese Theorie ist Ende der 60iger Jahre in den USA durch Glaser und Strauss entwickelt worden.[22] Die Idee war jenseits etablierter, meist durch große empirische Datenmengen gesicherter Theorien zu neuen Modellen zu kommen. Erkenntnistheoretisch geht man davon aus, dass die Sicht auf die Wirklichkeit (subjektiv) konstruiert ist und somit von den Erfahrungen des jeweiligen Beobachters als auch des geschaffenen Kontextes abhängt.

3 Das wissenschaftliche Vorgehen

3.1 Fragebogenentwurf

Der mehrseitige Interviewleitfaden der Studie besteht aus insgesamt 26 eigens konzipierten Fragestellungen, die auf Grundlage verschiedener Annahmen und Schlussfolgerungen zur Vernehmungspraxis basieren. Damit sollten die Erfahrungen zu technischen, organisatorischen und taktischen Aspekten der jeweiligen Vernehmungsbeamten hinsichtlich der Videoaufzeichnung von Vernehmungen vor dem 01.01.2020 erfasst werden.

3.2 Pilotierung

Mittels eines Pretests ist der Interviewleitfaden zusammen mit einer wissenschaftlichen Mitarbeiterin des Projektes BEST (*Befragungsstandards Deutschland*)[23], vorerst auf dessen Struktur und Verständlichkeit überprüft worden. Im Anschluss an den Pretest wurde somit vorrangig die Struktur des Leitfadens überarbeitet.

Weiterhin wurde der Interviewleitfaden mit einer Polizeibeamtin des Fachkommissariats 1 (*FK1*) der Kriminalpolizeiinspektion (*KPI*) Rostock pilotiert. Anders als beim Pretest lag der Fokus der Pilotierung überwiegend auf der Überarbeitung der Verständlichkeit und inhaltlichen Richtigkeit der einzelnen Fragestellungen des Leitfadens. Als Ergebnis wurden die

22 Breuer/ Muckel/ Dieris/ Allmers (2019), S. 16–23.

23 BMBF, Befragungsstandards für Deutschland (BEST), in: Befragungsstandards für Deutschland, Quelle: https://www.sifo.de/files/Projektumriss_BEST.pdf (Abgerufen: 15.06.2021).

Fragen unter Berücksichtigung der Rückmeldung der Probandin erneut auf deren Qualität geprüft und angepasst.

3.3 Befragungsablauf

Für die vorliegende Studie wurden Daten von insgesamt vier Versuchspersonen mit ausgewiesener Expertise (*IP1, IP2, IP3, IP4* (*IP=Interviewpartner*)) erhoben und in die Analyse mit einbezogen. Die Befragung und somit die Erhebung der Daten erfolgten in Räumlichkeiten der entsprechenden Dienststellen der Kriminalpolizeiinspektionen Rostock und Schwerin. Nach einer kurzen Begrüßung sowie einer genaueren Umschreibung des Anlasses der Zusammenkunft und einem kurzen thematischen Einblick in das Forschungsvorhaben zur Einstimmung auf das bevorstehende Interview, erhielten die Probanden jeweils eine Druckversion des Interviewleitfadens und wurden über den Ablauf des Interviews eingewiesen. Zudem wurden den Probanden die Termini *Technische-*, *Organisatorische-* sowie *Taktische- Ausgangssituation* erläutert. Anschließend wurden die erforderlichen rechtlichen Genehmigungen eingeholt und dann das Interview gestartet.

3.4 Biografisch statistische Daten der Probanden

Zwei der vier Probanden verrichteten ihren Dienst zum Zeitpunkt der Erhebung im Fachkommissariat 1 (*FK1*) der KPI Rostock (*IP1, IP2*), während die anderen beiden Probanden im Fachkommissariat 1 der KPI Schwerin (*IP3, IP4*) tätig waren. Alle Probanden waren weiblich (100 %). Erfasst wurden weiterhin Alter (Ø 47,75 Jahre; Spanne = 38–59 Jahren), Laufbahn (75 % gehobene Laufbahn/15 % mittlere Laufbahn), berufliche Erfahrung (Ø 26,13 Jahren; Spanne = 14–37,5 Jahren), der geschätzte prozentuale Anteil von Vernehmungen in einer Dienstwoche (IP1=40–60 %, IP2=90 %, IP3=30–50 %, IP4=10–20 %) sowie der prozentuale Anteil dieser Vernehmungen, die auf Bild und/oder Ton aufgezeichnet werden (IP1=10–15 %, IP2=10–20 %, IP3=5 %, IP4=5–10 %). Zudem machten sie Angaben zu ihrer zuletzt eigenständig durchgeführten Vernehmung als auch ihrer zuletzt durchgeführten Vernehmung in Bild und/oder Ton. Die Rekrutierung der vier Probanden erfolgte durch Zuteilung unter Berücksichtigung einer gewissen Fachkenntnis hinsichtlich der Thematik.

3.5 Auswertungsprozess

Die Interviews sind digital aufgezeichnet und anschließend in vier einzelnen Transkripten zusammengefasst worden. Diese Transkripte wurden mit Hilfe der interpretativen Auswertungsmethode der qualitativen Inhaltsanalyse nach Mayring bearbeitet. Dazu wurden die Aussagen phasenweise abstrahiert, danach generalisiert und schließlich reduziert.[24][25][26]

Abschließend wurden die einzelnen Kategorien in einem Kategoriensystem zusammengefasst. Für jede Kategorie des Systems wurde ein Ankerbeispiel ausgewählt, durch welches sich die Gesamtheit der Aussagen der Kategorie veranschaulichen ließ. Das Kategoriensystem selbst orientierte sich an der Ausgangsfragestellung – technische, organisatorische und taktische Erfahrungen.

3.6 Fehlerbetrachtung

Anstatt einer zufälligen Wahl der Versuchspersonen erfolgte die Rekrutierung durch Zuteilung. Eine solche Verpflichtung zur Teilnahme an einem Interview könnte in der weiteren Folge zu veränderten Antworten der Versuchspersonen und somit zu einer Verzerrung der Ergebnisse geführt haben.

Hinzu kommt, dass es sich bei den Versuchspersonen nur um eine nichtrepräsentative Anzahl aus dem Bereich des Polizeipräsidiums (*PP*) Rostock handelt, wodurch der Bereich des Polizeipräsidiums Neubrandenburg sowie des Landeskriminalamtes (*LKA*) nicht berücksichtigt werden konnte. Die Betrachtung war somit vorerst einseitig geprägt, erfolgte allerdings unter Berücksichtigung des dargelegten Forschungsinteresses. Zur Gewährleistung einer vergleichenden Betrachtung der Erfahrungswerte untereinander erschien die Wahl jeweils zweier Interviewpartner für die KPI Rostock und Schwerin als geeignet.

Die Wahl der Erhebungsmethode – halbstandardisiertes Interview – ermöglichte dem Befragten zwar die offenen Fragen frei und flexibel zu beantworten, jedoch könnte das Prinzip der Offenheit, Flexibilität und Einzigartigkeit der Antworten aufgrund der im Vorfeld in dem Interview-

24 Mayring (2010), S. 49.
25 Lamnek (2005), S. 520.
26 Lamnek (2005), S. 520.

leitfaden ausformulierten Fragen und gedanklichen Stützen sowie des vorstrukturierten Ablaufs des Interviews verletzt worden sein.

Eine weitere Limitierung erfolgt im Rahmen der Auswertung der Ergebnisse. Die codierten und somit vom ursprünglichen Kontext entfremdeten Daten, im Sinne der Anwendung der qualitativen Inhaltsanalyse nach Mayring, folgen dem subjektiven Wissen und Erfahrungen der Autorin, bewegen sich aber, da fehlende Ausgangstheorien nicht berücksichtigt werden konnten, auf neuen Bahnen.

Das Ergebnis dieser qualitativen Datenanalyse stellt demnach weniger einen empirisch gesicherten Sachverhalt dar, den es zu beweisen, d.h. empirisch zu belegen gilt. Das wiederum wäre der Ansatz einer weiteren, anderen Forschungsaufgabe.

4 Die zentralen Ergebnisse und ihre praktische Verwendbarkeit

4.1 Zu den technischen Erfahrungen

Die Vernehmungszimmer in der KPI Rostock sowie in der KPI Schwerin sind grundsätzlich mit einem Ton-bzw. Diktiergerät, Kameras und Mikrofonen ausgestattet. Lediglich die Anzahl der Kameras und Mikrofone variiert. Die Technikräume sind jeweils mit mindestens einem Bildschirm und einem Computer ausgestattet. Laut Angaben aller Befragten fungieren die vorhandenen Computer als Speichermedium für die Videoaufzeichnungen. Diese werden dort in einem Videoarchiv, in Form einer Datei, gespeichert. Es handelt sich in allen Fällen um eine stationär verbaute Technik.

Die Befragten der KPI Schwerin fügten hinzu, dass es für seltene Fälle der Durchführung einer Videovernehmung außerhalb der Räumlichkeiten der KPI Schwerin mobil einsetzbare Videotechnik gibt.

Hinsichtlich des Zustandes der Technik der jeweiligen KPI´n ließ sich feststellen, dass die Technik der KPI Rostock als in einem qualitativ guten Zustand beschrieben wird. Die Technik der KPI Schwerin hingegen wird als dürftig empfunden, was auf die schlechte Akustik der Aufzeichnung zurückzuführen ist.

Die Technik der KPI Rostock sei laut Angaben der Befragten ca.11 Jahre alt, die Technik der KPI Schwerin hingegen 10.

Es wurde nur wenig modernisiert. Dies wird durch die Befragten als nicht zufriedenstellend empfunden.

Es wird vermutet, dass es keine einheitlichen Vorgaben zur technischen Ausstattung gab.

Die Bedienbarkeit der Technik variierte in Abhängigkeit zu dem jeweils vorhandenen oder fehlenden technischen Verständnis der Befragten.

Das Vorhandensein einer Bedienungsanleitung zur Vereinfachung des Umgangs mit der Technik, konnte nur für die KPI Rostock bestätigt werden. In der KPI Schwerin fehlt diese.

Es habe keine offiziellen Lehrgänge oder Einweisungen in die Handhabung der Technik gegeben. Meist erfolgte es durch technisch versierte Kollegen in den Dienststellen.

Die Frage der Kompatibilität der Technik mit der des Gerichtes wurden ebenfalls von KPI zu KPI unterschiedlich beantwortet.

4.2 Zu den organisatorischen Erfahrungen

Zur Durchführung der Videovernehmungen stehen in beiden KPI´n jeweils ein Videovernehmungszimmer für sensible Zeugen und ein dazugehöriger Technikraum zur Verfügung. Die KPI Rostock verfügt über einen zusätzlichen Raum, der als Spielzimmer genutzt wird.

Das Mobiliar der entsprechenden Räumlichkeiten in den KPI´n besteht in der KPI Rostock aus einem Glastisch, einer Uhr, zwei Couchen, einem Sessel und ein bisschen Spielzeug sowie zwei Matten für Kleinkinder. Das Vernehmungszimmer der KPI Schwerin verfügt über eine Eckcouch, einen Glastisch und eine Anbauwand, die der Verbesserung der Akustik sowie des Erzeugens einer gemütlicheren Atmosphäre dienen soll. Anstelle von Spielzeug gibt es in der KPI Schwerin Puppen, welche als Demonstrationshilfe im Falle mangelnder Ausdrucksfähigkeiten der Befragten dienen.

In beiden KPI´n wird die Verwendung eines Glastisches mit der besseren Einsehbarkeit aller Ausdrucksbewegungen der Vernommenen begründet. Diesem Zweck folgt ebenfalls die Anordnung des übrigen Mobiliars. In beiden KPI´n ist daher eine Kamera frontal auf die Couch ausgerichtet, auf welcher entweder nur der Vernommene oder alle Beteiligten der Vernehmung sitzen.

Während in der KPI Rostock die bewegliche Kamera zur Aufnahme des Vernehmungsraumes genutzt wird, werden in der KPI Schwerin dazu die zusätzlich fest verbauten Kameras genutzt. Anders als in der KPI Schwerin sind die Mikrofone der KPI Rostock versteckt hinter der Couch angebracht.

Typisch für die Organisation des Ablaufs einer Vernehmung sind in allen KPI´n klärende Gespräche mit den Betroffenen. Ebenfalls geben alle Befragten an, im Beisein der Sorgeberechtigten die entsprechenden Formulare zu erklären und anschließend unterschreiben zu lassen. An dieser

Stelle wird das Formular *Erklärung zur Videovernehmung* erwähnt. Ferner zählt zu den Formularen, die im Vorfeld einer Vernehmung vorzulegen sind, auch die Zeugenbelehrung.

Zwei von drei Befragten (IP1 und IP4) zeichnen die Belehrung grundsätzlich und eine der Befragten (IP3) diese meistens mit auf. Bei IP1, IP2 und IP3 findet vor der Vernehmung grundsätzlich bereits im Büro eine Belehrung des Betroffenen statt. IP4 hingegen belehrt ausschließlich vor der Kamera.

Den Betroffenen und Begleitpersonen werden das Videovernehmungszimmer sowie der Technikraum gezeigt. Den Kindern wird die Technik spielerisch nähergebracht.

Da die Gegenwart von Eltern häufig negative Auswirkungen insbesondere auf das Aussageverhalten des Kindes habe, sollte nach Angaben von IP1, IP2 und IP3 grundsätzlich immer eine Videovernehmung ohne Eltern angestrebt werden.

Das Einschalten der Technik im Technikraum erfolgt durch alle Befragten grundsätzlich selbstständig. Dann startet die Vernehmung. Anfangs werden relevante Daten, wie die Vorgangsnummer, das Datum und der Anlass der Vernehmung in die Kamera gesprochen. Das technische Unterbrechen der Aufzeichnung im Falle des Bedürfnisses einer Pause, wird von zwei der Befragten verneint. Ihnen zufolge seien Aufzeichnungen von Pausen von essenzieller Bedeutung, um den gesamten Verlauf einer Vernehmung nachvollziehbar darstellen zu können. Dahingegen wird durch eine weitere Interviewpartnerin hinsichtlich der Frage des Pausierens der Aufzeichnung angegeben, dass diese tatsächlich zwischen Kindern und Erwachsenen differenziert. Sie pausiere die Aufzeichnung der Vernehmung bei Erwachsenen situationsbedingt.

Des Weiteren wird durch alle Beamten gleichermaßen das Ende einer Vernehmung sprachlich festgehalten und dann erst die Technik eigenständig ausgeschaltet. Schließlich werden die Betroffenen, samt Begleitpersonen, herausbegleitet und verabschiedet.

Die Ergebnissicherung erfolgt in Form der Speicherung des Videomaterials als Datei in einem Videoarchiv. Die Aufzeichnung wird zudem noch auf einen Datenträger gebrannt und im Original der Akte beigefügt. Eine explizite Verschlüsselung der Aufzeichnung von Videovernehmungen sensibler Zeugen findet nach Angaben dreier von vier Befragten weder in der KPI Rostock noch in der KPI Schwerin statt. Seit dem 01.01.2020 bestünde nun allerdings die Möglichkeit einer Verschlüsselung der Aufzeichnungen von Beschuldigtenvernehmungen.

Im Anschluss an eine Videovernehmung und der Speicherung des Videomaterials erfolgt die Niederschrift der Videoaufzeichnung durch begrenzt vorhandene Schreibkräfte der KPI'n. Sowohl in der KPI Rostock als auch in der KPI Schwerin gibt es nur eine Schreibkraft für das jeweilige Fachkommissariat 1 (FK1). Alle Interviewpartner betonen den vorherrschenden Personalmangel.

Die Schreibkräfte erhalten zur Verschriftung ein Diktiergerät mit der entsprechenden Tonbandaufzeichnung sowie eine CD bzw. eine DVD zur nachträglichen Erfassung der Mimik und Gestik. Anders als in der KPI Schwerin soll in der KPI Rostock neuerdings die Möglichkeit bestehen, die Niederschrift durch ein externes Schreibbüro durchführen zu lassen.

Die schriftlichen Zusammenfassungen, welche der Staatsanwaltschaft im Falle einer in Frage stehenden Haftsache zugesendet werden, wird laut Angaben einzelner Befragten durch die Vernehmer selbst durchgeführt.

Abschließend werden die Videoaufzeichnungen zusammen mit dem Wortprotokoll oder der Zusammenfassung in Form einer Akte an die Staatsanwaltschaft übermittelt.

4.3 Zu den taktischen Erfahrungen

Alle Befragten führen Videovernehmungen grundsätzlich bei Kindern (ca. ab 7. Lebensjahr) durch. Sie verfügen bislang über keine Erfahrungen mit der Aufzeichnung von Beschuldigtenvernehmungen.

Bis auf wenige aufgeführte negative Aspekte wird die Videoaufzeichnung als durchweg positiv empfunden. Dadurch, dass sich das Vernehmungsverhalten vollständig authentisch dokumentieren lässt, ergibt sich der wesentliche Vorteil der Videovernehmungen. Dadurch wird auch eine stärkere Beweiskraft erzielt werden.

Ein weiterer Vorteil besteht darin, dass es Betroffenen vereinzelt erspart bleibt, eine Aussage vor Gericht machen zu müssen. Des Weiteren bestehe bei aufkommenden Zweifeln an einer ordnungsgemäß durchgeführten Vernehmung die Möglichkeit der Einsichtnahme.

Hervorgehoben wird die Möglichkeit eines normalen, ungezwungenen und nicht durch Schreibarbeiten oder Diktate unterbrochenen Gesprächs. Der Betroffene würde hierdurch die ungeteilte Aufmerksamkeit des Vernehmers erhalten, wodurch sich eine bessere Bindung zu diesem aufbauen ließe und dieser gleichzeitig durch den Vernehmer besser eingeschätzt werden könne.

Einen erheblichen Nachteil sehen die IP in dem zeitlichen Aufwand der Niederschrift Die Bewältigung dieser Lage sei personell kaum bis gar nicht mehr zu bewerkstelligen.

Angemerkt wurde auch, dass es im Verlauf der Videovernehmung keine Kontroll- und Nachbesserungsmöglichkeit gebe. Ein Nachteil sei, dass es mitunter dem Betroffenen nicht gelingt, die Kamera auszublenden.

Während IP2 aufgrund ihrer Erfahrungen mit Videoaufzeichnungen keine Anspannungen mehr empfindet, berichtet IP3 über eine Veränderung ihres Verhaltens in Form eines überkorrekten Anpassens des eigenen Frageverhaltens.

Eine spätere Einsichtnahme der Aufzeichnungen zur Nachbereitung und Verbesserung der eigenen Vernehmungsleistung wird verneint. Ausnahmefälle gebe es für IP1 beim Fehlen eines Protokolls oder aber auch in Vorbereitung auf einen Gerichtstermin (IP2, IP3). Hervorgehoben wird jedoch die Bedeutung der Verwendung der gefertigten Wortprotokolle.

Vereinzelt wird davon berichtet, dass die Videoaufzeichnungen anfänglich vermehrt durch die Vernehmer angeschaut worden sind (Berufsanfang).

Vereinzelt werden die Videoaufzeichnungen zu Schulungs- und Weiterbildungszwecken der Praktikanten oder neuen Kollegen, aber auch der Studenten der Fachhochschule für öffentliche Verwaltung, Polizei und Rechtspflege Güstrow (*FHöVPR*) genutzt. Neben Feedback der Staatsanwaltschaft, der eigenen Schreibkräfte der FK1 sowie anderer Bürosachbearbeiter würden die bereits praktizierenden Vernehmer auch in diesem Zusammenhang eine Rückmeldung zu ihrer Vernehmungsleistung erhalten.

Die Einbindung der Videoaufzeichnungen in die Gerichtsverhandlungen erfolge immer häufiger.

Aufgrund der zunehmenden Berücksichtigung käme auch dem Inhalt der Aufzeichnungen eine immer stärkere Bedeutung zu.

Externe Erfahrungsaustausche in Bezug auf die Videoaufzeichnung von Vernehmungen hätten speziell für das FK1 im Jahr 2003, im Rahmen eines Lehrgangs *Videogestützte Vernehmung* stattgefunden. Zudem erwähnten die Befragten den Lehrgang *Sexualdelikte im Fokus*, im Rahmen dessen in den letzten vier bis fünf Jahren ein Austausch zwischen Sachbearbeitern aller KPI`n möglich gewesen sei. Dieser habe ursprünglich an drei bis vier Tagen stattgefunden, bis er im Jahr 2018 auf einen Tag gekürzt und seit 2019 gar nicht mehr angeboten worden sein soll. Das Ausbleiben von Lehrgängen wird allgemein als unzufriedenstellend bewertet.

Überwiegend könne nicht gesagt werden, inwiefern auf offiziellem Wege ein externer Austausch zwischen den KPI´n stattgefunden hätte. Lediglich im Rahmen einer Projektgruppe in Bezug auf audiovisuelle Vernehmungen von Beschuldigten habe es in der näheren Vergangenheit einen Austausch gegeben.

Bezüglich des internen Austausches der Kollegen der jeweiligen KPI untereinander wird angegeben, dass diese regelmäßig stattfinden würden.

Des Weiteren besteht der Wunsch nach grundlagenvermittelnden Lehrgängen als auch praxisorientierten Schulungen.

Bezug auf die weitere Herangehensweise an die audiovisuelle Vernehmung von Beschuldigten wünschen sich die Befragten, dass diese unter stärkerer Einbeziehung bereits bewährter Ansätze aus der Praxis und unter tatsächlicher Berücksichtigung der geforderten rechtlichen Anforderungen umgesetzt werden würde.

5 Resümee

Die Beamten in den KPI´n konnten unterschiedlich stark ausgeprägte Mängel bislang mittels selbstentwickelter Strategien bestmöglich auffangen. Ohnehin bedarf es eines gewissen Maßes an Flexibilität, um den stets wechselnden Bedingungen einer Vernehmungssituation gerecht werden zu können. Problematisch wird es jedoch, wenn solche Optimierungen nicht nur der Ausbesserung, sondern vielmehr dem vollständigen Ausgleich von Defiziten dient.

In technischer Hinsicht sollten die Bedienbarkeit und Kompatibilität der Technik innerhalb, aber auch über die Kriminalpolizei hinaus sowie deren Pflege und Modernisierung im Auge behalten werden. Das schließt ebenfalls die Bereitstellung und Ausstattung von Vernehmungsräumen ein. Im Zusammenhang mit der technischen Ausstattung wäre eine grundlegende Schulung in der Anwendung der Videotechnik zu prüfen. Das kann zur Reduzierung der Anspannung der Vernehmer beitragen. Ebenfalls förderlich für eine Steigerung der Anwenderfreundlichkeit, wäre die Bereitstellung einer Bedienungsanleitung. Das kann eine einfache und schnellere Bedienung auch durch weniger technisch versierte oder unerfahrenere Beamte ermöglichen.

Aus organisatorischer und taktischer Sicht scheint es sinnvoll, dem Vernommenen den Ablauf vorab zu erklären, notwendige Dokumente zu unterzeichnen und ihm zudem mit der Aufnahmesituation vertraut zu machen.

Eine praxisorientierte Aus- und Fortbildung ist neben einem organisierten Wissens- und Erfahrungsaustausch zu gewährleisten.

Ein individueller Gestaltungsspielraum im Zusammenhang mit der Durchführung einer Videovernehmung sollte den Vernehmern daher unbedingt erhalten bleiben.

Neben lediglich zweckdienlich schlicht gehaltenem Mobiliar und dessen Anordnung zur Schaffung einer angenehmen Atmosphäre und einer bestmöglichen Erfassung der Beteiligten innerhalb der Vernehmungsräume, hat auch bereits der Umstand einer stattfindenden Videoaufzeichnung für sich einen positiven Einfluss auf die gesamte Vernehmungssituation.

Aus der Möglichkeit, Verhalten in Bild und Ton aufzuzeichnen, ergeben sich zudem weitere taktische Möglichkeiten, z.B. durch Vorhalt von markierten relevanten Videoausschnitten. Es ist bereits jetzt zu konstatieren, dass das Abspielen von Videoaufzeichnungen wesentlich wirkungsvoller ist als das Verlesen von Wortprotokollen. Sinnvoll könnte des Weiteren ein Nutzen dieser Videos in der Evaluation oder Supervision der konkreten Vernehmung sein.

Es besteht ein dringender Handlungsbedarf hinsichtlich der geforderten wortwörtlichen Niederschrift der Vernehmungen.

Zu beobachten ist der Trend in der Hauptverhandlung, zumindest in der Vernehmung von kindlichen Opferzeugen verstärkt auf Videoaufzeichnungen zurückzugreifen.

Damit die Ergebnisse folglich in ihrer Validität gestärkt werden, ist eine Untersuchung im gesamten Land Mecklenburg-Vorpommern zumindest ergänzend im Bereich des Polizeipräsidiums Neubrandenburg anzustreben.

Literaturverzeichnis

Monographien und Sammelbänder

Artkämper, H./ Schilling, K., 4. (2017): Vernehmungen: Taktik Psychologie Recht, Hilden/Rhld.

Baur, N./ Blasius, J., 2. (2019): Handbuch Methoden der empirischen Sozialforschung, Wiesbaden.

Breuer, F./ Muckel, P./ Dieris, B./ Allmers, A., 4. (2019): Reflexive Grounded Theory: Eine Einführung für die Forschungspraxis, Wiesbaden.

Lamnek, S., 4. (2005): Qualitative Sozialforschung, Weinheim.

Leitner, W. (2012): Videotechnik im Strafverfahren. Ein Petitum für mehr Dokumentation und Transparenz, in: Deutsche Strafverteidiger e.V. (Hrsg): Schriftreihe Deutsche Strafverteidiger e.V. Band 35, Baden-Baden.

Mayring, P., 11. (2010): Qualitative Inhaltsanalyse. Grundlagen und Techniken, Weinheim.

Zeitschriften

Floren, T. (2020): Quo Vadis: Audiovisuelle Vernehmung? Chancen und Grenzen der Videovernehmung von Beschuldigten ab dem 01.01.2020, in: Kriminalistik. Unabhängige Zeitschrift für die kriminalistische Wissenschaft und Praxis, 1/2020.

Märkert, W. (2020): Audio- oder audiovisuelle Aufzeichnung von Beschuldigten- und Zeugenvernehmungen – Misstrauensbeweis oder rechtsstaatliche Notwendigkeit? Teil 1, in: Der Kriminalist. Fachzeitschrift des Bund Deutscher Kriminalbeamter, 5/2020.

Zeitschriften online

Winkel, T. (2020): Die Pflicht zur audiovisuellen Aufzeichnung von Beschuldigtenvernehmungen im Ermittlungsverfahren und ihre Bedeutung im Zusammenhang mit Beweisverwertungsverboten, in: Zis: Zeitschrift für Internationale Strafrechtsdogmatik, 6/2020, Quelle: http://www.zis-online.com/dat/artikel/2020_6_1373.pdf (Abruf: 15.06.2021).

Internetquellen

BMBF, Befragungsstandards für Deutschland (BEST), in: Befragungsstandards für Deutschland, Quelle: https://www.sifo.de/files/Projektumriss_BEST.pdf (Abruf: 15.06.2021).

Polizeiabkürzung, RiStBV. Polizeiabkürzungen (2021), Quelle: https://www.polizeiabkuerzungen.de/ristbv/#:~:text=Richtlinien%20für%20das%20Strafverfah-ren%20und,einheitliche%20Sachbehandlung%20von%20Strafverfahren%20sicherzustellen (Abruf: 11.03.2021).

Frustration junger Führungskräfte – eine Analyse der Arbeitszufriedenheit von jungen Führungskräften bei der Schutzpolizei in Baden-Württemberg

Muriel Grund und Joachim Albrecht

1 Einleitung

1.1 Ausgangssituation und Problemstellung

> „Erfolgreiche Unternehmen haben erkannt, dass die Beschäftigten das wichtigste Erfolgselement sind".[1]

Die Arbeitszufriedenheit ist das am weitesten erforschte Gebiet innerhalb der Arbeits- und Organisationspsychologie. Die Arbeitszufriedenheitsforschung hat eine praktische Relevanz für die Verbesserung des individuellen Lebens jedes Mitarbeiters und der Effizienz der Organisation[2], denn eine niedrige Arbeitszufriedenheit kann negative Auswirkungen auf die Verhaltensweisen von Mitarbeitern haben.[3]

Trotz der hohen Relevanz der individuellen Arbeitszufriedenheit gibt es eine Forschungslücke innerhalb der Arbeitszufriedenheitsforschung von Mitarbeitern und Führungskräften bei der Polizei.[4] Eine Vielzahl an Forschungen über Arbeitszufriedenheit von Polizeibeamten stammt aus den USA (z. B. Paoline und Gau (2020); Johnson (2012), White et al. (2010)), aber auch Länder wie die Türkei (s. Buker und Dolu (2010)) oder Südkorea (s. Kang und Cheong (2013)) forschten über die Arbeitszufriedenheit ihrer Polizeibeamten. Zusammenfassend kann über die Ergebnisse dieser Studien gesagt werden, dass die Arbeitszufriedenheit von Polizeibeamten mit den damit einhergehenden Arbeitsaufgaben, aber auch mit dem organisatorischen Umfeld der Arbeit zusammenhängt.[5] Außerdem ist der über-

---

1 Grass/Hille, (2016), S. 25.
2 Vgl. Judge et al., (2001), S. 26.
3 Vgl. Lambert et al., (1999), S. 96.
4 Vgl. Ercikti, (2009), o. S.
5 Vgl. Johnson, (2012), S. 170; Vgl. Buker/Dolu, (2010), S. 29–30.

wiegende Teil der Polizeibeamten zufrieden mit ihrer Arbeit und ihrem Arbeitsumfeld.[6]

Die Polizei Baden-Württemberg (BW) führte 2021, nach Verfassung dieser Arbeit, ihre letzte große Mitarbeiterbefragung durch. Eine Befragung, welche sich speziell auf die Arbeitszufriedenheit von Führungskräften bezieht, gibt es aktuell noch nicht.

Der Abschluss des Studiums an der Hochschule für Polizei BW (HfPolBW) ist die Voraussetzung, um Führungsverantwortung übernehmen zu können. Die Anzahl der Studierenden im gehobenen Dienst (gD) und somit gleichzeitig die Anzahl an potenziell verwendbaren jungen Führungskräften mit geringer Lebens- und Berufserfahrung in der Polizei BW steigt sukzessiv.[7]

Die erste Einnahme einer Führungsposition in jungem Alter hängt erfahrungsgemäß mit verschiedenen Herausforderungen und Unsicherheiten zusammen, da junge Führungskräfte zwar theoretisches Wissen und neue Ideen mitbringen, deren Wirkung aber aufgrund mangelnder Erfahrung noch nicht einschätzen können.[8] Aufgrund dessen ist das Thema dieser Arbeit von hoher Relevanz und die Arbeitszufriedenheitsforschung in diesem Bereich stellt sowohl für die Praxis als auch die Wissenschaft einen klaren Mehrwert dar.

1.2 Ziel und Aufbau

Das Ziel dieser Forschungsarbeit ist die Analyse der Arbeitszufriedenheit von jungen Führungskräften innerhalb der Schutzpolizeidirektion der 13 regionalen Polizeipräsidien des Landes BW bei Führungskräften im Alter von 25 bis 35 Jahren.

Hierzu wird zunächst der Ist-Stand der Arbeitszufriedenheit dargestellt. Zudem sollen die Faktoren erforscht werden, welche bei jungen Führungskräften die Zufriedenheit mit ihrer Arbeitssituation negativ beeinflussen oder gar zu Frustration führen. Ausgehend davon werden Handlungsempfehlungen zur Verbesserung der Arbeitszufriedenheit und der Situation der jungen Führungskräfte abgeleitet.

---

6 Vgl. Paoline/Gau, (2020), S. 75; Vgl. Kang/Cheong, (2013), S. 85.

7 Ministerium des Inneren, für Digitalisierung und Kommunen Baden-Württemberg, Landespolizeipräsidium, (2021), o. S.

8 Vgl. Stegh/Ryschka, (2019), S. 101.

Durch die Verbesserung der Arbeitszufriedenheit von jungen Führungskräften wird ein Mehrwert für die gesamte Organisation der Polizei BW angestrebt. Ebenfalls soll durch die Befragung eine Grundlage für weitere Arbeitszufriedenheitsforschungen innerhalb der Polizei BW geschaffen werden.

2 *Theoretische Grundlagen und Hypothesenbildung*

2.1 *Zielgruppe „junge Führungskraft"*

Führung bezeichnet ein hierarchisches Unterstellungsverhältnis zwischen einer Führungskraft und seinem Mitarbeiter.[9] Eine Führungskraft beeinflusst hierbei den ihm Unterstellten *„bewusst und gezielt"*[10]. Zu den Führungskräften innerhalb der Schutzpolizeidirektion zählen unter anderem Dienstgruppenleiter (DGL) einer Dienstgruppe eines Polizeireviers, Leiter einer Führungsgruppe eines Polizeireviers, oder Leiter von Polizeiposten. Sinnvoll für die vorliegende Studie war eine Altersspanne von 25–35 Jahren.

In dieser Arbeit können stellvertretene Führungskräfte nicht berücksichtigt werden, da diese keine Führungskräfte im Sinne des Landespolizeipräsidiums sind.

An der Befragung konnten somit alle Polizeibeamte der Schutzpolizeidirektion zwischen 25 und 35 Jahren, welche sich in einer Führungsfunktion befinden, teilnehmen. Laut der Auswertung des Innenministeriums handelt es sich hierbei um 162 Beamte.

2.2 *Arbeitszufriedenheit*

2.2.1 *Begriffsdefinition Arbeitszufriedenheit*

Der Begriff Arbeitszufriedenheit bedeutet *„Zufriedenheit mit einem gegebenen (betrieblichen) Arbeitsverhältnis"*[11]. Neuberger und Allerbeck definieren Arbeitszufriedenheit als *„die kognitiv-evaluative Einstellung zur Arbeitssituati-*

9 Vgl. Rosenstiel et al., (2005), S. 313.
10 Ebd., S. 313.
11 Bruggemann et al., (1975), S. 19.

on"[12]. Dies bedeutet, dass die Arbeitssituation beschrieben wird, anstatt nur nach der Zufriedenheit mit ihr zu fragen. Es geht also um die Umwelt der Person und der Beschäftigung.[13] Diese Definition wird vorliegender Arbeit zugrunde gelegt. Die Arbeitszufriedenheit ist sodann zu verstehen als die Einstellung zur Arbeit und der Arbeitsumwelt.

Eine niedrige Arbeitszufriedenheit hat signifikant negative Auswirkungen auf Verhaltensweisen von Mitarbeitern. Dieses negative Arbeitsverhalten kann sich beispielsweise in Fehlzeiten, psychologischem Rückzug oder einem schlechten Verhältnis zwischen Mitarbeitern und der Führungsebene äußern.[14] Eine geringe Arbeitszufriedenheit von Polizeibeamten wirkt sich nicht nur auf deren individuelle Leistung, sondern eben auch infolge dessen auf die Effizienz der Organisation Polizei aus.[15] Hoppock fasst dies treffend zusammen: „*Whether or not one finds his employment sufficiently satisfactory to continue in it [...] is a matter of the first importance to employer and employee*".[16]

2.2.2 *Theorien der Arbeitszufriedenheit*

Eine bedeutende Theorie der Arbeitszufriedenheit ist die Zwei-Faktoren-Theorie nach Herzberg, Mausner und Snyderman (1959).[17]

Herzberg et al. erkannten zwei Faktorengruppen, welche die Arbeitszufriedenheit unterschiedlich beeinflussen – Motivatoren und Hygienefaktoren. Die Motivatoren entsprechen dem Bedürfnis nach Kreativität und Selbstverwirklichung und können für Arbeitszufriedenheit sorgen. Die Hygienefaktoren befriedigen das Bedürfnis nach fairer Behandlung, um die gewünschte Arbeitseinstellung und Arbeitsleistung zu erreichen, sorgen jedoch bei Erfüllung nur dafür, dass keine Unzufriedenheit beim Arbeitnehmer eintritt.[18] Für weitere theoretische Ausführungen wird auf Nerdinger et al. (2019) verwiesen.

---

12 Neuberger, (1977), S. 67.
13 Vgl. ebd., S. 67.
14 Vgl. Lambert, (1999), S. 96.
15 Vgl. Dantzker/Surette, (1996), S. 11.
16 Hoppock, (1935), S. 5.
17 Vgl. Nerdinger et al., (2014), S. 422.
18 Vgl. Herzberg et al., (1959), S. 113–119.

2.2.3 Messung der Arbeitszufriedenheit

Standardisierte Fragebogen sind zur Messung der Arbeitszufriedenheit üblich.[19] Im folgenden Abschnitt wird vertieft auf zwei ausgesuchte Messinstrumente eingegangen, welche dem in dieser Arbeit entwickelten Fragebogens zugrunde liegen.

Der Arbeits-Beschreibungs-Bogen (ABB), ein standardisierter Fragebogen nach Neuberger und Allerbeck (1978), basiert auf dem amerikanischen Job Descriptive Index (JDI) von Smith et al. (1969).[20] Der JDI ist ein umfassend validiertes Messinstrument.[21] Es entstand auf Grundlage der Motivatoren der Zwei-Faktoren-Theorie nach Herzberg et al. (s. Kapitel 2.2.2).[22] Neuberger und Allerbeck wählten folgende Aspekte des Arbeitsumfeldes für die Messung der Arbeitszufriedenheit aus: Kollegen, Vorgesetzter, Tätigkeitsinhalt, Arbeitsbedingungen, Organisation, Entwicklung und Bezahlung.[23]

Das zweite Messinstrument, die Skala zur Messung von Arbeitszufriedenheit (SAZ) von Fischer und Lück, ist das erste deutsche Verfahren zur Messung der Arbeitszufriedenheit.[24] Fischer und Lück wollten nicht nur die allgemeine Arbeitszufriedenheit, sondern auch einzelne Facetten der Arbeitssituation untersuchen. Somit berücksichtigten sie speziell folgende Faktoren: „*Möglichkeiten zu persönlicher Entwicklung, Verhältnis zu den Kollegen, Verhältnis zu den Vorgesetzten, Aufstiegsmöglichkeiten, Verhaltensweise des Management und der Firmenführung, Bezahlung [und] Bedingungen am Arbeitsplatz*“.[25]

2.2.4 Faktoren der Arbeitszufriedenheit und Hypothesenbildung

Im folgenden Abschnitt werden einzelne Faktoren, welche die Arbeitszufriedenheit positiv sowie negativ beeinflussen können, aus der vorhandenen Literatur herausgearbeitet. Auf diesen theoretischen Grundlagen werden die dieser Arbeit zugrundeliegenden Hypothesen aufgestellt.

---

19 Vgl. Borg/Staufenbiel, (1991), S. 169.
20 Vgl. Neuberger, (1977), S. 67.
21 Vgl. Judge et al., (2001), S. 32–33.
22 Vgl. Roedenbeck, (2004), S. 33.
23 Vgl. Neuberger, (1974), S. 163.
24 Vgl. Fischer/Lück, (1972), S. 65.
25 Ebd., S. 66.

Gehalt

Der Aspekt der Vergütung wird in vielen Forschungen zur Arbeitszufriedenheit (von Polizeibeamten) aufgegriffen (s. Buker und Dolu, (2010); Kang und Cheong, (2013)). Die Bezahlung sowie die Arbeitsbedingungen stellen bei Neuberger und Allerbeck zwei der sieben Bereiche der Arbeit dar, welche sie zur Untersuchung der Arbeitszufriedenheit für besonders relevant hielten (s. Kapitel 2.2.3).

Bei der Polizei BW bedeutet es eine Führungsposition einzunehmen nicht auch gleichzeitig eine höhere Vergütung zu bekommen. Das Aufgabenfeld einer Führungsperson bei der Polizei BW ist aber in jedem Fall umfangreicher und beinhaltet Mitarbeiterverantwortung.[26] Aufgrund dessen wird folgende erste Hypothese formuliert:

Hypothese 1: Wenn junge Führungskräfte ihr Gehalt für ihre Tätigkeiten als Führungskraft für eher nicht angemessen empfinden, sind sie unzufriedener.

Stress

Die anspruchsvolle Aufgabe, nicht nur Sachbearbeitung, sondern gleichzeitig auch Führungsarbeit und somit mehr Verantwortung zu übernehmen (s. Kapitel 2.2.4, Gehalt), kann erfahrungsgemäß starken Stress hervorrufen. Dieser Stress kann wiederum Einfluss auf die Zufriedenheit der Polizeibeamten nehmen.[27] Stress und die wahrgenommene Unterstützung des Vorgesetzten korrelieren stark mit der Arbeitszufriedenheit von Polizeibeamten.[28]

Hypothese 2: Wenn junge Führungskräfte im Vergleich zu ihrer vorherigen Verwendung eher unter stärkerem Stress stehen, sind sie unzufriedener.

Selbstverwirklichung

Mehrere Studien zur Arbeitszufriedenheit von Polizeibeamten berichten über Korrelationen zwischen Selbstverwirklichung und Autonomie am Ar-

26 S. Verwaltungsvorschrift Beurteilung Polizeivollzugsdienst (VwV Beurteilung Pol), (2010), Abschnitt 3.

27 Vgl. Buzawa, (1984), S. 64.

28 Vgl. Paoline/Gau, (2020), S. 64.

beitsplatz und der Arbeitszufriedenheit.[29] Neuberger und Allerbeck sehen die Facette der persönlichen Entwicklung als besonders relevant für deren Messinstrument an (s. Kapitel 2.2.3). Fischer und Lück beschreiben ebenfalls einen Faktor in ihrer SAZ als die *„Zufriedenheit mit der Möglichkeit die eigenen Fähigkeiten an seinem Arbeitsplatz anzuwenden (‚Selbstverwirklichung')"*[30].

Hypothese 3: Wenn junge Führungskräfte eher daran gehindert werden, etwas in ihrer Teil-Organisationseinheit (Teil-OE) zu verändern, sind sie unzufriedener.

Ressourcen

In der Untersuchung von Paoline und Gau äußerten die Befragten Polizeibeamten auf Nachfrage, was sie an ihrem Beruf ändern würden, an oberster Stelle die Verbesserung der Ressourcen.[31] Eine mangelnde Ressource innerhalb der Polizei BW stellt das Personal dar. Dies ist zu erkennen, da der Pensionierungswelle mit einer Einstellungsoffensive ab dem Jahr 2016 entgegengewirkt werden soll.[32] Somit soll die Arbeitszufriedenheit im Hinblick auf die Ressourcen der jungen Führungskräfte untersucht werden.

Hypothese 4: Wenn junge Führungskräfte die verfügbaren Ressourcen als eher unzureichend betrachten, sind sie unzufriedener.

2.3 *Frustration*

Der Frustrationsbegriff wird alltagssprachlich anders verwendet als in der Wissenschaft.[33] Neuberger definiert Frustration wie folgt: *„Frustration wird hervorgerufen durch ein aktiviertes, aber unerfülltes Bedürfnis und durch die Behinderung oder Vereitelung jener Reaktionen, die zur Zielerreichung führen könnten"*.[34]

---

29 Vgl. Johnson, (2012), S. 169; Vgl. Paoline/Gau, (2020), S. 59; Vgl. Zhao et al., (1999), S. 167–168.
30 Fischer/Lück, (1972), S. 69.
31 Vgl. Paoline/Gau, (2020), S. 70.
32 Vgl. Ministerium des Inneren, für Digitalisierung und Kommunen Baden-Württemberg, 2021, o. S.
33 Vgl. Berkowitz, (1989), S. 60.
34 Neuberger, (1974), S. 64.

Frustration kann aber nicht nur entstehen, wenn Ziele blockiert werden, sondern ebenfalls, wenn erwartete Belohnungen ausbleiben.[35] Mit dem Begriff der Frustration wird somit in jedem Fall die Vereitelung einer Reaktion, welche zu einer Zielerreichung beitragen sollte, beschrieben.[36]

Die Verbindung zwischen Zufriedenheit und Frustration stellt sich nach Stauss folgendermaßen dar: Frustration ist der Spezialfall einer stark empfundenen Unzufriedenheit, die dann auftritt, wenn Individuen, die für machbar gehaltenen Ziele nicht erreichen oder versprochene Belohnungen nicht erhalten.[37] Die Behinderung einer Führungskraft bei der Erreichung bestimmter Ziele oder die Verwehrung einer Belohnung kann demnach zu Frustration führen.

3 Verfahren und Methodik

3.1 Auswahl und Begründung der Forschungsmethode

Als Untersuchungsmethode zur Beantwortung der vorliegenden Forschungsfrage wurde das quantitative Forschungsdesign der standardisierten Befragung ausgewählt, da dieses bei Arbeitszufriedenheitsforschungen üblich ist (s. Kapitel 2.2.3).

3.2 Pretest

Vor der Befragung wurde ein Pretest mit vier Personen aus der Zielgruppe durchgeführt. Dieser ist notwendig, um die Eignung und Qualität sowie die inhaltliche Verständlichkeit des Fragebogens zu überprüfen.[38] Hierdurch wurde Änderungen zum Verständnis und inhaltlichen Richtigkeit vorgenommen.

---

35 Vgl. Stauss, (2004), S. 73–76.

36 Vgl. Dollard et al., (1963), S. 7; Vgl. Rutishauser, (1994), S. 13; Vgl. Stäcker, (1977), S. 7.

37 Vgl. Stauss, (2004), S. 72–76.

38 Vgl. Steiner/Benesch, (2021), S. 59–60.

3.3 Konstruktion der Befragung und Datenerhebung

In den nachfolgenden Kapiteln werden die einzelnen Abschnitte der Befragung inhaltlich kurz beschrieben und die Auswahl der Skalenqualität sowie die Konstruktion der Antwortkategorien erläutert.

Im Abschnitt *Faktoren der Arbeitszufriedenheit* wird die junge Führungskraft mit diversen Aussagen zu ihrem Arbeitsleben konfrontiert. Diese sollen anhand ihrer persönlichen Einstellung und ihrem selbsterlebten Empfinden mit verschiedenen Aussagemöglichkeiten (stimme zu = 100 %, stimme größtenteils zu = 75 %, stimme teils zu = 50 %, stimme kaum zu = 25 %, stimme nicht zu = 0 %) bewertet werden. Es handelt sich hierbei um eine fünfstufige Likert-Skala, welche sich in der Literatur weitgehend durchgesetzt hat.[39] Die Likert-Skala ist in diesem Fall eine metrische Intervallskala, da die Abstände zwischen den Aussagemöglichkeiten festgelegt und den Teilnehmern mitgeteilt wurden.[40]

Im darauffolgenden Abschnitt *Arbeitsunzufriedenheit* können bis zu zehn Aspekte aus den zuvor bewerteten Aussagen in eine Rangliste eingeordnet werden. Mit dieser Rangliste soll dargestellt werden, welche Faktoren bei den Teilnehmern am stärksten zu Arbeitsunzufriedenheit beitragen. Falls die junge Führungskraft zufrieden ist, konnte die Einordnung ebenfalls übersprungen werden.

Im vorletzten Abschnitt des Fragebogens stellt sich die Frage nach der *allgemeinen Arbeitszufriedenheit und Frustration*. Zur Kategorisierung wurde eine elfstufige Likert-Skala verwendet, wobei nur das Maximum, „sehr zufrieden“ und das Minimum, „sehr unzufrieden“, oder „völlig frustriert“ und „überhaupt nicht frustriert“ beschriftet wurde.

Abschließend werden den Teilnehmern drei Aussagen zu ihrer allgemeinen Arbeitssituation gestellt, welche, wie im Abschnitt *Faktoren der Arbeitszufriedenheit*, mithilfe einer fünfstufigen Likert-Skala bewertet werden. Auf der letzten Seite steht den Befragungsteilnehmern ein Freitextfeld zur Äußerung von Veränderungswünschen zur Verfügung.

3.4 Messinstrument – Auswahl der Items

Für diese Arbeit wurde ein Befragungsinstrument erstellt, welches auf die Arbeitszufriedenheit junger Führungskräfte der Schutzpolizei zugeschnit-

39 Vgl. Möllers/Spohrer, (2016), S. 62.
40 Vgl. Hussy et al., (2013), S. 77.

ten ist. Die bereits in Kapitel 2.2.3 dargestellten Messinstrumente von Neuberger und Allerbeck sowie von Fischer und Lück wurden zur Erstellung herangezogen, da sie ausreichend validiert sind und häufige Verwendung finden.[41] Außerdem wird die SAZ als *„verläßliches Maß zur Bestimmung der globalen Gesamtzufriedenheit“*[42] beschrieben. Die Skala, welche Paoline und Gau für ihre Studie zur Untersuchung der Arbeitszufriedenheit von Polizeibeamten aus Florida entwickelten wurde ebenfalls verwendet, da sie aus dem Jahr 2020 eine aktuelle Untersuchung vertritt.[43] Insgesamt wurde eine Skala mit 37 Items konstruiert, wie beispielsweise:

> *„Ich bin motiviert etwas in meiner Teil-OE zu verändern, werde jedoch durch die starre Organisationsstruktur daran gehindert.“*
> *„Ich empfinde mein Gehalt für die Tätigkeiten als Führungskraft für angemessen.“*
> *„Wie zufrieden sind Sie gegenwärtig, alles in allem, mit Ihrer Tätigkeit als Führungskraft?“*

3.5 Durchführung der Befragung

Die Befragung wurde mit dem Programm „SoSci Survey“ erstellt und konnte durch einen Internet-Link über jeden beliebigen Browser geöffnet werden. Der Link zur Befragung wurde im Juli 2021 durch das Innenministerium per E-Mail versandt und stand bis Ende August zur Verfügung.

3.6 Datenaufbereitung und Methoden der Datenanalyse

Nach Abschluss der Datenbereinigung konnten 91 von 105 erhobenen Datensätzen zur Auswertung herangezogen werden.

Um verschiedene statistische Berechnungen durchzuführen, wurden die einzelnen Antwortkategorien „stimme zu“, „stimme größtenteils zu“, „stimme teils zu“, „stimme kaum zu“ und „stimme nicht zu“ mit Zahlen von fünf bis eins kodiert.

Zur übersichtlichen Darstellung der Ergebnisse und zum Herausarbeiten der Hauptaussagen wurden deskriptivstatistische Methoden verwen-

41 Vgl. Krebs/Menold, (2014), S. 426–427.
42 Neuberger, (1975), S. 71.
43 Skala zur Messung der Arbeitszufriedenheit s. Paoline/Gau, (2020).

det.[44] Unter Zuhilfenahme der Interferenzstatistik konnten daraufhin Aussagen über die Grundgesamtheit getroffen werden.[45] Das Freitextfeld wurde qualitativ ausgewertet.

3.7 *Beschreibung der Stichprobe und Darstellung der Ergebnisse*

Die Stichprobe entstand in dieser Untersuchung zufällig durch die freiwillige Teilnahme an der Befragung. Insgesamt haben 56,17 % der Grundgesamtheit, das sind demnach 91 Teilnehmer, den Fragebogen vollständig ausgefüllt und bilden somit die Stichprobe.

Ungefähr zwei Drittel der Stichprobe sind zwischen 26 und 31 Jahren alt. Ca. 40 % sind zwischen 32 und 35 Jahre alt. Über 70 % der jungen Führungskräfte sind Direkteinsteiger in den gD und nur ca. ein Viertel der Befragten sind Aufsteiger aus dem mD. Diese Merkmale sind repräsentativ für die Grundgesamtheit.

Die erhobenen Daten der Stichprobe werden im Folgenden anhand der unterschiedlichen Zustimmungswerte und mithilfe des arithmetischen Mittels beschrieben. Die in Kapitel 2.2.4 aufgestellten Hypothesen werden anschließend verifiziert oder falsifiziert.

Die Frage nach der allgemeinen Arbeitszufriedenheit erhielt auf einer Skala von null (sehr unzufrieden) bis zehn (sehr zufrieden) einen Mittelwert von 7,2. 15 % der jungen Führungskräfte sind insgesamt eher unzufrieden, während knapp 85 % eher zufrieden sind. Auffällig ist, dass die DGL im Vergleich zu den jungen Führungskräften in anderen Führungspositionen unzufriedener sind. Die weiblichen jungen Führungskräfte sind ebenfalls unzufriedener als das Mittel. Auf der Frustrationsskala von null (überhaupt nicht frustriert) bis zehn (völlig frustriert) liegt das arithmetische Mittel bei 2,2. Insgesamt 15 % der Befragten gaben an eher frustriert zu sein, während 34 % angaben, überhaupt nicht frustriert zu sein.

Das Gehalt empfinden nur 22 % der jungen Führungskräfte für angemessen. Ca. 50 % widersprechen der These. Der Mittelwert liegt hier bei 2,6, also zwischen zwei (stimme kaum zu) und drei (stimme teils zu). Der Zusammenhang zwischen Arbeitsunzufriedenheit und dem unangemessen empfundenen Gehalt konnte hergestellt werden.

Insgesamt knapp 77 % der Befragten empfinden bei ihrer Arbeit als Führungskraft eine höhere Stressbelastung als in ihrer vorherigen Verwen-

44 Vgl. Steiner/Benesch, (2021), S. 83.
45 Vgl. ebd., S. 11.

dung. Das arithmetische Mittel liegt genau bei vier (stimme größtenteils zu). Der Mittelwertvergleich ergab, dass die allgemeine Arbeitszufriedenheit geringer ist, je stärker dieser These zugestimmt wurde.

Ein Anteil von 37 % stimmte der These: „Ich bin motiviert etwas in meiner Teil-OE zu verändern, werde jedoch durch die starre Organisationsstruktur daran gehindert“ nur teils zu. Ein Viertel der Befragten stimmte größtenteils bis ganz zu, während 37 % kaum bis nicht zustimmten. Der Mittelwert liegt bei 2,8 (drei, stimme teils zu).

„Die verfügbaren Ressourcen (Personal, Einsatzmittel, Ausstattung) sind ausreichend, um meine täglichen Aufgaben zu bewältigen.“ Knapp über 40 % der Befragten stimmen teils zu, während nur 6 % die Ressourcen für ausreichend erachten. Ein Drittel der Befragten lehnt die These eher bis vollkommen ab. Der mittlere Zustimmungswert aller Befragten liegt bei dieser These bei 2,9. Die DGL sind unzufriedener mit ihren Ressourcen, da deren Mittelwert bei 2,6 liegt.

Alle der vier in Kapitel 2.2.4 aufgestellten Hypothesen konnten innerhalb der Stichprobe verifiziert werden:

Tabelle 1: Verifizierte Hypothesen innerhalb der Stichprobe

Hypothese 1: Wenn junge Führungskräfte ihr Gehalt für ihre Tätigkeiten als Führungskraft für eher nicht angemessen empfinden, sind sie unzufriedener.
Hypothese 2: Wenn junge Führungskräfte im Vergleich zu ihrer vorherigen Verwendung eher unter stärkerem Stress stehen, sind sie unzufriedener.
Hypothese 3: Wenn junge Führungskräfte eher daran gehindert werden, etwas in ihrer Teil-OE zu verändern, sind sie unzufriedener.
Hypothese 4: Wenn junge Führungskräfte die verfügbaren Ressourcen als eher unzureichend betrachten, sind sie unzufriedener.

Die nachfolgende Tabelle stellt dar, welche Faktoren bei den jungen Führungskräften am stärksten Arbeitsunzufriedenheit hervorrufen:

Tabelle 2: Rangliste: Welche Faktoren haben für die jungen Führungskräfte den stärksten Einfluss auf die Arbeitsunzufriedenheit?

Platz 1	unzureichende Ressourcen, um tägliche Aufgaben zu bewältigen
Platz 2	starker Stress
Platz 3	daran gehindert werden in eigener Teil-OE etwas zu verändern
Platz 4	in das kalte Wasser geworfen werden

Platz 5	starker Leistungsdruck
Platz 6	unangemessenes Gehalt

Die qualitative Auswertung des Freitextfeld erbrachte zusätzliche Aspekte der Arbeitsunzufriedenheit, welche noch nicht durch die vorgegebenen Fragestellungen beantwortet werden konnten. Darunter zählen unter anderem mangelnde Aus- und Fortbildungsangebote für Führungskräfte, das große Maß an Selbstverwaltung, durch das beispielsweise die normale Sachbearbeitung auf der Strecke bleibt, oder der Wunsch nach eigenverantwortlicher Führung.

Folgende Aspekte der Arbeitszufriedenheit sind nach Durchführung von Hypothesentests als statistisch signifikant für die Grundgesamtheit aller jungen Führungskräfte der Schutzpolizei BW zu verstehen:

- keine Veränderungsmöglichkeit innerhalb der eigenen Teil-OE aufgrund der starren Organisationsstruktur
- zu Beginn der Übernahme der Führungsaufgabe in das kalte Wasser geworfen werden
- mangelnde Ressourcen (z. B. Personal oder Ausstattung)
- mangelnde Anerkennung und Wertschätzung des direkten Vorgesetzten
- unangemessenes Gehalt für das Mehr an Führungsverantwortung

Die Faktoren starker Stress, unzureichende Vorbereitung und hoher Leistungsdruck zeigten zwar keine Signifikanz in der Grundgesamtheit, korrelieren aber in der Stichprobe ebenfalls mit Arbeitsunzufriedenheit.

4 Diskussion

4.1 Theoretischer und praktischer Mehrwert

Die vorliegende Forschungsarbeit hatte den speziellen Fokus auf junge Führungskräfte und ist gleichzeitig eine der wenigen Studien, die es zum Thema Arbeitszufriedenheit im Kontext Polizei im deutschsprachigen Raum gibt. Hierbei wurde dargestellt, dass 85 % der jungen Führungskräfte bei der Schutzpolizei des Landes BW eher zufrieden mit ihrer Arbeit als Führungskraft sind. Dies entspricht den Ergebnissen aus vergangenen Studien und war erwartungsgemäß. Trotzdem äußerten 80 % der eher zufriedenen Beamten im Freitextfeld Verbesserungswünsche. Daher ist das Konstrukt Arbeitszufriedenheit kein steter Wert, sondern muss zwingend durch Maßnahmen erreicht und idealerweise kontinuierlich verbessert werden. Paoline und Gau formulierten es wie folgt: Die Organisation Polizei sollte nicht davon ausgehen, dass mäßig zufriedene Beamte auch langfristig mäßig zufrieden bleiben, sondern sich klar machen, dass Investitionen gemacht werden müssen, um die Zufriedenheit aufrecht zu erhalten und zu fördern.[46]

Möglichkeiten hierzu, welche durch diese Arbeit herausgearbeitet wurden, sind beispielsweise eine ausreichende Einarbeitung in die Führungsaufgabe oder mehr Aus- und Fortbildungsangebote anzubieten. Ebenfalls hilfreich für die Steigerung der Arbeitszufriedenheit ist, seinem Mitarbeiter einen Vertrauensvorschuss zu geben und mehr Anerkennung und Wertschätzung entgegenzubringen.

Fast 15 % der befragten jungen Führungskräfte, fast genauso viele wie eher unzufrieden sind, sind auch eher frustriert. Dies verdeutlicht erneut den signifikanten Zusammenhang zwischen Arbeitsunzufriedenheit und Frustration. Außerdem bestärkt dies die Zwei-Faktoren-Theorie nach Herzberg (s. Kapitel 2.2.2). Die Frustration hat außerdem zur Folge, dass die Selbstverwirklichung behindert wird, welche nach Herzberg et al. (1959) und Maslow (1978) zur Zufriedenheit und Motivation beiträgt.[47]

Wie in der Einleitung bereits angemerkt, kamen die dort genannten Studien zu dem Ergebnis, dass der überwiegende Teil der Polizeibeamten mit deren Arbeit sowie dem Arbeitsumfeld zufrieden ist. Zu diesem Ergebnis kamen die Verfasser dieser Arbeit wie oben beschrieben ebenfalls, obwohl durch diese zunächst von einer höheren Anzahl an frustrierten Beamten ausgegangen wurde.

Ebenso wie bei Buker und Dolu wurde in dieser Studie eine Signifikanz zwischen der Unzufriedenheit und einem hohen Anteil an Bürokratie festgestellt.[48] Genauso verhält sich der Zusammenhang bei fehlenden Ressourcen[49] oder Stress[50]. Außerdem weisen auch innerhalb dieser Studie die Männer eine leicht höhere Arbeitszufriedenheit auf (s. Kapitel 3.7). Sowohl Buker und Dolu als auch Ercikti haben bereits auf die Wichtigkeit von Feedback durch die Führungskraft (z.B. zur Arbeitsleistung) zur Arbeitszufriedenheitssteigerung hingewiesen.[51] Auch in der vorliegenden Studie nimmt dieser Aspekt einen sehr wichtigen Stellenwert ein.

46 Vgl. Paoline/Gau, (2020), S. 73.
47 Vgl. Herzberg et al., (1959), S. 113–119.
48 Vgl. Buker/Dolu, (2010), S. 39.
49 Vgl. Paoline/Gau, (2020), S. 70.
50 Vgl. Johnson, (2010), S. 166.
51 Vgl. Buker/Dolu, (2010), S. 39; Vgl. Ercikti, (2009), o. S.

4.2 Grenzen der Forschungsarbeit

Kritisch betrachtet werden muss innerhalb dieser Studie, dass insgesamt knapp 44 % der jungen Führungskräfte nicht an der Befragung teilgenommen haben. So können nur schwierig Schlüsse bezüglich der Grundgesamtheit gezogen werden. Dies begründet, dass nur die fünf in Kapitel 3.7 genannten Aspekte signifikant für die gesamte Population sind. Außerdem könnte sich aufgrund der Teilnehmerzahl, der in dieser Studie ermittelte Zufriedenheitsgrad deutlich von der Wirklichkeit unterscheiden. Aufgrund dessen erscheint es sinnvoll weitere Befragungen mit größeren Stichproben durchzuführen.

Ebenfalls differenziert betrachtet werden muss, dass mehr als zwei Drittel der Teilnehmer Direkteinsteiger in den gD sind. In dieser Arbeit konnte nicht herausgearbeitet werden, ob dies einen Einfluss auf die Ergebnisse der Studie hatte. Hierzu könnten vertiefende qualitative Interviews, analog Kang und Cheong (2013), geführt werden.

4.3 Zukünftige Forschungsfelder

Innerhalb dieser Studie wurden hauptsächlich Aspekte innerhalb der Arbeit und des Arbeitsumfeldes erforscht, welche Arbeitsunzufriedenheit hervorrufen. In jedem Fall sollten ebenfalls Untersuchungen bezüglich der demografischen Daten in Korrelation mit der Arbeitszufriedenheit von Polizeibeamten getätigt werden.

Zukünftige Studien sollten stärker die unterschiedlichen Facetten herausarbeiten, die zu Arbeitszufriedenheit führen. Interessant hierbei wäre auch der Zusammenhang zwischen Arbeitszufriedenheit und Teamklima bzw. Kohäsion oder innere Haltungen gegenüber der Arbeit wie Public Service Motivation. Letztlich sind zufriedene Polizeibeamte auch der Garant für das so wichtige „Produkt" innere Sicherheit.[52]

5 Fazit

In dieser Forschungsarbeit wurde der Ist-Stand der Arbeitszufriedenheit von jungen Führungskräften bei der Schutzpolizei Baden-Württemberg analysiert und Aspekte, welche deren Arbeitszufriedenheit negativ beein-

52 Vgl. Prysmakova/Vandenabeele, (2020), o. S.

flussen, herausgearbeitet. Auf Basis dieser Analyse konnten Handlungsempfehlungen zur Verbesserung der Arbeitszufriedenheit von jungen Führungskräften abgeleitet werden.

Die jungen Führungskräfte der Schutzpolizei sind im Durchschnitt größtenteils zufrieden mit ihrer Arbeit als Führungskraft (85 %). Eine eher positive Einstellung der Führungskraft zu ihrer Arbeitssituation bedeutet jedoch nicht, dass es keinen Verbesserungsbedarf gibt. Ein Anteil von 15 % der Befragten ist eher unzufrieden und frustriert mit ihrer aktuellen Arbeitssituation.

Die Faktoren der Arbeitszufriedenheit von jungen Führungskräften sind vor allem mangelndes Personal und Arbeitsmittel sowie zu wenig Anerkennung und Wertschätzung des direkten Vorgesetzten. Außerdem ist das Gehalt von jungen Führungskräften im Vergleich zu dem ihrer Mitarbeiter ohne Führungsverantwortung zu gering. Die jungen Führungskräfte wünschen sich vor allem mehr Raum für Eigeninitiative in ihrer Führungstätigkeit. Ebenso würde eine vertiefte Einarbeitung in die Aufgaben der Führungskraft vor der Übernahme der Führungsaufgabe sowie ein deutlich größeres Angebot an Fortbildungsmöglichkeiten die Zufriedenheit der jungen Führungskräfte positiv beeinflussen.

Literaturverzeichnis

Berkowitz, L. (1989): Frustration-aggression hypothesis: examination and reformulation, *Psychological bulletin, 106*(1), 59–73, https://doi.org/10.1037/0033-2909.106.1.59

Borg, I./Staufenbiel, T. (1991): Ein idiographisches Modell und Meßverfahren zur Analyse von Arbeitswerten und Arbeitszufriedenheit, In L. Fischer (Hrsg.), *Beiträge zur Organisationspsychologie: Bd. 5, Arbeitszufriedenheit* (S. 157–175), Verlag für Angewandte Psychologie.

Bruggemann, A./Groskurth, P./Ulich, E. (1975): *Arbeitszufriedenheit, Schriften zur Arbeitspsychologie: Bd. 17*, Huber.

Buker, H./Dolu, O. (2010): Police Job Satisfaction in Turkey: Effects of Demographic, Organizational and Jurisdictional Factors. *International Journal of Comparative and Applied Criminal Justice, 34*(1), S. 25–51, https://doi.org/10.1080/01924036.2010.9678816

Buzawa, E. S. (1984): Determining Patrol Officer Job Satisfaction: The Role of Selected Demographic and Job-Specific Attitudes, *Criminology, 22*(1), S. 61–81, https://doi.org/10.1111/j.1745-9125.1984.tb00288.x

Dantzker, M. L./Surrette, M. A. (1996): The perceived levels of job satisfaction among police officers: A descriptive review, *Journal of Police and Criminal Psychology, 11* (2), S. 7–12, https://doi.org/10.1007/BF02803703

Dollard, J., Miller/N. E., Doob/L. W., Mowrer/O. H. & Sears, R. R. (1963): *Frustration and aggression* (12. Aufl.), Yale-University-Press.

Ercikti, S. (2009): Major determinants of job satisfaction among mid-level police managers, *Dissertation Abstracts International Section A: Humanities and Social Sciences* (69), o. S., (Dissertation).

Fischer, L. (1991): Arbeitszufriedenheit – Forschungsziele und Forschungsperspektiven: Einleitung und Überblick, In L. Fischer (Hrsg.), *Beiträge zur Organisationspsychologie: Bd. 5. Arbeitszufriedenheit* (S. 1–17), Verlag für Angewandte Psychologie.

Fischer, L./Lück, H. E. (1972): Entwicklung einer Skala zur Messung der Arbeitszufriedenheit (SAZ), *Psychologie und Praxis* (16), S. 64–76.

Grass, P./Hille, S. (2016): Die Führung als wesentlicher Faktor für den Unternehmenserfolg. *Betriebspraxis & Arbeitsforschung: Zeitschrift für angewandte Arbeitswissenschaft/IFAA, Institut für Angewandte Arbeitswissenschaft* (226), S. 18–25.

Herzberg, F./Mausner, B./Snyderman, B. B. (1959): *The motivation to work* (2. Aufl.), Wiley.

Hoppock, R. (1935): *Job satisfaction*, Harper.

Hussy, W./Schreier, M./Echterhoff, G. (2013): *Forschungsmethoden in Psychologie und Sozialwissenschaften für Bachelor* (2., überarb. Aufl.), Springer-Verlag Berlin Heidelberg, https://doi.org/10.1007/978-3-642-34362-9

Johnson, R. R. (2012): Police Officer Job Satisfaction: A Multidimensional Analysis, *Police Quarterly*, *15*(2), S. 157–176, https://doi.org/10.1177/1098611112442809

Judge, T. A./Parker, S. K./Colbert, A. E., Heller, D./Ilies, R. (2001): Job Satisfaction: A Cross-Cultural Review, In N. Anderson/D. S. Ones/H. K. Sinangil/C. Viswesvaran (Hrsg.), *Handbook of industrial, work and organizational psychology* (2. Aufl., S. 25–52), Sage.

Kang, W./Cheong, J. (2013): Job Satisfaction among South Korean Police Officers: A Qualitative Approach, *International Journal of Contents*, *9*(1), S. 81–89, https://doi.org/10.5392/IJoC.2013.9.1.081

Krebs, D./Menold, N. (2014): Gütekriterien quantitativer Sozialforschung, In N. Baur/J. Blasius (Hrsg.), *Handbuch Methoden der empirischen Sozialforschung* (S. 425–438), Springer Fachmedien Wiesbaden, https://doi.org/10.1007/978-3-531-18939-0_30

Kromrey, H. (2009): *Empirische Sozialforschung: Modelle und Methoden der standardisierten Datenerhebung und Datenauswertung* (12. Aufl.), *UTB Soziologie: Bd. 1040*, Lucius & Lucius.

Lambert, E. G./Barton, S. M./Hogan, N. L. (1999): The missing link between job satisfaction and correctional staff behavior: The issue of organizational commitment, *American Journal of Criminal Justice*, *24*(1), S. 95–116, https://doi.org/10.1007/BF02887620

Maslow, A. H. (1978): *Motivation und Persönlichkeit* (2., erw. Aufl.), Walter-Verlag.

Ministerium des Inneren, für Digitalisierung und Kommunen Baden-Württemberg (Hrsg.), (2021, 28. Februar), *Allgemeines*, https://im.baden-wuerttemberg.de/de/sicherheit/polizei/motiviertes-personal/allgemeines/

Ministerium des Inneren, für Digitalisierung und Kommunen Baden-Württemberg, Landespolizeipräsidium (Hrsg.), (2021), *Altersstruktur Polizeivollzugsdienst (PVD).*

Möllers, M. H. W./Spohrer, T. (2016): *Fragebogen und Experteninterview in Studien der Polizei: Ein Leitfaden* (1. Aufl.), *Die Blaue Reihe*, Verlag für Polizeiwissenschaft.

Nerdinger, F. W./Blickle, G./Schaper, N. (2014): *Arbeits- und Organisationspsychologie*, Springer-Verlag Berlin Heidelberg. https://doi.org/10.1007/978-3-642-41130-4

Nerdinger, F. W./Blickle, G./Schaper, N. (2019): *Arbeits- und Organisationspsychologie*, Springer-Verlag Berlin Heidelberg, https://doi.org/10.1007/978-3-662-56666-4

Neuberger, O. (1974): *Theorien der Arbeitszufriedenheit*, *Urban-Taschenbücher: Bd. 507*, Kohlhammer.

Neuberger, O. (1975): Erfahrungen mit der „Skala zur Messung der Arbeitszufriedenheit (SAZ)", *Psychologie und Praxis*(19), S. 63–72.

Neuberger, O. (1977): Messung der Arbeitszufriedenheit mit dem „Arbeits-Beschreibungs-Bogen (ABB)" – Methode, Erfahrungen, Probleme, *Psychologie und Praxis*(21), S. 66–77.

Neuberger, O./Allerbeck, M. (1978): *Messung und Analyse von Arbeitszufriedenheit: Erfahrungen mit dem "Arbeitsbeschreibungsbogen (ABB)"*, *Schriften zur Arbeitspsychologie: Bd. 26*, Huber.

Paoline, E. A./Gau, J. M. (2020): An Empirical Assessment of the Sources of Police Job Satisfaction, *Police Quarterly*, *23*(1), S. 55–81, https://doi.org/10.1177/1098611119875117

Prysmakova, P./Vandenabeele, W. (2020): Enjoying Police Duties: Public Service Motivation and Job Satisfaction, *Journal of Police and Criminal Psychology*, *35*(3), S. 304–317, https://doi.org/10.1007/s11896-019-09324-7

Roedenbeck, M. R. H. (2004): *Ein komplexes Modell der Arbeitszufriedenheit: Theoretische Grundlagen unter Berücksichtigung wichtiger Ergebnisse der Zufriedenheitsforschung und Darstellung eines ersten dynamisch programmierten Operationalisierungsansatzes* [Diplomarbeit], Lehrstuhl Organisation, Personalwesen und Führungslehre des Institutes für Betriebswirtschaftslehre der Fakultät VIII, Berlin, https://d-nb.info/994658664/34

Rosenstiel, L. von/Molt, W/Rüttinger, B. (2005): *Organisationspsychologie* (9. Aufl.), *Kohlhammer-Urban-Taschenbücher: Bd. 567*, Kohlhammer.

Rutishauser, B. (1994): *Am Widerstand wachsen: Eine phänomenologische Untersuchung konstruktiver Formen von Frustration*, Kovač.

Smith, P. C./Kendall, L. M./Hulin, C. L. (1969): *The measurement of satisfaction in work and retirement: A strategy for the study of attitudes*, Rand McNally.

Stäcker, K. H. (1977): *Frustration* (1. Aufl.), *Kohlhammer-Standards Psychologie Studientext Teilgebiet Motivationspsychologie*, Kohlhammer.

Stauss, B. (2004). Kundenfrustration: Zur Marketingrelevanz der Frustrationstheorie, In K.-P. Wiedmann (Hrsg.), *Fundierung des Marketing* (S. 63–86), Deutscher Universitätsverlag, https://doi.org/10.1007/978-3-322-81694-8_4

Stegh, W./Ryschka, J. (2019): *Führen von Jung und Alt: Handlungsempfehlungen für Mitarbeiterführung*, Springer Gabler.

Steiner, E./Benesch, M. (2021): *Der Fragebogen: Von der Forschungsidee zur SPSS-Auswertung* (6. Aufl.), *utb-Titel ohne Reihe*, facultas.

White, M. D./Cooper, J. A./Saunders, J./Raganella, A. J. (2010): Motivations for becoming a police officer: Re-assessing officer attitudes and job satisfaction after six years on the street, *Journal of Criminal Justice*, *38*(4), S. 520–530, https://doi.org/10.1016/j.jcrimjus.2010.04.022

Zhao, J., Thurman, Q./He, N. (1999): Sources of job satisfaction among police officers: A test of demographic and work environment models, *Justice Quarterly*, *16*(1), S. 153–173, https://doi.org/10.1080/07418829900094091

Eine empirische Untersuchung zum Einfluss von Stereotypen und traditionellen Rollenbildern auf Frauen in Führungspositionen

Anna-Katharina Blumeier und Alexander Bastian

1 Einführung, Hintergrund und Zielsetzung

> „Es kann kein Zufall sein, dass Europas mächtigste Politikerin regelmäßig „Mutti" genannt wird." (Susan Neimann, amerikanische Philosophin)

Bis Frauen Zugang zu weitgehend allen Tätigkeitsbereichen der Polizei inklusive der Führungsebene erhielten, bedurfte es eines langen gesellschaftlichen wie behördlichen Prozesses.[1] Und diese unterschiedlichen öffentlichen wie institutionellen Integrationsprozesse sind bis heute nicht abgeschlossen. Die Polizei zeigt sich weiterhin als vornehmlich männlich dominiertes Berufsfeld, was auch statistisch belegt werden kann. Dies zeigt etwa eine kurze Anfrage an die Landesregierung des Bundeslandes Sachsen-Anhalt aus dem Jahr 2018. Nach Auskunft des zuständigen Innenministeriums erhöhte sich zwar der Frauenanteil in der sachsen-anhaltischen Polizei im Zeitraum von 2014 bis 2018, allerdings liegt der Anteil von Frauen im Polizeivollzugsdienst (PVD) weiterhin deutlich unter 25 %.[2] In der höheren Führungsebene der Laufbahngruppe 2, 2. Einstiegsamt (LG 2, 2. EA), ehemals als höherer Dienst bezeichnet, kann dieser Effekt ebenfalls beobachtet werden.

Bereits bei den Bewerbungen für das Masterstudium an der Deutschen Hochschule der Polizei in Münster, welches die Voraussetzung für die Wahrnehmung von Führungsämtern der LG 2, 2. EA darstellt, sind deutlich mehr männliche Bewerber vertreten. Demzufolge werden auch mehr männliche Bewerber zugelassen. In insgesamt zehn Jahrgängen zwischen

---

1 Auf eine historische Darstellung der Funktion und Bedeutung von Frauen in der Polizei wird an dieser Stelle verzichtet. Zudem wird bereits an dieser Stelle darauf hingewiesen, dass mit den Bezeichnungen „Mann" oder „Frau" soziale Konstrukte verstanden und keine allgemeingültigen (geschlechtsspezifischen) Kategorisierungen vorgenommen werden sollen.

2 LT-Drs. 7/3046, S. 6.

2000 und 2021 wurde zudem keine Frau zum Studium zugelassen.[3] Der 13. und 14. Frauenförderplan (FFP) des Ministeriums für Inneres und Sport des Landes Sachsen-Anhalt (MI) zeigte zudem für den Zeitraum vom 31.12.2017 bis 31.12.2019 auf, dass der prozentuale Anteil von Frauen mit steigender Hierarchieebene abnimmt und in jedem Bereich weniger als 40 % beträgt.[4] Dieser Effekt ist auch als vertikale Segregation bekannt.[5] Aus der Unterrepräsentation weiblicher Führungskräfte können sich verschiedene Problematiken ergeben und zugleich kann dieser Umstand diverse Ursachen haben. Dazu zählen auch Geschlechterstereotype und Rollenbilder. So liegt die begründete Vermutung nahe, dass der erhöhte Anteil von männlichen Führungskräften die Wirkung und Bedeutung von männlichen Geschlechterstereotypen und Rollenbildern als zentrale Eigenschaften von Führungskräften in der Polizei begründet und prägt. Dies würde Frauen gleichermaßen den Zugang zu polizeilichen Führungsämtern mittelbar wie unmittelbar erschweren, ihre Erfolgs- und Karrierechancen beschneiden sowie ihre Wahrnehmung als kompetente Führungskräfte negativ beeinflussen, was nicht zuletzt Konflikte und höhere Arbeitsbelastungen zumindest begünstigen würde.

Das zentrale Ziel der vorliegenden Untersuchung ist es, die berufliche Tätigkeit sowie auch die behördliche Unterrepräsentanz von weiblichen Führungskräften in der Polizei LSA zu erforschen. Hierzu wurden insbesondere der Einfluss und die Wirkung von Geschlechterstereotypen und Rollen als zentrale Aspekte der Geschlechterkonstruktion in den Blick genommen. Damit verbunden sollte dargestellt werden, wie Frauen in der „Männerdomäne Polizei" agieren, wie sie polizeilich führen, die Polizei wahrnehmen und welche Vorstellungen sie selbst von der Polizei als Sicherheitsbehörde haben. Ferner sollten Hindernisse und Herausforderungen ergründet werden, die Frauen während des Aufstiegs und/oder während der Ausübung ihres polizeilichen Führungsamtes begegnet sind und wie sie diese bewältigen konnten. Die Untersuchung setzt sich also zentral mit weiblicher Führung bzw. dem Führungsverhalten von Frauen in der Polizei LSA vor dem Hintergrund der Polizei als Männerdomäne

3 Da keine entsprechenden statistischen Veröffentlichungen über Bewerbungen und Zulassungen über den genannten Zeitraum im LSA recherchiert werden konnten, kontaktierte die Verfasserin das MI und erhielt eine statistische Aufschlüsselung nach Jahrgängen, Geschlechtern, Zulassungen und Bewerbungen für den Zeitraum von 2000 bis 2021.

4 Vgl. 13. FFP (2018), S. 9, 14; FFP (2020), S. 2, 9.

5 Vgl. Pfeil (2006), S. 11; Schumann (2017), S. 96 f.

auseinander und leistet somit einen essenziellen Beitrag zum Thema Geschlecht und Polizei.

Der folgende Beitrag skizziert zunächst die Forschungslage zu Frauen in polizeilichen Führungspositionen. Anschließend erfolgt eine kurze Darstellung des Forschungsdesigns als methodisch-analytische Grundlage der darauffolgenden detaillierten qualitativ-interpretativen Ergebnisdiskussion. Der Beitrag wird mit einem Resümee abgeschlossen, welches auch die praktische Bedeutung der gewonnenen Forschungsergebnisse diskutiert.

2 *Ausgewählte Forschungsergebnisse zu Frauen in polizeilichen Führungspositionen*

Die Untersuchung von Geschlecht als zentrale Untersuchungskategorie erfordert eine begrifflich-analytische Klärung. Hierzu zählt bereits der Begriff des Geschlechts selbst. Geschlecht abschließend zu definieren, ist jedoch nicht ohne Weiteres möglich, da es verschiedene Auffassungen und Konstrukte gibt.[6] Diese Untersuchung legt unter analytischen Gesichtspunkten eine konstruktivistische Sichtweise zugrunde, welche insbesondere die soziale Komponente von Geschlecht als besonders bedeutsam betont. Das bedeutet, Geschlecht ist nicht angeboren, sondern wird im Laufe des Lebens sozial und gesellschaftlich konstruiert, ist dynamisch und kann sich somit auch verändern.[7] Mit dieser analytischen Grundposition ist vor allem das Konzept des „doing Gender“ anwendbar. Hierbei wird ein bestimmtes Verhalten mit dem Geschlecht einer Person verbunden und vorausgesetzt. Wird diese geschlechtsspezifische Erwartung erfüllt, wird dies (auch gemeinhin) gesellschaftlich akzeptiert. Falls nicht, kann es zur Ablehnung der Person kommen.[8] Dies zeigt bereits eine deutliche Verbindung der geschlechtsspezifischen Wirkungsweisen von Stereotypen und Rollen.

Stereotype definieren Hannover und Wolter als „die Zuweisung bestimmter Attribute (z. B. Personeneigenschaften, Verhaltensweisen, Kompetenzen, Einstellungen) zu den Mitgliedern der jeweiligen sozialen Kategorie, unter Vernachlässigung der interindividuellen Unterschiede, die

6 Vgl. Kuster (2019), S. 5–10. Weiterführende Beispiele sind hier etwa der Dualismus der Geschlechter, differenztheoretische Überlegungen oder auch der dekonstruktivistische Ansatz.

7 Vgl. Messerschmidt (2020), S. 140; Kuster (2019), S. 9 f.

8 Vgl. Messerschmidt (2020), S. 140; Kuster (2019), S. 9 f.

zwischen Personen, die eine Gruppenzugehörigkeit teilen, tatsächlich existieren".[9] Die zentralen sozialen Kategorien in der vorliegenden Arbeit wären insbesondere das Geschlecht sowie die Polizei als Beruf und Organisation. Die zusammenfassende Bewertung von Akteuren dient vor allem dazu, Gemeinsamkeiten und Unterschiede festlegen zu können und diese zur (notwendigen) Simplifizierung sozialer Begegnungen zu nutzen, um mentale Belastungen zu vermeiden. Dies geschieht meist automatisch.[10] Geschlechterstereotype zeigen dann eine präskriptive und eine deskriptive Ebene. Bedeutsam ist v. a. die präskriptive Ebene, welche normative und zugleich idealisierende Eigenschaften umfasst, die Frauen oder Männer aufweisen „sollten" und sich innerhalb der Polizei als männlich dominiertes Berufsfeld hinderlich auf den Karriereverlauf von Frauen auswirken könnten.[11] So beschrieben unterschiedliche Studien folgende stereotypische weibliche Eigenschaften: Emotionalität, Warmherzigkeit, Instabilität, Unsicherheit, indirektes Verhalten, fehlende Kompetenz und Konkurrenzfähigkeit, Schwäche und Passivität. Männlichkeit hingegen wird kategorial mit Eigenschaften wie Stabilität, Aggressivität, (Führungs-)Kompetenz, Macht, Selbstsicherheit, Entschlossenheit, Objektivität, Zielstrebigkeit, Ehrgeiz und Dominanz verbunden. Hier zeigt sich eine Analogie zwischen „typisch männlichen" Eigenschaften und Führungseigenschaften. Dies wird auch als „Think-Manager-Think-Male-Phänomen" bezeichnet, was bereits 1973 von Virginia Schein beschrieben wurde.[12]

Soziale Rollen bezeichnen „solche [Gruppierungen], in denen Mitglieder der jeweiligen Gruppe relativ zu ihrer Anzahl in der generellen Bevölkerung überrepräsentiert sind, wie z. B. Frauen in der Rolle der Person, die zuhause bleibt und sich um Haushalt und Familie kümmert, oder Männer in Führungspositionen"[13], so Hannover und Wolter. Es erfolgt somit eine mit Geschlecht scheinbar „natürlich" einhergehende Arbeitsteilung, in der Frauen häusliche und Männer berufliche Pflichten wahrnehmen. Im Sinne der sozialen Rollentheorie beeinflussen sich Rollen und Stereotype gegenseitig, indem sich aus Erfahrungen mit rollengerechtem Verhalten eine gruppenspezifische Zuschreibung von Eigenschaften (Stereotypenbildung)

9 Hannover/Wolter (2019), S. 202.

10 Vgl. Klauer (2020), S. 23 f.; Schmid-Mast/Krings (2020), S. 33.

11 Vgl. Six-Materna (2020), S. 137; Hannover/Wolter (2019) S. 202; Beelmann/Jonas (2009), S. 196.

12 Vgl. Hannover/Wolter (2019), S. 202 f.; Palmer (2019), S. 239.; Six-Materna (2020), S. 140.; Messerschmidt (2020), S. 123.; Krause-Schöne (2019), S. 5 f.

13 Hannover/Wolter (2019), S. 204 f.

entwickelt, die wiederum Erwartungen an ein Verhalten bedingen.[14] Und hiervon ist auch die Tätigkeit von Frauen und Männern in der Polizei geprägt.

Führung in der Polizei richtet sich normativ nach dem Kooperativen Führungssystem (KFS) und kann als die „wert-, ziel-, und ergebnisorientierte, aktivierende, wechselseitige, soziale Beeinflussung zur Erfüllung gemeinsamer Aufgaben in/mit einer strukturierten Arbeitssituation"[15] verstanden werden. Das KFS soll sicherstellen, dass männliche und weibliche Mitarbeiter*innen einbezogen und somit Humanität und Qualität der Arbeit gesteigert werden können. Zufriedenheit und Zielerreichung werden gleichwertig betrachtet.[16] Dies sorgt aus geschlechterstereotyper Sicht dafür, dass Männer und Frauen zumindest theoretisch gleich geeignet sind, Führungsaufgaben wahrzunehmen. Dahingehend stellte Pfeil bereits im Jahr 2006 fest, dass ein steigender Anteil von Frauen in polizeilichen Führungspositionen zur Gleichberechtigung und Emanzipation der Geschlechter in der Polizei beiträgt. Da die Polizeiorganisation jedoch uneingeschränkte Leistungsbereitschaft und Flexibilität vor allem in leitenden Führungspositionen fordert, was insbesondere den familiären Pflichten widerspricht, welche rollengeleitet von Frauen erwartet werden, entsteht ein erheblicher geschlechtsspezifischer (Rollen-)Konflikt. Frauen müssten sich folglich und im Sinne der geschlechtsspezifischen Rollenlogik zwischen Familie und Führung entscheiden.[17] Letztlich schlagen sich geschlechtsspezifische Stereotype und Rollen unmittelbar und in unterschiedlicher Weise in der polizeilichen Organisation und im Führungsverhalten nieder. So entsteht etwa der kategoriale Eindruck, dass Frauen mitarbeiter- (communal) und Männer aufgabenorientiert (agentic) führen.[18] Weibliche Führungskräfte würden dabei männliche und weibliche Mitarbeiter*innen bestärken und deren Entwicklung beeinflussen. Außerdem würden sie häufiger mit Selbstzweifeln konfrontiert werden, Bestätigung suchen und Konkurrenz vermeiden. Erfolg stünde im Gegensatz zum weiblichen Harmoniebedürfnis, zudem würden Frauen Macht häufig nur indirekt anwenden.[19]

Aber nicht nur das eigene Verhalten kann durch Stereotype und Rollen beeinflusst werden, sondern auch die Wahrnehmung von Führungs-

---

14 Vgl. Hannover/Wolter (2019), S. 203 f.
15 Uhlendorff/Jäger (2011), S. 22.
16 Vgl. Uhlendorf/Jäger (2011), S. 67.
17 Vgl. Pfeil (2006), S. 140.
18 Vgl. Eagly (1987) zit. nach Palmer (2019), S. 223.; Six-Materna (2020), S. 140.
19 Vgl. Möller (2012), S. 97 ff.; Messerschmidt (2020), S. 146 f.

kräften. Frauen in Führungspositionen werden hierdurch feminine Eigenschaften ab- und maskuline Eigenschaften zugesprochen. Sie werden also „vermännlicht". Die Effektivität und Leistungsfähigkeit weiblicher Führungskräfte wird darüber hinaus nur dann als höher eingeschätzt, wenn die Führungsrolle zwischenmenschliche Fähigkeiten voraussetzt.[20]

Die Karrierestudie der Deutschen Hochschule der Polizei (2013) zeigte, dass es zwar kaum Unterschiede in Bezug auf die Motivation und Befähigung zwischen Männern und Frauen gäbe, allerdings würden insbesondere äußere Rahmenbedingungen Frauen den Aufstieg in die polizeiliche Führungsebene erschweren. Dazu zählt vor allem die Vereinbarkeit von Familie und Beruf, was vermutlich dazu führt, dass der Rollenstress bei Frauen stärker ausgeprägt ist und geschlechtsspezifische wie auch männliche Stereotype und Rollen auf Frauen insgesamt stärker wirken.[21] Intrapsychische Konflikte zeigen sich besonders zwischen den Rollen als „Mutter" und „Führungskraft", da diese sehr konträr seien. Aufgrund fehlender Zeit sowohl für die Familie als auch für den Beruf kann es zu einem schlechten Gewissen kommen, was sich nachteilig auf die Arbeit oder das Privatleben und damit einhergehend auf die Zufriedenheit von Frauen auswirken kann.[22]

Die Forschung hat bislang unterschiedliche Effekte beschrieben, wie sich Geschlechterstereotype auf Frauen in Führungspositionen auswirken können. Exemplarisch lassen sich hier der Backlash-Effekt, der Token-Effekt, der Stereotype-Threat und die Queen Bees anführen. Alle beschreiben Frauen, die in männerdominierten Berufen eine Führungsposition einnehmen. Beim Backlash-Effekt verhalten sich Frauen entsprechend der Führungs- und entgegen der Frauenrolle, was gesellschaftlich abgelehnt wird und zu Lasten der Sympathie geht. Der Token-Effekt geht von einer Etikettierung von Frauen aus, die sie als Vertreterin ihrer sozialen Gruppe darstellt, weswegen sie besonders hervorsticht und kritischer beurteilt wird. Dies kann die Integration in das berufliche Umfeld erschweren. Beim Stereotype-Threat geht man davon aus, dass die eigene Leistung durch eine Angst vor einer (ungewollten) Bestätigung von Stereotypen beeinträchtigt wird. Dies kann dazu führen, dass sich Frauen aus Angst von Führungspositionen distanzieren. Queen Bees bezeichnen Frauen, die sich in männlichen Führungsdomänen etabliert haben und dort anerkannt

20 Vgl. Riedle (1991) zit. nach Petersen/Six (2008), S. 122.; Eagly/Karau/Makhijani (1995), S. 125, 140 f.
21 Vgl. Fischbach et al. (2013), S. 60.
22 Vgl. Kiggen (2020), S. 112 f.

sind, jedoch Stereotype selbst internalisiert haben und somit anderen Frauen kritisch gegenüberstehen.[23]

Lösungsansätze für solche geschlechtsspezifischen Effekte können vielfältig sein. Dazu zählen die unbedingte Einsatzbereitschaft, klare Vorstellungen über die gestellten Anforderungen und deren Realisierung, ein wachsendes Selbstbewusstsein, das Selbstbild, Überwinden von Widersachern und psychische Stabilität.[24] Auch hilft es Frauen, sich über gesellschaftliche Erwartungen bewusst zu werden, um sich nicht auf Kosten des eigenen Wohlbefindens von diesen beeinflussen zu lassen.[25] Aus organisationaler Sicht sind Fördermaßnahmen ratsam, die Leistung, Selbstwahrnehmung, Motivation und positive Einflussnahme beinhalten.[26] Queen Bees könnten Vorbildfunktionen einnehmen und Quotenregelungen könnten den Frauenanteil erhöhen, was die Akzeptanz von Frauen in der Führungsebene erhöhen könnte.[27]

3 Untersuchungsdesign

Zur Einlösung des Forschungsprogramms und zur Untersuchung des Einflusses von Stereotypen und traditionellen Rollenbildern auf Frauen in Führungspositionen in der Polizei LSA wurde ein qualitatives Untersuchungsdesign konzipiert, das das Individuum und dessen persönliche Erfahrungen und Wahrnehmungen in den Vordergrund stellt.[28] Das Ziel des vorliegenden Forschungsvorhabens bildete demnach keine statistische Erhebung oder Überprüfung bereits ergründeter geschlechtsspezifischer Phänomene, sondern die explorativen Ermittlungen von empirischen Daten über die Wirkungen und Einflüsse von Geschlechterstereotypen und Rollenbildern auf Frauen in Führungspositionen.[29] Insgesamt wurden vier Frauen interviewt, welche Führungsfunktionen in unterschiedlichen Be-

---

23 Vgl. Palmer (2019), S. 214, 243 f.; Götz (2019), S. 277.; Messerschmidt (2020), S. 123.; Hannover/Wolter (2019), S. 208.; Keller (2020), S. 90.

24 Vgl. Seewald (2020), S. 91 f.

25 Vgl. Messerschmidt (2020), S. 138.

26 Vgl. Keller (2020), S. 94.

27 Vgl. Palmer (2019), S. 243 f.

28 Vgl. Mayring (2016), S. 20., 23; Wilson (1982), S. 501.

29 Die Datenerhebung erfolgte unter Berücksichtigung der Gütekriterien qualitativer Forschung, die nach Mayring die Verfahrensdokumentation, die argumentative Interpretationsabsicherung, die Regelgeleitetheit, die Nähe zum Gegenstand, eine kommunikative Validierung und die Triangulation umfassen. Vgl. Mayring (2016), S. 144–148.

hörden der Polizei LSA wahrnehmen. Ein wesentliches Auswahlkriterium war, dass die interviewten Frauen umfassende Erfahrungen in der Führung von männlichen und weiblichen Mitarbeiter*innen und im Umgang mit männlichen und weiblichen Führungskräften gesammelt haben. Dabei sollten es die unterschiedlichen Tätigkeitsbereiche ermöglichen, Gemeinsamkeiten, Unterschiede sowie individuelle Besonderheiten aufzuzeigen.

Bereits bei der ersten Kontaktaufnahme wurde den Interviewpartnerinnen Anonymität zugesichert, um eine Vertrauensbasis zu begründen sowie eine offene Gesprächsführung zu ermöglichen. Insgesamt wurden drei der vier Interviews auditiv aufgezeichnet.[30] Die Transkription der Interviews erfolgte inhaltlich-semantisch nach den Regeln von Dresing und Pehl. Es wurde demnach wörtlich und nicht lautsprachlich transkribiert und Rezeptionssignale wurden zum Zwecke der Lesbarkeit geglättet, wenn diese nicht die Antwort auf eine Frage darstellten.[31]

Die qualitative Datenerhebung erfolgte anhand problemzentrierter, teilstrukturierter Interviews.[32] Die Teilstrukturierung erfolgte durch einen nach den Regeln der SPSS-Methode von Helferrich erstellten Leitfaden, um den analytischen Zugang sowie die Vergleichbarkeit der Gespräche zu gewährleisten. Die Reihenfolge der aufgeführten Fragen wurde durch die Interviewerin im Gesprächsverlauf vorgegeben, sodass individuell auf diese eingegangen werden konnte. Die vorab gebildeten Leitfragen wurden an verschiedenen Inhalten ausgerichtet, welche auch für die Kategorienerstellung genutzt werden konnten.[33]

Die Auswertung der generierten Daten erfolgte in Form einer qualitativen Inhaltsanalyse nach Mayring (2016). Dabei wurde insbesondere das Prinzip der Zusammenfassung verwendet. Demnach wurde ein Kategoriensystem, bestehend aus deduktiven und induktiven Kategorien entwickelt, welches zur schrittweisen und systematischen Analyse des Materials genutzt wurde. Im Ergebnis entstand hierdurch ein verkürztes Abbild

30 Die Interviewpartnerinnen werden im Folgenden als A, B, C und D bezeichnet. Eines der Interviews wurde auf Wunsch der Interviewpartnerin inhaltlich mitgeschrieben. Dieses Interview ist entsprechend nur begrenzt belastbar, da es zu Änderungen des Wortlautes kam. Das Transkript wurde der Interviewpartnerin jedoch anschließend zur Prüfung vorgelegt, sodass diese die korrekte Wiedergabe ihrer Aussagen bestätigen konnte.

31 Vgl. Dresing/Pehl (2018), S. 21 f.

32 Vgl. Mayring (2016), S. 68 f.

33 Diese allgemeinen Ebenen waren persönliche und berufliche Vorstellungen, bisherige berufliche und persönliche Erfahrungen, dienstlicher Aufstieg, Führungsverhalten, Akzeptanz sowie Probleme/Konflikte.

der Interviews, welches dennoch alle relevanten Informationen enthielt.[34] Die deduktiven Kategorien begründeten sich anhand der theoretischen Basis, wohingegen induktive Kategorien aus dem Material selbst entwickelt wurden.[35] Durch die Nutzung deduktiver Kategorien konnte der Text anhand zuvor definierter Parameter strukturiert und eingeordnet werden. Die analytische Ergänzung anhand induktiver Kategorien ermöglichte es, weitere Aussagen zu erschließen und neuartige Themenkomplexe zu ergründen. Dies diente auch dazu, die zuvor aufgestellten deduktiven Annahmen zu überprüfen, zu ergänzen oder infrage zu stellen. Die Kategorien wurden in einem Kategorienleitfaden definiert, um eine Zuordnung zu ermöglichen.
Die Kategorien lauteten:[36]

- K 1: Vorstellungen zur Polizei
  - U 1.1: Berufswahl und Werdegang
  - U 1.2: Integration von Frauen in die männerdominierte Polizei
  - U 1.3: Aufgaben der Polizei
- K 2: Motivation, Ablauf und Herausforderungen des Aufstiegs
- K 3: Erfahrungen mit Geschlechterstereotypen und sozialen Rollen
- K 4: Führungsverhalten und Akzeptanz weiblicher Führungskräfte
- K 5: Probleme/Konflikte für Frauen in polizeilichen Führungspositionen
  - U 5.1: Rollenkonflikte und weitere Probleme
  - U 5.2: „Vermännlichung" weiblicher Führungskräfte
  - U 5.3: Erhöhtes Anforderungsprofil/Leistungsdruck
  - U 5.4: Gründe für die Unterrepräsentanz weiblicher Führungskräfte
- K 6: Problembewältigung und Umgang mit Stereotypen und Rollen
- K 7: Wandel in der Polizei

Die Kategorie 1 befasst sich mit Vorstellungen bzw. Ansichten von Frauen als Teil der Organisation, welche sie in der Ausübung eines Führungsamtes in besonderem Maße repräsentieren. Dazu wurden persönliche Beweggründe zur Berufswahl erforscht und es wurde danach gefragt, wie Frauen in die Polizei integriert werden. Hierzu erfolgt stets ein Blick hinsichtlich stereotyper geschlechtsspezifischer Schwerpunkte und Wahrnehmungen. Mithilfe von Kategorie 2 wurde ergründet, welche Karrieregründe Frau-

34 Vgl. Mayring (2016), S. 103 ff., 114 ff., 121 ff.

35 Vgl. Mayring (2016), S. 114 ff.

36 Die Kategorien U 5.4: Gründe für die Unterrepräsentanz weiblicher Führungskräfte sowie K 7: Wandel in der Polizei wurden induktiv gebildet.

en verfolgen, wie sich die Karriere gestaltete und ob sich für Frauen geschlechtsspezifische Herausforderungen ergaben. Anhand von Kategorie 3 wurde konkret auf die persönlichen Erfahrungen mit männlichen und weiblichen Stereotypen und Rollen eingegangen. Mit Kategorie 4 wurde das eigene Führungsverhalten untersucht – also wie Frauen ihre Führungspositionen absolvierten und ob auch hier stereotype Merkmale erkennbar sind, die sich etwa auch auf die Anerkennung und Akzeptanz als weibliche Führungskraft auswirken könnten.

Anhand von Kategorie 5 wurden aufgetretene Probleme und Konflikte insbesondere in ihren persönlichen Auswirkungen erforscht. Ergänzend hierzu verfolgte Kategorie 6 das Untersuchungsziel, wie die interviewten Frauen mit diesen Schwierigkeiten umgegangen sind und welche Lösungsstrategien sie genutzt haben. Abschließend wurden mit Kategorie 7 soziale und organisationale Wandlungsprozesse in der Polizei als Hintergründe für Wirkungen und Konsequenzen von geschlechtsspezifischen Stereotypen erfasst.

4 *Ausgewählte Forschungsergebnisse*[37]

4.1. *Vorstellungen der Frauen über den Polizeiberuf*

Die Interviewpartnerinnen hatten unterschiedliche Gründe für ihre Berufswahl. Zwei von ihnen nannten die Abwechslung und den sozialen Aspekt der Polizeiarbeit, eine Frau reizte insbesondere die soziale und wirtschaftliche Sicherheit des Beamtentums. Vor Beginn ihrer polizeilichen Karriere hatten sie keine konkreten Vorstellungen über den Polizeiberuf.[38] Zwei Interviewpartnerinnen gaben an, dass Frauen in der Polizei inzwischen „ganz selbstverständlich mit ins Bild gehören".[39]

Eine Frau empfindet die polizeiliche Führungsebene als männlich dominiert. In der Behörde einer Interviewpartnerin gibt es nicht wenige Frauen, die Führungsämter bekleiden, weswegen sie die negative Einschätzung der Polizei als männliche Domäne nicht teilt. Konkrete Unterscheidungen von Männern und Frauen zeigen sich für zwei von ihnen in

37 Die Darstellung der Forschungsergebnisse erfolgt anhand der zentralen Untersuchungskategorien.

38 Vgl. Transkript A, S. 2, Z.: 24–36, Transkript B, S. 5, Z.: 33 – S. 6, Z.: 3, 29–30, Transkript C, S. 3. Z.: 6–17, 27–30, S. 4, Z.: 1–9, Transkript D, S. 2, Z.: 20–22, S. 3, Z.: 17–19, 24–29, S. 18, Z.: 7–8.

39 Transkript C, S. 5, Z.: 11.

taktischen Einheiten. Eine ist der Meinung, dort werde die Geschlechterverteilung besonders berücksichtigt. Die andere betont, dass aufgrund fehlender Individualität ein männliches, dominantes und konsequentes Bild entsteht. Eine Frau beschreibt, dass Frauen insbesondere Bürotätigkeiten wahrnehmen und deswegen eher in der Kriminalpolizei zu finden seien. Ein zu hoher Frauenanteil kann laut einer Interviewpartnerin demgegenüber zu verschiedenen Problemen führen.[40] Nach Ansicht der Interviewpartnerinnen fördern Frauen gemeinhin eine friedliche Konfliktlösung, da diese empathischer und kommunikativer seien. Bei Führungsaufgaben sind Männer und Frauen aus Sicht einer Interviewpartnerin gleich geeignet. Eine weitere Frau sieht Unterschiede in Bezug auf die Eignung anhand der körperlichen Voraussetzungen.[41]

4.2. Motivation, Ablauf und Herausforderungen des beruflichen Aufstiegs

Für drei Frauen waren die berufliche Entwicklung sowie etwaige Perspektiven entscheidende Motive für den Aufstieg in polizeiliche Führungsämter. Eine Frau beschreibt darüber hinaus die Abwechslung und neue dienstliche Einblicke als maßgebliche persönliche Hintergründe. Als eine Hürde des dienstlichen Aufstiegs wurden Kinder aufgeführt.[42] Eine Interviewpartnerin wurde zudem als zu jung und unerfahren eingeschätzt und musste deswegen zunächst Führungserfahrung sammeln sollten.[43] Zwei Frauen verfolgten einen beruflichen Gestaltungswunsch, wollten direkten Einfluss auf ihre berufliche Tätigkeit nehmen und Ideen einbringen, was ihrer Meinung nach mit steigender Hierarchieebene erreicht werden könne. Eine Interviewpartnerin entdeckte während ihrer beruflichen Tätigkeit zunehmend ihre Stärke, Menschen zu motivieren und entwickelte ein persönliches Verantwortungsbewusstsein. In ihrer Entscheidung, den beruflichen Aufstieg konsequent zu verfolgen, wurde sie ebenso wie eine

40 Vgl. Transkript A, S. 6, Z.: 24–25, S. 28, Z.: 9–10, S. 8, Z.: 25–34, S. 16, Z.: 6–9, Transkript B, S. 6, Z.: 16–18, S. 7, Z.: 6–11, Transkript C, S. 4, Z.: 14–30, S. 5, Z.: 2–20, 26–28, Transkript D, S. 3, Z.: 31–36, S. 4, Z.: 21–22, 26–28, 33–34.

41 Vgl. Transkript A, S. 4, Z.: 22–23. S. 7, Z.: 16–22, Transkript B, S. 6, Z.: 19–20, S. 7, Z.: 16–17, 23 – S. 8, Z.: 7, S. 8, Z.: 36 – S. 9, Z.: 36, Transkript C, S. 9, Z.: 13–31, S. 10, Z.: 7–28, S. 11, Z.: 24–25, Transkript D, S. 4, Z.: 3–8, 10–12.

42 Vgl. Transkript A, S. 21, Z.: 28 – S. 22, Z.: 8, 18–21, 25–31, S. 23, Z.: 5–9, 13–24, Transkript B, S. 5, Z.: 19–22, S. 19, Z.: 28 – S. 20, Z.: 5, S. 20, Z.: 21–27, Transkript C, S. 12, Z.: 26–37, Transkript D, S. 7, Z.: 17–20, Z.: 30–32, S. 7, Z.: 33–37.

43 Vgl. Transkript A, S. 20, Z.: 23–29, S. 3, Z.: 26–33, 34–36, S. 5, Z.: 18–21, S. 21, Z.: 17–19.

weitere Befragte von männlichen Vorgesetzten unterstützt.[44] Die Intention von einer Interviewpartnerin bestand darin, Fehler, die sie selbst in polizeilicher Führung sah, zu verbessern und operative Maßnahmen zu führen.[45]

4.3. *Erfahrungen mit Geschlechterstereotypen und sozialen Rollen*

Begegnungen mit Geschlechterstereotypen und Rollen beschreiben die Interviewpartnerinnen eher als eine Seltenheit.[46] Zwei Frauen vermuteten, Alter und Erfahrung könnten diesbezüglich eine Bedeutung haben, da sie Begegnungen mit Stereotypen und Rollen vor allem zu Beginn ihrer Führungstätigkeiten als fehlendes Zutrauen erlebten. Eine Frau erlebte dies nur unter anderen männlichen und weiblichen Führungskräften und vermutet hier ein zielgerichtetes Austesten, um die dienstliche Hierarchie festzulegen. Ein Kollege hätte z. B. während einer Besprechung demonstrativ Zeitung gelesen. Eine andere Frau erlebte schwierige männliche Mitarbeiter während ihrer Erstverwendung.[47] Geschlechtsspezifische Kontroversen wurden weiterhin in Führungskräftebesprechungen wahrgenommen. Gerade bei kritischen Diskussionen vermutete eine Interviewpartnerin, als zickig wahrgenommen zu werden, auch wenn ihr das niemand sagte und „obwohl die Männer viel unsachlicher diskutiert haben als ich in dem Moment."[48] Bei Männern werde dieses Verhalten ihrer Meinung nach als stark angesehen, bei Frauen sei es hingegen negativ behaftet. Vor ihrer aktuellen Tätigkeit habe man deshalb befürchtet, sie sei zu nett bzw. schwach, um eine Dienststelle zu führen.[49] Die Interviewpartnerin ist deshalb der Auffassung, dass von Frauen in Führungspositionen mehr Kommunikation, Empathie und Verständnis erwartet werden würde. Männliche Führungskräfte hingegen sollten eher durchsetzungsstark und konsequent sein.

---

44 Vgl. Transkript C, S. 3, Z.: 30–32, S. 17, Z.: 32 – S. 18, Z.: 2, S. 19, Z.: 6–10, Transkript D, S. 7, Z.: 7, 27–29, S. 8, Z.: 1.

45 Vgl. Transkript B, S. 17, Z.: 1–7.

46 Vgl. Transkript A, S. 16, Z.: 9–10, S. 17, Z.: 32 – S. 18, Z.: 5, Transkript B, S. 10, Z.: 5–26, S. 25, Z.: 18–29, Transkript C, S. 5, Z.: 36 – S. 6, Z.: 10, S. 7, Z.: 24, Transkript D, S. 6, Z.: 31–32.

47 Vgl. Transkript A, S. 9, Z.: 29–35, Transkript C, S. 7, Z.: 29–32, S. 8, Z.: 11–13, 24–25.

48 Transkript A, S. 10, Z.: 22.

49 Vgl. Transkript A, S. 10, Z.: 23 – S. 11, Z.: 5, S. 16, Z.: 3–6, S. 18, Z.: 31–36.

Einer derartigen klassischen Rollenverteilung messen zwei Frauen in der Polizei jedoch keine Bedeutung bei. Hierzu wird genannt, dass Männer und Frauen bewusst Entscheidungen treffen und diese nicht auf einer ihnen zugeschriebenen Rolle beruhen.[50] Eine Interviewpartnerin gab an, keine Berührungspunkte mit Stereotypen oder Rollen gehabt zu haben, was sie auf ihre persönliche Grundeinstellung zurückführt. Dennoch schloss sie nicht aus, dass es diese in der Polizei geben könnte. So äußern zwei Interviewpartnerinnen das Gefühl, nicht anders behandelt zu werden. Beide konnten ebenso nicht einschätzen, ob man von ihnen mehr Verständnis oder Empathie erwartet.[51] Erstere beschreibt darüber hinaus, dass Frauen auch selbst auf eine stereotype Wahrnehmung Einfluss nehmen können und diese wohlmöglich durch ihre Entscheidungen und ihr Verhalten begünstigen. Als Beispiel nennt sie die Vereinbarkeit von Familie und Beruf. Die Hauptverantwortung liege ihrer Meinung bei den Frauen und nicht der Behörde, weswegen sie sich selbst in die Rolle als „Mutter“ oder „Teilzeitkraft“ drängen könnten. Auch das Merkmal der Durchsetzungskraft sei nicht vom Geschlecht oder Stereotypen abhängig.[52] Die durchaus nicht unproblematischen und verunsichernden Erfahrungen einer Frau zeigen auf der eine Seite traditionelle männliche Rollenbilder in der Polizei: *„Seine erste Reaktion war, nachdem ich ihm sagte, dass ich dann bei ihm tätig sein werde: Ach eine Frau? Und da habe ich gesagt: Ja (lacht), eine Frau. Und da sagt er: Nun ja, dann werden wir das Beste draus machen. Und dann habe ich zu ihm gesagt: Ja, das wird toll.“*[53] Auf der anderen Seite stellten sich die Sorgen und Verunsicherungen jedoch als unbegründet heraus.[54]

Insgesamt muss jedoch konstatiert werden, dass zwischenmenschliche Beziehungen und auch das Führungsverhalten von Frauen nicht unabhängig von geschlechtsspezifischen Stereotype und Rollenbilder gedacht werden können. Hierfür stehen unterschiedliche Beispiele: So habe eine Interviewpartnerin Respektlosigkeit von einem älteren männlichen Kollegen erfahren *„und als ich ihn darauf angesprochen habe, hat er gesagt: Ich soll aufhören mit meinem Prinzessinnengehabe.“*[55] Derartige geschlechtsspezi-

---

50 Vgl. Transkript A, S. 18, Z.: 8–10, 17–23, S. 24, Z.: 36 – S. 25, Z.: 6, Transkript C, S. 17, Z.: 4–6.

51 Vgl. Transkript B, S. 11, Z.: 9–19, S. 12, Z.: 1–2, S. 14, Z.: 13–17, S. 16, Z.: 7, S. 23, Z.: 35 – S. 24, Z.: 2, S. 25, Z.: 32–37, Transkript C, S. 15, Z.: 3–7.

52 Vgl. Transkript B, S. 13, Z.: 18–29, S. 24, Z.: 3–16.

53 Transkript C, S. 6, Z.: 20–27.

54 Vgl. Transkript C, S. 6, Z.: 30–33, S. 7, Z.: 5–6.

55 Transkript C, S. 7, Z.: 11–13.

fisch ausgetragene Auseinandersetzungen wurden auch unter Frauen ausgetragen, indem eine Mitarbeiterin persönlich beleidigt reagierte oder von einer anderen die vermeintlich unzureichende Betreuung von Kindern nahgeführt wurde.[56] Die Betroffene äußerte hierzu, *„dass man sich Kinder anschafft, um für sie da zu sein. Sie sei schließlich keine Rabenmutter.“*[57] Diese Auseinandersetzungen sorgten dafür, dass Frauen in Führungspositionen über die eigene Arbeitszeit nachdachten. Zumeist hätte sie allerdings von jüngeren Kolleginnen Verständnis erfahren.[58] Einer anderen Interviewpartnerin wurde von einer männlichen Führungskraft mitgeteilt: *„Es ist toll, dass ich mich einbringe, aber ich soll einen Gang zurückschalten.“*[59] Zur Bekräftigung der Aussage sei zudem ein Vergleich zu einer weiteren Frau angestellt worden, was die Interviewpartnerin irritiert habe. Neben geschlechtsspezifischen Vorstellungen agiert an dieser Stelle auch die Konkurrenz zwischen Führungskräften beiderlei Geschlechts. In polizeilicher Führung seien zudem mehr männliche als weibliche Kollegen aktiv, weswegen männliche Führungskräfte auch skeptisch sein könnten, wenn sie Aufgaben an Frauen abgeben müssten.[60] Hierzu schlussfolgert die Interviewpartnerin, dass der Dienstgrad für Frauen scheinbar weniger bedeutsam sein könnte.[61]

4.4 Führungsverhalten und Akzeptanz weiblicher Führungskräfte

Insgesamt fühlten sich die Interviewpartnerinnen als Führungspersonen in der Polizei anerkannt. Eine Interviewpartnerin versucht aktiv, die Unterstützung weiterzugeben. Eine weitere Interviewpartnerin erlebte positives Feedback und glaubt, dass Männer und Frauen unterschiedlich führen und diskutieren würden, was ihr auch selbst schon nachgesagt wurde.[62] *„Als Mann will man, glaube ich, als Führungskraft stark dastehen, indem man Dinge durchdrückt.“*[63] Die Themen Mitarbeiterbeteiligung und Mitarbeiterführung werden von den interviewten Frauen als besonders bedeutsam

---

56 Vgl. Transkript C, S. 7, Z.: 17–20, S. 8, Z.: 33 – S. 9, Z.: 1.
57 Transkript C, S. 13, Z.: 17–18.
58 Vgl. Transkript C, S. 14, Z: 1–5.
59 Transkript D, S. 6, Z.: 6–7.
60 Vgl. Transkript D, S. 6, Z.: 7–18.
61 Vgl. Transkript D, S. 9, Z.: 1–7, S. 11, Z.: 4–5, 19–21.
62 Vgl. Transkript A, S. 10, Z.: 23–26, S. 11, Z.: 12–13. 22–23, Transkript C, S. 17, Z.: 10–12, S. 19, Z.: 10–11, 19–23, S. 20, Z.: 13.
63 Transkript A, S. 11, Z.: 24–25.

beschrieben. Hierzu bietet sich insbesondere das situative Führen an. Stärken und Schwächen von männlichen und weiblichen Mitarbeiter*innen zu kennen, hilft, ein optimales Arbeitsumfeld zu schaffen und der gemeinsame Austausch erhöht die dienstliche Akzeptanz. Leistung sollte zudem entsprechend honoriert werden, um die Motivation zu steigern.[64] Einer möglichen Kritik sollte konstruktiv begegnet und Distanz abgebaut werden.[65] Für eine andere Interviewpartnerin haben die Aufgaben Priorität, auch wenn sie wie die anderen Interviewpartnerinnen versucht, durch Transparenz auch Akzeptanz zu erreichen.[66] Eine andere Interviewpartnerin empfindet Mitarbeiter- und Aufgabenorientierung als gleichwertig. *„Ich brauche ja den Mitarbeiter, damit die Aufgabe erledigt wird und wenn ich meinen Mitarbeiter nicht befähigt habe und keine vernünftigen Rahmenbedingungen gesteckt habe und mein Mitarbeiter dadurch, dass er nicht wahrgenommen und wertgeschätzt wird, demotiviert ist, kann ich so viel an der Aufgabe rumwerkeln, wie ich will. Sie wird vielleicht erfüllt, aber wie wird sie erfüllt?"*[67] Unterschiede zum Führungsverhalten von Männern sehen die Interviewpartnerinnen insbesondere in der Kommunikation.[68]

4.5 Probleme/Konflikte für Frauen in polizeilichen Führungspositionen

Neben den dargestellten dienstlichen Schwierigkeiten zeigten sich Probleme insbesondere hinsichtlich der Vereinbarkeit von Familie und Beruf. Hier zeigten die Interviewpartnerinnen unterschiedliche Auffassungen und Berührungspunkte. Während eine von ihnen herausfand, dass Führen in Teilzeit für sie nicht funktioniert und eine andere ein schlechtes Gewissen aufgrund fehlender Zeit empfindet, sieht eine weitere solche Konflikte in der Verantwortung der Frauen und ihren getroffenen Entscheidungen.

Eine der Frauen sagt: *„[...] man kann ja entweder nur die weibliche Führungskraft sein und Karriere machen oder man ist eben die fürsorgende Mutter.*

---

64 Vgl. Transkript A, S. 11, Z.: 27–34, S. 12, Z.: 36 – S. 13, Z.: 13, 18–27, Transkript C, S. 15, Z.: 12–17, 29 – S. 16, Z.: 5, 24–27, Transkript D, S. 8, Z.: 5–24.

65 Vgl. Transkript C, S. 15, Z.: 31–32.

66 Vgl. Transkript B, S. 19, Z.: 7–20.

67 Transkript D, S. 8, Z.: 25–30. Als weitere wichtige Merkmale, welche die Interviewpartnerinnen nennen gehören zeitnahes Informationsmanagement, Ehrlichkeit und Loyalität, Respekt, Authentizität, Wertschätzung, keine Überbewertung von Statusämtern und Beteiligung.

68 Vgl. Transkript A, S. 14, Z.: 1–23, S. 26, Z.: 27–35, Transkript B, S. 18, Z.: 21, 12–26, Transkript C, S. 10, Z.: 29–34, S. 15, Z.: 15, S. 18, Z.: 23–37, S. 21, Z.: 25 – S. 22, Z.: 5, Transkript D, S. 4, Z.: 13–19, S. 9, Z.: 11–25.

Beides zusammen können sich manche Leute noch nicht vorstellen."[69] Hingegen äußert die andere: „*[...] ich könnte mir vorstellen, wenn ich mich jetzt tatsächlich dafür entscheide, ein Kind in die Welt zu setzen, dann will ich mich auch darum kümmern. [...] Also da muss man dann ja auch irgendwann mal eine Entscheidung treffen.*"[70] Für eine weitere Frau resultieren innere Konflikte aus der Mutterrolle, „*die von der Gesellschaft verlangt wird und man sich natürlich auch selbst auferlegt, [die] oft nicht erfüllt werden kann. Das ist schade und man bekommt es zum Teil auch von der Familie zurückgespiegelt [...], dass man oft abwesend ist und dass eben andere Bezugspersonen dann auch wichtig sind, weil man ja sowieso nicht da ist.*"[71] Ohne familiäre Unterstützung sind Familie und Führung für zwei Frauen nicht vereinbar. „*Es ist oft nicht regelbar. Oft wird erwartet, dass, ja, die Polizei im Vordergrund steht und man komplett dafür zur Verfügung steht.*"[72]

Eine Vermännlichung von Führungskräften erlebten die Interviewpartnerinnen nicht direkt, könnten sich jedoch vorstellen, dass dies möglich wäre. Hintergründe hierfür könnten Selbstschutz oder eine konsequente und durchsetzungsstarke Wahrnehmung sein. Die Frauen lehnen dies jedoch ab und finden, dies sei nicht der richtige Weg, um Anerkennung zu bekommen.[73] Auch ein erhöhtes Anforderungsprofil oder einen Leistungsdruck konnten die Interviewpartnerinnen nicht feststellen. Dies trifft ihrer Meinung nach nur auf Bereiche zu, in denen Körperlichkeit im Vordergrund steht. Bei Beförderungen würden die getroffenen Frauenfördermaßnahmen helfen.[74] Eine von ihnen gab an, dass sie glaubte, dass Frauen mehr leisten müssten. Ein männlicher Kollege sagte einmal zu ihr: „*Ihr als Frauen habt es doch viel leichter und wenn wir uns hier streiten, du lächelst das doch einfach weg. Und da habe ich zu dem Kollegen gesagt: Wir können theoretisch gerne mal tauschen, dann könnt ihr mal versuchen, für eine Woche euch als Frau zu behaupten.*"[75]

Die Unterrepräsentanz weiblicher Führungskräfte könnte nach Ansicht der interviewten Frauen in der Motivation, dem Willen zur Verantwortungsübernahme, dem hohen Zeitaufwand und der ständigen Erreichbar-

69 Transkript A, S. 16, Z.: 27–35.
70 Transkript B, S. 23, Z.: 4–11.
71 Transkript C, S. 13, Z.: 24–28.
72 Transkript C, S. 12, Z.: 9–10.
73 Vgl. Transkript A, S. 29, Z.: 18–26, Transkript B, S. 24, Z.: 25–35, S. 25, Z.: 3–5, Transkript C, S. 21, Z.: 9–18, Transkript D, S. 11, Z.: 13–15, S. 11, Z.: 22–24.
74 Vgl. Transkript A, S. 29, Z.: 2–5, Transkript B, S. 14, Z.: 26 – S. 15, Z.: 2, 12–20, Transkript C, S. 20, Z.: 1–9.
75 Transkript C, S. 19, Z.: 32–36.

keit zu finden sein. Frauen sind für zwei der Interviewpartnerinnen wohlmöglich selbstkritischer, zurückhaltender und zögerlicher, wohingegen Männer mehr Zutrauen hätten sowie selbstbewusster und entschlossener seien, was mehr Kompetenz ausstrahlt und dafür sorgt, dass Männer sich eher auf entsprechende Positionen bewerben und im objektiven Vergleich mutiger und erfolgreicher wirken. Auch eine fehlende Personalentwicklung könnte ihrer Meinung nach ein nicht unerheblicher Grund sein.[76] Zusätzlich wirkt die Abhängigkeit vom sozialen Umfeld mitunter abschreckend. *„Es könnte sein, dass nicht viele Frauen bereit sind, einen großen Anteil auch ihres Privatlebens hierfür zu investieren.“*[77] Eine der Frauen ist der Ansicht, Stereotype und Rollen spielen hierbei keine Rolle. Der Aufstieg von Frauen ist vielmehr von ihrem erklärten Ziel, ihrem Engagement, Intellekt, Talent und der Art und Weise, sich für das Ziel einzusetzen, abhängig.[78]

4.6 Wandel in der Polizei

Das vorherrschende Bild sowie insbesondere das Geschlechterverhältnis in der Polizei LSA sei nach Ansicht der interviewten Frauen einem Wandel unterworfen, der insbesondere auf einem Generationswechsel zurückzuführen sei. Dies betrifft auch die Führungsebene, weswegen Frauen dort keine Besonderheit mehr seien. Durch die Erhöhung des Frauenanteils in der Polizei und insbesondere der polizeilichen Führung werden zudem auch männlich dominierte Tätigkeitsfelder schrittweise abgebaut. Dies wirkt sich auch auf Geschlechter- und Rollenvorstellungen von Männern und Frauen aus. Demnach sei das Bild eines männlichen, wenig kommunikativen und handelnden Polizisten nur noch bei der älteren Generation zu finden. Auch das Interesse an Frauen in Führungspositionen hätte innerhalb der Polizei als Organisation zugenommen, selbst wenn dies bislang keine großen Änderungen am Anteil weiblicher Führungskräfte verursachte.[79]

---

76 Vgl. Transkript A, S. 28, Z.: 35 – S. 29, Z.: 2, Transkript C, S. 11, Z.: 25–32, S. 20, Z.: 22 – S. 21, Z.: 2, Transkript D. S. 4, Z.: 32, 35 – S. 5, Z.: 2, 5–25, 31–35, S. 10, Z.: 24–25, 28–30, 34–35.

77 Transkript C, S. 11, Z.: 30–32.

78 Vgl. Transkript B, S. 10, Z.: 27–30, S. 14, Z.: 1–6.

79 Vgl.: Transkript A, S. 6, Z.: 20–24, S. 18, Z.: 6–7, S. 24, Z.: 32–36, S. 25, Z.: 17–20, S. 27, Z.: 8–20, 27 – S. 28, Z.: 4, Transkript B, S. 6, Z.: 34 – S. 7, Z.: 2, Transkript C, S. 17, Z.: 19, Transkript D, S. 5, Z.: 2–5, S. 11, Z.: 30–32.

5 Frauen in Führungspositionen der Polizei. Ein Resümee

Die Ergebnisse der vorliegenden Studie weisen darauf hin, dass geschlechtsspezifische Stereotype und traditionelle Rollenbilder durchaus eine nicht unerhebliche Rolle im dienstlichen und privaten Alltag von Frauen in polizeilichen Führungspositionen spielen. Besonders bedeutsam ist, dass sie selbst äußere und innere Konflikte, die aus Stereotypen und Rollen entstehen können, erlebt haben. Die Ergebnisse können in Hinblick auf die dargestellten Probleme dazu beitragen, Lösungskonzepte auf den Weg zu bringen, um Frauen in der Ausübung ihrer polizeilichen Führungstätigkeit zu unterstützen. Die Interviewpartnerinnen selbst haben hierzu nötige Ansätze und Schnittstellen aus ihrem eigenen Erfahrungsschatz dargelegt, die als Basis für weitreichendere Konzepte dienen könnten. Viele der angesprochenen Strategien zeigen sich insbesondere auf persönlicher Ebene. Diese inneren Realisierungs- und Bewältigungsmechanismen helfen Frauen bei der Entscheidungsfindung und der Selbsteinschätzung hinsichtlich der angestrebten Führungstätigkeit. Auch die persönliche Eignung und Belastbarkeit bezüglich des Studiums und der späteren beruflichen Laufbahn können so von Beginn an besser eingeschätzt werden.

Demgegenüber muss seitens der Polizei als Organisation insbesondere die Vereinbarkeit von Familie und Führungstätigkeit verbessert werden, damit nicht nur organisatorische Rahmenbedingungen geschaffen, sondern auch die innere Zerrissenheit von Frauen vermieden werden, die sich negativ auf die Leistungsfähigkeit im dienstlichen Alltag auswirken kann. Hierzu sei angemerkt, dass dies, wie auch die Interviewpartnerinnen selbst wiederholt betonten, nicht nur für Frauen, sondern auch für Männer in Führungspositionen einen erheblichen Mehrwert darstellen würde.

Die vorliegenden Forschungsergebnisse zeigen weiterhin, dass sich die Sensibilisierung von männlichen und weiblichen Mitarbeitern hinsichtlich der Wirkung von oft unbewusst internalisierten geschlechtsspezifischen Stereotypen und Rollen positiv auf den Umgang und das Ansehen von Frauen (und auch Männern) in Führungspositionen auswirken kann. So wird Stereotypen und Rollen aktiv entgegengewirkt und deren Auswirkungen können letztlich abgemildert oder gar gänzlich beräumt werden. Insbesondere Alter und Erfahrung scheinen weitere Schnittstellen für stereotype geschlechtsspezifische Auswirkungen darzustellen, da die Interviewpartnerinnen hier zum Teil fehlendes Zutrauen oder Ablehnung erlebten. Insbesondere jungen weiblichen Führungskräften sollte hier mehr Vertrauen zuteilwerden.

Der Schwerpunkt der praktischen Bedeutsamkeit der vorliegenden Studie liegt deshalb aus Sicht der Verfasserin auch darin, dass durch die gewonnenen Erkenntnisse zur dienstlichen und privaten Lebenswirklichkeit von Frauen in Führungspositionen der Polizei LSA ein Beitrag geleistet werden kann, sowohl den geringen Frauenanteil in polizeilichen Führungspositionen zu erhöhen als auch das geschlechtsspezifische Arbeitsklima zwischen Männern und Frauen in der Polizei zu verbessern. Dazu bedarf es allerdings weiterer Erhebungen, sodass eine wissenschaftlich fundierte Grundlage zur Erstellung angemessener Lösungskonzepte entsteht und das Thema deutlicher in den Fokus polizeilicher und politischer Praxis rückt.

Literaturverzeichnis

Beelmann, A., Jonas, K. (2009): Diskriminierung und Toleranz, Psychologische Grundlagen und Anwendungsperspektiven, Wiesbaden.

Dresing T., Pehl, T. (2018): Praxisbuch Interview, Transkription & Analyse, Anleitungen und Regelsysteme für qualitativ Forschende, Marburg.

Eagly, A. H., Karau, S. J., Makhjihani, M. G. (1995): Gender and the effectiveness of leaders, A meta-analysis, Psychological Bulletin, Vol. 117, No. 1, S. 125–145.

Fischbach, A. et al. (2013): Ergebnisbericht: Frauen in Spitzenpositionen des Polizeidienstes, Teilprojekt: Arbeitspsychologische Erforschung der sozialen und personalen Ressourcen und der sozialen, aufgabenbezogenen und interaktiven Anforderungen der Führungsarbeit, DHPol Karrierestudie, Endbericht Juli 2013, Deutsche Hochschule der Polizei, Fachgebiet Sozial-, Arbeits-, Organisationspsychologie, Münster. (https://www.researchgate.net/publication/340050935_DHPol-Karrierestudie, Abruf: 04/2021)

Hannover, B., Wolter, I. (2019): Geschlechtsstereotype. Wie sie entstehen und wie sie sich auswirken, in: Kortendiek, B. et al. (Hrsg.): Handbuch Interdisziplinäre Geschlechterforschung, Geschlecht und Gesellschaft, Band 65, Wiesbaden.

Keller, J. (2020): Stereotype als Bedrohung, in: Petersen, L.-E., Six, B. (Hrsg.): Stereotype, Vorurteile und soziale Diskriminierung, Theorien, Befunde und Interventionen, Weinheim, Basel, 2. überarbeitete und erweiterte Auflage.

Klauer, K. C. (2020): Soziale Kategorisierung und Stereotypisierung, in: Petersen, L.-E., Six, B. (Hrsg.): Stereotype, Vorurteile und soziale Diskriminierung, Theorien, Befunde und Interventionen Weinheim, Basel, 2. überarbeitete und erweiterte Auflage.

Krause-Schöne, E. (2019): Der Mythos vom „Roten Teppich“ für die Karriere von Frauen, in: Die Polizei. Zeitschrift der Gewerkschaft der Polizei, Verlag Deutsche Polizeiliteratur, Heft 11/2019, S. 4–6.

Kuster, F. (2019): Mann – Frau: Die konstitutive Differenz der Geschlechterforschung in: Kortendiek, B. et al. (Hrsg.): Handbuch Interdisziplinäre Geschlechterforschung, Geschlecht und Gesellschaft, Band 65, Wiesbaden.

Landtag von Sachsen-Anhalt (2018): Antwort der Landesregierung auf die Kleine Anfrage zur schriftlichen Beantwortung: Diversität in der Landespolizei und öffentlichen Verwaltung. Kleine Anfrage KA 7/1749. Drucksache 7/3046. 18.06.2018 (https://s3.kleine-anfragen.de/ka- prod/st/7/3046.pdf, Abruf 04/2021)

Mayring, P. (2016): Einführung in die qualitative Sozialforschung. Eine Anleitung zu qualitativem Denken, Weinheim, Basel, 6. Auflage.

Messerschmidt, J. (2020): Bleiben wir unter dem Radar? in: Fildhaut et al. (Hrsg.): Führungsfrauen im Blick, Führung im Wandel, Soziale Innovation und Change. Gevelsberg.

Ministerium für Inneres und Sport Sachsen-Anhalt (2018): 13. Frauenförderplan für den Geschäftsbereich des MI für den Bereich der Landespolizei.

(http://intranet.pol.lsanet.de/fileadmin/redakteure/pi_dessaurosslau/Personal/Frauenf%C3%B6rderplan_13_Landespolizei_Endfassung.pdf, Abruf: 02/2021)

Ministerium für Inneres und Sport Sachsen-Anhalt (2020): 14. Frauenförderplan für den Geschäftsbereich des MI für den Bereich der Landespolizei.

(http://intranet.pol.lsanet.de/fileadmin/redakteure/pi_dessaurosslau/Personal/Frauenf%C3%B6rderplan_14_Landespolizei.pdf, Abruf 02/2021)

Palmer, R. A.-M. (2019): Frauen in Führungspositionen – Einige Fakten in: Sackmann, S. (Hrsg.): Führung und ihre Herausforderungen, neue Führungskontexte erfolgreich meistern und zukunftsfähig agieren, Wiesbaden.

Petersen, L.-E. / Six, B. (Hrsg.) (2008): Stereotype, Vorurteile und soziale Diskriminierung: Theorien, Befunde und Interventionen, Weinheim, Basel, 1. Auflage.

Pfeil, P. (2006): Polizei und Geschlecht, Thematisierungen, De-Thematisierungen, Re-Thematisierungen, Opladen.

Schmid Mast, M., Krings, F. (2020): Stereotype und Informationsverarbeitung, in: Petersen, L.-E., Six, B. (Hrsg.): Stereotype, Vorurteile und soziale Diskriminierung, Theorien, Befunde und Interventionen, Weinheim, Basel, 2. überarbeitete und erweiterte Auflage.

Schumann, C. (2017): Der Berufswunsch Polizei von Frauen in Sachsen-Anhalt, in: Schmidt, S. et al. (Hrsg.): Festschrift zum 20-jährigen Bestehen der Fachhochschule Polizei Sachsen-Anhalt: Reflexion und Vision: Beiträge zur Entwicklung von Polizei, Aschersleben, S. 91–109.

Seewald, C. (2020): Vital gerangelt, Erfolgsfrauen und ihre individuellen Karrierewege, in: Fildhaut et al.: Führungsfrauen im Blick, Führung im Wandel, Soziale Innovation und Change [sic!], Gevelsberg, S. 51–95.

Six-Materna, I. (2020): Sexismus in: Petersen, L.-E., Six, B. (Hrsg.): Stereotype, Vorurteile und soziale Diskriminierung, Theorien, Befunde und Interventionen, Weinheim, Basel, 2. überarbeitete und erweiterte Auflage.

Uhlendorff, W., Jäger, M. (2011): Führung in der Polizei, Ein praxisorientiertes Lehr- und Lernbuch, Stuttgart, 5. überarbeitete Auflage.

Wilson, T. P. (1982): Qualitative „oder“ quantitative Methoden in der Sozialforschung, Kölner Zeitschrift für Soziologie und Sozialpsychologie, Jg. 34, 1982, S. 487–508.

„Du sollst nicht töten“ – Eine kritische Betrachtung der Todesstrafe unter dem Blickpunkt der Menschenrechte

Elisa Skrotzki und Sybille Becker-Oehm

1 *Einführung und Hintergrund*

Die Todesstrafe ist ein seit Jahrtausenden bestehendes Strafinstrument, welches tief in der Geschichte verankert ist und weltweit immer wieder für politische Diskussionen sorgt. Sie war vom Altertum bis zur Mitte des 20. Jahrhunderts „ein gängiges Mittel juristischer Strafkonzeption“[1]. In der Zeit der Aufklärung entstand mit der Naturrechtsphilosophie, aus der sich die heutigen Menschenrechte entwickelten, erstmals das Bewusstsein für angeborene individuelle Rechte und die Würde des Menschen. Ferner kam man zu der Erkenntnis, dass die Todesstrafe sowie damit einhergehende Maßnahmen mit diversen Menschenrechtsverletzungen verbunden sind. Die Todesstrafe galt fortan als mit den in den Mittelpunkt des humanistischen Denkens gerückten Menschenrechten unvereinbar. Die Grundausrichtungen Abschreckung und Ausgleich zur Wiederherstellung der Ordnung kollidieren mit dem seit der Aufklärung zunehmend an Bedeutung gewinnenden Resozialisierungs- sowie Präventionsgedanken von Strafen: *„Warum töten wir Menschen, die Menschen töten, um den Menschen zu zeigen, dass Töten falsch ist?“*[2] Infolge geänderter Betrachtungsweisen haben seither zahlreiche Staaten die Anwendung der Todesstrafe ausgesetzt oder abgeschafft. Aufgrund erheblicher Differenzen einzelner Staaten bzgl. Herrschaftsform, Kultur, Entwicklungsstandards und dem Menschenrechtsverständnis, bestehen jedoch unterschiedliche Einstellungen zur Todesstrafe und zu den Menschenrechten. Auch wenn die Menschenrechte nach der Naturrechtslehre als angeboren und in der Menschenwürde begründet gelten, sind sie längst nicht weltweit anerkannt, werden aber besonders im Zusammenhang mit der Todesstrafe erheblich verletzt. Im Laufe der Zeit entstanden neben Menschenrechtsabkommen, Pakten auch Regierungs- und Nichtregierungsorganisationen zum Schutz der Menschenrechte und Bekämpfung der Todesstrafe.

---

1 Peterle (2018):o. S.
2 Amnesty Austria (2015):o. S.

2 Zielsetzung der Arbeit

Das Ziel besteht vor diesem Hintergrund nach kritischer Diskussion der Kontroverse „Legitimation – Delegitimation" der Todesstrafe in der Beantwortung der Frage, ob der Sinn und Zweck dieser Sanktionsart unter dem Blickpunkt der Menschenrechte gerechtfertigt werden kann.

Es wird die grundlegende ethische Streitfrage erörtert, ob staatliche Instanzen per se das Recht besitzen dürfen, über Leben und Tod zu entscheiden oder ob nach allgemeinem Völkerrecht die Anwendung der Todesstrafe eine Angelegenheit ist, die grundsätzlich dem nationalen Recht vorbehalten bleibt und es *„sich um innerstaatliche Angelegenheiten [handele], in die sich niemand einzumischen habe."*[3] Denn auch wenn die Todesstrafe mit Verweis auf die Menschenrechte schwer umstritten ist, werden jährlich weltweit tausende Menschen hingerichtet. Dies sorgt immer wieder für Empörung und lässt zweifelsfrei erkennen, dass die Todesstrafe weiterhin eine sehr dualistische und präsente Thematik darstellt.

3 Methodische Vorgehensweise

Zunächst wird in deduktiver Vorgehensweise die weltweite Verbreitung der Todessstrafe sowie der Begriff der Menschenrechte dargelegt. Es werden in der Folge fundamentale menschenrechtliche Reformen sowie Maßnahmen zu deren Schutz erörtert, bevor das Instrument der Todesstrafe im Hinblick auf Menschenrechte kritisch diskutiert wird. Die zentralen Ergebnisse dieses Diskurses münden in einem Resümee, das eine kritische, prognostische Einschätzung der Autorin beinhaltet.

4 Die weltweite Verbreitung der Todesstrafe

Insgesamt haben aktuell 144 Länder die Todesstrafe per Gesetz oder in der Praxis abgeschafft. Davon haben 108 die Todesstrafe für alle Verbrechen abgeschafft, in acht Ländern ist sie nur noch in Sonderfällen, wie z.B. während Kriegszeiten erlaubt. In den 28 übrigen Ländern ist die Todesstrafe zwar immer noch in ihren Gesetzen vorgesehen, kam aber seit über einem Jahrzehnt nicht mehr zur Anwendung. Europa hat mit Ausnahme von Weißrussland die Todesstrafe komplett abgeschafft. 54 Länder halten

---

3 Lohrmann (2020):o. S.

weiter an der Todesstrafe fest. Laut Amnesty International (AI) wurden im Jahr 2020 mind. 1.477 Menschen zum Tode verurteilt, was einen Rückgang um etwa ein Drittel im Vergleich zu 2019 mit mind. 2.307 Todesurteilen bedeutet. Ende 2020 waren weltweit insgesamt mindestens 28.567 Menschen zum Tode verurteilt, wovon China, Jemen, Ägypten und Sambia die meisten Todesurteile aussprachen[4], s. Anlage 1. AI verzeichnete 2020 weltweit mindestens 483 Hinrichtungen in 18 Ländern. Führend bei der Zahl der meisten Exekutionen sind laut AI (Jahr 2020) China, Iran, Ägypten, Irak und Saudi-Arabien[5], s. Anlage 2.

In allen die Todesstrafe praktizierenden Ländern ist Mord das Hauptverbrechen, für das Todesurteile ausgesprochen werden. Aber auch diverse andere Straftatbestände können die Todesstrafe zur Folge haben, wie z.B. Vergewaltigung, Gefährdung der Staatssicherheit, Terrorismus oder Drogendelikte. Hinrichtungen wegen Trans- und Homosexualität oder Ehebruch finden vor allem in muslimischen Ländern statt, in China auch bei diversen gewaltlosen Delikten, wie Steuerhinterziehung oder Spionage.[6]

Dennoch ist gemäß der Daten von AI ein rückläufiger Trend erkennbar, insgesamt sank weltweit die Zahl der Hinrichtungen.[7]

5 Begriff der Menschenrechte

Menschenrechte sind Rechte, die jedem Menschen zustehen. Sie gelten für alle Menschen – jederzeit und überall, *„ohne irgendeinen Unterschied, etwa aufgrund rassischer Zuschreibungen, nach Hautfarbe, Geschlecht, Sprache, Religion, politischer oder sonstiger Überzeugung, nationaler oder sozialer Herkunft, Vermögen, Geburt oder sonstigem Stand."*[8] Das Wesen der Menschenrechte ist durch Universalität, Egalität, Unveräußerlichkeit und Unteilbarkeit gekennzeichnet. Zu den Menschenrechten gehören die bürgerlichen und politischen Freiheits- und Beteiligungsrechte, wie z.B. das Recht auf Leben oder das Verbot der Folter sowie wirtschaftliche, soziale und kulturelle Menschenrechte, wie etwa das Recht auf Gesundheit oder das Recht auf Bildung.[9]

---

4 Amnesty International (2021 c): S. 4.
5 Amnesty International (2021 b): S. 3.
6 ebda.: S. 15.
7 Amnesty International (2021 c): S. 2.
8 UN-Generalversammlung (1948): S. 2.
9 ebda.:S. 2–6.

Bereits im 5. Jhd. v. Chr. entdeckte die griechische Philosophie den Menschen als autonomes Wesen im Spannungsfeld zwischen Staat und Gesellschaft. Die Philosophie der Stoa brachte den Naturrechtsgedanken hervor, auf dem die heutigen Menschenrechte basieren. Demnach besteht für alle Menschen eine natürliche Freiheit und Gleichheit[10].

Die erste Niederschrift menschlicher Rechte aus dem Jahr 1215 war die „Magna Charta Libertatum“ („Große Urkunde der Freiheiten“), die erste Bürgerrechte und Vorschriften zur Gleichheit vor dem Gericht beinhaltete, um Willkür und Missbrauch einzudämmen bzw. zu verhindern. Die „Petition of Rights“, die Bittschrift des englischen Parlaments aus 1628, legte die Einhaltung bestimmter Prinzipien fest (bspw. Garantie für ordentliche Gerichtsverfahren).

Im Jahr 1679 wurde die „Magna Charta Libertatum“ in Form der „Habeas-Corpus-Akte“ weiterentwickelt. Damit gelang der Durchbruch zur Verankerung der Idee der Menschenrechte im Gesetz. In der Zeit der Aufklärung im 18. Jahrhundert wurde der Menschenrechtsgedanke und dessen staatliche Umsetzung insbesondere von den Philosophen Thomas Hobbes, John Locke, Jean-Jacques Rousseau und Immanuel Kant geprägt und erhielt politische Bedeutung. Sie legitimierten die Menschenrechte als Fundament des Staates[11].Daraus resultierten neue Visionen wie Selbstbestimmung, Freiheit und Gleichheit.

1776 erfolgte die „Amerikanische Unabhängigkeitserklärung („Declaration of Independence“). Sie markiert den historischen Durchbruch der Idee der unveräußerlichen Grundrechte in der Verfassung und ähnelt dem heutigen deutschen Grundgesetz. Die „Virginia Bill of Rights“ (1776) als erster Menschenrechtskatalog der Geschichte, bildet den Kern der Menschenrechte. Mit der im Jahr 1789 durch die französische Nationalversammlung verabschiedeten Erklärung der Menschen- und Bürgerrechte („Declaration des droits de l´homme et du Citoyen“) wurden die bereits vorhandenen Natur- bzw. Vernunftsrechte durch die Staatsbürgerrechte erweitert.

Nach dem Zweiten Weltkrieg 1939 bis 1945 *„wurde doch in höchstem Maße verdeutlicht, dass der Staat nicht nur Rechtsgarant, sondern auch die größte Bedrohung für die Menschenrechte darstellt*[12]. Es wurden fortan Rechte gefordert, die den Menschen vor staatlichen Übergriffen und Unrecht schützen sollten.

---

10 Eisel (2012): o.S.

11 Probst (2011): S. 15 ff.

12 Groth (2013): S. 4.

6 Die Allgemeine Erklärung der Menschenrechte der Vereinten Nationen als Fundament der Reformbewegungen

In der Folge entwickelten sich zunehmend Forderungen nach einer gesetzlichen Verankerung und Sicherung der Menschenrechte.1945 entstanden in San Francisco die Vereinten Nationen (United Nations, UN) als internationale Organisation mit derzeit 193 Mitgliedsstaaten. Menschenrechte sollten fortan nicht mehr Angelegenheit eines einzelnen Staates sein, sondern der internationalen Staatengemeinschaft, was letztlich in der sog. Charta der UN festgehalten wurde, die die Rechtsgrundlage der UN darstellt und seither als Grundordnung des universellen Völkerrechts gilt. Ziele und Grundsätze der UN sind nach Artikel 1 u. a. die Einhaltung des Völkerrechts sowie der Schutz der Menschenrechte.[13] Auf der UN-Generalversammlung 1948 wurde die „Allgemeine Erklärung der Menschenrechte“ (AEMR) als Ergänzung der Charta verkündet, welche das Wertefundament einer demokratischen Gesellschaft bildet und zugleich den Grundstein für den internationalen Menschenrechtsschutz legt. In der AEMR werden erstmals Grundprinzipien des menschlichen Zusammenlebens sowie Grundfreiheiten formuliert und festgeschrieben. Relevant im Hinblick auf die Menschenrechte im Zusammenhang mit der Todesstrafe sind die Art. 1 bis 3 und 5 der AEMR. In Art. 1 heißt es: *„Alle Menschen sind frei und gleich an Würde und Rechten geboren."*[14] Der zweite Artikel verstärkt diesen Gedanken, indem er ausnahmslos jedem Menschen die gleichen Rechte einräumt, Art. 3 garantiert jedem Menschen *„das Recht auf Leben, Freiheit und Sicherheit der Person.“*[15] Art. 5 legt das Verbot der Folter fest.[16] Die Mitgliedsstaaten werden zwar dazu angehalten die Menschenrechte zu achten und durchzusetzen, jedoch ist die AEMR nicht rechtlich bindend und besitzt nicht den Charakter eines völkerrechtlichen Vertrages. Dementsprechend muss jeder Staat die Rechtsverbindlichkeit durch nationale Regelungen selbst herstellen. So obliegt jedem Mitglied die Entscheidung, ob es einem Völkerrechtsvertrag beitritt und sich damit zum Schutz des menschlichen Lebens verpflichtet.[17] Daher wurden die Menschenrechte im Anschluss in Menschenrechtsabkommen und internationalen Pakten verankert (bspw. für Europa die Europäische Menschenrechtskonvention (EMRK) aus 1953).

---

13 Deutsche Gesellschaft für die Vereinten Nationen (1945): S. 7 f.

14 UN-Generalversammlung (1948):S. 2.

15 ebda.

16 ebda.

17 Poppe (1985): S. 9 ff.

6.1 *Internationale Maßnahmen zum Menschenrechtsschutz zur Bekämpfung der Todesstrafe*

Anhaltende Verletzungen der Menschenrechte machten Rechtsverbindlichkeit zu deren Sicherstellung der Einhaltung notwendig. Da die AEMR jedoch nicht rechtlich bindend ist (s.o.), erfolgte 1966 die Aufnahme in vertragliche Verpflichtungen. Folglich entstanden durch die UN-Generalversammlung die beiden UN-Menschenrechtspakte über bürgerliche und politische Rechte (UN-Zivilpakt[18]) einerseits sowie über wirtschaftliche, soziale und kulturelle Rechte andererseits, die für alle, die sie ratifiziert haben, rechtlich bindend sind. Die AEMR und die beiden Pakte bilden zusammen die internationale Menschenrechtscharta („Universal Declaration of Human Rights") und damit die Grundlage sämtlicher Menschenrechtsnormierungen. 104 Mitgliedsstaaten der UN haben bereits die beiden völkerrechtlichen Verträge unterzeichnet. Darüber hinaus existiert mittlerweile eine Vielzahl an rechtlich bindenden Konventionen, die den Schutz einzelner Menschenrechte garantieren. Sie legen fest, dass jeder Vertragsstaat dafür zu sorgen hat, Folter zu verhindern sowie unter Strafe zu stellen und verbietet jegliche sonstige grausame und unmenschliche Behandlung.[19]

6.2 *Kontrolle der Achtung der Menschenrechte durch Regierungs- und Nichtregierungsorganisationen*

Die UN als internationale Regierungsorganisation haben ein Prüfsystem entwickelt, bei dem die Regierungen regelmäßig über die Situation der Menschenrechte in ihrem Land berichten. Bei Verstößen wird der verantwortliche Staat von den UN desavouiert und zur Einhaltung der Rechte angehalten[20]. Hinzu kommt der UN-Menschenrechtsrat, der *„mittels Dialoges und Zusammenarbeit zur Verhütung von Menschenrechtsverletzungen beitragen [soll]"*.[21] Im sog. „Allgemeinen Periodischen Länderüberprüfungsverfahren" (Universal Periodic Review) wird regelmäßig die Menschenrechtssituation in allen Mitgliedsstaaten der UN evaluiert.[22] Der Internationa-

---

18 Der UN-Zivilpakt erlaubte die Todesstrafe weiterhin für „schwerste Verbrechen", bis sie 1991 endgültig abgeschafft wurde, vgl. UN-Generalversammlung (1966): S. 3.

19 Institut für Menschenrechte (1984): S. 2, 5.

20 Deutsches Institut für Menschenrechte (2020): S. 17.

21 Weiß (2006): S. 84.

22 BMZ – UN-Menschenrechtsrat (o.J.): o. S.

le Gerichtshof (IGH) in Den Haag fungiert als juristisches Organ der UN und erstellt bspw. Rechtsgutachten für die UN zu völkerrechtlichen Themen.[23] Der Europäische Gerichtshof für Menschenrechte (EGMR) in Straßburg agiert ebenfalls als politisches Kontrollorgan, indem er über die Einhaltung der EMRK wacht und eines der höchstentwickelten Rechtschutzsysteme im völkerrechtlichen Menschenrechtsschutz darstellt.

Zudem überwacht eine Vielzahl von Kommissionen und Ausschüssen, wie der UN-Zivilpaktausschuss, der UN-Sozialpaktausschuss sowie der UN-Ausschuss gegen Folter, speziell die Einhaltung der jeweiligen Pakte bzw. Konventionen. Auf Menschenrechtsverletzungen folgen Konsequenzen für den verantwortlichen Staat. Weil dieser aber aufgrund einer fehlenden internationalen Vollstreckungsgewalt nicht zu menschenrechtskonformem Handeln gezwungen werden kann, sind *„umso wichtiger [...] politischer Druck und Anreize sowie öffentliche Kritik und Protest.*"[24]

Nationale sowie internationale Nichtregierungsorganisationen wie z.B. AI, Alive e.V., Human Rights Watch, World Coalition Against the Death Penalty etc. sind politisch unabhängige Kontrollorgane[25], die die Regierungsorganisationen unterstützen und auf Vergehen aufmerksam machen. Sie haben beratende Funktion, erstellen Monitoring-Berichte und beteiligen sich an internationalen Menschenrechtskontrollverfahren.

7 *Die Todesstrafe im Lichte der Menschenrechte – Kritische Diskussion der Thematik*

Innerhalb der Debatte um die Todesstrafe spielen sowohl bei Argumenten für deren Legitimation als auch bei denen der Delegitimierung die Straftheorien, die den Sinn und Zweck von Strafen bestimmen, eine bedeutende Rolle.

Die absolute Straftheorie erachtet Strafe als rein repressives Mittel zur Wiederherstellung der Rechtsordnung und Gerechtigkeit.[26] Hierbei sind die Vergeltungs- und die Sühnetheorie zentrale Elemente. Nach der Vergeltungstheorie soll begangenes Unrecht durch Strafe aufgewogen werden, um einen Ausgleich von Rechtsbruch und Schuld zu schaffen und damit die Gerechtigkeit wiederherzustellen. Gemeint ist das Talionsprinzip, das

---

23 BPB (2021): o. S.
24 Krennerich (2009), S. 7.
25 BMZ – Nationale Menschenrechtsinstitutionen (o. D.): o. S.
26 Ostendorf (2018): S. 1.

eine Gleichwertigkeit von Tat und Strafe fordert. Befürworter empfinden den Tod eines Straftäters für bestimmte Verbrechen als die einzig angemessene Strafe und vertreten die Ansicht, dass insbesondere für die Opfer und Angehörigen dies der einzige Weg sei, Gerechtigkeit herbeizuführen. Die Sühnetheorie verlangt eine Art Versöhnung des Täters mit der Rechtsordnung durch Buße.[27] Die Todesstrafe wird folglich als angemessene Sühneleistung mit entsprechendem Ausgleichscharakter angesehen, *„und zwar derart, dass dem Rechtsbrecher derselbe Lebensverlust, der seiner Freveltat entspricht, zugefügt wird.*"[28]

Nach der relativen Straftheorie verfolgt die Strafe präventive Zwecke, also die Verhinderung künftiger Straftaten. Es soll ein Bewusstsein über mögliche Strafen als Folgen verschiedener Straftaten erzeugt werden. So soll Strafe der Abschreckung der Gesellschaft bzw. potenzieller Täter vor der Begehung von Straftaten dienen.[29]

Die vermeintliche Abschreckungskraft der Todesstrafe ist bis heute noch das Hauptargument für die Todesstrafe. Hintergrund dieser Überlegung ist, dass grundsätzlich jede Strafe von einem Handeln abschrecken kann, und da die Todesstrafe die gravierendste Strafe ist, besäße sie die stärkste Abschreckungskraft. Sie halte also wirkungsvoller potenzielle Täter von Straftaten ab als andere Sanktionsformen[30].

Fürsprecher sind der Ansicht, dass der Rechtsbrecher getötet werden muss, um die Gesellschaft vor ihm zu schützen. Demnach sei der Effekt der Todesstrafe, dass die Vollstreckung weitere Verbrechen durch denselben Täter ausschließt, was die Kriminalitätsrate sinken lässt und maximalen Schutz vor Rückfalltätern gewährt.[31] Ein weiteres Argument sei stellt der finanzielle Aspekt dar: es wird darüber geklagt, dass lebenslange Haftstrafen Millionen von Steuergeldern kosten und mit der Todesstrafe diese Art von Kosten umgangen werden könne (s.u.).

Weiter wird oftmals das Argument der Rechtsverwirkung genannt, wonach derjenige der tötet, sein eigenes Leben verwirkt hat. So habe bspw. nach Ermecke *„der Verbrecher durch seine Tat mit der Vernichtung der Existenz seines Opfers die Gemeinschaft getroffen und sich aus ihr durch eben seine Tat ipso facto ausgeschlossen', weil er ,im Ermordeten [...] die Gemeinschaft*

27 ebda.

28 Künneth (1965): S. 162 f.

29 Ostendorf (2018): S. 2.

30 Folter (2014): S. 1.

31 Hötzel (2010): S. 91.

verneint und sein Recht auf weitere Zugehörigkeit zu ihr verwirkt' hat und somit ‚sozialen Selbstmord' beging".[32]

In diesem Zusammenhang entsteht insbesondere nach schweren Verbrechen Druck durch die Öffentlichkeit auf die Justiz, der sich in Rufen nach der Todesstrafe offenbart, wie bspw. in Randerath/Nordrhein-Westfalen geschehen, als nach Freilassung eines verurteilten Sexualstraftäters die *„Todesstrafe für Kinderschänder"* gefordert wurde.[33]

Die Todesstrafe stößt jedoch insbesondere mit Blick auf die Menschenrechte mehrheitlich auf harte Kritik und Ablehnung. Dabei ist auch die ethische Diskussion über Zweck, Notwendigkeit und Berechtigung der Todesstrafe nie abgebrochen. Bzgl. der absoluten Straftheorie wird Vergeltung als eine Form der Rache gesehen, welche in einem Rechtsstaat keine Rolle spielen dürfe: *„Die Todesstrafe sei ein archaisches Relikt vergangener Rechtsauffassungen, das gesellschaftliche Rachebedürfnisse befriedige […]. Sie stellte die Rechtsstaatlichkeit und ihre Wertgrundlagen insgesamt in Frage."*[34] Gleiches mit Gleichem zu vergelten bedeutet zwangsläufig, sich mit dem Täter auf eine Stufe zu stellen. Sühne setzt die Freiwilligkeit des Täters voraus, was bei der Todesstrafe nicht gegeben ist. Gegen die Rechtsverwirkungstheorie spricht, dass die Menschenrechte uneingeschränkt für alle Menschen gelten und es insofern unzulässig ist, diese gegenüberzustellen bzw. gegeneinander aufzurechnen.

Gerade aus präventiver Sicht kann eine Abschreckungswirkung zwar unterstellt werden, sie ist jedoch gerade bzgl. Tötungsdelikten, für die sie i.d.R. vorgesehen ist, höchst fraglich. Denn *„wer überhaupt fähig ist, einen Mord zu begehen, befindet sich gewöhnlich in einem Zustand, in dem Strafandrohung kaum wirken kann"*[35] und in dem von Vernunft gesteuertes Bedenken der Konsequenzen nicht möglich ist.[36]Auch konnte empirisch bisher nicht nachgewiesen werden, dass die Todesstrafe abschreckender wirkt als andere Sanktionsformen. Es zeigt sich hier eher das Gegenteil, nämlich die Förderung von Verbrechen durch die Todesstrafe durch den sog. „brutalizing effect"[37], d.h.*„Die Anwendung der Todesstrafe wird Ausdruck einer allgemeineren Einstellung zur Legitimität von Gewalt einschließlich Tötung."*[38] Bezeichnend ist hier der Anstieg der Anzahl der Tötungsdelikte in den

---

32 Ermecke (1963): S. 37 f., zit. nach Sierck (1992): S. 59.
33 Dewitz (2009): o. S.
34 Höfer (1975): S. 43 ff.
35 Nolting (1981): S. 235.
36 Boulanger/Heyes/Hanfling (2002): S. 31.
37 Immerfall (2011): S. 11.
38 ebda.

US-Bundesstaaten Georgia und Florida, nachdem dort die Todesstrafe neu eingeführt worden war.[39] Im Allgemeinen werden in den Staaten, in denen die Todesstrafe weiter angewandt wird, mehr Tötungsdelikte begangen, als in denen, die sie abgeschafft haben.[40] Die unterstellte Abschreckungswirkung der Todesstrafe kann aufgrund Gegenbeispielen *„als widerlegt angesehen werden“*,[41] sie wirkt sogar kontraproduktiv.

Dadurch, dass die Todesstrafe das Leben des Straftäters endgültig und unwiderruflich beendet, verwehrt sie ihm jede Chance auf Besserung, Rehabilitation und Resozialisation, was bei einer Haftstrafe möglich wäre. *„Strafe für begangenes Unrecht soll nicht der Befriedigung von Rache dienen, sondern bedeutet die Aufforderung, eigene Schuld einzusehen und sich mit ihr auseinanderzusetzen“*[42], betont der ehemalige Präsident des Bundesverfassungsgerichtes (BVerfG) Ernst Benda.

Ferner ist statistisch nicht erwiesen, dass der, der eine Straftat begeht, weitere Straftaten begehen wird. *„Annahmen über zukünftiges Verhalten gehören zu den schwierigsten in der Psychologie […]. Aus so unsicheren Gründen derart schwerwiegende Entscheidungen zu treffen, öffnet der Willkür Tür und Tor.“*[43] Außerdem ist die Rückfallquote bei Tötungsdelikten, für die die Todesstrafe am häufigsten angewandt wird *„niedriger als in allen anderen strafrechtlich relevanten Bereichen“*[44]. Indem mit der Todesstrafe Macht und eine wirkungsvolle Maßnahme gegen Verbrecher demonstriert werden, wird von den eigentlichen Ursachen von Kriminalität abgelenkt. Eine Erhöhung der Sicherheit dürfte durch die Todesstrafe nicht erreicht werden, sondern eher durch sozialverträgliche Prävention sowie durch effiziente Systeme mit resozialisierenden Maßnahmen in Haftanstalten.

Insofern widerspricht die Todesstrafe der modernen Strafrechtslehre, eingedenk der Tatsache, dass die Todesstrafe in einigen Staaten neben für bestimmte Verhaltensweisen wie Homosexualität oder Ehebruch verhängt wird, die in weiten Teilen der Welt längst entkriminalisiert wurden.

Diese Nulltoleranzstrategie ist als unverhältnismäßig zu bezeichnen. Alle Hinrichtungsmethoden können körperliche Folterung mit sich bringen: *„Es gibt mehr oder weniger qualvolle Hinrichtungsarten, aber solche, die keine Schmerzen (physisch und/oder psychisch) verursachen, gibt es nicht und kann es*

39 Sierck (1992): S. 54.
40 Laue (2010): S. 263.
41 Rosenau (2006): S. 340.
42 Amnesty International (2020): S. 2.
43 Leder (1986): S. 256.
44 Sierck (1992): S. 52. nach Schneider (1987): S. 811 f.; Amnesty International (1989), S. 188 f.

nicht geben."[45] Entkräftet wird zudem das Argument der Preisgünstigkeit. So sind die mit der Todesstrafe zusammenhängenden Kosten weitaus höher als Ausgaben für eine lebenslange Freiheitsstrafe. Hauptgrund sind oft jahrelange Verfahren mit aufwendigen Ermittlungsmethoden, die über mehrere Instanzen gehen. *„Hunderte von Millionen Dollar, die allein in den USA für die Todesstrafe ausgegeben werden, könnten stattdessen für Programme verwendet werden, die die Kriminalität tatsächlich reduzieren [...]"*.[46]

Eines der stärksten Argumente gegen die Todesstrafe ist die Gefahr des Fehlurteils in Verbindung mit der Irreparabilität der Todesstrafe. Grundsätzlich sind keine vom Menschen geschaffenen Rechtssysteme fehlerfrei. Nach Angaben des „Todesstrafe-Informationsprojekts" aus Washington sind seit 1973 weitere 131 Menschen aus den US-Todestrakten entlassen worden, weil sie ihre Unschuld nachweisen konnten.[47] So besteht die Gefahr, dass es zu Justizirrtümern kommt und die Todesstrafe von fehlbaren Menschen nach fehlbaren Prozessen verhängt wird. In zahlreichen Ländern sind die Möglichkeiten der Polizei derart begrenzt, dass ihre Ermittlungen nicht gründlich oder unparteiisch vonstattengehen. Staatsanwaltschaften sowie Gerichte können durch Falschaussagen, subjektive Eindrücke und öffentlichen Druck zu Fehlschlüssen und so zu einem fehlerhaften Urteil kommen.[48] Im Gegensatz zu anderen Sanktionsarten besteht im Falle eines Justizirrtums jedoch keine Chance ein vollstrecktes Urteil nachträglich zu revidieren. Das unterscheidet die Todesstrafe fundamental von anderen Sanktionsformen, wie z. B. der Freiheitsstrafe. Staaten nehmen so durchaus die Hinrichtung von Unschuldigen in Kauf.

Todesurteile werden nicht nur auf Grundlage fahrlässiger Verfahrensfehler, sondern auch in Folge unfairer oder gar manipulierter Prozesse ausgesprochen, die weit hinter den international anerkannten Standards für faire Gerichtsverfahren zurückbleiben. Insbesondere in Diktaturen bzw. totalitären Staaten ist die Gefahr des Missbrauchs der Todesstrafe enorm hoch. Sie dient dort insbesondere als Instrument zur Demonstration von Macht und Durchsetzung politischer Interessen. Nach AI werden Todesurteile überdurchschnittlich oft gegenüber Menschen, die *„ethnischen, nationalen oder religiösen Minderheiten"* angehören, verhängt.[49]

Hinsichtlich der Punitivität stellt die Hinrichtung des Täters eher eine Form von Vergeltung als eine Form von Gerechtigkeit dar und mindert

45 Payer (2018): S. 34.
46 Köhne (1998): S. 135.
47 Kassis (2014): S. 8.
48 Keller (1968): S. 205.
49 Amnesty International (2017): S. 3.

weder das Verbrechen noch macht es ungeschehen. Auch viele Familien von Mordopfern lehnen die Todesstrafe ab, da die langwierigen Prozesse die Hinterbliebenen eher belasten und sie daran hindern würden, damit abzuschließen.[50] So bringt die Todesstrafe zwangsläufig immer neue indirekte Opfer mit sich.[51]

Letztlich erscheint die Todesstrafe wie *„staatlich genehmigter Mord“*.[52] Dies wirft die Frage auf, ob der Staat überhaupt berechtigt sein kann, über Leben und Tod eines Menschen zu entscheiden. Denn wenn selbst der Staat, *„der als wertehaltende Instanz doch eigentlich mit dem Beispiel der Menschlichkeit vorangehen müsste“*, tötet, wird dadurch eine Art Akzeptanz von Gewalt und der Beendigung menschlichen Lebens zugunsten von Sicherheitsbedürfnissen vermittelt.[53]

8 Zentrale Erkenntnisse

Die Todesstrafe ist eine seit Jahrtausenden bestehende, grausame und menschenrechtsverletzende Strafmöglichkeit, die bis heute trotz breiter Kritik und Ablehnung in einigen Staaten weiterhin Anwendung findet. Es wird deutlich, dass die Todesstrafe weder vor Kriminalität abschreckt noch eine verletzte Rechtsordnung wiederherstellt. Es gibt erwiesenermaßen wirksamere Sanktionsmöglichkeiten, die nicht den Tod des Angeklagten verlangen: *„Investitionen in Schutz-, Korrektur- und Rehabilitationsmechanismen sind der beste Weg, um die Wahrscheinlichkeit eines Rückfalls in die Kriminalität zu verringern.“*[54] Außerdem steht die Todesstrafe im Zusammenhang mit der Verletzung fundamentaler Menschenrechte, wie etwa dem Recht auf Leben oder der Menschenwürde.

Die Todesstrafe birgt zudem Gefahren des Justizirrtums, der missbräuchlichen Anwendung, unfairer Verfahren und Folter. Außerdem widerspricht sie der heutigen Auffassung vom Sinn und Zweck der Strafe, der jedem Menschen die Chance einräumt, sich zu bessern und seine Tat wiedergutzumachen. Insofern steht die Todesstrafe insbesondere mit Blick auf die Menschenrechte im Widerspruch zum modernen Strafrechtssystem

---

50 ebda.: S. 5.

51 So geraten nach Korzilius (1999, o.S.) auch Ärzte bzw. die Vollstreckenden in einen schweren ethischen Konflikt, bzw. müssen gegen den Hippokratischen Eid verstoßen.

52 Focus Online (2013): o. S.

53 Kassis (2014): S. 23.

54 Lefebvre/Pavard (2020): S. 6.

und dem Rechtsverständnis *"A modern system of criminal justice must be reasonably accurate, fair, humane, and timely [...]."*[55]

Daraus ergibt sich das Erfordernis, Tötungen *„im Namen des Gesetzes"* als menschenwürden- und menschenrechtenwidriges Phänomen abzuschaffen. Hierfür muss in den Gesellschaften weltweit das Bewusstsein geschaffen werden, dass diese Art von Strafe veraltet, unmenschlich und ineffizient ist und ihr die Legitimation aufgrund o.g. Gegenargumente abgesprochen werden kann, um letztlich die Minderheit der Anwenderstaaten dazu zu bewegen, die Todesstrafe endgültig aus ihren Gesetzen zu verbannen. Es liegt daher in der Verantwortung der Staaten, Menschenrechte zu schützen und Strategien zu erarbeiten, *„damit ein grundlegender Wandel stattfinden und die unbefriedigende Menschenrechtsschutzlage überwunden werden kann"*[56]. Dies ist auch Ziel der in Punkt 6. beschriebenen Menschenrechtsabkommen sowie daraus resultierenden Konventionen.

9 Resümee

In Rechtsstaaten, die geltendes Recht in allen Bereichen verwirklichen und somit Menschenrechte garantieren, dürfte die Todesstrafe nicht mehr eingeführt werden. Die ausdrücklichen europarechtlichen Verbote manifestieren nach außen die *„europäische opinio iuris"* und üben Druck auf die Verfechter der Todesstrafe aus.[57] Immer mehr Staaten wenden sich gegen die Todesstrafe und schaffen sie ab. Es gibt lediglich noch eine geringe Anzahl an Staaten, die für den Großteil der Hinrichtungen verantwortlich ist.

Die positive Bilanz durch einen stetigen Rückgang der Zahl der Hinrichtungen setzt sich voraussichtlich weiter fort. Chinas Regierung empfindet zwar die Abschaffung der Todesstrafe unter den gegenwärtigen sozialen Bedingungen als nicht realisierbar. *"Es ist nicht der richtige Zeitpunkt für China, die Todesstrafe abzuschaffen, das chinesische Volk würde die Abschaffung nicht akzeptieren"*, erklärte das chinesische Außenministerium[58]. Dennoch sind Maßnahmen erkennbar, die das Anwenden der Todesstrafe einschränken und reduzieren (z.B. Verbesserung der anwaltlichen Vertretung, zwingende Prüfung aller Urteile vom Obersten Gerichtshof vor Voll-

55 Amnesty International (2021 a): S. 7.
56 Schneider (2002): S. 367.
57 Rosenau (2006): S. 343.
58 Spiegel (2008): o. S.

streckung[59] Eine positive Entwicklung zeichnet sich also trotz noch immer zahlreicher Hinrichtungen ab. Auch in den USA soll die Todesstrafe auf Bestreben des US-Präsidenten Joe Biden auf Bundesebene zukünftig abgeschafft werden.[60]

In welche Richtung sich die nationalen Debatten in anderen verantwortlichen Staaten wenden, bleibt weiter offen.

Die UN-Resolution im Kampf gegen die Todesstrafe dokumentiert, dass es einen internationalen Trend zur Abschaffung der Todesstrafe gibt und damit zu rechnen ist, dass in Zukunft weitere Staaten auf sie verzichten werden. Ob es zu einer weltweiten Abschaffung der Todesstrafe kommen wird, bleibt trotz des rückläufigen Trends der letzten Jahre angesichts der unterschiedlichen, teils bedenklichen Weltanschauungen, politischen Umstände und Machtverhältnisse fraglich.

Daher muss der Kampf gegen die Todesstrafe sowie gegen nicht mehr zeitgemäße, diskriminierende Strafnormen und für den Menschenrechtsschutz weiter fortgeführt werden.

Literaturverzeichnis

Amnesty Austria (2015): Kritische Frage zur Todesstrafe, in: Twitter, [Tweet] (31.03.2015), Quelle: https://twitter.com/amnestyaustria/status/582849618779762689 (Abruf 12.2021)

Amnesty International (1989): Todesstrafe in den USA, Fischer Taschenbuch, Frankfurt am Main

Amnesty International (2017): Wenn der Staat tötet – Argumente Pro & Kontra Todesstrafe – Kurz & Knapp, Quelle: https://www.amnesty.de/sites/default/files/2017-05/reader_wenn-der-staat-toetet_argumente-kurz.pdf (Abruf 11.2021)

Amnesty International (2020): Wer wir sind, Quelle: https://www.amnesty.de/amnesty/wer-wir-sind (Abruf 11.2021)

Amnesty International (2021 a): Death Sentences and executions 2020 – Global Report – Death penalty in 2020 in violation of international law, Quelle: https://www.amnesty.de/sites/default/files/2021-04/Amnesty-Bericht-Todesstrafe-2020-April-Englische-Version.pdf (Abruf 11.2021)

Amnesty International (2021 b): Todesurteile und Hinrichtungen 2020 – Länderübersicht – Hinrichtungen und Todesurteile 2020, Quelle: https://www.amnesty.de/sites/default/files/2021-04/Todesstrafe-2020-Todesurteile-Hinrichtungen-Laenderuebersicht-April-2020.pdf (Abruf 11.2021)

59 Hendrich (2016): S. 2.

60 Amnesty International (2021 d): o. S.

Amnesty International (2021 c): Todesurteile und Hinrichtungen 2020 – Zahlen & Fakten – Weltweite Bilanz zur Todesstrafe 2020, Quelle: https://www.amnesty.de/sites/default/files/2021-04/Todesstrafe-2020-Todesurteile-Hinrichtungen-Zahlen-Fakten-April-2020.pdf (Abruf 11.2021)

Amnesty International (2021 d): USA: Bundesregierung stoppt Hinrichtungen, Quelle: https://amnesty-todesstrafe.de/2021/07/usa-bundesregierung-stoppt-hinrichtungen/ (Abruf 11.2021)

Boulanger, C./ Heyes, V./ Hanfling, P. (2002): Zur Aktualität der Todesstrafe: interdisziplinäre und globale Perspektiven, Spitz, Berlin

Bundesministerium für wirtschaftliche Zusammenarbeit und Entwicklung (BMZ) (o.J.): Nationale Menschenrechtsinstitutionen, Quelle: https://www.bmz.de/de/service/lexikon/nationale-menschenrechtsinsti-tutionen-60664 (Abruf 11.2021)

Bundesministerium für wirtschaftliche Zusammenarbeit und Entwicklung (BMZ) (o.J.): UN-Menschenrechtsrat, Quelle: https://www.bmz.de/de/service/lexikon/un-menschenrechtsrat-60654 (Abruf 11.2021)

Bundeszentrale für politische Bildung (BPB) (2021): Internationaler Gerichtshof (IGH), Quelle: https://www.bpb.de/nachschlagen/lexika/politiklexikon/17659/internatio-naler-gerichtshof-igh (Abruf 11.2021)

Deutsche Gesellschaft für die Vereinten Nationen e.V. (1945): Charta der Vereinten Nationen und Statut des Internationalen Gerichtshof, Quelle: https://dgvn.de/fileadmin/user_upload/DOKUMENTE/UN_Diverse/Charta_Vereinte_Nationen_UN.pdf (Abruf 11.2021)

Deutsches Institut für Menschenrechte (2020): Was sind die Menschenrechte? 30 Fragen, Quelle: https://www.institut-fuer-menschenrechte.de/fileadmin/Redaktion/Publi-kationen/Unterrichtsmaterialien/Broschuere_Was_sind_Menschen-rechte_-_30_Fragen.pdf (Abruf 11.2021)

Dewitz, A. (2009): Protest: „Wir wollen keine Kinderschänder!", Quelle: https://www.abendblatt.de/politik/deutschland/article108518859/Protest-Wir-wollen-keine-Kinderschaender.html (Abruf 09.2022)

Eisel, U. (2012): Naturphilosophische Grundbegriffe – Naturrecht, in: Institut für Interdisziplinäre Forschung der Forschungs-stätte der Evangelischen Studiengemeinschaft e.V., Quelle: http://www.naturphilosophie.org/naturrecht/ (Abruf 11.2021)

Ermecke, G. (1963): Zur ethischen Begründung der Todesstrafe heute, Brill I Schöningh, Paderborn

Focus Online (2013): Kritik an Todesstrafe in islamischen Ländern, Quelle: https://www.focus.de/panorama/welt/kritik-an-todesstrafe-in-islamischen-laendern-todesstrafe_id_2775421.html (Abruf 12.2021)

Folter, C. (2014): „Die Abschreckungswirkung der Todesstrafe – Eine qualitative Metaanalyse", Quelle: http://archiv.ub.uni-heidelberg.de/volltextserver/16641/1/Folter_Christian.pdf (Abruf 11.2021)

Groth, F. (2013): Die Idee der Menschenrechte zwischen Universalität und nationaler Vielfalt – Aktuelle rechtsphilosophische Diskussionen, GRIN Verlag, München

Hendrich, O. (2016): Es gibt einen klaren Trend gegen die Todesstrafe, in: Bundeszentrale für politische Bildung (BPB), Quelle: https://www.bpb.de/internationales/weltweit/menschen-rechte/232224/todesstrafe?p=1 (Abruf 01.2022)

Höfer, W. (1975): Knast oder Galgen? Gewaltverbrechen und Strafvollzug zwischen Urteilsfindung und Volksempfinden – Kontroverse zwischen Betroffenen, Beteiligten, Berufenen, R. S. Schulz, Percha

Hötzel, Y. (2010): Debatten um die Todesstrafe in der Bundesrepublik Deutschland von 1949 bis 1990, Walter de Gruyter, Berlin

Immerfall, S. (2011): Weniger Morde durch Todesstrafe? – Empirische Befunde zur präventiven Wirkung in der Diskussion, Schwäbisch Gmünd

Institut für Menschenrechte (1984): Übereinkommen gegen Folter und andere grausame, unmenschliche oder erniedrigende Behandlung oder Strafe, Quelle: https://www.institut-fuer-menschenrechte.de/fileadmin/Redak-tion/PDF/DB_Menschenrechtsschutz/CAT/CAT_Konvention.pdf (Abruf 11.2021)

Kassis, D. (2014): Todesstrafe und Menschenrechte, 1. Auflage, Bachelor & Master Publishing, Hamburg

Keller, D. (1968): Die Todesstrafe in kritischer Sicht, Walter de Gruyter, Berlin

Korzilius, H. (1999): Ärzte und Todesstrafe: Heimliche Helfer, mutige Verweigerer, in: Deutsches Ärzteblatt, Deutscher Ärzteverlag, Berlin

Krennerich, M. (2009): Zehn Fragen zu Menschenrechten – Wie werden Menschenrechte überwacht? In: Bundeszentrale für politische Bildung (BPB), Quelle: https://www.bpb.de/internationales/weltweit/menschen-rechte/38627/zehn-fragen?p=6 (Abruf 11.2021, 15:23 Uhr)

Köhne, G. (1998): Die Zukunft der Menschenrechte, Rohwolt-Verlag, Hamburg/Reinbeck

Künneth, W. (1965): Die theologischen Argumente für und wider die Todesstrafe, in: Die Frage der Todesstrafe. Zwölf Antworten, Fischer Bücherei, Frankfurt am Main

Laue, C. (2010): Evolution, Kultur und Kriminalität – Über den Beitrag der Evolutionstheorie zur Kriminologie, Springer, Berlin/Heidelberg

Leder, K.-B. (1986): Die Todesstrafe: Ursprung, Geschichte, Opfer, Deutscher Taschenbuchverlag, München

Lefebvre, V./ Pavard J. (2010): Die Todesstrafe in Iran: Eine unmenschliche Praxis gegen das Völkerrecht – Fazit, in: Grow – Generation for Rights Over the World. Quelle: https://www.growthinktank.org/wp-content/uploads/2020/10/Die-Todesstrafe-in-Iran.pdf (Abruf 12.2021)

Lohrmann, J. (2020): Geschichte der Menschenrechte – Eine gemeinsame Vision für die Welt, in: Planet Wissen, Quelle: https://www.planetwissen.de/geschichte/menschenrechte/geschichte_der_menschenrechte/index.html (Abruf 10.2021)

Nolting, H.-P. (1975): Lernschritte zur Gewaltlosigkeit – Ergebnisse psychologischer Friedensforschung: Wie kollektive Gewalt entsteht – was man dagegen tun kann, Rohwolt, Reinbeck

Ostendorf, H. (2018): Vom Sinn und Zweck des Strafens (2018), in: Bundeszentrale für politische Bildung (BPB), Quelle: https://www.bpb.de/izpb/268220/vom-sinn-und-zweck-des-strafens?p=all (Abruf 11.2021)

Payer, G. (2018): Die Todesstrafe aus menschenrechtlicher und kirchlich-theologischer Perspektive, Universität Wien, Wien

Peterle, J.-T. (2018): Todesstrafe – die weltweite Entwicklung, in: fowid – Forschungsgruppe Weltanschauungen in Deutschland, Quelle: https://fowid.de/meldung/todesstrafe-weltweite-entwicklung (Abruf 28.12.2021)

Poppe, E. (1985): Universalität der Menschenrechte: Idee und Realität, Akademie Verlag, Berlin

Probst, M. (2011): Die Menschenrechte als universeller Rechtsmaßstab – Eine ideengeschichtliche Analyse, FKRE – Forschungsstelle, Kriege, Rüstung und Entwicklung Universität Hamburg, Hamburg

Rosenau, H. (2006): Europäische Rechtspolitik zur Abschaffung der Todesstrafe, in: ZIS – Zeitschrift für Internationale Strafrechtsdogmatik 8/2006

Schneider, H.-J. (1987): Kriminologie, Walter de Gruyter, Berlin

Schneider, P. (2002): Menschenrechte und ihr Schutz: Ein Fazit, Nomos, Baden-Baden

Sierck, M. (1992): Die Todesstrafe – Bestandsaufnahme und Bewertung aus kirchlicher Sicht, Deutsche Kommission Justitia et Pax, Bonn

Spiegel (2008): Amnesty Bericht – China begründet Todesstrafe mit Volkswillen, Quelle: https://www.spiegel.de/politik/ausland/amnesty-bericht-china-begruen-det-todesstrafen-mit-volkswillen-a-547533.html (Abruf 01.2021)

UN-Generalversammlung (1948): Allgemeine Erklärung der Menschenrechte (217 A (III)), Quelle: https://www.un.org/depts/german/menschenrechte/aemr.pdf (Abruf 11.2021)

UN-Generalversammlung (1966): Internationaler Pakt über bürgerliche und politische Rechte, Quelle: https://www.geschichte-menschenrechte.de/fileadmin/editorial/down-load/zivilpakt-sozialpakt.pdf (Abruf 11.2021)

Weiß, N. (2006): Der neugeschaffene Menschenrechtsrat der Vereinten Nationen, in: MRM – MenschenRechtsMagazin 05/2006, Universitätsverlag Potsdam, Potsdam

Oberstaatsanwalt Dr. Eduard Guckenheimer – Aufstieg, Entrechtung und Verfolgung eines jüdischen Hamburger Juristen in der Weimarer Republik und im Dritten Reich

Jacqueline Behn und Kristin Pfeffer

1 *Einleitung*

Wie es sich anfühlt, aufgrund seines Glaubens oder seiner Herkunft, ausgegrenzt, und verfolgt zu werden, in dem Ausmaß, wie es in der Zeit der Nationalsozialisten der Fall war, ist in unserer liberalen Gesellschaft heute kaum vorstellbar. Darüber hinaus auch aus seinem Beruf vertrieben zu werden und sein Privatleben nicht mehr frei gestalten zu können, lässt sich nur schwer nachempfinden:

Einer dieser Entrechteten und Verfolgten war der jüdische Oberstaatsanwalt Dr. Eduard Guckenheimer, ein exzellenter Jurist im Hamburgischen Staatsdienst der Weimarer Republik. Wie ich, hat er in Hamburg gelebt und war für eine Hamburgische Strafverfolgungsbehörde tätig, er hat den Diensteid abgelegt und stand für den Rechtsstaat ein. Wie war es möglich, dass er in so kurzer Zeit diskriminiert und entrechtet wurde? Diese Entwicklung möchte ich besser verstehen, sodass andere und ich ähnliche Entwicklungen zukünftig schneller erkennen und ihnen entschiedener entgegentreten können. Die bereits vielfach beschriebenen geschichtlichen Ereignisse anhand dieser konkreten Opferbiografie aus Hamburg nachzuvollziehen, macht für mich die Geschichte noch greifbarer und nachhaltiger.

2 *Von der Geburt bis zur Juristenausbildung (1893 – 1922)*

Eduard Guckenheimer wurde am 15. Oktober 1893 als Sohn des jüdischen Kaufmannes Isidor Guckenheimer (1862 – 1926) und seiner Ehefrau Ida Guckenheimer, geb. Freudenberg, (1869 – 1927) in Hamburg geboren.[1] Er

1 StAHH, 332-5 Standesämter, 9087.

wuchs im Hamburger Stadtteil Rothenbaum auf.[2] Die Stadtteile Rothenbaum, Harvestehude und Eppendorf wurden zwischen 1870 und 1930 zum Lebensmittelpunkt eines Großteils der hamburgischen jüdischen Bevölkerung.[3] So finden sich hier mit 2.574 die meisten der verlegten Stolpersteine von insgesamt über 6.000 in Hamburg.[4]

2.1 *Kindheit und Jugend in einer jüdischen Kaufmannsfamilie in Hamburg*

In der Kindheit zog die Familie von dem sog. Grindelviertel in die Hartungstraße 16.[5] Mit fünf Jahren besuchte Guckenheimer die konfessionslose Vorschule für die Hamburgische Oberschicht von O. G. Thomsen.[6] Ab der sechsten Klasse ging er auf das stadtbekannte Wilhelm-Gymnasium.[7] Unter den nichtjüdischen Schülern war auch Curt Rothenberger,[8] der noch mehrmals seinen Weg kreuzen sollte und von dem daher hier noch die Rede sein wird.[9] Ausweislich seines Abiturzeugnisses verließ Guckenheimer das Wilhelm-Gymnasium, um Jura zu studieren.[10] Zuvor leistete er aber noch einen einjährigen, freiwilligen Militärdienst ab.[11]

2.2 *Beginn des Jurastudiums in Leipzig (1912 – 1914)*

Im Anschluss begann Guckenheimer 1912 sein Jurastudium in Leipzig[12] – die Universität in Hamburg wurde erst 1919 gegründet, so dass er hierzu zwingend die Stadt wechseln musste. Bis zum Ausbruch des Ersten Weltkriegs war Guckenheimer an der Universität von Leipzig immatrikuliert.[13]

---

2 Ebd.
3 http://www.dasjuedischehamburg.de/inhalt/grindelviertel (Abruf: 07.2021).
4 https://www.stolpersteine-hamburg.de (Abruf 09.2021).
5 SUB der Universität Hamburg, Adressbuchverzeichnis, Hartungstraße, 1912.
6 StAHH, 241–2 Justizverwaltung-Personalakten-Personalakten, A1209.
7 Ebd.
8 Schott, 2001, S. 19.
9 Kapitel 4.1.
10 StAHH, 241–2 Justizverwaltung-Personalakten-Personalakten, A1209.
11 Ebd.
12 Ebd.
13 Landau, 1997, S. 133.

2.3 Kriegsdienst im Ersten Weltkrieg (1914–1918)

Mit dem Ausbruch des Ersten Weltkriegs wurde das Studium unterbrochen, weil Guckenheimer am 20. Juni 1914 zum Militärdienst eingezogen wurde.[14] Er gehörte während seiner Militärzeit verschiedenen Kompanien an und rückte in das Kriegsgebiet aus. Im späteren Verlauf arbeitete er als französischer Dolmetscher, da sich seine Einheit „damals auf dem Vormarsch in Belgien"[15] befand. Nach einem Aufenthalt in Belgien, begab er sich mit seiner Einheit nach Frankreich, wo er „hauptsächlich in der Zivilverwaltung, welche im besetzten Nordfrankreich (...) lag"[16], und als Dolmetscher am Kriegsgericht tätig war. Seine Militärzeit absolvierte Guckenheimer außerordentlich erfolgreich. Er wurde im Verlauf des Ersten Weltkriegs mit mehreren Auszeichnungen geehrt: Mit der Sächsischen Friedrich-August-Medaille in Silber (1916), dem Hamburgischen Hanseatenkreuz (1917) und dem Eisernen Kreuz, zweiter Klasse (1918).[17]

2.4 Fortsetzung des Jurastudiums in Leipzig und Hamburg (1919 – 1922)

Nach seiner Rückkehr aus dem Ersten Weltkrieg im Dezember 1918 studierte Guckenheimer noch bis Februar 1919 an der Universität in Leipzig. In seinem Abgangszeugnis von 1919 wurde festgehalten, dass Guckenheimer „als Kriegsteilnehmer [an der Universität als Student] zugelassen" war. Dies sollte ihm später noch einmal zugutekommen. Anschließend kehrte er in seine Heimat zurück und belegte ab dem Sommer 1919 zunächst ein verkürztes Zwischensemester für Kriegsteilnehmer an der gerade gegründeten Universität in Hamburg.[18]

Seine Leistungen während des Studiums lagen weit über dem Durchschnitt, gute oder sehr gute Noten waren auch damals eine absolute Ausnahme. So erhielt er als Note im Bereich der „zivilprozessualen Übungen, der bürgerlichen Rechte"[19] bei Prof. Dr. Moritz Liepmann ein „sehr gut". Auch im Fach Strafrecht erreichte er hervorragende Leistungen. Hier entwickelte sich bereits eine besondere Neigung für das Strafrecht. Seine Examensarbeit für das erste juristische Staatsexamen wurde von Prof. Dr. Mo-

---

14 StAHH, 241–2 Justizverwaltung-Personalakten-Personalakten, A1209.
15 StAHH, 241–2 Justizverwaltung-Personalakten-Personalakten, A1209.
16 StAHH, 241–2 Justizverwaltung-Personalakten-Personalakten, A1209.
17 Ebd.
18 28. März 1919.
19 StAHH, 241–2 Justizverwaltung-Personalakten-Personalakten, A1209.

ritz Liepmann im August 1920 mit „sehr gut“ bewertet, er urteilte, dass „man zugestehen [muss], daß die Arbeit dem Fleiße und juristischen Scharfsinn des Verfassers alle Ehre macht und das Niveau der üblichen Examensarbeit erheblich überschreitet“[20]. Das erste juristische Staatsexamen bestand Guckenheimer am 18. September 1920.[21]

2.5 *Referendariat in Hamburg (1920 – 1922)*

Seinen Vorbereitungsdienst absolvierte Guckenheimer zunächst beim Amtsgericht Hamburg, dann beim Landgericht Hamburg, bei der Ferienkammer 3 für Strafsachen sowie der Staatsanwaltschaft Hamburg.[22] Aus dem Zeugnis der Staatsanwaltschaft Hamburg geht hervor, dass seine theoretischen Kenntnisse (…) „ausgezeichnet“ sind und er „auch praktisch (…) mit lobenswertem Eifer und großem Geschick die ihm übertragenen Arbeiten zu (…) volle[r] Zufriedenheit erledigt“ habe. „Sein stets gleichbleibender Fleiß und reges Interesse verdienen besondere lobende Erwähnung“[23]. Die Anwaltsstation für das Referendariat absolvierte Guckenheimer im September 1922 bei der hamburgischen Kanzlei Dres. Dehn, Labowsky, Petersen, Stumme in Hamburg. Diese Anwaltskanzlei sollte ihn dann später, nach dem Ende des Zweiten Weltkriegs in diversen Wiedergutmachungsverfahren vertreten.[24] Nicht nur das Zeugnis der Staatsanwaltschaft war voll des Lobes und der Anerkennung, auch die übrigen Ausbilder im Referendariat urteilten durchweg positiv. Der Vorstand der Senatskommission für den höheren Verwaltungsdienst teilte Guckenheimer schließlich mit, dass er, sofern er die zweite juristische Prüfung bestehen werde, für eine Beschäftigung bei der Polizeibehörde vorgesehen sei.[25] Am 2. Dezember 1922 durfte Guckenheimer die verkürzte, zweite juristische Prüfung für Kriegsteilnehmer ablegen und absolvierte diese erfolgreich.

20 StAHH, 241–2 Justizverwaltung-Personalakten-Personalakten, A1209.
21 Ebd.
22 Ebd.
23 Ebd.
24 Ebd.
25 StAHH, 241–2 Justizverwaltung-Personalakten-Personalakten, A1209.

2.6 Promotion (1921)

Am 25. Februar 1921 wurde Guckenheimer mit einer Arbeit zum Thema: „Der Begriff der ehrlosen Gesinnung im Strafrecht – Ein Beitrag zur strafrechtlichen Beurteilung politischer Verbrecher“ promoviert.[26] Sein Doktorvater, der progressive Prof. Dr. Moritz Liepmann (1869 – 1928), hatte den ersten Lehrstuhl für Kriminologie in Hamburg inne[27] und war einer

Abbildung 1: Doktorvater, der berühmte Hamburger Kriminologie Prof. Dr. Moritz Liepmann, o. J.

Quelle: https://www.jura.uni-hamburg.de/die-fakultaet/professorinnen-professoren/professurenkatalog/liepmann-moritz.html (Abruf 08.2022):

der größten Kritiker des bestehenden Strafrechtssystems. Er trat daher für eine Reform des Strafrechts ein, insbesondere auch des Strafvollzuges[28] und die Abschaffung der Todesstrafe.[29] Seine 1921 erschienene Schrift „Die Reform des deutschen Strafrechts“ und das 1928 gegen die reichsge-

26 StAHH, 241–2 Justizverwaltung-Personalakten, A1209.

27 Arbeitsgruppe Stolpersteine Fürstenwalde /Spree, c/o Museum Fürstenwalde, o. J. [nicht mehr verfügbar 03.07.2022].

28 Martin-Luther-Universität Halle-Wittenberg, Moritz Liepmann, o. J.

29 https://www.deutsche-biographie.de/pnd118779958.html#ndbcontent (Abruf 09.2021).

richtliche Hochverratsrechtsprechung gerichtete Gutachten „Kommunistenprozesse“ begründeten seinen Ruf als konsequenten Verfechter einer Reformpolitik der Justiz in der Weimarer Republik und eines „Pioniers des modernen Strafvollzuges“.[30]

Guckenheimer geht in seiner Dissertation auf die Problematik bei sog. Hochverräterprozessen ein, insbesondere auf die Frage, ob die Verurteilung auf Grundlage der Bestimmung auf eine ehrlose Gesinnung rechtlich vertretbar ist. Die „ehrlose Gesinnung“ war seinerzeit notwendige Tatbestandvoraussetzung dafür, dass ein Strafrichter auf Zuchthaus, statt auf Festungshaft verurteilen konnte, vgl. § 20 Reichsstrafgesetzbuch (RStGB).[31] Guckenheimer untersuchte daher in seiner Dissertation unter anderem auch den Prozess gegen den linken Politiker Karl Liebknecht, bei dem dieses Tatbestandsmerkmal bejaht wurde.[32] Guckenheimer kam in seiner Dissertation zu der Auffassung, dass der Begriff der ehrlosen Gesinnung zu unbestimmt sei und zu subjektiv ausgelegt werden könne.[33] Es handelt sich damit – selbst für die Verhältnisse der Weimarer Republik – um eine sehr progressive Arbeit.

Abbildung 2: Doktorurkunde und Anzeige der Veröffentlichung 1921.

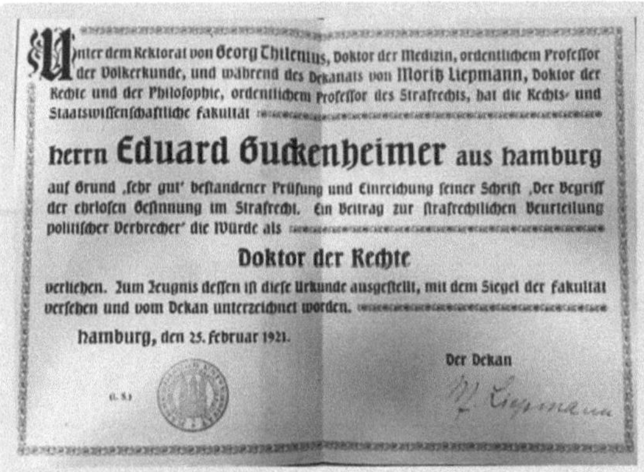

Unter dem Rektorat von Georg Thilenius, Doktor der Medizin, ordentlichem Professor der Völkerkunde, und während des Dekanats von Moritz Liepmann, Doktor der Rechte und der Philosophie, ordentlichem Professor des Strafrechts, hat die Rechts- und Staatswissenschaftliche Fakultät

Herrn Eduard Guckenheimer aus Hamburg

auf Grund „sehr gut“ bestandener Prüfung und Einreichung seiner Schrift „Der Begriff der ehrlosen Gesinnung im Strafrecht. Ein Beitrag zur strafrechtlichen Beurteilung politischer Verbrecher“ die Würde als

Doktor der Rechte

verliehen. Zum Zeugnis dessen ist diese Urkunde ausgestellt, mit dem Siegel der Fakultät versehen und vom Dekan unterzeichnet worden.

Hamburg, den 25. Februar 1921.

(L. S.)

Der Dekan

M. Liepmann

Quelle: StAHH, 241–2 Justizverwaltung-Personalakten, A1209; Börsenblatt für den Deutschen Buchhandel, 7. Juli 1921, S. 18.

30 https://www.deutsche-biographie.de/pnd118779958.html#ndbcontent (Abruf 09.2021).

31 Guckenheimer, 1921, S. 11.

32 Guckenheimer, 1921, S. 102 ff.

33 Ebd.

Die Dissertation wurde als erster Band der Schriftenreihe „Hamburgische Schriften zur gesamten Strafrechtswissenschaft" 1921 im W. Genthe, Wissenschaftlicher Verlag, Hamburg, mit einem Vorwort von Prof. Dr. Moritz Liepmann, veröffentlicht.

3 *Blitzkarriere in der Hamburgischen Verwaltung (1922–1933)*

3.1 *Assessor bei der Polizeibehörde (1922 – 1923)*

Guckenheimers erste Dienststelle als Assessor war die Hamburger Polizeibehörde, geleitet von Polizeipräsidenten Dr. Hugo Campe.[34] Während der Weimarer Republik und bis zum Jahr 1943 befanden sich die Diensträume in verschiedenen Gebäuden der Innenstadt Hamburgs, z.B. am Neuen Wall und der Stadthausbrücke.[35] Guckenheimer war hier „mit Ermittlungen in Disziplinarsachen, Instruierung von Prozessen und Erstattung von Rechtsgutachten (…) "[36] betraut. Der Polizeipräsident, Dr. Hugo Campe, Mitglied der linksliberalen Deutschen Demokratischen Partei (DDP), bescheinigte ihm 1923 „gute Arbeit und ein tadelloses Verhalten". Als der Senator Dr. Arnold Nöldeke (1865–1945), Präses der Justizverwaltung, ebenfalls Mitglied der DDP, im September 1923 ausdrücklich um Überlassung Guckenheimers bat, wechselte dieser zur Justizverwaltung.[37]

3.2 *Assessor und Regierungsrat in der Justizverwaltung Hamburg (1924 – 1927)*

Fortan war Guckenheimer für die Senatskommission in der Justizverwaltung tätig und wurde hier am 28. Januar 1924 zum Verwaltungsassessor ernannt. Senator Dr. Nödeke bescheinigte ihm, dass er „Tüchtiges geleistet"[38] habe und er „zur dauernden Übernahme in die Verwaltung [als] geeignet"[39] erscheine, woraufhin Guckenheimer bereits am 6. Juni 1924 zum Regierungsrat ernannt wurde.[40] Während seiner Dienstzeit als Regierungs-

34 Ebd.
35 http://www.foerderkreis-stadthaus.de/doc/Katalog.pdf (Abruf 09.2021).
36 StAHH, 241–2 Justizverwaltung-Personalakten-Personalakten, A1209.
37 Ebd.
38 Ebd.
39 Ebd.
40 Ebd.

rat, verfasste Guckenheimer Vorschläge für ein neues Strafgesetzbuch der Weimarer Republik, bei denen er auf die besondere Expertise, gewonnen durch seine Promotion, zurückgreifen konnte, und wofür man ihn als „besonders befähigt und geeignet ansah".[41] Aber auch an landesrechtlichen Reformen zum Strafrecht arbeitete er mit.

Nicht nur beruflich entwickelte sich Guckenheimer in dieser Zeit weiter: Am 29. September 1925 verheiratete er sich mit der Jüdin Edith Paula Oettinger Cohn,[42] und zog mit ihr nach Hamburg-Eppendorf (Lenhartzstraße 6).[43]

3.3 Oberregierungsrat und Oberstaatsanwalt in Hamburg (1927 – 1933)

Die nächste Beförderung erfolgte bereits am 1. Mai 1927, als Guckenheimer zum Oberregierungsrat bei der Senatskommission für die Justizverwaltung ernannt wurde.[44] In dieser Zeit verfasste Guckenheimer unter anderem einen Artikel mit dem Titel „Gefängnisarbeit in Hamburg seit 1622 – zum erzieherischen Charakter der Strafe[45], der bis heute von der Wissenschaft rezipiert wird.[46] In dieser Zeit übernahm Guckenheimer auch einen Lehrauftrag für die Vorlesung im Strafrecht, Allgemeinen Teil an der Rechtswissenschaftlichen Fakultät der Universität Hamburg an, welcher zweimal wöchentliche Vorlesungen mit sich brachte.[47]

In dieser Zeit des steilen beruflichen Aufstieges Guckenheimers fiel auch die Geburt seiner Kinder. Am 30. April 1927 wurde die Tochter, Ilse Marion geboren. Drei Jahre später, am 25. Juni 1930, folgte die Geburt seines Sohnes, Joachim.[48]

Guckenheimer überzeugte seine Vorgesetzten als Oberregierungsrat in kurzer Zeit derart mit seinen fachlichen Kenntnissen und seiner guten Arbeitsleistung, dass er bereits am 1. Januar 1931 zum Oberstaatsanwalt ernannt wurde.[49] Diese 2. Beförderungsstufe (ab Senatspräsident und Ober-

---

41 StAHH 241–1 Justizverwaltung I 1801.
42 StAHH, 241–2 Justizverwaltung-Personalakten-Personalakten, A1209.
43 SUB der Universität Hamburg, Adressbuchverzeichnis, Lenhartzstraße 1925.
44 StAHH, 241–2 Justizverwaltung-Personalakten-Personalakten, A1209.
45 StAHH, A 454 /34, Kapsel 03.
46 https://ediss.sub.uni-hamburg.de/handle/ediss/2846 (Abruf 08.2022).
47 Vgl. StAHH, 241–2 Justizverwaltung-Personalakten, A1209: Schreiben des Dekans Prof. Dr. Haff, 1927.
48 StAHH, 241–2 Justizverwaltung-Personalakten-Personalakten, A1209.
49 StAHH, 241–2 Justizverwaltung-Personalakten-Personalakten, A1209.

staatsanwalt) sollten bis 1933 in Hamburg nur drei jüdische Juristen erreicht haben: Die Senatspräsidenten Dr. Otto Arndt, Dr. Hermann Falk und der Oberstaatsanwalt Dr. Eduard Guckenheimer.[50] Er war also in kürzester Zeit zum Spitzenjuristen aufgestiegen. Fortan war er beim Landgericht tätig[51] und wechselte nach einiger Zeit an das Hanseatische Oberlandesgericht.[52] Zu diesem Zeitpunkt war es wohl für Guckenheimer und seinen Kollegen noch nicht abzusehen, dass ihm als Oberstaatsanwalt nur etwas mehr als zwei Jahre vergönnt sein würden und seine Karriere durch die Machtübernahme der Nationalsozialisten 1933 ein abruptes Ende finden würde.

4 Entrechtung, Ausgrenzung und Diskriminierung (1933 – 1939)

4.1 Beurlaubung und Versetzung in den einstweiligen Ruhestand (März 1933)

Insgesamt arbeiteten im Zeitpunkt der Machtübernahme der Nationalsozialisten in Hamburg 124 „verbeamtete Juristen“, die nach nationalsozialistischen Kriterien jüdischer Herkunft waren oder als „nichtarisch“ angesehen wurden.[53] Dazu zählten 40 Richter, 3 Staatsanwälte, 6 Verwaltungsjuristen, 7 Notare, 11 Assessoren, 44 Referendare und 13 Rechtskandidaten. Schon vor Erlass des bekannten Gesetzes zur Wiederherstellung des Berufsbeamtentums (BBG) am 7. April 1933 begann die sog. Säuberung der Hamburger Gerichte und Verwaltung von jüdischen Beamten:[54] Jüdische Beamte wurden hierbei durch nicht-jüdische ersetzt. Noch bevor also die dazugehörigen Gesetze erlassen waren, wurden die Spitzenbeamten aus dem Amt verdrängt, indem man sie zunächst beurlaubte. Dies galt etwa für den Hamburger Polizeipräsidenten, Dr. Hugo Campe, der auf Anweisung des ehemaligen Polizeioberleutnants und SA-Standartenführer Alfred Richter bereits am 5. März 1933 beurlaubt wurde.[55] Auch der jüdische

50 Bei der Entlassung der „jüdischen Justizjuristen“ waren ca. 50 % in der Eingangsstufe (Land oder Amtsgerichtsrat, Staatsanwalt), 40 % in der 1. Beförderungsstufe (Oberlandesgerichtsrat, Land- oder Amtsgerichtsdirektor, Erster Staatsanwalt) und knapp 10 % in der 2. Beförderungsstufe, siehe Bästlein/Grabitz/Scheffler, 1992, S. 170.

51 StAHH 351–11 Amt für Wiedergutmachung 15293.

52 StAHH, 241–2 Justizverwaltung-Personalakten-Personalakten, A1209.

53 Morisse, 2013, S. 57.

54 Lohalm, 2001, S. 11.

55 Lohalm, 2001, S. 16.

Staatsrat der Finanzbehörde, Dr. Leo Lippmann (1881–1943, Tod durch Suizid), der 1907 als erster, ungetaufter Jude in Hamburg die Anstellung eines „Rates“ erhalten hatte,[56] wurde beurlaubt.[57]. Als jüdischer Oberstaatsanwalt gehörte auch Eduard Guckenheimer zu diesen Spitzenbeamten. Die aus nationalsozialistischer Sicht erforderlichen personellen Veränderungen ließen sich bei der Staatsanwaltschaft „administrativ“ vornehmen, da Staatsanwälte im Interesse des Dienstes jederzeit einstweilig in den Ruhestand versetzt und daher als geringere Maßnahme auch beurlaubt werden konnten.[58] Am 22. März 1933 wurden die beiden jüdischen Staatsanwälte Dr. Eduard Guckenheimer, und Dr. Leonhard Stein (1894–1942, ermordet in Lodz)[59] telefonisch für den nächsten Tag zu einem Gespräch gebeten. Zusammen mit seinem Kollegen, Staatsanwalt Dr. Leonhard Stein wurde Guckenheimer dann von seinem ehemaligen Mitschüler aus dem Hamburger Wilhelmgymnasium und ehemaligen Kollegen aus der Justizbehörde, Dr. Curt Rothenberger, welcher kurz zuvor zum Justizsenator ernannten worden war, persönlich „mit Wirkung vom 27. März 1933 bis auf Weiteres“ beurlaubt.[60] Noch am selben Tage übernahm der rechtsaußenstehende Dr. Erich Drescher die Leitung der Hamburger Anklagebehörden.[61] Rothenberger selbst avancierte dann in kurzer Zeit zu einem hochrangigen Nazifunktionär, wurde u.a. Staatssekretär im Reichsjustizministerium,[62] und später in den Nürnberger Prozessen von den Alliierten zu sieben Jahren Zuchthaus verurteilt. In der Urteilsbegründung hieß es:

> „Der Angeklagte Rothenberger hat dem Programm rassischer Verfolgung Hilfe und Vorschub geleistet, und trotz seiner vielen gegenteiligen Beteuerungen hat er wesentlich zur Entwürdigung des Justizministeriums und der Gerichte und zu ihrer Unterwerfung unter die Willkür Hitlers, der Parteichargen und der Polizei beigetragen. Er nahm an der Korruption und Beugung des Rechtssystems teil.“[63]

Guckenheimer und Rothenberger, zwei Hamburger Juristen gleichen Alters, die zudem dasselbe Gymnasium besucht hatten, deren Entwicklungen

56 Morisse, 2013, S. 9.
57 Lohalm, 2001, S. 11.
58 Morisse, 2012, S. 195.
59 Morisse, 2013, S. 195.
60 StAHH, 241–2 Justizverwaltung-Personalakten-Personalakten, A1209.
61 Bästlein/Grabitz/Scheffler, 1992, S. 112.
62 Schott, 2001, S. 119 ff.
63 Schott, 2001, S. 119 ff.

in der Weimarer Republik und im Dritten Reich, nicht unterschiedlicher hätten verlaufen können.

Am 9. April 1933 beschloss der Hamburgische Senat, Guckenheimer gemäß des § 74 des Gesetzes zur Ausführung des Gerichtsverfassungsgesetzes (AGGVG) in den einstweiligen Ruhestand zu versetzen.

4.2 Versetzung in den endgültigen Ruhestand (Juni 1933) und Tätigkeit für die Deutsch-Israelitische Gemeinde (ab 1936)

Das sog. Berufsbeamtengesetz (BBG) vom 7. April 1933 sah unterschiedliche Tatbestände vor, nach denen eine Person aus dem Beamtenverhältnis entlassen werden konnte. Auf Grundlage des § 3 BBG konnten Beamte entlassen werden, deren Abstammung „nicht arischer" Herkunft war, sog. Arierparagraph. Ausgenommen waren jedoch nach Absatz 2 solche „nichtarische" Beamte, die im Ersten Weltkrieg für das Deutsche Reich oder einem anderen Verbündeten an der Kriegsfront gedient haben („Frontkämpferprivileg"). Hierunter fiel auch Guckenheimer. Da eine Versetzung in den endgültigen Ruhestand nach § 3 des BBG nicht erfolgen konnte, kam bei Guckenheimer nur noch die Option gem. § 6 BBG in Betracht. Dieser enthielt folgenden Wortlaut:

> „Zur Vereinfachung der Verwaltung können Beamte in den Ruhestand versetzt werden, auch wenn sie noch nicht dienstunfähig sind. Wenn Beamte aus diesem Grund in den Ruhestand versetzt werden, so dürfen ihre Stellen nicht wieder besetzt werden."

Der neue Justizsenator, Dr. Carl Rothenberger, beantragte letzteres Verfahren für seinen ehemaligen Mitschüler und Kollegen, Eduard Guckenheimer, beim Reichsstatthalter und nahm damit also den Wegfall der Stelle Guckenheimers in Kauf. Guckenheimer wurde daraufhin am 28. Juni 1933 in den (endgültigen) Ruhestand versetzt.

Insgesamt wurden in Hamburg nach dem neuen BBG 28 Richter bzw. Staatsanwälte jüdischer Herkunft in den Ruhestand versetzt, sowie 19 Richter nichtjüdischer Herkunft.[64] Bis zum 31. März 1934 waren insgesamt bereits 1.642 Beamte in Hamburg aus dem Staatsdienst vorzeitig entlassen worden.[65]

In den weiteren Jahren betätigte sich Guckenheimer sehr aktiv in der Deutsch-Israelitischen Gemeinde in Hamburg, zunächst als Sachbearbeiter im Referat der Wohlfahrtsfragen und später in leitender Funktion als

64 Morisse, 2013, S. 37.
65 Lohalm, 2001, S. 19.

einer von drei Syndizi.[66] Er war u.a. auch Mitbegründer des Jüdischen Kulturbundes in Hamburg (1934–1941).[67] Vielleicht hoffte er, dass sich die Verhältnisse bessern würden.

4.3 Verlust der Bürgerrechte (1935)

Die weitere Entrechtung der Juden und damit Guckenheimers setzte sich aber fort: Am 15. September 1935 traten die sog. „Nürnberger Gesetze" („Reichsflaggengesetz", „Reichsbürgergesetz", „Gesetz zum Schutze des deutschen Blutes und der deutschen Ehre") in Kraft. Gemäß § 1 Abs. 1 und § 2 Abs. 1 Reichsbürgergesetz verloren Juden ihren Status als Reichsbürger und waren nur noch Staatsangehörige.[68] Da danach nur ein Reichsbürger „Träger der vollen politischen Rechte nach Maßgabe der Gesetze" war[69], verloren Juden, wie Guckenheimer, ihren Status als Reichsbürger und damit viele staatsbürgerliche Rechte.[70] Auf die entlassenen jüdischen Juristen in Hamburg wurde der Druck seit 1935 auch durch Kürzung der Pensionszahlungen oder durch Bespitzelung und Verhaftung durch die Gestapo erhöht. Viele erwogen nun die Emigration als Rettungsweg.[71] Später folgen weitere Stigmatisierungen sämtlicher Juden und rassistische Handlungen, etwa mit der „Zweiten Verordnung zur Durchführung des Gesetzes über die Änderung von Familiennamen und Vornamen" vom 17. August 1938. Aufgrund dieses Gesetzes waren Juden verpflichtet als zweiten Vornamen „Sara" oder „Israel" zu tragen, sofern sie bisher keinen als typisch jüdisch zu erkennenden Namen hatten und sie die deutsche Staatsangehörigkeit besaßen. Auch Guckenheimer war dazu gezwungen[72] und erhielt einen Eintrag in seiner Geburtsurkunde mit dem Zweitvornamen „Israel".[73]

---

66 Lorenz/Berkemann, 2016, Band I, S. 178.
67 Müller-Wesemann, 2016, Fn 121.
68 Österreichische Nationalbibliothek, Reichsbürgergesetz vom 15. September 1935, o. J.
69 Österreichische Nationalbibliothek, Reichsbürgergesetz vom 15. September 1935, o. J.
70 Wildt, Verfolgung der Juden, 2012.
71 Bästlein/Grabitz/Scheffler, 1992, S. 211.
72 StAHH, 314–15 Oberfinanzpräsident (Devisenstelle und Verwertungsvermögensstelle) F 823.
73 StAHH, 332–5 Standesämter, 9087.

Abbildung 3: Nachtrag „Namensergänzung“ in Geburtsurkunde 1939.

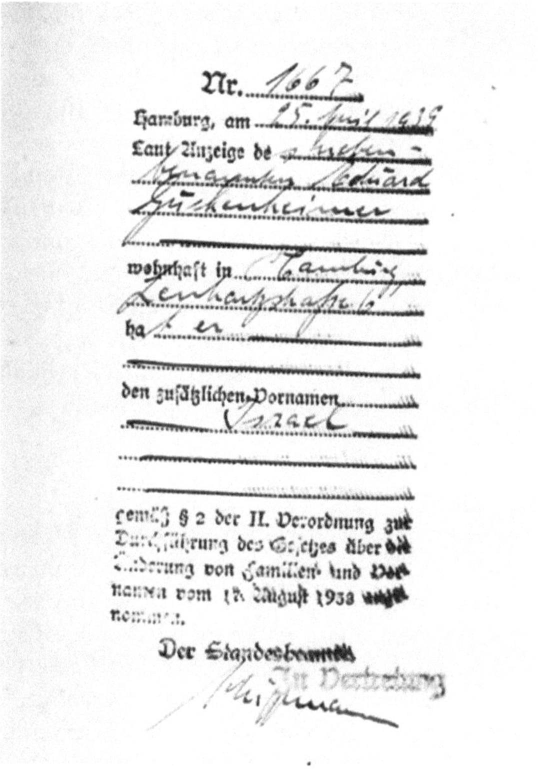

Quelle: StAHH, 332–5 Standesämter, 9087.

4.4 *Reichspogromnacht: Verhaftung und Deportation in das KZ Sachsenhausen (1938)*

Schon in den Monaten vor der Novemberpogromnacht hatten die Nationalsozialisten versucht, die Juden zur Auswanderung zu zwingen.[74] Das Pogrom sollte dieses Vorhaben vorantreiben und verstärken.[75] Nicht nur im Fall der Familie Guckenheimer verfehlte die Reichspogromnacht ihren Zweck nicht: Die sog. Reichspogromnacht begann am Abend des 10. No-

74 Pollmeier, 2004, S. 164.
75 Ebd.

vember 1938. Jüdische Geschäfte und Synagogen wurden vielerorts in Deutschland massiv beschädigt bzw. zerstört. Etwa 879 Hamburger Juden wurden verhaftet[76], unter ihnen auch Eduard Guckenheimer. Seine Festnahme erfolgte am 11. November 1938 in Hamburg durch die Geheime Staatspolizei (Gestapo). Anschließend wurde er in das Konzentrationslager (KZ) Sachsenhausen deportiert[77] und wurde im Häftlingsblock 60 unter der Häftlingsnummer 10785 inhaftiert.[78] Die Bedingungen des Häftlingsalltages hier gelten als katastrophal. Tausende von Häftlingen starben hier an „Hunger, Krankheiten, Zwangsarbeit, medizinische[n] Versuche[n] und Misshandlungen".[79] Welchen Handlungen Guckenheimer im Einzelnen ausgesetzt war, ist nicht bekannt. Die Erfahrungen dürften für ihn entsetzlich und für sein folgendes Handeln prägend gewesen sein. Nach einem Monat wurde Guckenheimer aus dem KZ Sachsenhausen entlassen.[80] Auf dem Entlassungsschein musste er schriftlich bestätigen, dass er das Deutsche Reich schnellstmöglich verlassen werde.[81]

5 Auswanderung (1939)

Unverzüglich nach der Entlassung aus dem KZ Sachsenhausen fassten die Guckenheimers den Entschluss, das Deutsche Reich zu verlassen und nach Argentinien zu emigrieren. Dort wollte die vierköpfige Familie zunächst bei der Schwester und dem Schwager von Edith Paula Guckenheimer, Margot Liesbeth und Robert Cordes, in Buenos Aires leben.[82]

Die Auswanderung aus dem Deutschen Reich wurde durch eine umfangreiche sehr demütigende, insbesondere auf Enteignung gerichtete Bürokratie erschwert. Zahlreiche Anträge mussten gestellt, Abgaben geleistet und diverse Bescheinigungen eingeholt werden.

Die Guckenheimers wurden dadurch kurz vor ihrer Ausreise nahezu ihres gesamten Vermögens beraubt.

---

76 Norddeutscher Rundfunk (NDR), Angeordneter Terror in der Reichspogromnacht, 2021.

77 StAHH 351-11 Amt für Wiedergutmachung 15293.

78 Stiftung Brandenburgische Gedenkstätte / Gedenkstätte und Museum Sachsenhausen: Auskunft zu einem ehemaligen Häftling, 2020.

79 Stiftung Brandenburgische Gedenkstätten, Gedenkstätte und Museum Sachsenhausen: 1936–1945 Konzentrationslager Sachsenhausen, o. J.

80 StAHH 351-11 Amt für Wiedergutmachung 15293.

81 Jüdisches Museum Berlin, 9. November 1938, o. J.

82 StAHH 314-15 Oberfinanzpräsident (Devisenstelle und Verwertungsvermögensstelle) F 823.

Nachdem Eduard Guckenheimer und seine Familie die erforderliche Unbedenklichkeitsbescheinigung für Auswanderer erhalten hatte[83], verließen sie am 13. Januar 1939 mit dem Schiff „D./.-S. General Osorio“ der Hamburg-Südamerikanische Dampfschifffahrts-Gesellschaft (HSDG, genannt Hamburg-Süd) Hamburg, um nach Argentinien (Buenos Aires) auszuwandern.[84]

Abbildung 4: Fahrkarte zur Auswanderung von Dr. Eduard Guckenheimer und Familie, 1939.

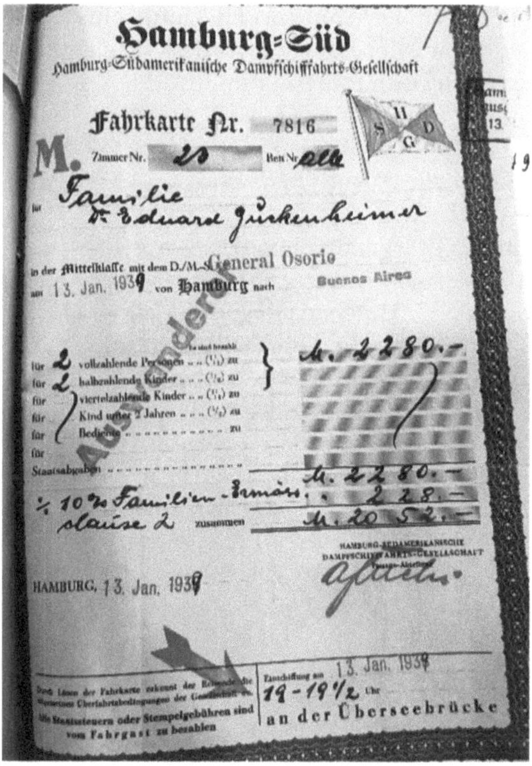

Quelle: StAHH, 351-11 Amt für Wiedergutmachung 15293

83 StAHH, 241-2 Justizverwaltung-Personalakten-Personalakten, A1209.
84 Ebd.

Die in Kraft getretene „11. Verordnung zum Reichsbürgergesetz“ vom 25. November 1941 regelte, dass Juden auch ihre Staatsangehörigkeit verlieren, wenn sie bei Inkrafttreten dieser Verordnung ihren gewöhnlichen Aufenthalt im Ausland haben.[85] Als Folge hieraus erhielt Guckenheimer auch kein Ruhegehalt mehr.[86] Viele Jahre später schrieb er dazu empört gegenüber der hamburgischen Verwaltung (Mai 1952) im Rahmen des sog. Wiedergutmachmachungsverfahrens: „ich [habe] nicht auf die deutsche Staatsangehörigkeit verzichtet (..), sondern dass sie mir, wie Sie wissen, rechtswidrigerweise von der Naziregierung aberkannt worden ist, obwohl ich im Besitz zahlreicher Kriegsauszeichnungen, (...) bin.“[87]

Ab Anfang 1939 war Guckenheimer als kaufmännischer Angestellter bei der Firma seines Schwagers „Roberto Cordes“ tätig und erzielte nur noch ein Einkommen „unter dem Steuerminimum“.[88]

6 *Sogenannte Wiedergutmachungsverfahren*

Nach zähen, jahrelangen Verfahren in denen minutiös das Unrecht seitens des Antragsstellers dargelegt werden musste, wurde Guckenheimer 1955 „die Rechtsstellung eines Leitenden Regierungsrates a.D.“[89] wiedergewährt. Ebenso wurden ihm u.a. die Zahlung des Ruhegehalts ab dem 1. April 1951 und die Zahlung einer Entschädigungssumme bewilligt. Daneben erhielt er eine Entschädigung[90] für die Zeit im KZ Sachsenhausen in Höhe von 150,00 Deutsche Mark (DM).[91]

Eduard Guckenheimer starb sehr plötzlich, am 30. April 1961, in seiner Wohnung in Buenos Aires an einem Herzinfarkt, im Alter von nur 67 Jahren.[92]

---

85 https://theologie-geschichte.de/ojs2/index.php/tg/article/view/471/510 (Abruf 8.2022).
86 StAHH 351–11 Amt für Wiedergutmachung 15293.
87 StAHH, 241–2 Justizverwaltung-Personalakten-Personalakten, A1209.
88 StAHH 351–11 Amt für Wiedergutmachung 15293.
89 Ebd.
90 Ebd.
91 Ebd.
92 StAHH, 241–2 Justizverwaltung-Personalakten-Personalakten, A1209.

7 *Schlussbetrachtungen*

Dass diese herausragende Karriere des mehrfach ausgezeichneten Kriegsteilnehmers für das Deutsche Reich mit der Machtergreifung der Nationalsozialisten ein abruptes Ende fand, allein wegen Guckenheimers jüdischen Herkunft, erschreckt bis heute. Es erscheint immer noch vorstellbar, wie schnell die Ausgrenzung und Entrechtung jüdischer Beamter vollzogen werden konnte und wie wenig Widerstand dagegen herrschte. Dies ist für mich ein Lehrstück für das Versagen von Eliten in einer Gesellschaft, denn statt dem nationalsozialistischen Gedankengut einheitlich und konsequent entgegenzutreten, riefen Hamburger Juristen und damit ehemalige Kollegen Guckenheimers ihre Kollegen dazu auf, dass sie „[ihre] Kraft bewußt und freudig der neuen Regierung zur Verfügung [stellen]“[93] und forderten dazu auf, dass sich andere dem anschließend sollten. Dieser Empfehlung, ausgehend vom Hamburgischen Richterverein, kamen über die Hälfte der Richter aus Hamburg nach und sie traten in die NSDAP ein.[94] Ohne die Beteiligung der Juristenkollegen an der Ausgrenzung von Juden innerhalb der Hamburger Behörden, vielfach, um Vorteile in der eigenen Karriere zu erzielen, wäre diese nicht möglich gewesen. Anders als ca. 6 Millionen Juden im Nationalsozialismus[95] konnte Guckenheimer und seine Familie einer Ermordung entgehen. Er hätte vielleicht noch weitere Beförderungen in seiner Karriere erhalten und fehlte mit seinen hervorragenden Fähigkeiten künftig in der Hamburger Justiz.

93 Morisse, 2013, S. 22.

94 Ebd.

95 https://www.bpb.de/geschichte/deutsche-geschichte/der-zweite-weltkrieg/199409/krieg-und-holocaust (Abruf 08.2021).

Abbildung 5 Dr. Eduard Guckenheimer,o.J.

Quelle: Morisse, 2013, S. 120

Diese Bachelorarbeit über die Verfolgung jüdischer Amtsträgern in Hamburg zur Zeit des Nationalsozialismus am Beispiel des Lebensweges von *Dr. Eduard Guckenheimer* wurde erstellt, um dazu beizutragen, diese finstere Zeit im Gedächtnis zu bewahren, der Opfer dieser Zeit zu gedenken und ähnlichen Entwicklungen künftig vorzubeugen.

In Erinnerung und gegen das Vergessen!

Literaturverzeichnis

Bästlein, K./Grabitz, H./Scheffler, W. (1992), in: Justizbehörde Hamburg (Hrsg.), Für Führer, Volk und Vaterland, Hamburg.

Guckenheimer, E. (1921): Der Begriff der ehrlosen Gesinnung im Strafrecht – Ein Beitrag zur strafrechtlichen Beurteilung politischer Verbrecher, Hamburg.

Landau, P. (1993): Juristen jüdischer Herkunft im Kaiserreich und in der Weimarer Republik, Dem Andenken Ernst Landsbergs, in: Heinrichs, Helmut/Franzki, Harald/Schmalz, Klaus/Stollies, Michael (Hrsg.): Deutsche Juristen jüdischer Herkunft, München, S. 133.

Lohalm, U. (2001) »... anständig und aufopferungsbereit« Öffentlicher Dienst und Nationalsozialismus in Hamburg 1933 bis 1945, Hamburg.

Lorenz, I./Berkemann, J. (2016): Die Hamburger Juden im NS-Staat 1933 bis 1938/39, in: Brämer/Rürup Bd. XLV (Hrsg): Hamburger Beiträge zur Geschichte der deutschen Juden, Band I, Göttingen.

Morisse, H. (2013): Ausgrenzung und Verfolgung der Hamburger jüdischen Juristen im Nationalsozialismus, Bd. 2 – Beamtete Juristen, Göttingen.

Pelc, O. (1997), Juden in Hamburg, in: Bracker, Museum für Hamburgische Geschichte, Heft 27/97.

Pollmeier, H. (2004): Die Verhaftungen nach dem November-Pogrom 1938 und die Masseninternierungen in den ‚jüdischen Baracken' des KZ Sachsenhausen. In: Morsch, G./ Nieden zur, S. (Hrsg.), Jüdische Häftlinge im Konzentrationslager Sachsenhausen 1936 bis 1945. Schriftenreiche der Stiftung Brandenburgische Gedenkstätten. Bd. 12. Berlin, S. 164.

Schott, S. (2001): „Curt Rothenberger – eine politische Biographie", Halle.

Verzeichnis der Autorinnen und Autoren

Albrecht, Joachim, Hochschule für Polizei Baden-Württemberg, Villingen-Schwenningen

Bäuerle, Franziska, Hochschule für öffentliche Verwaltung und Finanzen Ludwigsburg, Baden-Württemberg

Bastian, Dr. Alexander, Fachhochschule der Polizei Sachsen-Anhalt, Aschersleben

Becker, Pascal, Hochschule für öffentliche Verwaltung Rheinland-Pfalz, Mayen

Becker-Oehm, Sibylle, Fachhochschule für Verwaltung des Saarlandes

Behn, Jacqueline, Hochschule der Akademie der Polizei Hamburg

Berthold, Thomas, Hessische Hochschule für öffentliches Management und Sicherheit

Blumeier, Anna-Katharina, Fachhochschule der Polizei Sachsen-Anhalt, Aschersleben

Boos, Vanessa, Hochschule des Bundes, Brühl

Bressau, Denise, Hessische Hochschule für öffentliches Management und Sicherheit

Dornis, Daniel, Hochschule Meißen (FH), Sachsen

Eisenbarth, Prof. Dr. Peter, Hochschule für öffentliche Verwaltung und Finanzen Ludwigsburg, Baden-Württemberg

Elster, Frank, Hochschule der Deutschen Bundesbank, Hachenburg, Rheinland-Pfalz

Etzel, Thomas, Hochschule Kehl, Baden-Württemberg

Fischer, Maximilian, Hochschule Harz, Fachbereich Verwaltungswissenschaften, Sachsen-Anhalt

Golombiewski, Prof. Dr. Bettina, Hochschule für Polizei und Verwaltung Nordrhein-Westfalen (HSPV NRW)

Grund, Muriel, Hochschule für Polizei Baden-Württemberg, Villingen-Schwenningen

Heinemann, Manuel, Fachhochschule für Verwaltung und Dienstleistung, Altenholz, Schleswig-Holstein

Heller, Vivien, Hochschule der Deutschen Bundesbank, Hachenburg, Rheinland-Pfalz

Hennings, PD Oliver, Hochschule des Bundes, Brühl

Köller, Dr. Sandra, Hochschule für den öffentlichen Dienst in Bayern

Kroll, Clemens Niklas, Fachhochschule für Verwaltung und Dienstleistung, Altenholz, Schleswig-Holstein

Krüger, Prof. Dr. Heike, Hochschule für Wirtschaft und Recht Berlin

Letsch, Johannes, Hochschule für öffentliche Verwaltung Rheinland-Pfalz, Mayen

Lütz, Julian, Hochschule für Polizei und Verwaltung Nordrhein-Westfalen (HSPV NRW)

Mistler, Sabrina Maria, Hochschule der Polizei Rheinland-Pfalz, Hahn

Mohr, EPHK Thomas, Hochschule der Polizei Rheinland-Pfalz, Hahn

Moszkowicz, Jana, Hochschule für den öffentlichen Dienst in Bayern

Pfeffer, Prof. Dr. Kristin, Hochschule der Akademie der Polizei Hamburg

Rüffer, Uwe, Fachhochschule für öffentliche Verwaltung, Polizei und Rechtspflege, Güstrow, Mecklenburg-Vorpommern

Schimmel, Dr. Thomas, Hochschule Meißen (FH), Sachsen

Schulze Heuling, Dagmar, Hochschule für Wirtschaft und Recht, Berlin

Skrotzki, Elisa, Fachhochschule für Verwaltung des Saarlandes

Solf, Christina, Fachhochschule für öffentliche Verwaltung, Polizei und Rechtspflege, Güstrow, Mecklenburg-Vorpommern

Stehle, Prof. Dr. Stefan, Hochschule Kehl, Baden-Württemberg

Stember, Prof. Dr. Jürgen, Hochschule Harz, Fachbereiche Verwaltungswissenschaften, Präsident der Rektorenkonferenz der Hochschulen für den öffentlichen Dienst

Weiß, Prof. Dr. Jens, Hochschule Harz, Fachbereich Verwaltungswissenschaften, Sachsen-Anhalt

MIX
Papier | Fördert gute Waldnutzung
FSC® C083411

Kolibri 360 GmbH
Ferdinand-Jühlke-Straße 7
99095 Erfurt, Deutschland
produktsicherheit@kolibri360.de